# 物流市场营销理论与实务

何　娟　主　编
马中华　副主编
张　锦　主　审

西南交通大学出版社
·成　都·

**图书在版编目（CIP）数据**

物流市场营销理论与实务 / 何娟主编. —成都：西南交通大学出版社，2010.2
ISBN 978-7-5643-0547-5

Ⅰ. ①物… Ⅱ. ①何… Ⅲ. ①物资市场－市场营销学
Ⅳ. ①F252.2

中国版本图书馆 CIP 数据核字（2010）第 009111 号

**物流市场营销理论与实务**

**何 娟 主编**

| | |
|---|---|
| 责任编辑 | 王 旻 |
| 特邀编辑 | 郝 博 |
| 封面设计 | 本格设计 |
| 出版发行 | 西南交通大学出版社<br>（成都交大路 146 号） |
| 发行部电话 | 028-87600564 87600533 |
| 邮 编 | 610031 |
| 网 址 | http: //press.swjtu.edu.cn |
| 印 刷 | 成都蓉军广告印务有限责任公司 |
| 成品尺寸 | 185 mm×260 mm |
| 印 张 | 18.25 |
| 字 数 | 453 千字 |
| 版 次 | 2010 年 2 月第 1 版 |
| 印 次 | 2010 年 2 月第 1 次 |
| 书 号 | ISBN 978-7-5643-0547-5 |
| 定 价 | 32.00 元 |

图书如有印装质量问题 本社负责退换
版权所有 盗版必究 举报电话：028-87600562

# 前　言

目前，我国正处于工业化加速发展的新时期，现代物流产业已成为我国国民经济新的重要产业和新的经济增长点。随着前不久物流产业振兴规划的出台，我国物流业将迎来新一轮大发展，并进入全面、快速发展的新阶段。

正是看到我国物流业巨大的发展潜力，国际物流巨头纷纷抢滩中国市场，占据了中国物流市场大半江山。反观国内物流企业，从整体上看，基本还停留在旧有的运输企业或货代企业的层面上，综合竞争力与国际相比还存在相当大的差距，一个很重要的原因就是物流市场营销没有引起国内物流企业的足够重视。在一个竞争激烈的买方市场，企业如果不主动出击进行市场营销，那么必将在竞争中处于劣势。物流市场营销是物流企业争取客户、占领市场的重要手段，物流市场营销的成功与否直接决定了企业能否生存与发展。当前，我国物流市场营销研究方兴未艾，学术界已经充分论证了开展物流市场营销的必要性和可行性，初步确立了物流市场营销的理论体系及逻辑框架，并且与实践相结合，指导相关领域运作。但总体上看，物流市场营销的研究和学科体系的建设尚处于起步和探索阶段，许多问题有待解决。物流企业开展市场营销需要理论和方法指引。本书正是基于此认识而编写的。

本书共分为 12 章，全面系统地介绍了现代物流市场营销学的内容、原理和方法，主要内容包括：物流市场营销的基本概念，物流市场分析，物流市场调研与需求预测，物流市场细分与目标市场选择，物流服务产品策略、价格策略、分销渠道策略、促销策略，物流企业品牌运营战略与策略，物流服务质量与客户关系管理，物流市场营销信息管理，物流企业营销的策划、评价与组织。

本书在编写过程中着重突出实用性和可操作性，在阐述理论的同时，结合物流企业经营活动，以大量真实生动的案例阐述了物流企业如何运用市场营销理论认识市场、开拓市场、维护市场，以便更有效地实现企业营销目标。本书各章节都配备了重点、难点和必备技能，并附有复习思考题，便于读者复习以提高学习的主动性和积极性。

本书由西南交通大学物流学院张锦院长主审，西南交通大学物流学院的王欣、康丽薇、马超、欧阳敏佳、王建、刘苗苗等同志做了大量的工作，在此谨致以衷心的谢意！本书的出版还得到西南交通大学出版社的大力支持和帮助，在此致以诚挚的谢意！同时，特别感谢西南交通大学校级教材建设重点研究课题基金和网络教育教材建设工程的资助。此外，感谢本文所引材料的作者，是他们的前期研究丰富了我们的知识和写作。

本书既可以作为大中专院校物流专业学生和研究生的教材，也可以作为广大物流企业员工学习和培训的参考资料。

由于受作者学识所限，书中难免存在不足之处，在此恳请广大读者批评指正，以便我们日后进一步修改和完善。

**编　者**

2009 年 12 月于成都

# 目　录

# 第1章 绪 论

**本章重点**

- ✧ 市场营销观念的演变
- ✧ 物流市场营销的核心概念
- ✧ 物流市场营销的内容与特征
- ✧ 现代物流和传统物流的差异

**本章难点**

- ✧ 市场营销观念的演变
- ✧ 物流市场营销的核心概念
- ✧ 现代物流和传统物流的差异

**必备技能**

- ✧ 结合实际物流企业，分析其市场营销的指导思想
- ✧ 判别一个物流企业是否具备现代物流企业的特点
- ✧ 根据不同的分类方法对物流企业进行分类

进入21世纪以来，随着经济全球化进程的不断推进，物流对社会经济发展的作用愈加重要，并逐渐成为企业发展的第三利润源泉。物流市场营销不断发展，从传统简单的产品推销发展到了现代的、综合的市场营销，市场营销观念不断更新，融合了越来越多的新方法，特别是随着计算机技术和网络技术的不断发展，物流市场营销的手段已经十分丰富并且具有现代化的特征，物流市场营销对企业的发展有着直接而重要的影响，决定了企业能否在激烈的市场竞争中生存和发展。

## 1.1 市场营销和物流概述

### 1.1.1 市场营销的概念及其发展

#### 1. 市场营销的概念

市场营销的概念最初是从发达国家的市场经济中诞生的。美、英等老牌市场经济国家从19世纪末20世纪初开始研究市场营销，并用“Marketing”一词来表述，按照中国的语言习惯，译成“市场运作”、“市场营销”。

国内外学者对市场营销主要有以下两种定义：

(1) 美国市场营销学会的定义

市场营销是个人或组织对某种思想、产品和服务的构思、定位、促销和分销的计划和执行过程，是以达到个人和组织实现交换为目的。

这个定义包含四层意思：① 市场营销是一个过程，包括计划过程和执行过程；② 这个过程的内容是关于某种思想、产品或服务的构思、定位、促销和分销；③ 这个过程的目的是为了实现商品交换；④ 其行为主体包括个人和组织。

(2) 著名营销学家菲利普·科特勒的定义

市场营销是个人和群体创造并同他人交换产品和价值以满足需求和欲望的一种社会和管理过程。

这个定义包含了四层意思：① 市场营销是一个过程，是一种社会和管理过程；② 这个过程的内容是创造产品和价值、交换产品和价值；③ 这个过程的目的是为了满足需求和欲望；④ 行为主体包括个人和群体。

**2. 市场营销的发展**

市场营销学是对企业营销实践经验的提炼和总结，而企业营销实践的发展又推动了市场营销学的发展。作为一门独立的应用性学科，其产生和发展过程大致可分为萌芽期、成型期、发展期、完善期四个阶段。

(1) 萌芽期（1900—1920 年）

20 世纪初，世界各主要资本主义国家相继完成了工业革命，生产力迅速增长，社会化程度越来越高，科技日益进步，城市经济得到了空前的发展。这一阶段是美国经济迅速发展的时期。科技的进步，工业生产的飞速发展和西部开发运动的蓬勃兴起，使局部地区的市场逐渐延伸到了全国，加上破产农民大量涌入城市，使城市人口开始超过农村人口，商品需求急剧增加，商品变得供不应求。这期间市场的基本特征是求大于供的卖方市场，企业要解决的中心问题是增加生产、降低成本，以满足市场需求，但产品销售还没能引起企业普遍关注。随着资本主义生产社会化程度的提高，科学技术的应用和推广，使劳动生产力大大提高，生产规模进一步扩大，市场供求关系进入了一个新阶段。这时期资本主义由自由资本主义过渡到垄断资本主义，部分产品出现供过于求的现象，市场问题开始引起企业的普遍关注。国内市场规模急剧扩大，市场竞争日趋激烈，中间商的作用也日益明显。这些都促使企业开始重视广告、分销等活动。市场和企业界的这些变化引起了学术界的注意。在 19 世纪末，一些学者开始了对推销、广告等行为的研究。20 世纪初，一些学者开始比较系统地提出了促销和分销方面的有关理论。这期间许多相关的论文、著作不断地被发表、出版，一些大学也开设了相关的课程。

1905 年，W.E.克罗西（W. E. Kreusi）在宾夕法尼亚大学开设了“产品市场营销”课程（The Market Products）。1910 年，拉尔夫·斯塔尔·巴特勒在威斯康星大学开设了“市场营销方法”课程。1912 年，阿克·肖（A. W. Show）在《经济学》杂志上发表了题为《关于市场分配的若干问题》的文章。1915 年，阿克·肖在这篇文章的基础上进一步补充，由哈佛大学出版社出版了关于市场营销的书。该书的出版和问世，被认为是市场营销学从经济学科中分离出来成为一门独立的专门学科的里程碑。1916 年，韦尔德（L. D. H. Weld）所写的《农产品营销》

(Marketing of Farm Product)成为历史上第一本以市场营销命名的论著。1920 年，彻林顿(Paul. T. Cherington) 出版了《营销基础》一书。至此，市场营销学的理论体系趋于明朗。

(2) 形成阶段 (1921—1945 年)

第一次世界大战后，美国经济迅速发展，生活水平显著提高。1929—1933 年，资本主义国家发生了一次规模空前的经济危机。生产相对过剩，产品销售困难，商店关门倒闭，工厂停产减产，大批工人失业，人们生活极度困难。这时期市场一片萧条，产品销售面临困境。面对严峻的市场，与企业的命运息息相关的问题不再是扩大生产和降低成本，而是市场销售问题——如何把产品卖出去成了企业至关重要的问题。这时期各流派的不同观点、不同研究方法相继出现，论著急剧增加。其中最有代表性的是克拉克 (Fred. E. Clark) 的《市场营销学原理》和梅纳德 (H. Maynard)、贝克曼 (F. W. Beckman)、韦德勒 (W. C. Weidler) 三人合著的《市场营销学原理》。他们通过研究，建议企业要重视市场调查研究、市场预测及如何刺激消费者需求等问题。同时，各种形式的市场研究组织的建立和发展，对市场营销学的研究和普及起了重要的推动作用，如 1926 年成立的“全美市场营销和广告教师学会”，1937 年全美各种市场管制研究机构联合组成“全美市场营销协会”等。

(3) 发展阶段 (1946—1970 年)

第二次世界大战后，市场营销学已经突破了传统的流通领域，在消费领域找到了自己的立足点，实现由传统市场营销学向现代市场营销学的过渡，现代市场营销学开始形成。在美国，科学技术和商品生产发展迅速，市场已成为名副其实的买方市场。同时，美国政府又颁布一系列政策刺激需求，使市场需求在质和量两方面都发生了很大变化，市场竞争更加激烈。这时，市场的基本趋势是产品进一步供过于求，消费者的需求也向个性化、多样化发展，对商品质量要求更高，对商品挑选性越来越强，卖方间竞争非常激烈，买方则居于优势地位。在这种买方市场条件下，企业的一切经济活动都必须以消费者为中心，根据消费者的需求，创造和提供适销对路的产品和劳务，以保证生产者和消费者之间的潜在交换得以顺利实现，变潜在需求为现实需求，扩大产品销售。这些原因使研究市场营销的人成倍增加，许多新概念、新理论相继被提出，市场营销理论的内容更加丰富，实践运用更加普及，市场营销学进入迅速发展时期，并逐步走向成熟。这一时期最重要的代表人物有奥德逊 (W. Alderson)、霍华德 (J. A. Howard)、麦卡锡 (E. J. Mecarthy) 和科特勒 (Philip Kotler)。奥德逊在其《市场营销活动和经理行为》(1957 年) 一书中提出了“职能主义”，认为经理必须认识市场中供需多样的事实，利用本企业的优势寻找机会，达成交易。霍华德在其《市场营销管理：分析和决策》一书中主张从市场营销管理的角度来论述市场营销理论与应用，他是第一个提出“市场营销管理”的著名学者。(麦卡锡在其《基础市场营销》(1960 年) 一书中首次明确提出“4P”组合，即产品 (Product)、价格 (Price)、渠道 (Place) 和促销 (Promotion)，并论述了通过“4P”组合，适应外部环境，满足目标市场需求，这被认为是市场营销学发生的一次革命。) 科特勒是当代最著名的市场营销学者之一，他在《营销管理》(1967 年) 一书中全面、系统地阐述了现代市场营销学理论，明确指出营销理论是“通过创造、建立和保持与目标市场之间的有益交换和联系，以达到企业的各种目标而进行的分析、计划、执行和控制过程”。

(4) 完善阶段 (1971 年至今)

20 世纪 70 年代至今是市场营销学的完善阶段。20 世纪 70 年代以来，在现代科技革命浪潮的推动下，主要的资本主义国家先后完成了工业化革命，实现了生产科学化、自动化、高速化，连续化程度大大提高，产品越来越丰富，消费者需求向更高层次发展，企业在变革阶段中确立的“以消费者需求为中心”的市场营销观念，在工商业界得到广泛的重视和应用，并获得巨大成功。为了适应新的形势，市场营销学在原有理论的基础上，吸收了行为科学、管理学、心理学、社会学、统计学等学科的若干理论，再加上信息科学、电子计算机科学的广泛应用，市场营销学不断得到充实和完善。这期间市场营销学的新概念层出不穷。道宁（G. S. Downing）在其《基础市场营销：系统研究法》（1971 年）中首次提出了系统研究法：企业作为一个系统，既是更大系统的组成部分，其内部又由若干子系统组成。20 世纪 80 年代，科特勒又提出了大市场营销概念，将营销组合由“4P”扩展到“6P”，即在“4P”基础上再加上权力(Power)和公共关系(Public Relation)。“10P”即在“6P”基础上再加上探查(Probing)、分割（Partitioning)、优先（Priorizing）和定位（Positioning)。这“10P”的基本环节是“人”(People)，从而扩展到“11P”。这些扩展使市场营销从战术营销转向战略营销，被称为市场营销学的第二次革命。20 世纪 90 年代以来，竞争者分析、服务市场营销、政治市场营销、网上营销、市场营销网络、市场营销决策支持系统、市场营销专家系统等一系列新理论、新问题不断被提出、被研究。正如科特勒所说，市场营销的概念不是太多，而是远远不足。随着营销实践的发展，市场营销学的内容会越来越丰富。

从西方市场营销学的演变过程不难看出，现代市场营销核心指导思想是“以消费者需求为中心”来开展企业的一切营销活动。这种指导思想是在资本主义商品经济的高度发展、市场问题日益尖锐化的条件下逐步发展起来的，它是资本主义商品经济发展到一定阶段的产物，它所概括的营销观点和经营管理方法反映了市场经济条件下企业经营应遵循的客观规律，而这一普遍规律是没有国界的。因此，西方市场营销学对于探索和建立具有中国特色市场营销学、增强企业自主经营、改进管理体制、增强市场竞争能力具有十分重要的意义。

### 3. 市场营销观念的演变

市场营销观念是指进行营销活动的基本指导思想，这种思想支配着企业的生产经营计划、战略和决策，直接关系到企业的生存和发展。市场营销观念实际上表达了企业的经营管理者对企业宗旨、营销目的的基本认识。所以，真正的营销观念包含了企业经营者正确的人生观和社会观。

从企业活动的历史来看，可以发现指导企业营销活动的观念主要有六种，而不同的观念所根据的是不同的假设。由于假设不同，企业的营销活动也会有不同的重点，而且对绩效也会有不同的影响。

(1) 生产观念

生产观念是一种古老的经营思想，大体上流行于 19 世纪末和 20 世纪初。其基本内容是：企业以改进、增加生产为中心，生产什么产品，就销售什么产品。生产观念是在卖方市场下形成的。由于生产的发展不能满足需求的增长，多数商品处于供不应求的状态，消费者最关心的是能否买到商品，企业关心的是扩大生产，降低成本，增加利润，根本用不着去考虑销售问题，甚至有些商品是顾客自已上门求购，不需要企业在商品销售上花费太多功夫，企业只需集中一切力量增加产量，因此这时企业的经营思想普遍是生产观念。

生产观念的存在是有条件的：① 市场商品需求超过供给，卖方竞争比较弱，买方竞争激烈；② 产品成本和价格比较高，只有提高生产效率、降低成本、降低价格，才能扩大销路，也就是说市场的主要矛盾是解决商品数量或降低商品价格的问题，商品品质、品种、款式等矛盾并不突出。

(2) 产品观念

产品观念是认为消费者或用户总是喜欢那些质量高、性能好、有特色、价格合理的产品，只要注意提高产品质量，做到物美价廉，就一定会产生良好的市场反应，无需花大力气开展推销活动。如果说生产观念强调的是“以量取胜”，产品观念则是强调“以质取胜”、“以廉取胜”。这种观念本质上还是生产什么、销售什么，但它比生产观念多了一层竞争的色彩，并且考虑到了消费者或用户对产品质量、性能、特色和价格方面的愿望。在产品供给不太紧缺或稍有宽裕的情况下，这种观念常常成为一些企业的指导思想。

奉行产品观念，应当防止只迷恋于自己的产品。如果只是看到自己的产品质量优良、价格合理，以为这样就可以永远地吸引顾客，而看不到市场需求的动态变化，就会导致在产品开发方面趋于保守，最终使自己陷入困境。大量事实证明，经久耐用、货真价实的产品并不会永远畅销。

(3) 推销观念

推销观念是生产观念的发展和延伸，大体流行于 20 世纪 20 年代至 40 年代后期。

20 世纪 20 年代末，资本主义市场趋势发生了很大的变化，特别是 1929—1933 年世界经济大危机过后，大批产品供过于求，卖主之间的竞争日趋激烈，产品销售出现困难，激烈的竞争从生产过程移向销售过程。当企业家不是担心能不能大量生产，而是担心生产出来的产品能不能全部销售出去时，推销观念便应运而生。此观念强调：如果不经过销售努力，消费者就不会大量购买。换句话说，只要企业努力推销什么产品，消费者或用户就会更多地购买什么产品。在此观念指导下，企业十分注意运用推销术和广告术，向现实买主和潜在买主大肆兜售产品以期压倒竞争者，提高市场占有率，取得较为丰厚的利润。由于这种强调推销的经营观念是从既有产品出发的，因而在本质上依然是生产什么就销售什么。在产品供给稍为宽裕并向买方市场转化的过程中，许多企业往往奉行推销观念。

(4) 市场营销观念

市场营销观念是在买方市场条件下，以消费者为中心的营销观念，是在第二次世界大战之后形成和发展起来的（大体形成于 20 世纪 40 年代后期至 50 年代），相继盛行于美国、日本、西欧等国家。随着第三次科技革命的深入，劳动生产率大幅度提高，社会产品数量剧增，新产品不断涌现，花色品种日新月异。同时，人们的消费需求也发生了变化，特别是西方国家推行高工资、高福利、高消费的政策，刺激人们的购买力，使市场需求进一步旺盛。这时市场的基本趋势是供过于求的买方市场，企业之间的竞争日益激烈，周期性的生产过剩越来越严重。在这样的市场环境中，企业能否生存，依赖于适应市场需求的程度，以及为适应需求而调整营销策略的应变能力。企业普遍认为不是能生产什么就卖什么，有什么产品就推销什么产品，而是注重发现和了解消费者需求，消费者需求什么就生产什么、销售什么，千方百计地以市场需求为中心指导企业的经营活动，通过一系列整体活动刺激需求、创造需求和满足消费者的需求。这是企业营销观念从以生产为中心向以消费者为中心的根本性转变，是一次质的飞跃，属于“以销定产”的思想。正如许多大公司的口号：“哪里有消费者的需要，哪里就有我们的机会。”

市场营销观念的基本特点是企业的一切生产经营活动以满足消费者需求为出发点，企业在生产经营过程中，运用产品、定价、促销、分销等多方面的手段，努力实现满足消费者需求的目标，通过满足需求换取合理利润。市场营销观念和推销观念的主要不同可以用图 1.1 表示：

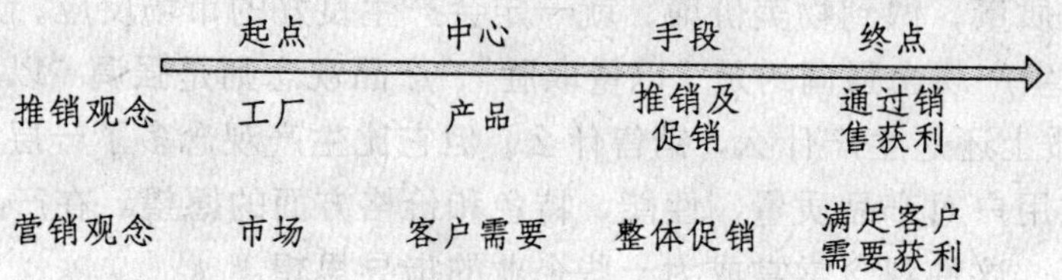


**图 1.1 市场营销观念和推销观念的对比**

(5) 社会营销观念

营销观念如果仅考虑满足消费者需求，没有考虑到社会的长期利益，则可能会像某些人所说的，企业不过是在制造一堆垃圾而已。例如，饮料以铝罐作为容器，虽然带给消费者很大的方便，但在处理这些废弃的容器方面，都大费周折，浪费了自然资源。洗衣粉虽然可以帮助人们洗净衣服，但却污染了水源，对浮游生物和鱼类造成了严重伤害，破坏了整个生态平衡。

因此，社会营销活动要求企业应在考虑消费者的需求和利益的同时，也要考虑到环境的保护以及资源的节约，这样才能真正提高人们的生活水平。

(6) 生态学营销观念

此观念是指企业的一切经营活动都要从保护环境、资源出发，将绿色营销意识纳入生产经营体系之中，以节约能源、资源和保护生态环境为中心，强调污染防治、资源的充分利用、新资源的开发、资源的再生利用。从这些角度出发，企业通过研制产品、利用自然、变废为宝等措施，满足消费者的绿色需求，实现企业经营目标。

20 世纪 50 年代以来，生产力的发展造成了严重的“全球性问题”，环境污染，资源缺乏，人类生存和发展的环境遭到了严重的破坏。1983 年联合国提出了“综合发展观”，《21 世纪议程》正式确定了“可持续发展战略”，成为各国政府制定发展纲要的指南。另外，保护消费者权益运动和消费者“绿色消费意识”的觉醒，也给企业带来很大的压力。如果“可持续发展战略”是从宏观方面促进了人与自然、经济社会与环境和谐发展的话，那么“绿色营销”则是从微观角度协调发展经济与资源永续利用和生态环境良好之间的关系，最终实现人类社会的可持续发展。

企业生态学营销观念并不是指消极的适应需求的平衡，而是要适应市场环境的需要，以创新的精神来指导消费，向市场提供新的产品，促使顾客的需求平衡不断得到新的满足。

对于市场营销观念的演变过程，可以用表 1.1 简要说明。

表1.1 市场营销观念的演变

| 营销观念 | 时期 | 产生条件 | 标志 | 生产经营重心与手段 | 企业目标 |
| --- | --- | --- | --- | --- | --- |
| 生产观念 | 20世纪20年代前 | 卖方市场，社会需求大于有效供给，以产定销 | 生产什么就卖什么 | 以生产为中心，以产定销 | 增加生产、扩大销售、确保利润 |
| 产品观念 | | | 生产最好的产品 | | |
| 推销观念 | 20世纪30年代 | 卖方市场向买方市场过渡 | 生产什么就推销什么 | 生产与推销并重，强力、诱劝式推销 | 全力推销，确保利润 |
| 市场营销观念 | 20世纪50年代 | 买方市场，供给大于需求，以需定产 | 生产消费者需要的产品 | 以营销为中心 | 满足客户需要，实现企业多元目标 |
| 社会营销观念 | 20世纪70年代 | 社会长期利益受到重视 | 社会发展和企业目标协调一致 | 以营销为中心，注重社会利益 | 消费者需要、社会发展与企业平衡 |
| 生态营销观念 | 20世纪70年代 | 环境恶化，资源枯竭 | 生产经营过程注重环保、节约资源 | 以营销为中心，同时保护环境，节约资源 | 满足消费者绿色需求，实现企业经营目标 |

**【案例】** TNT的直复营销——帮助企业渡过全球经济寒冬

面对严峻的经济形势，很多企业都变得更加理性和务实，过起了精打细算的日子。大多数企业预计他们的广告预算明年将会下降，其中1/4企业预计将比今年下降20%以上。广告开支受到限制，缩减后的营销开支该如何利用才能获得最大的收益，这便成了众多企业需要思考的问题。

显然，采用更有针对性的直复营销，相对于传统主流媒体而言，更容易为当下的消费者所接受。

**1. 反客为主，主动出击**

漫天撒网，然后等着客户来找你——这就是大众媒体带给我们的营销效果。然而，在每一份预算都很重要的今天，守株待兔不再适用，企业需要主动出击，去寻找目标消费者，通过有效的互动沟通，将目标消费者变成真正的客户。

直复营销通过从各个纬度对消费者及其媒体接触习惯进行分析，根据行业经验和产品定位筛选符合要求的数据，精确锁定目标消费群，并通过直邮、电话、短信、电子邮件等多种沟通渠道，与目标消费者建立一对一的联系。

“通过这种方式选定的目标消费群通常对宣传的产品会产生更高的反馈率和购买率，能够有效提高企业的投资回报率。”国内领先的直复营销服务提供商——上海天地直复营销策划服务有限公司（TNT直复营销）总经理曾表示。TNT直复营销公司是荷兰TNT集团的全资附属公司，致力于提供专业的整合直复营销解决方案。

在营销成本方面，30秒电视广告的千人成本为125元，传统主流报纸媒体的千人成本在400元左右，而TNT直复营销公司开发的标准化直邮产品，其千人成本仅为65元，仅为电视广告的一半，更是远远低于主流报纸的营销成本。

2. 会员开发推动向上销售

著名的“20/80”法则同样适用于市场营销：公司80%的收入往往来源于20%的客户。面对有限的预算，如何让营销费用发挥最大的功效，带来最高的收益？

越来越多的公司都已经拥有了自己的会员数据库，但却对如何使用数据一无所知。TNT直复营销公司的数据库专家表示，会员数据的准确性能够显著提高达到率和回复率，同时减少不必要的浪费。因此，公司在建立会员数据库的过程中，会对数据中的错误信息（包括地址、邮编、电话等）进行判断和恢复，并通过数据去除重复数据，控制营销浪费。

此外，数据分析也是优化营销方案、提高营销投资回报率的重要手段之一。TNT直复营销公司特别针对中国市场研发了“锐达TM”地理信息系统，可以对数据在地图上进行定位，并进一步分析某个地区的会员渗透率、会员构成结构等，为直邮活动的目标选取、方案制订提供依据，提高回复率。

当然，会员数据的价值远远不止这些。在预算有限的情况下，挖掘数据价值，促进向上销售和交叉销售，将会给企业带来可观的收益增加。在会员数据库建立之后，企业可以通过会员构成分析和行为特征分析，根据不同的会员细分特征，建立一对一定期的沟通，提高核心会员的品牌忠诚度，促进普通会员的向上销售，促使不活跃会员提高购买频率。

3. 关注会员的长期价值

数据表明，获取一个新客户的成本是保留一个老客户的成本的5倍，而忠诚客户每增加5%，所产生的利润增幅可达到25%～85%。

一个成功的忠诚度计划往往整合了电话、传真、电子邮件、网络、信件、面对面服务等多种沟通渠道，以合理的频率与会员之间建立关怀和沟通，有效促进客户和忠诚度计划之间的情感联系及信任的建立，推动向上销售和交叉销售。

TNT直复营销的总经理曾指出：“每一次与会员的一对一沟通都会影响到会员对企业品牌或产品的认识，也会影响忠诚度计划的最终效果。在忠诚度计划中，企业选择的沟通渠道、沟通频率和传递的沟通内容都会对会员的满意度产生至关重要的影响。”

作为一家专业的直复营销公司，TNT直复营销公司凭借着丰富的行业经验，已经为零售、金融、汽车等行业的众多知名品牌提供了度身定做的忠诚度计划方案，并提供一站式的执行和评估服务。

【案例点评】

在全球经济不容乐观的情况下，无论是电视、报纸、广播，还是杂志、户外媒体等，传统的粗放型广告模式无疑会造成更多的资源浪费，而以消费者为导向的精准营销方式却可能以较少的投入带来更多的回报。目前，越来越多的企业都已经意识到了这一点。危机带来了挑战，但也带来了机遇，在预算不断缩减的时候，通过更有效、更精准、更可测的直复营销获取市场机会，扩大市场份额，这样才能安然“过冬”。

（资料来源：http://finance.qq.com/a/20090428/002593.htm.）

## 1.1.2 物流与物流企业

### 1. 物流的产生

物流作为一门科学是在长期的社会发展中产生的。物流的理念由“管理学之父”P. F. 德鲁克以"Physical Distribution"一词最先提出。德鲁克提出"物流"或"实体分配"这个领域还是灰色区域乃至黑色区域，是"一块经济界的黑暗大陆"、"一块未被开垦的处女地"。

为了认识这块"黑暗大陆"，20 世纪初，美国"二十世纪财团"组织了大规模调查，发表了《流通费用确实太大》的调查报告书。其中一个重要数据是，以商品零售价格为基数计，社会流通费用竟然占到了 59%，而其中大部分是物流费用。该结论影响很大，它为物流理论研究奠定了基础。

第二次世界大战中形成的军事后勤（Logistics）的观念和实践，战争中叉车技术的大量采用，装卸、搬运、运输、保管等独立的功能要素，对物流这门完整科学的形成起到了巨大的推动作用。

第二次世界大战后，"物流"这一术语开始在企业组织机构中出现，而这一术语涵盖的内容是：运输、仓储、包装和物料搬运。应该说，这已形成了物流理论的主体。与此同时，各国企业界采用"物资管理"（MM，Materials Management）一词，并将其定义为"获得并使用所有生产成品所需要的物资的活动"，这些活动包括生产、库存、控制、采购、运输、物料搬运和接收。显然，这一定义的内容已包括了物流的内容。当时，对于物资管理一词还有另外一个定义，也表明了其中物流的含义，这一定义是："物资管理包括一切和物资有关系的活动，除了那些直接设计、生产产品和维护设备、维护工具的活动。"还有一些企业则直接把战时后勤的概念引入到企业的经营及管理活动之中，变成了企业后勤（Business Logistics），并定义为"对一切促进和协调物资购销和增加物品时空效用的活动的管理"。显然，这个概念和当时的物流概念是基本一致的。

从德鲁克最初提出"物流"这一词开始，到经济界和企业界不管以什么名义采用了这一观念为止，应该说，物流作为一门学科诞生了。

到今天，人们对物流的认识应该说已经比较深刻，虽然世界上对物流的定义有多种表述，但内涵却基本一致。1985 年，美国物流管理协会（CLM）将物流定义为：物流是对货物、服务及相关信息从供应地到消费地的有效率、有效益的流动和储存进行计划、执行与控制，以满足客户需求的过程。该过程包括进向、去向、内部和外部的移动，以及以环境保护为目的的物料回收。到了 1998 年，CLM 更新了对物流的定义：物流是供应链流程的一部分，是为了满足客户的需求而对商品、服务及相关信息从原产地到消费地的高效率、高效益的正向和反向流动及储存进行的计划、实施与控制的过程。这一定义标志着现代物流理论发展到更高阶段，物流成为供应链流程的一部分。

加拿大供应链与物流管理协会在 1985 年对物流的定义是：物流是对原材料、在制品、产成品及相关信息从起运地到消费地的有效率的、有效益的流动和储存进行计划、执行和控制，以满足客户需求的过程。该过程包括内向、外向和内部流动。到 2000 年，加拿大基本上采用了美国物流管理协会 1998 年的定义，只是进一步作了综合。

欧洲物流协会在 1994 年发表的《物流术语》中定义物流为：物流是在一个系统内对人员或商品的运输、安排及与此相关的支持活动的计划、执行与控制，以达到特定的目的。

日本后勤系统协会在 1992 年 6 月将物流改称为"后勤"，该协会的专务理事稻束原树在 1997 年对"后勤"做了如下的定义：后勤是一种对原材料、半成品和成品的有效率流动进行规划、实施和管理的思路，它同时协调供应、生产和销售各部门的利益，最终达到满足客户的需求。

我国在《中华人民共和国国家标准物流术语》中将物流定义为：物品从供应地向接收地的实体流动中，将运输、储存、装卸搬运、包装、流通加工、配送、信息处理等功能有机结合，优化管理来满足物主要求的过程。

### 2. 物流的发展

20 世纪 50 年代至今，社会物流与企业物流都有了很大发展，新概念与新技术层出不穷，各国由于各自经济环境的不同，其物流的发展和管理模式也有所不同。但是，总的来说，物流发展过程大致经历了实体分配阶段、综合物流阶段和供应链管理阶段。

（1）实体分配阶段（PD，Physical Distribution）

最早对物流的研究，一般认为是在 20 世纪 50 年代前后。在这个时期中，由于生产社会化、专业化程度不高，生产与流通之间的联系较为简单，生产企业的精力主要集中在生产上，对物流的作用缺乏充分认识，重视生产而忽视流通。随着社会经济的不断发展，生产与生活消费对物质产品需求数量增加，作为克服生产与消费之间背离的物流的作用开始显现，迫使人们逐渐重视物流的研究和加强物流的管理工作。生产企业面对卖方市场转为买方市场这一形势，不得不将注意力集中到成品的销售上来，在这一阶段，物流管理的特征是注重从产品到消费者的物流环节。

（2）综合物流阶段（ILM，Integrated Logistics Management）

到了 20 世纪 70 年代，随着国际经济一体化的发展，生产社会化程度的提高，单纯依靠技术革新、扩大生产规模、提高生产率来获利的难度越来越大。这就促使人们开始寻求新的途径，如通过改进和加强流通管理、降低流通费用等手段来获得较高的利润。因此，改进流通、加强流通管理就成为现代企业获得利润的重要源泉之一。

在 20 世纪 70 年代中期出现的经济衰退，迫使企业更加重视降低成本，以提高商品的竞争力，但其着眼点却从生产领域转向了流通领域，通过改进客户服务和降低运输费用、储存费用来增加利润。在这种情况下，20 世纪 70 年代以后，物流界进行了变革。企业越来越认识到将物资管理与实体分配（PD）结合起来管理，将物流系统中的各个环节作为统一的连续过程，可以更有效地运作和大大提高效益。“MM”与“PD”的结合是这一阶段的特征。

（3）供应链管理阶段（SCM，Supply Chain Management）

到了 20 世纪 80 年代，一系列外部因素的变化，如世界范围内的原材料和燃料成本的快速上升、人工费用的不断增加，迫使企业必须大幅度降低物流费用来提高企业竞争能力。在这一时期，现代系统理论、系统价值工程等科学管理理论和方法的出现，使得在大范围内实现物流合理化成为可能。这一时期，物流研究和管理上的特点是将物流的各项职能作为一个大系统进行研究，从整体上进行开发。在美国，加强物流系统的管理被视为美国“再工业化”的重要因素。许多企业，特别是大型跨国公司，开始将着眼点放在物流活动的全过程，包括原材料的供应商和制成品的分销商的整个流通过程，这就形成了所谓的供应链物流管理的概念。供应链管理指的是全过程中的一切相关活动及其信息系统的综合管理。供应链管理对节约成本费用、压缩订货周期、提高资金利用率和提高服务水平等都具有很大的潜力。物流活动全过程的有机整合是这一阶段的特征。

### 3. 现代物流的特点

通常认为，传统物流指由物品的运输与储存及一些附属业务而形成的功能单一的物流模式。

现代物流与传统物流的根本区别在于：现代物流强调系统整体优化，即以现代信息技术为基础的物流系统内运输、包装、装卸搬运、流通加工、配送、储存等各子系统间进行优化整合，因此出现如供应链一体化管理、核心业务管理的协调、强调全程物流等；现代物流一定有完善的物流信息系统和信息网络的支持，其决策、运作过程与管理都离不开信息系统的支撑；现代物流具有先进的物流科学技术。

现代物流在运作上呈现出多样化的特征，主要表现为以下几点：

(1) 反应快速化

物流服务提供者对上游、下游的物流需求的反应速度越来越快，配送间隔越来越短，商品周转次数越来越多。

(2) 功能集成化

现代物流着重于将物流与供应链的其他环节进行集成。

(3) 服务系列化

除了传统的储存、运输、包装、流通加工等服务外，现代物流服务在外延上向上扩展至市场调查与预测、采购及订单处理，向下延伸至配送、物流咨询、物流方案的选择与规划、库存控制策略建议、贷款回收与结算、教育培训等增值服务。

(4) 作业规范化

规范的作业标准和服务标准。

(5) 目标系统化

现代物流从系统的角度统筹规划一个公司整体的各种物流活动，力求整体活动的最优化。

(6) 手段现代化

世界上最先进的物流系统已在运用 GPS（全球卫星定位系统）、卫星通信、射频识别装置、机器人等，实现了自动化、机械化、无纸化和智能化。同时，采用 ERP 系统支持后，对库存与运输的控制大大加强。

(7) 组织网络化

现代物流需要有完善、健全的物流网络体系，网络上点与点之间的物流活动保持系统性、一致性，这样可以保证整个物流网络有最优的库存总水平及库存分布，运输与配送结合，快速、灵活、高效。

(8) 经营市场化

现代物流的具体经营采用市场机制，委托社会化物流企业承担物流任务，以“服务”为总目标，谁能提供最佳的“服务-成本”组合，就找谁服务。

**4. 物流企业**

(1) 物流企业的概念

物流企业是指独立于生产领域之外，专门从事各种物流经营活动的自主经营、自负盈亏、自我发展、自我约束的具有法人资格的企业。

由上面定义可见，物流企业是相对于生产企业而言的，物流企业的经营内容主要是提供诸如仓储、运输、配送、信息咨询等物流服务。具体来讲，物流企业是以物流为主体功能，同时伴随有商流、资金流和信息流，它包括仓储业、运输业，以及批发业、零售业和外贸等行业分流出来的物流业务组织。

从物流企业的概念中可以知道物流企业具有如下特征：

① 物流企业是国民经济流通产业机体的细胞和旺盛生命力的有机体。

② 物流企业是市场经济的运行和发展过程中和商品交换活动有关的经济组织。

③ 物流企业为维系生存和发展，具有自身的利益驱动机制。

④ 物流企业是具有流通服务职能、平等参与竞争、享有合法权益的法人。

（2）物流企业的职能

物流企业是物流服务的供应商，其核心是为客户提供物流服务。现代物流企业的基本职能已经突破了传统的仓储运输服务，而是提供以满足客户需求为核心、以资源优化配置为目标、以信息技术为支撑、以专业化服务为保证的整体物流解决方案。具体包括以下几个方面：

① 满足客户对物流服务的全方位需求。物流企业的职能目标或存在目的就是以满足客户的各种物流服务需求发展起来的。现代物流企业不仅是生产企业的原料库和成品库，而且也是最终用户产品和服务的供应者。它以现代信息管理技术为支撑，把传统的仓储运输服务提升到一个新水平，同时开展配送、流通加工、物流系统优化、企业资源整合等深层次服务。

② 降低交易成本。仓储运输是构成企业成本的主要内容，也是影响企业利润的主要因素。现代物流企业的主要职能之一，就是通过为客户提供专业化物流服务，优化客户物流系统，降低客户存货资产，缩短运输配送周期，以帮助客户提高交易效率、降低交易成本。

③ 实现功能整合。所谓功能整合，一方面是对各种物流功能性活动进行重组和协调，使其形成一个完整的系统，以提高系统的整体效率，实现系统的整体效益。物流企业在整个供应链中具有承上启下的作用，通过物流企业可以将生产企业、流通企业和最终用户联系起来，实现物流、商流和信息流的统一。另一方面，物流企业也可以通过专业化服务，整合客户所需要的各种物流活动，提供功能最佳、成本最低、效率最高的物流服务。

④ 提升客户竞争能力。物流企业为客户提供有效的物流服务，并与客户企业的业务系统实现完美的组合，可以使客户企业把优势资源集中于具有竞争力的核心业务，提升客户的竞争能力。

（3）物流企业的分类

根据作业类别不同，可将物流企业分为运输企业、仓储企业、流通加工企业和配送企业等。

根据所有制形态不同，可将物流企业分为外资或合资物流企业、国有物流企业和民营物流企业。

根据组织管理水平不同，可将物流企业分为传统物流企业和现代物流企业。

根据服务主体不同，可将物流企业分为第一方物流企业、第二方物流企业、第三方物流企业和第四方物流企业。

**【案例】** 崛起的中国现代物流企业——中国外运

中国对外贸易运输（集团）总公司（简称中国外运，英文简称 sinotrans）成立于 1950 年，是以海、陆、空国际货运代理业务为主，也是集综合物流服务为一体的物流企业集团。2005 年，中国外运股份有限公司共完成营业额 287.9 亿元人民币，实现营业利润 12.7 亿元人民币，净利润 8.569 亿元人民币。2006 年，中国外运集团进入世界物流企业 100 强，名列第 68 位。

中国外运自1998年开始，制定并实施了面向21世纪的企业发展战略，致力于把中国外运从一个传统的外贸运输企业建成一个由多种物流（工程物流、会展物流、合同物流、大客户定制服务）为主体的、按照统一的服务标准和规范体系运作的国际化、大型化、现代化综合性的大型物流企业集团，并且制定了一个为期3年的战略目标和实施步骤。它的经营服务理念为：我们今天和未来所做的一切，都是以降低客户的经营成本为目标，为客户提供安全、迅速、准确、节省、方便、满意的物流服务。主要包含以下几方面的内容：

① 以“客户为中心”的经营理念是企业物流服务的最基本精神；

② 以“降低客户的经营成本”为根本的物流服务目标；

③ 以“伙伴式、双赢策略”为标准的市场化物流服务模式；

④ 以“服务社会、服务国家”为价值取向的大物流服务宗旨。

1. 确立低成本目标

中国外运降低客户成本主要是通过对企业供应链过程中的各个环节、各个因素的综合分析与抑制来实现的，在这一过程中物流管理的目标并不仅仅限于运输、仓储等企业对外交易的有形费用，更重要的是通过高效率的物流配送服务降低客户的各种无形费用。中国外运集团降低客户的成本主要从以下几个方面入手：

① 降低直接的运输及配送费用；

② “零库存”的成本效应；

③ 优化资金流，提高企业的资金使用效率。

2. 打造物流服务新品牌

（1）创建物流服务体系

按照现代物流服务的标准和要求，以信息技术为依托，建立统一的作业流程和操作规范的物流体系：

① 建立面向市场的信息服务系统，包括客户查询系统、货物跟踪系统、客户信息反馈系统等。通过高水平的信息服务，提高现代物流服务质量。与此同时，建立能够支撑集团综合物流服务的电脑控制信息操作系统。通过信息手段实行集约管理，规范业务流程，全面提升集团一体化运作能力。

② 建立物流配送体系。中国外运集团积极开展物流标准化和流程再造，改变集团有点无网、分散经营的局面，在信息技术的支撑下，各经营主体根据专业特点与区域分布，建立起分工协作的一体化经营模式。各经营主体实行销售、操作与管理等环节相分离，按照集团物流规划进行组织划分和统一布局，明确职能、严格分工，同时在信息技术的支撑下，按照标准使流程紧密衔接、规范运作。

③ 建设物流中心。中国外运集团在全国各地拥有160座仓库，仓储总面积达550万平方米，并与很多仓库和铁路专用线、集装箱堆场结合在一起，是天然的物流中转中心。为了尽快满足客户的需要，中国外运集团已经在全国重点省市设立了12个大型物流中心，进一步加强了电子化库存管理系统，并把海关、检验、检疫等部门直接请到物流中心设立办事处，以提高通关速度。

④ 提高物流成本分析与供应链管理能力。如在为某一化工企业提供物流服务的过程中，结合公司内外的力量，对该企业从原材料采购、储存、销售、装卸、配送等各项成本进行了综合分析，为之提出最佳库存持有量与原材料采购计划，并为之设计专门的物流流

程，配合企业的财务部门为之建立起与物流相结合的资金流管理模型，并根据企业产品特点，使客户的物流目标得到很好体现。

（2）在为大客户摩托罗拉提供物流服务中提升自己

① 制订科学规范的操作流程。摩托罗拉公司的货物具有科技含量高、货值高、产品更新换代快、运输风险大、货物周转快以及仓储要求零库存的特点。为满足摩托罗拉公司的服务要求，中国外运集团华北空运天津公司从 1996 年开始设计并不断完善业务操作规范，并纳入公司的程序化管理。对所有业务操作都按照服务标准设定的工作和管理程序进行，先后制订了出口、进口、国内空运、陆运、仓储、运输、信息查询、反馈等工作程序，每位员工，每个工作环节都按照设定的工作程序进行，使整个操作过程井然有序，提高了服务质量，减少了差错，杜绝了事故的发生。

② 提供 24 小时的全天候服务。针对客户 24 小时服务的需求，实行全年 365 天的全天候工作制度，周六、周日（包括节假日）均视为正常工作日。厂家随时出货，公司随时有专人、专车提货和操作。在通讯方面，相关人员从总经理到业务员实行 24 小时的通讯畅通，保证了对各种突发情况的迅速处理。

③ 提供门到门的延伸服务。普通货物运输的标准一般是从机场到机场，由货主自己提货。而快件服务的标准是门到门、桌到桌，而且货物运输的全程在代理的监控之中，因此收费也较高。摩托罗拉公司的普通货物虽然是按普货标准收费的，华北空运天律公司提供的却是门到门、库到库的快件规格的服务，既提高了运输时效，又保证了安全。

④ 提供增值服务。根据中国外运集团华北空运天津公司多年的运输经验，为了防止摩托罗拉公司的货物在运输中被盗，在运输中间增加了打包、加固的环节。为了防止货物被雨淋，华北空运天津公司又增加了一项塑料袋包装环节。虽然这些新的服务增加了华北空运天津公司的劳动强度和运输成本，但保证了摩托罗拉公司货物的安全，减少了货损。再如，为保证紧急货物按时送达货主手中，增加了手提货物的运输方式，解决了客户急、难的问题，让客户感到在最需要的时候，中国外运集团都能及时快速地帮助解决。

⑤ 充分发挥中国外运集团的网络优势。中国外运已经实现了集团范围内的计算机联网，在重要口岸，实现了和海关报关系统的对接，通过国际互联网向客户提供多种信息服务，形成了以高新技术为基础的覆盖国内外的货运营销网络。这是中国外运集团发展物流服务的最大优势。为了搞好摩托罗拉公司在国内的运输配送业务，中国外运集团通过其在国内 98 个城市的网络，为摩托罗拉公司提供服务，实现了从提货、发运、派送全过程的定点定人、信息跟踪反馈等服务，满足了客户的要求。

⑥ 对客户实行全程负责制。作为摩托罗拉公司的主要货运代理之一，中国外运集团华北空运天津公司对运输的每一个环节负全责，即对货物从工厂提货到海、陆、空运输，国内外的异地配送等各个环节负全责。对于出现的问题，积极主动协助客户解决，并承担责任和赔偿损失，确保了货主的利益。

【案例点评】

中国外运集团从一个传统的外贸运输企业逐步发展成由多个物流主体组成的，按照统一的服务标准和规范的流程体系运作的国际化、综合性的大型物流企业集团。中国外运的核心定位是"服务"，在服务定位中又突出了"以降低客户经营成本为目标"、"为客户提供高质量服务"等一系列新理念。如果没有十分明确的市场定位，现代企业是不可能立足于商海的。

（资料来源：沈墨. 现代物流案例分析[M]. 南京：东南大学出版社，2006.）

## 1.2 物流市场营销的概念、内容及意义

### 1.2.1 物流市场营销的概念及特征

物流市场营销有时又被称为物流服务营销，是指物流企业通过为客户提供物流服务来满足客户的需求，从而实现物流企业的产品价值。

物流企业通过为客户提供物流服务而实现自身的产品价值，和一般的工商企业市场营销相比，物流市场营销有着自身的几个主要特点：

（1）物流市场营销提供的产品是服务

物流服务是由某一个或一系列的活动组成的。和普通的有形商品相比，物流服务具有无形性、生产和消费的同时性、不可储存性等特点。

① 物流服务并不是某一种具体的实物，而是一种需求的满足。由于这种无形性的特点，顾客在购买服务产品之前，往往不能确定能得到什么样的服务。

② 有形产品从生产、流通到最终消费过程中，往往要经过一系列的中间环节，生产和消费过程具有一定的时间间隔。而对于物流服务而言，服务的生产过程与服务的消费过程是同时进行的，也就是说，物流企业向顾客提供服务时，也正是顾客消费服务之时，生产和消费服务在时间上不可分离。由于物流服务生产与消费具有同时性，因此顾客必须参与到服务过程中来，而且在顾客前来消费之前，物流服务是无法被生产出来的。

③ 生产与消费的同时性及服务的无形性的特点，使得服务不可能像有形产品那样生产出来后被储存起来以备未来出售，因此服务产品具有不可储存性。虽然服务产品的不可储存性为企业省去了储存费用和运输费用，但如果服务时不能被消费就会造成损失。例如，一架飞机上只坐了一名乘客，那些剩余的座位是没有办法在第二天销售的。如果服务在某一时段的需求很小，尽管企业的生产资源很充足，却只有少量顾客前来消费，服务生产能力得不到充分实现，这对于企业来说无疑是一种浪费。或者在某一时段内服务需求很大，但由于企业生产资源的限制，不能同时提供足够多的服务来满足当时的需求，这对企业来说也是一种损失。服务需求的不平衡是造成这种损失的根本原因。因此，不可储存性的特征要求服务企业必须解决由于缺乏库存所引起的问题。

（2）物流市场营销的对象广泛

由于供应链的全球化，物流活动变得更加复杂。工商企业为了将资源集中于自己的核心业务上，往往将其他非核心业务外包。工商企业急剧上升的物流外包为物流企业提供了广阔的市场营销范围和服务对象，可以说是涉及了各行各业，客户非常广泛。

（3）物流服务市场的差异程度大

由于物流服务对象的广泛，物流业务的拓宽和扩展，客户个性化的需求越来越高，顾客

的广泛性导致了市场的差异性，因此，物流企业面对的是一个差异程度很大、个性化很强的市场。由于物流服务市场的差异程度大，物流企业在进行营销工作时，必须根据不同客户企业的特点提供差别化的服务，并建立一套高效合理的物流解决方案。

（4）物流企业营销服务的能力强

由于物流市场营销对象的广泛性，客户需求千差万别，这就在客观上要求物流企业必须具有强大的营销服务能力与之相适应。一个成功的物流企业，必须具备较大的运营规模，建立有效的地区覆盖面，具有强大的指挥和控制中心，兼备高水平的综合技术、财务资源和营销策略。

### 1.2.2 物流市场营销的内容

物流市场营销是发生在物流领域的市场营销活动。物流市场营销活动的主要内容包括环境分析与市场调研、市场细分与市场定位、市场营销促销组合、物流营销信息管理、物流客户服务与关系管理。

（1）物流环境分析与物流市场调研

物流企业在市场营销活动中，不仅要受到企业自身的资源条件和目标的影响和制约，而且要受到市场营销环境即企业不可控制的变数的影响和制约。物流营销环境是一个复杂、多层次的环境，既包括诸如政治法律、社会文化、经济、技术等宏观环境，也包括企业内部各部门、金融服务机构以及其他各种营销中介等微观环境。物流营销环境的变化会直接影响物流营销格局的变化。研究环境，是为了让物流企业更好地适应环境的变化。物流企业需要准确掌握市场需求状况和客户购买行为的变化，以及对竞争状况进行深入细致的分析，合理安排“4P”，使“4P”与营销环境迅速相适应，这样才有可能使物流企业的经营活动获得成功，保证企业在激烈的市场竞争中立于不败之地。

（2）市场细分、目标营销与市场定位

物流市场营销所面向的客户非常广泛，需求千差万别，任何一个物流企业，无论其实力多雄厚，规模多大，都不可能满足所有的市场需求，只能满足其中一部分客户的需求。因此，物流企业必须结合自身特点和竞争情况，对物流需求的整体市场进行市场细分，选择企业可以为之提供服务的客户群体作为目标市场，并在进一步分析的基础上确定企业自身的市场定位，采取相应措施，满足目标市场的需求。

（3）市场营销促销组合

物流企业在选择了目标市场后，确定进入目标市场的策略，然后就要围绕着目标市场，结合企业自身的实际情况，制订一个合理的、由市场营销策略组合构成的整体营销战略。市场营销组合是企业对可控制的各种营销手段的综合应用。物流企业市场营销手段很多，但综合起来主要有4种基本营销手段，也称为4种基本市场营销策略，即：产品策略、价格策略、分销渠道策略、促销策略，也就是“4P”策略。

随着市场环境和营销观念的变化，物流市场营销促销组合也在不断变化和发展，在“4P”理论的基础上，科特勒结合政治力量和公共关系两方面策略，提出了“6P”理论，随后又有劳特朋教授提出的围绕客户的“4C”理论。

(4) 物流营销信息管理

物流营销信息对物流企业从事营销活动有着十分重要的作用。随着计算机技术和通信技术的飞速发展，信息已经变得随处可得。但是，物流企业作为供应链上的重要环节，要想实现信息在供应链各环节上的流动畅通，以实现企业之间的无缝连接，则必须建立先进的现代物流营销信息系统。只有在一个现代的信息系统下，物流营销信息才能及时、高效地在企业之间传递，实现供应链系统的高效运作。同时，物流客户信息管理也是物流客户管理的关键，它们不仅能改善物流运作，设计新的物流方案，而且还能拓展物流管理的赢利能力。物流企业应做好物流营销信息系统的设计与应用，如物流市场信息的搜集、整理、分析，物流信息网络系统的建立与应用、物流信息的加工、传输与反馈等，充分发挥物流信息的作用，使信息成为提高企业经济效益和社会效益的有效手段。

(5) 物流客户服务与关系管理

在物流企业的竞争中，物流企业的核心竞争力在于提供高水平的、与众不同的物流服务，从而留住老客户，吸引新客户。在现代物流活动中，以客户为中心的服务理念和提高客户满意度的服务宗旨，使各个物流企业都十分重视加强与客户的关系管理，进一步提高服务水平和服务质量，力求取得客户的信任和支持。客户关系管理是物流营销活动的核心工作，是衡量物流营销系统客户服务水平的尺度，它直接影响到企业的市场份额和物流成本。

目前，与国外同行相比，我国物流企业的客户服务水平仍处于一个不利的局面，企业之间的竞争主要集中在价格竞争上，服务内容的同质性十分严重，不利于竞争的多样性和有序性，更不利于我国物流企业的快速健康成长。因此，物流企业在运作中，必须高度重视客户关系管理的环节，做好客户识别与管理、服务人员的管理、市场行为管理与伙伴关系管理等方面的工作。

### 1.2.3　物流市场营销的意义

物流市场营销作为物流企业的一项重要活动，涉及企业经营活动的全过程及企业内外部的各个方面，它既是社会分工和规模经济的产物，也是市场经济条件下企业的基本行为之一。在经济全球化的时代，物流市场营销无论是对物流企业的经营，还是对社会经济的发展，都有着重要的意义。

(1) 从对企业的重要性角度来看

当前，随着中国市场经济的发展，市场竞争格局已经发生了根本性转变，买方市场逐渐形成，旧的经营观念已经无法适应新的市场竞争。物流企业必须形成现代营销观念，培养一切为了客户的营销理念，通过现代化的手段和方式，尽可能地迅捷、合理、经济、便利地为顾客提供全方位的物流服务，以争取最大限度的顾客满意度，这就是物流企业在现代经济条件下应确立的营销理念和经营宗旨。

(2) 从市场竞争的角度来看

近几年来，随着中国进一步对外开放，国际物流公司正快速地向中国市场渗透，纷纷在我国建立物流基地，凭借资金、人才、管理上的优势，已经占据了中国物流业的大半市场，使国内的物流企业面临极大的竞争压力。中国的本土物流企业如何提升竞争力，做到与国外企业抗衡，成为我国经济界的热门话题。我国的物流企业只有学习国外企业先进的物流技术和管理经验，进行更加有效的市场营销，才能不断发展壮大。

(3) 从物流服务供求的角度来看

现阶段我国少量的市场化物流需求和大量的物流企业之间存在着较大的矛盾。由于近年来物流业的蓬勃发展，一些传统的物资流通部门纷纷加入到物流这一行业。外资物流企业纷纷进入中国物流市场；国营物流企业纷纷改制，向综合性物流企业发展；民营物流企业纷纷投资高科技，提升综合竞争力，商业储运企业蓄势待发，积极探索现代物流。

在需求方面，现代物流业在我国正经历着“爆炸式”的迅猛发展，但是相对于蓬勃增长的物流市场供给来讲，客户的有效需求却呈现出严重地畏缩现象。现有的物流市场需求仅仅局限于少量的外商投资、电子商务、连锁经营以及高新技术型工商企业，而数量众多的国内大、中型生产商、分销商则习惯于依靠自营的原材料物流和销售物流，不愿意将其生产经营过程中的一系列流通活动环节外包给第三方物流服务商。物流业赖以生存的基础是专业化的分工，我国目前大多数制造业和商业企业，都把物流作为企业自己的工作来抓，而不愿意将他们的物流业务委托给专业物流企业完成。据有关统计，我国目前供应链中物流量的 36% 和 46% 是由企业和供方承担，商业物流活动中，76% 由企业承担，18% 由供方承担。所以尽管社会对物流量的需求市场很大，但对物流企业所提供的物流服务的需求却不大。

正是由于物流服务需求和供给之间的矛盾，物流市场营销便显得格外重要。物流企业可以通过提高市场营销水平，劝说一些企业改变传统观念，将物流业务外包。物流企业应该把自己所能提供的服务，包括物流信息处理、物流方案设计和供应链管理等相关服务充分地向客户展示，引起客户的兴趣，最终达到让客户企业进行物流业务外包的目的。

## 1.3 物流市场营销学的研究对象、核心观念与研究方法

### 1.3.1 物流市场营销学的研究对象

物流市场营销学是一门独立的学科，它有着与其他学科不同的科学体系，因而也必然有着自身的研究对象。物流市场营销学的研究对象是物流企业的营销活动及其经济规律，以及物流企业如何运用这些规律实现企业自身价值的最大化。具体讲，物流市场营销学研究的是物流企业实施营销活动的全过程，即物流企业从市场需求出发，以满足消费者需求为中心，选择本企业能最好地为它服务的目标市场，实施以产品、价格、渠道、促销策略为主要内容的市场营销活动及其规律。

物流市场营销学是建立在经济科学、行为科学、现代管理学基础上的应用科学，具有内容的综合性、学科的边缘性、理论的应用性等性质。

(1) 内容的综合性

物流是一个涉及运输、仓储、货代、联运、制造、贸易、信息等业务的复合型行业，具体业务内容比较复杂。相应的营销知识既需要通用性原理，也需要专业性知识，需要将营销内容与物流学、管理学、计算机技术与应用等学科知识融合起来，带有综合性特点。

(2) 学科的边缘性

物流营销的学科涉及管理学、经济学、心理学、物流学、计算机网络技术、国际贸易等学科知识，因此具有边缘性的特点。

(3) 理论的应用性

物流营销是应用性学科，营销知识应用于集成物流系统规划设计、运营组织与管理、全程实时控制等管理技术与方法。工作人员需要具有较强的系统规划设计、计算机网络技术应用、电子商务、市场营销策划和经营组织管理能力，是高级复合型物流管理人才，因此突出了实践性的特点。

## 1.3.2 物流市场营销学的核心观念

(1) 需要、欲望和需求

需要和欲望是市场营销活动的起点。需要是指没有得到某些基本满足的感受状态，是人类与生俱来的，如对衣食住行以及安全、归属、受人尊敬和感情的社会需要等。这些需要存在于人类自身生理和社会之中。

欲望是指人们想满足自己具体需要的一种愿望。欲望也就是一种动机。根据心理学的原理，需要产生动机，动机导致行动。但是动机不一定都马上导致行动。动机只能在有条件、有可能的情况下才导致行动。

需要和欲望是两个心理学的核心。两者构成因果关系：需要是因，欲望是果。

从市场营销学的角度看，人们的需要和欲望是产生商品需求的前提条件。没有需要和欲望，就不可能产生需求。因此市场营销工作者进行市场营销的实质和最终目的，就是要引导、诱发、创造人们的需要，使他们产生购买商品的欲望，并产生最终的需求、导致购买商品的行动。

需求是指人们愿意购买并有能力购买某个具体产品的欲望。不是所有的欲望都是需求，只有那些可以实现的购买欲望才是需求。需求是一种可以实现的欲望，因为有购买能力，就有可能实现购买商品的欲望。

需求是产生商品购买的基础和前提条件。没有需求根本不可能产生商品购买。创造需求有两个条件，一个是人们的购买能力，一个是人们的购买欲望。对于前者，市场营销工作者是无能为力的，这要靠社会经济的大环境。但是对于后者，市场营销工作者是大有作为的。实际上市场营销工作者全部工作的实质，就只是在于影响和创造客户的购买欲望，并且创造条件，使这种购买欲望变成购买行动。因为需求还只是一种动机，不一定就能够产生购买商品的行动。动机变成行动，需要有条件。因而，市场营销者总是通过各种营销手段来创造条件，使客户能够实现他们的购买欲望。

(2) 产　品

人们用产品来满足他们的需求和欲望，产品是指可以提供给市场用来满足需要或欲望的任何东西。产品的概念并不仅仅是指实体产品本身，可以这么说，满足人们需要的任何东西都可称为产品。除了实体产品和服务之外，产品还包括人物、地方、活动、组织及思想。如果我们觉得无聊、沮丧时，可以去演出厅观看魔术师的表演，到旅游胜地去旅游，参加运动，加入合唱团，或是接受不同的人生信仰等。市场营销者必须清醒地认识到，其创造的产品不管形态如何，如果不能满足人们的需要和欲望，就必然会失败。

(3) 效用、费用和满足

效用是消费者对产品满足其需要的整体能力的评价。消费者通常根据对产品价值的主观评价和要支付的费用来做出购买决定。例如，某人为解决每天上班的交通需要，他会对可能满足这种需要的产品选择（如自行车、摩托车、汽车、出租车等）和他的兴趣（如速度、安全、方便、舒适和节约等）进行总体评价，以决定哪一种产品能够提供最大的总满足。假如他主要对速度和舒适感兴趣，也许会考虑购买汽车。但是，汽车购买与使用的费用要比自行车高许多。若购买汽车，他必须放弃用其有限收入可购置的许多其他产品。因此，他将全面衡量产品的费用和效用，选择购买能使每一元花费带来最大效用的产品。

满足是消费者购买后根据产品的效用和费用比较而产生的满意度感受。如果效用大于成本，就会感到满意，而且大得越多越满意。如果效用小于成本，就会感到不满意，而且小得越多越不满意。

用户的满意程度，是用户产生再次购买的驱动力。用户不满意，也是用户产生不再购买的驱动力。市场营销的目的，就是要尽量增大用户的满意度，尽量避免用户的不满意。

（4）交换、交易和关系

这里的交换是一个经济学概念，是指从他人处取得所需之物，而以某种东西作为交换的行为。商品交换区别于商品自产自用或强取、乞讨等获取商品的方式。商品交换是商品社会，特别是市场经济社会所具有的最主要、最基本的活动行为。发生商品交换需要有市场，而且必须具备以下五个条件：① 至少有交换双方；② 每一方都有对方需要的有价值的东西；③ 每一方都有沟通和运送货品的能力；④ 每一方都可以自由地接受和拒绝；⑤ 每一方都认为与对方交易是合适的或称心的。

商品交换达成协议，就叫交易。也就是说，交易是具体实现了的商品交换。商品交易有两种方式：一是货币交易，以币易物；二是非货币交易，以物易物。一项交易通常要涉及几个方面：① 至少有两件可用于交换的有价值的物品；② 由双方认可的交易条件、时间、地点；③ 有法律制度来维护和迫使交易双方执行承诺。

一些学者将建立在交易基础上的营销称为交易营销。为使企业获得较之交易营销所得到的更多，就需要关系营销。关系营销是市场营销者与顾客、分销商、经销商、供应商都能建立、保持并加强合作关系，通过互利交换及共同履行诺言，使各方实现各自目的的营销方式。与顾客建立长期合作关系是关系营销的核心内容。与各方保持良好的关系要靠长期承诺和提供优质产品、良好服务和公平价格以及加强经济、技术和社会各方面联系来实现。关系营销可以节约交易的时间和成本，使市场营销宗旨从追求每一笔交易利润最大化转向追求各方利益关系的最大化。

### 1.3.3 物流市场营销学的研究方法

物流市场营销学的研究方法是随着市场营销学的发展而发展的。20 世纪 50 年代以前，对市场营销的研究主要采用传统的研究方法，包括产品研究法、机构研究法、职能研究法。50 年代以后，主要采用现代科学方法，包括管理研究法、系统研究法和社会研究法等。

**1. 传统研究法**

传统研究法是第二次世界大战前颇为流行的研究市场营销学的方法。战后西方发达资本主义国家在市场营销课程中（如工业市场营销学、农业市场营销学、批发学、零售学、物流管理等）主要采用以下三种：

(1) 产品研究法

产品研究法是以产品为中心的研究方法。这种方法以产品为主体，对某类产品如农产品、工业品等进行分别研究，主要研究这些产品的设计、包装、品牌、商标、定价、分销、广告及各类产品的市场开拓。主要产品大类可分为农产品、矿产品、制造品和劳务等。此法一般是在经营特定商品时采用。采用这种研究方法可详细地分析研究在各类产品市场营销中遇到的具体问题，但需耗费巨大的人力、财力、物力，且重复性大。

(2) 机构研究法

机构研究法是一种以人为中心的研究方法。这种方法以研究营销制度为出发点，即研究渠道制度中各个环节及各种类型的营销机构，如代理商、批发商、零售商等营销问题。此法能帮助了解各个机构是如何开展工作和活动的。

(3) 职能研究法

职能研究法是从市场营销的各种职能，如交换职能、供给职能、便利职能（资金融通、风险承担、市场信息等）以及企业执行各种功能中必定或可能遇到的问题，来研究和认识市场营销问题的。

**2. 现代研究方法**

(1) 管理研究法

管理研究法是从管理决策的角度来分析、研究市场营销问题。与传统营销学的研究方法相比，它脱离了具体的产品和业务，而把物流市场营销管理的概念和规律抽象出来，将这些具有规律性的营销理论与企业的物流市场营销管理实践相结合，研究企业如何最有效地为目标市场服务，实现既定的战略目标。

管理研究法综合了产品研究法、机构研究法和职能研究法。从管理决策的观点看，企业营销受两大因素的影响：① 企业不可控制因素，如人口、经济、政治、法律、物质、自然、社会文化等因素；② 企业可控因素，如产品、价格、分销及促销。企业营销管理的任务在于全面分析外部不可控制因素的作用，针对目标市场需求特点，结合企业目标和资源，制订出最佳的营销组合策略，实现企业赢利目标。

(2) 系统研究法

系统研究法是从企业内部系统、外部系统，以及内部和外部系统如何协调来研究市场营销学的。企业内部系统研究主要是研究企业内部各职能部门，如生产、财务、人事、销售等如何协调，以及企业内部系统和外部系统的关系如何协调的问题。企业外部系统研究主要是研究企业同目标顾客及外部环境的关系。内部和外部系统又是通过商品流、货币流、信息流联结起来的。只有市场营销系统的各组成部分相互协调，才能产生高的营销效益。

(3) 社会研究法

社会研究法主要研究企业营销活动对社会利益的影响。市场营销活动一方面带来了社会经济的繁荣与发展，另一方面造成了某些负面影响，如环境污染、生态平衡的破坏等。因此，有必要通过社会研究法，寻求使营销活动的负面影响降到最低限度的途径。

## 小 结

市场营销是个人或组织对某种思想、产品和服务的构思、定位、促销和分销的计划和执行过程，以达到个人和组织实现交换的目的。

市场营销学是对企业营销实践经验的提炼和总结，而企业营销实践的发展又推动了市场营销学的发展。作为一门独立的应用性学科，它的产生和发展过程大致可分为萌芽期、成型期、发展期、完善期四个阶段。

市场营销观念，是指进行营销活动的基本指导思想。这种思想支配着企业的生产经营计划、战略和决策，直接关系到企业的成败和能否发展。市场营销观念实际上表达了企业的经营管理者对企业宗旨、营销目的的基本认识。

从企业活动的历史来看，可以发现指导企业营销活动的观念主要有六种，分别是生产观念、产品观念、推销观念、市场营销观念、社会营销观念、生态营销观念。

我国对物流的定义是物品从供应地向接收地的实体流动中，将运输、储存、装卸搬运、包装、流通加工、配送、信息处理等功能有机结合，优化管理来满足物主要求的过程。20世纪50年代至今，物流发展过程大致经历了实体分配阶段、综合物流阶段和供应链管理阶段。

物流企业是指独立于生产领域之外，专门从事各种物流经营活动的自主经营、自负盈亏、自我发展、自我约束的具有法人资格的企业。物流企业是物流服务的供应商，其核心是为客户提供物流服务。

物流市场营销有时又被称为物流服务营销，是指物流企业通过为客户提供物流服务来满足客户的需求，从而实现物流企业的产品价值。

物流市场营销是发生在物流领域的市场营销活动。物流市场营销活动的主要内容包括环境分析与市场调研、市场细分与市场定位、市场营销促销组合、物流营销信息管理、物流客户服务与关系管理。

物流市场营销学的核心观念有需要、欲望、需求、产品、效用、费用、满足、交换、交易、关系。

物流市场营销学的研究方法是随着市场营销学的发展而发展的。20世纪50年代以前，对市场营销的研究主要采用传统的研究方法，包括产品研究法、机构研究法、职能研究法。50年代以后，主要采用现代科学方法，包括管理研究法、系统研究法和社会研究法等。

## 复习思考题

**一、单项选择题**（在下列每小题中，选择一个最合适的答案。）

1. 以下不属于市场基本要素的是______。

A. 购买者　　B. 购买欲望

C. 市场所在地　　D. 购买意愿

2. 下列与其他市场分类不同的一项是______。

A. 完全竞争市场　　B. 工业品市场

C. 消费品市场　　D. 服务市场

3. 工商企业或机关团体为业务使用或为制造其他产品而购买商品或劳务的市场叫做______。

A. 消费品市场　　B. 生产资料市场

C. 服务市场　　D. 生活资料市场

4. ______是指一个产业中有许多卖者生产具有差别的产品。

A. 完全竞争　　B. 纯粹垄断

C. 垄断竞争　　D. 寡头垄断

5. ______是指人们想得到某种具体的东西以满足或部分满足某种需要的愿望。

A. 需要　　B. 欲望

C. 需求　　D. 要求

6. ______是消费者对产品满足其需要的整体能力的评价。

A. 效用　　B. 费用

C. 满足　　D. 效果

7. ______是以提供某物作为回报而与他人换取所需要的产品的行为。

A. 租赁　　B. 交易

C. 借用　　D. 交换

**二、多项选择题**（下列各小题中正确的答案不少于两个，请准确选出全部正确答案。）

1. 以下属于物流活动的是______。

A. 运输　　B. 储存　　C. 包装

D. 搬运　　E. 流通加工

2. 物流客户服务包括______。

A. 订单处理　　B. 技术培训

C. 服务咨询　　D. 处理客户投诉

3. 物流市场的主要组成部分有______。

A. 需求方　　B. 供给方

C. 中介方　　D. 政府方

4. 交易的方式有______。

A. 货币交易　　B. 以服务易服务

C. 窃取　　D. 以物易物

5. 以企业为中心的营销观念包括______。

A. 企业观念　　B. 生产观念

C. 产品观念　　D. 推销观念

6. 物流市场营销的研究内容主要有______。

A. 市场的确认与测量　　B. 物流市场分析

C. 物流市场预测　　D. 目标市场营销策略

**三、名词解释**

物流；产品观念；物流客户服务；消费品市场；物流市场营销。

**四、判断题**（判断下列各题是否正确，正确的在题后的括号内打“√”，错误的打“×”。）

1. 物流客户服务是一项针对客户交易完成后的服务。（ ）
2. 4C物流服务观念是独立于4P的全新的服务营销观念。（ ）
3. 寡头是指只有一个卖者。（ ）
4. 以劳务满足消费者需求，且涉及商品所有权转移的市场叫服务市场。（ ）
5. 如果有购买力支持，欲望可以变成需求。（ ）
6. 营销者可以创造需要，引导欲望。（ ）
7. 交换能否发生取决于买卖双方达成交换协议后是否会比交换前更有利。（ ）

**五、简答题**

1. 简述“4P”的物流服务观念。
2. 简述物流市场营销的特点。

**六、案例分析**

库尔斯公司是美国一家啤酒酿造公司，地处科罗拉多的山沟里。1960年，阿道夫·库尔斯这个44岁的啤酒王国的老板外出遇难后，公司由其儿子比尔和乔兄弟俩经营。库尔斯公司生产的啤酒是用纯净的落基山泉水酿制的，公司只生产一种品质啤酒，且只有一家酿造厂生产这种啤酒，啤酒只在西部11个州销售，其中多数州是美国人烟稀少的地区，它没有设立分厂，22年没有扩大过规模，同时，每一桶酒都要销往900英里（2英里＝1.61公里）以外的地方。啤酒质量很好，除了一些名演员像保罗·纽曼等外，从福特总统到亨利·基辛格，无不对库尔斯啤酒赞不绝口。每年大约有30万库尔斯的崇拜者来啤酒厂游玩。人们一直称库尔斯有“秘密武器”。

到1969年，由比尔和乔经营的一个小规模地区性啤酒厂异常繁荣，1969年比1968年产量增长19%，在美国啤酒行业名列第四。在西部11个州市，库尔斯啤酒的市场占有率达30%，在加利福尼亚州，到1973年，它占有41%市场。这与来自那些知名的和不知名的人士对库尔斯产品的狂热追求与爱好，与来自环境清洁的形象及来自味道清淡适口的啤酒形象是分不开的。到20世纪70年代中叶，啤酒的消费趋势发生了很大变化，啤酒行业最热门的产品是凉爽型啤酒和高级名牌啤酒，这两种啤酒的销售量几乎占到啤酒总销量的10%，而美国发展最快的米勒公司啤酒占到其中的30%，并且这个比例还在上升。安休斯·布希的米歇洛布牌啤酒竞争力很强，每年以3%的速度增长，但几乎所有的增长均来自两种产品：凉爽型的啤酒和高级名牌啤酒，而这些啤酒库尔斯一种也不生产，他仍依赖于它的那一种啤酒。经一段时间调查表明，每10个饮用凉爽型啤酒的新消费者中有4个是从库尔斯那里来的。慢慢地西部市场也不再只属于库尔斯了……比尔不得不承认：“酿造我们能酿造的最好啤酒已经不够了。”1978年，该公司利润下降到5.48亿美元，比利润最高的1976年减少将近29%，就是退到1975年，利润也比这个数字高。

**思考题：**

请从市场营销观念角度分析库尔斯公司为何会走向衰落。

# 第 2 章　物流市场分析

### 本章重点

- ✧ 物流企业市场营销活动宏观环境和微观环境的特点以及包含因素
- ✧ 影响客户购买行为的四个因素
- ✧ 物流客户购买物流服务的行为和过程分析
- ✧ 波特五种竞争力模型分析方法
- ✧ 物流市场竞争者分析的步骤
- ✧ 对物流企业竞争者能力及反应模式的评估
- ✧ 物流企业在目标市场中选择的战略

### 本章难点

- ✧ 影响客户购买行为的因素
- ✧ 从资源和能力方面对物流企业竞争者进行评估以及对竞争者反应模式的判断
- ✧ 物流企业在目标市场中选择的竞争战略

### 必备技能

- ✧ 能利用刺激-反应模式分析消费者的购买行为
- ✧ 针对具体的购买行为，能够从文化、消费者个人、消费心理以及社会环境方面进行分析
- ✧ 掌握波特的五种竞争力模型，并能灵活运用
- ✧ 能够结合物流企业的具体情况，分析其目前采取的战略

物流企业的市场营销活动是在一定的外部环境中进行的，由于市场营销环境瞬息万变的，孕育于营销环境中的各种不可控因素必然会刺激或制约企业的生存和发展。物流企业为了实现营销目标，必须对自身所处的环境、客户以及竞争者进行分析，找准市场定位。根据目标市场的定位与需求特征来合理配置资源、制订物流计划和解决方案，从而赢得市场。

## 2.1　物流市场营销环境分析

任何企业的营销活动都不可能脱离外部环境开展，物流企业也不例外。物流企业的营销活动既要受到自身条件的限制，又要受到外部环境的影响。环境因素的变化，可能给企业带来发展机遇，也可能带来威胁。所以物流企业的经营者，应该充分关注与企业运作息息相关

的各种环境因素，掌握这些因素的发展变化规律，并能够及时调整战略来适应环境变化，培育企业的市场竞争优势。

## 2.1.1 物流企业市场营销环境的概念和特点

### 1. 物流企业市场营销环境的概念

物流企业市场营销环境是指与物流企业市场营销活动相关、影响企业生存和发展的各种内外部条件和因素的总和。物流企业市场营销的外部环境主要包括微观环境和宏观环境（见图 2.1）。微观环境是指企业运营环境所涉及的主体及其行为方式，企业宏观环境是指同时影响与制约微观营销环境和企业营销活动的环境因素。

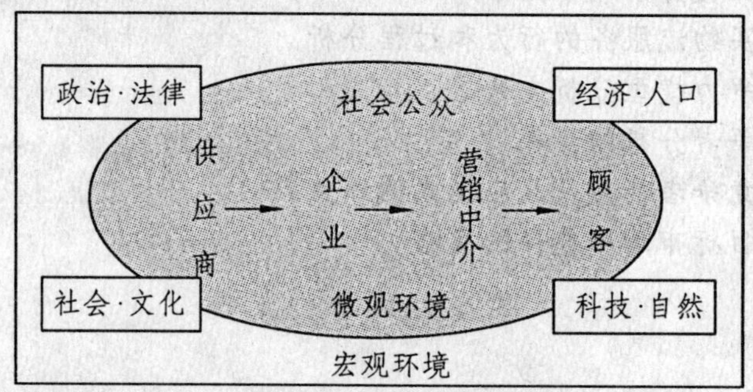


图 2.1 市场营销环境结构图

### 2. 物流企业市场营销环境的特点

(1) 客观性

客观性是物流市场营销环境的首要特征。对于物流企业来说，不论是宏观环境还是微观环境所包含的因素都是外部条件，是不可控的。比如世界经济形势的变化（如金融风暴对全球经济的冲击）、相关物流政策的出台（如国家出台十大产业振兴规划）、自然灾害（如地震）、消费者消费习惯的改变等都具有不确定性。因此，在发展过程中，物流企业应该努力把握这些因素的发展规律，主动适应环境，在变化的环境中寻求更好的发展空间。

(2) 差异性

不同国家或地区间的社会文化、人口、政治等因素存在着较大差异。物流企业的服务对象是不同国家或地区的市场，不同的环境存在差异性；同样，同一种环境因素对不同的企业影响程度也是不同的。

(3) 关联性

关联性指市场营销环境中的各因素间的相互影响、相互制约，其中一种因素的变化可能引起其他因素的变化，而其他因素的变化又会反作用于该因素。所以，物流企业在开展营销活动时，应该充分地关注、研究各种外界环境所产生的影响，如国家相关政策、技术标准、消费者需求特征、替代品等因素的制约，分清环境的威胁与机遇，以便把握好时机。

(4) 动态性

动态性指市场营销环境的各种因素总是处在时刻变动中，是一个动态的系统。所以物流企业在制订营销战略或开展营销活动的时候，必须充分关注环境因素的变化，及时进行调整，冲破环境的制约，实现资源的有效利用，达到企业的营销目标。

## 2.1.2 物流市场宏观营销环境分析

物流市场营销的宏观环境是由一系列大范围的社会约束力量构成，包括政治、法律、经济、人口、社会、文化、科技、自然等八大类，通常记为 PEST。宏观环境对物流市场营销活动的影响带有强制性和不可控性，宏观环境中任何因素的变化都会给企业带来机会或造成威胁。

### 1. 人口环境

现代市场营销学认为：市场＝人口＋购买动机＋购买能力。任何消费者市场都是以人作为基础，物流市场也不例外。无论是进行市场细分、目标市场的选择还是制订营销战略都离不开对人文环境的认识。

一个地域人口总量的大小可以决定这个地域市场规模的大小，但是人口的过快增长也会给企业营销带来威胁。人口规模的大小与购买能力并不存在必然的正比关系，反而人口的过快增长会使得人均收入减少，购买力减弱，影响企业产品的销售。

对于人口的结构（包括年龄结构、性别结构、家庭结构、社会结构、民族结构等）、人口流动、人口分布等因素的变化也可能对物流市场格局产生影响，进而影响物流企业的营销活动。

### 2. 政治与法律环境

政治和法律是影响企业营销的重要的宏观环境因素，其变化对企业的经营活动有着非常重大而深远的影响。

（1）政治环境

政治环境涉及国家的政治制度、政党、经济管理制度、政府与企业的关系等。不同的政治环境有不同的经济政策，这会影响企业的营销活动。物流企业在分析目标市场的政治环境时，可以从当前的政治局势、方针政策等方面展开。一个国家的政治局势是指企业营销所处的国家或地区的政治稳定状况，而政局稳定与否会给企业营销活动带来重大的影响。

（2）法律环境

法律环境涉及国家的立法、司法和执法机构，国家法律、法规、法令等的规范和约束等。物流企业开展的一切活动都必须遵守国家的各种方针政策，同时也要根据国家政策的调整，转变经营策略。

### 3. 经济环境

经济环境是企业营销环境的外部社会经济条件，它会直接或间接影响到市场规模、市场吸引力以及企业的营销活动。物流企业在开展营销活动时，必须要关注消费者收入水平的变化、消费者支出模式和消费结构的变化以及消费者储蓄和信贷情况的变化给企业带来的市场机会和环境威胁。

（1）消费者收入水平的变化

消费者收入水平及其分配不仅影响了人们的购买力，还改变了人们的消费习惯。而收入的变化不仅影响市场需求的规模，还可能对需求的结构产生影响。收入水平包括：人均 GDP、个人总收入、个人可支配收入、个人可自由支配收入和家庭收入。

① 人均 GDP，是指一个国家或地区在一定时期内，按人口数量平均生产的全部货物和

服务的价值。国内生产总值的增长幅度，可以反映一个国家或地区的经济发展状况和增长趋势。人均 GDP 较高的国家或地区购买力水平较高，在高档耐用品、奢侈品、休闲娱乐产品等方面的需求量较大；反之，人均 GDP 较低的国家或地区则以食品和一般消费品的消费为主。

② 个人总收入，是指个人通过多种渠道所获得的所有货币收入，比如工资、奖金、租金、利息等。个人总收入水平只能一定程度上反映消费者购买的能力，因为消费者的购买动机还要受到物价水平、经济形势等因素的影响。

③ 个人可支配收入，是指在个人收入中扣除税款和非税性负担后所得的余额，它是个人收入中可用于消费支出或储蓄的部分，是影响消费者购买力和支出的决定性因素。

④ 个人可自由支配收入，是指从个人可支配收入中减去生活必需开支后的余额。这部分需求弹性比较大，应该是企业开展营销活动主要考虑的对象。

⑤ 家庭收入。家庭收入的高低会影响很多产品的市场需求，家庭收入较高的消费群体购买力较强，对产品价格不敏感，更多的是追求产品质量和满意度；反之，购买力较弱，对价格比较关注。所以物流企业应该针对不同收入群体的特征，从不同的角度开展营销活动。

（2）消费者支出模式和消费结构的变化

随着消费者收入的变化，消费支出模式也会发生相应的变化，可以利用恩格尔系数来衡量这种变化。

恩格尔系数＝食品支出变动百分比/收入变动百分比

一般来说，随着家庭收入的提高，食品支出的比重（恩格尔系数）下降，家庭日用费支出的比重基本不变，娱乐、旅游等支出增多。消费结构是指在消费过程中，各种消费支出占总支出的比例关系。在经济发展的不同阶段，消费结构不同，消费结构的特征决定了目标市场产品需求的构成，这也是物流企业开展营销活动的基本立足点。

（3）消费者储蓄和信贷情况的变化

消费者的购买能力还要受到储蓄和信贷水平的直接影响。当收入水平一定时，储蓄越多，消费量越少，但是潜在的消费量越大；反之，储蓄量越少，当前的消费能力较大，但是潜在的消费能力比较小。储蓄量的多少与消费者的消费习惯、消费者对未来的预期有关系。如果消费者消费习惯比较保守，而且预计未来一段时间商品可能会降价，当前他们可能就会选择暂不消费，将钱存起来；反之，则会选择当前消费。

消费者信贷就是消费者凭借信用先取得商品使用权，然后按期归还贷款以购买商品。在经济比较萧条时，一方面，消费信贷实现了提前消费，推动了当前经济的发展；另一方面，消费者信贷也是一种经济杠杆，可以调节积累与消费、供给与需求的矛盾。

**4. 科技与自然环境**

科学技术的发展能对经济发展产生巨大影响，不仅直接影响企业内部的生产经营，还可以与其他环境因素相互作用，给企业的营销活动创造机会或带来挑战。技术的革新加快了产品更新换代的周期，促使企业加大了对产品的研发、创新的力度，只有首先获得了新工艺、新技术的企业才能在激烈的市场竞争中胜出。

自然环境主要是指影响社会生产的自然因素，包括自然资源和生态资源。自然环境的发展变化必然影响企业的生存和发展，也形成了市场机遇与挑战并存的格局。就物流企业而言，气候条件、地形复杂程度对其营销活动都会产生一定的影响。例如，有些物品的季节性比较强，对气候变化比较敏感，在选择运输方式的时候考虑的因素就应该比较多。对于地形而言，其复杂程度主要反映在运输费用的高低上。

**5. 社会文化环境**

社会文化环境是由一个国家或地区的民族特征、价值观念、生活方式、风俗习惯、宗教信仰、伦理道德、教育水平等构成的。处于一定社会文化环境中的人们，其思想和行为要受到所处社会文化的影响和制约，购买习惯和购买行为必然呈现出一定的特征。所以企业在开展营销活动时，要充分关注目标客户所处的社会文化环境，针对不同的文化环境制定不同的营销策略。

## 2.1.3　物流市场微观营销环境分析

物流企业营销的微观环境直接影响和制约了物流企业为目标市场服务的能力。微观营销环境所涉及的主体除了物流企业自身之外，还包括供应商、竞争者、营销中介、顾客以及社会公众，构成了物流企业市场营销微观环境的链条，如图 2.2 所示。链条上各个主体的行为都能对物流企业的营销策略以及营销活动的效果产生影响。

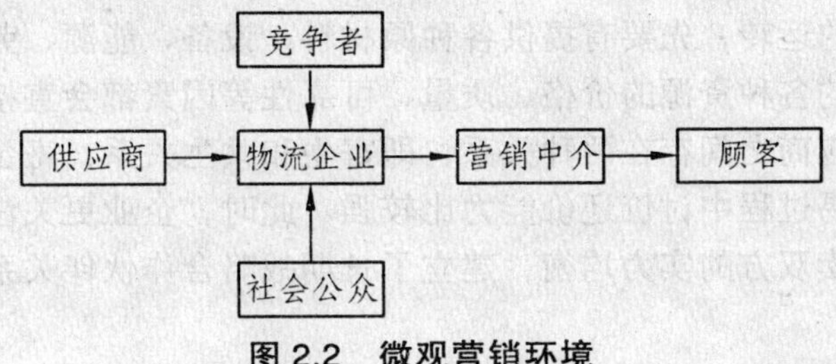


**图 2.2　微观营销环境**

**1. 物流企业**

物流企业是物流市场微观营销环境的核心，对其分析主要从两个方面进行：物流企业组织环境和物流企业资源能力。

(1) 物流企业的组织环境

物流企业的组织环境主要包括企业的组织结构、企业文化、企业的经营理念等因素。物流企业开展营销活动必须综合调用营销、研发、采购、生产、财务、人事和后勤等部门的各种资源进行合理配置，各部门在营销活动中是相互联系的。物流企业各部门、各管理层之间的分工是否科学，协作是否和谐将直接影响到企业的营销管理策略和营销计划的有效性。所以企业在制订营销计划、开展营销活动时，应该充分考虑相关部门的业务活动情况，征求这些部门的意见。

(2) 物流企业的资源能力

物流企业的资源能力将引导企业制定成功经营战略，是企业利润的主要来源。物流企业的资源分为内部资源和外部资源。内部资源包括客户资源和能力资源。客户是物流企业的利润来源也是获得市场竞争力的关键。从长远来看，物流企业的使命不仅要使客户当前的价值最大化，还要使客户的寿命周期价值最大化。由于维持一名老顾客的成本远远低于发展一名新客户的成本，所以物流企业对其客户资源的管理重点就是对老顾客的管理，通过建立良好的口碑效应，吸引更多的新客户，扩展企业的客户数量。物流企业应该将客户进行分类管理，提供具有针对性的营销策略，这也是提高客户服务水平的关键措施。物流企业的能力资源主要包括基础设施资源，如仓储设施、搬运设施、运输车辆等实体资源，以及丰富的物流服务知识、物流服务理念等无形资源，如拥有一个有效的管理团队、能够提供物流咨询、供应链设计等服务。物流企业的能力资源还包括信息资源。信息化可以实现物流企业成本降低的同时，减少物流业务流程中的差错率、保证供货速度的可获得性、增加客户满意度，从而提高企业的竞争优势。面对客户需求千变万化的市场，企业的生产经营活动具有极强的市场目的性，谁首先准确掌握了客户的需求信息，谁就首先具有了竞争优势。所以在物流企业间的竞争过程中，信息起了至关重要的作用。

对任何一家物流企业而言，内部资源是有限的，如何利用大量闲散的社会资源为企业创造更大的价值，成为了更多物流企业思考的问题。构建一体化物流战略联盟就是对社会资源最好的一种利用。不同的物流企业之间通过结成战略联盟，共同承担某些物流业务，可以实现风险共担，创造更大的收益。例如，不同的物流配送企业可以结成联盟，共同承担对某一地区的商品配送，既可以实现对车辆利用率的提高，减少分别配送所造成的资源浪费，又可以提高配送效率，获得较高的客户满意水平。

### 2. 供应商

企业要维持正常的运转，先要有提供各种原材料、设备、能源、劳动力和资金的供应商保障，供应商所提供的各种资源的价格、质量、可靠性等因素都会直接反映到企业所生产的产品上来。企业与供应商之间存在两种关系，即寄生和共生关系。寄生关系是指供应商比企业强势，在与企业交易过程中讨价还价能力比较强。此时，企业更关注的是资源的价格和数量。共生关系是指买卖双方的实力均衡，建立了长期战略合作伙伴关系，追求双赢。

### 3. 竞争者

竞争是商品经济的基本特性，只要存在商品生产和商品交换，就存在着竞争。从消费需求来看，企业必须面对四类竞争者：品牌竞争者、行业竞争者、形式竞争者、欲望竞争者。① 品牌竞争者，是指以相近的价格对相同的顾客群体提供相同类型的产品或服务，只是品牌有差异。如 DHL、TNT、Fedex、UPS 等品牌的物流快递企业，它们在提供的快递服务方面就存在着品牌竞争。② 行业竞争者，是指以不同的规格、型号、式样、性能、质量提供同一种产品和服务的竞争者。③ 形式竞争者，是指向同一消费群体提供能够满足同一种需求但产品形式不同的竞争者，比如铁路运输与航空运输之间的竞争形式。④ 欲望竞争者，是提供不同的产品以满足消费者的不同需要。

### 4. 营销中介

营销中介是指协助企业促销、销售和分配产品给最终购买者的企业总称。生产与消费在时间、地域上的矛盾，企业必须通过营销中介来解决。营销中介包括中间商、实体分配机构、营销服务机构和金融机构。① 中间商，保证了企业所生产的产品能够顺利地传递到消费者手中，如批发商、零售商或者代理商；② 实体分配机构，如运输公司、配送中心等，是为商品交换或物料流通服务；③ 营销服务机构，主要包括市场调研公司、广告代理商、媒体机构及营销咨询公司等。

### 5. 顾　客

顾客是物流企业服务的对象，是企业一切营销活动的出发点和落脚点。不同的顾客需求对物流企业而言就是不同的目标市场，目标市场一般可分为消费者市场、生产者市场、销售商市场、政府市场和国际市场等五类。各类市场的特征不同、购买目的不同，需求必然存在着差异。因此企业要深入研究目标市场特征，了解顾客的不同需求，提供适合的产品。例如，消费者市场，物流企业提供的物流服务要以消费者的个性化需求为中心，其配送服务的特点往往是小批量、多品种。

**6. 社会公众**

社会公众是指所有实际上或潜在地关注着企业的生产运营状况或与企业存在利益关系，并影响企业实现其目标的有关的组织和个人。公众可能会促进企业的发展，也可能制约其发展。公众包括政府公众、媒介公众、融资公众、社团公众、社区公众、一般公众和内部公众等。内部公众主要指企业的员工，对这类人群的关注，企业应该加强与其沟通交流，提高整体的工作效率，使得各职能部门能够协同合作，实现企业的经营目标。

**【案例】**　安得物流：打造专业化的冷链物流体系

安得物流股份有限公司是由美的集团、新加坡吉宝物流控股的中外合资物流企业。其前身安得物流有限公司成立于2000年1月，近几年的快速发展，安得物流已经成为综合物流服务领域的顶尖企业之一。作为安得物流综合物流服务中的重要一项——冷链物流——也从无到有，成为安得物流众多业务中的一个亮点。

1. 完善的物流网络

提到冷链物流，就不得不提到安得物流。安得物流原为美的集团下属的第三方物流公司，成立于2000年。安得物流目前在全国各大中城市已拥有160多个物流服务平台，结成了高效的物流网络，具备全国性的综合物流服务能力。为客户提供快准运输、高效仓储、精益配送等物流服务，并提供方案策划、物流咨询、条码管理、库存分析、批次管理、包装加工等增值服务。

安得物流在全国各大中城市设立了150多万平方米的仓库。这些仓库布局完整、配置合理，为客户提供“7 d×24 h”管理一体化的仓储服务。其中部分地区的配送范围还辐射到了农村和乡镇，这遍布全国的物流服务网络，为安得冷链物流的发展提供了便利条件。

安得物流在整合现有资源的基础上，成立独立的冷链业务发展中心，统筹管理冷链物流业务，充分发挥现有的硬件资源，同时利用先进的信息系统、准确的线路管理、科学的配载技术和配套的仓储作业设计充分满足了各类企业的需求，向客户提供全方位的冷链物流服务。

2. 专业化运作和服务

随着冷链市场需求的不断加大，也为了更好地服务客户，安得物流相继引进沃尔沃、斯堪尼亚、雷诺等进口牵引车及高端冷藏箱、美国开利大凤凰制冷机组、GPRS系统、进口车载温控仪、POS机等一批高端的冷藏运输设备，为客户提供全程可控的冷链服务。现在，安得物流可以通过先进的制冷机组、进口车载温控仪、GPRS远程温度远程监控，实现远程实时监控的功能，能对各冷藏车的位置和车箱温度实施不间断的监控，确保车内货物按时、保质的送达客户。充分发挥现有的冷藏车和冷库等资源，向客户提供全方位的冷链物流服务。

安得物流在冷链物流上的优势不仅体现在先进的冷链物流硬件设施，而更重要的是专业化的运作和服务。为了保证冷链物流的高效、顺畅运行，安得物流专门设立了冷链业务发展中心，专职从事冷链的具体操作和管理工作；在全国各安得物流中心都设冷链操作专员，真正确保客户得到安全、便捷的专业化服务。并根据不同客户的需求，设计多条运营精品线路，为客户的产品更优质、更高效地送达消费者手中成为可能。同时，还为有特殊需求的客户提供冷链零担、代收货款等增值服务。此外，安得物流有一支由国内外资深物流专家组成的专业策划团队——CST 项目组，同时也是安得物流最核心的物流技术支持团队之一，能真正确保能为客户提供专业化、个性化的物流解决方案。

**3. 一体化服务方案**

作为一个专业的物流公司，如何能为客户提供更优质的服务，这是安得物流一直思考的问题。在公司经营团队的重视、智囊团的积极努力下，安得物流提出了“冷链物流一体化服务方案”。

这个一体化服务方案首先是建立在安得物流先进的信息系统之上，以“安得物流供应链管理信息系统（ALIS）”为核心的信息平台，在设计上追求灵活的架构，在运用过程中追求信息准确性、完整性和实时性，使公司实行精益化管理成为了可能，也向客户提供了更高价值的信息服务。

通过一体化服务方案，安得物流实现了从车辆调度、安全检查、安排装载到导入公司的信息系统 ALIS 库存管理模块，在系统上和客户实现信息实施共享，再根据产品和客户的要求实行快捷配送一体化运作，让客户得到方便和高效的服务。

这样一个一体化系统在为安得物流带来蒙牛、金锣、小肥羊、夏晖等众多客户的同时，也提高了客户的满意度和安得物流的美誉度。

（资料来源：http：//www.yuloo.com/news/84601.html.）

## 2.2 物流市场客户分析

### 2.2.1 物流客户的概念

物流客户是指物流企业所提供的产品或服务的接受者。在消费导向型社会中，企业的生产制造活动要以客户的需求为导向，对物流客户的分析实际就是对客户需求的一种把握。物流企业通过各种渠道获取客户需求的相关信息，再根据需求特点进行生产运营。物流活动的服务对象涵盖了位于供应链上各节点的业务实体，包括供应商、制造商、分销商、零售商以及最终客户。以网上购物为例，客户在网上购买产品，销售商根据购买情况配货，然后将物流配送外包给第三方物流企业，消费者成为了物流企业的直接服务对象，商品配送活动必须根据消费者要求的特点开展，在这一过程中必须考虑消费者对配送时效性、安全性、可靠性等方面的要求。

美国市场营销大师菲利普·科特勒指出：“企业的整体经营活动要以顾客满意度作为指针，要从顾客角度，用顾客的观点而非企业自身利益的观点来分析考虑消费者的需求。”在物流行业，不同的物流企业提供的物流服务差异化程度小，企业只能通过其他途径来提高企业的利润，如降低经营费用、提高客户满意度等。对于任何企业而言，发展一名新顾客的费用远远高于维系一名老顾客的费用，并且老顾客能最大限度地抵御竞争对手的降价诱惑。在销售新产品和新服务方面，老顾客对企业新推出的产品和服务也是最易接受的。

物流企业的客户可以是位于供应链上、中、下游的企业，可以是制造商、批发商、零售商或最终客户。物流企业客户的范围会随着企业规模的扩大、自身实力的增强以及外部环境的要求而扩大。随着信息技术的发展，传统物流向现代物流转变，物流企业的客户对物流服务的要求越来越高，个性化的服务需求成为主流。

物流客户可分为三个层次，即常规客户、潜在客户和关键客户。

(1) 常规客户或一般客户

这类客户属于经济型的，在企业的客户群中所占的比例较大，约为 80%，他们讲究实惠，对价格变动的弹性较大，这类客户直接决定企业的短期收益。物流企业可以通过让渡利益给客户，如采取降价、提高服务质量、提供增值服务等措施来增加客户的满意度。

(2) 潜在客户或合适客户

这类客户在企业客户群中所占比例约为 15%，他们看重的是获得满意的客户价值，并希望通过与物流企业建立某种关系，从而获得附加的财务利益和社会利益。例如，第三方物流企业可以从生产到销售的整个物流过程中提供代理服务，即其本身不拥有产品，而是通过签订合作协议或结成合作联盟，在特定的时间内按照特定的价格向客户提供个性化的物流代理服务，这样第三方物流企业与其客户之间就形成了战略联盟。

(3) 关键客户

他们除了希望从企业那里获得直接的客户价值外，还希望得到更多的社会利益，他们是企业比较稳定的客户，所占比例约 5%，但对企业的贡献达到了 80% 左右，是物流企业必须给予重点管理、充分关注的客户群。

## 2.2.2　物流客户行为分析

当前已经进入了以客户为主导的时代，深入了解客户需求，及时将客户意见反馈到产品、服务设计中，为客户提供更加个性化、深入化的服务成为了物流企业成功的关键。对物流客户行为进行分析是提高客户满意度，改善客户关系的基础。

### 1. 物流客户购买行为模式

对物流客户购买行为模式的分析，是为了解物流客户在购买物流企业提供的各种服务过程中产生的各种心理特征和需求特征。客户的物流消费行为是在消费动机的驱动下产生的购买物流服务的行为。这实际上是一个刺激-反应（S-R）模式，如图 2.3 所示。

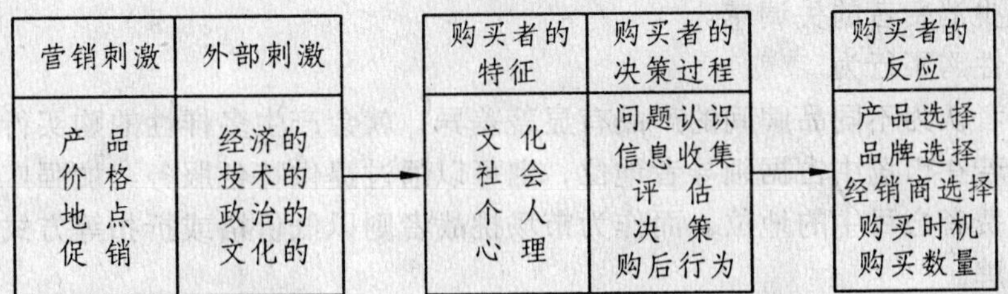


**图 2.3　消费者购买行为的刺激-反应模式**

在这种模式下，市场营销因素（产品、价格、地点、促销）和市场环境因素（经济、技术、政治、文化等方面）刺激了物流客户的意识，物流客户根据自己的购买特征，经过决策权衡后做出购买决定。对于物流企业而言，在开展营销活动时要充分了解外部刺激对物流客户的影响，以及购买者的意识在决策过程中所发生的变化，了解不同的客户对产品品牌、服务、价格、促销等方面的反应。

物流客户的购买行为，是客户在使用物流企业所提供的各种服务或产品时产生的一系列心理和生理活动。物流企业应该以客户需求为中心，根据需求提供相应的物流服务，这也是物流企业获得利益的保证。物流企业应以客户的消费行为特点为基础，提供与消费特点相匹配的服务。消费者的购买行为主要分为四个类型，如表 2.1 所示。

**表 2.1 消费者购买行为的四种类型**

| 类 型 | 品牌差异程度 | 购买介入程度 |
| --- | --- | --- |
| 习惯性购买行为 | 小 | 低 |
| 复杂的购买行为 | 大 | 高 |
| 减少失调感购买行为 | 小 | 高 |
| 多样性购买行为 | 大 | 低 |

（1）习惯性购买行为

习惯性购买主要发生在消费者认为不同品牌的产品没有实质性差异的情况下。但若遇到企业竞争对手采取降价或其他强有力的促销手段时，消费者可能会转换品牌。在这种情况下，物流企业可以通过加大广告力度、增加产品的附加功能、提高服务质量等措施来留住客户。

（2）复杂的购买行为

消费者在购买过程中往往需要经历以下四步：第一步，搜集大量的信息；第二步，对产品的全面评估；第三步，制定谨慎的购买决策；第四步，进行售后评价。对于这种购买行为，物流企业应该制定营销决策帮助购买者了解更多的产品知识，宣传品牌优点，加强客户对产品的认知度。

（3）减少失调感的购买行为

消费者购买的产品是价值较高且购买频率也较高的产品，但消费者分辨不出某一价格范围内不同品牌产品的差别，购买过程比较简单。购买后，可能会在使用过程中发现产品的缺陷而产生失调感。对于这类购买行为，物流企业可以提供完善的售后服务来提高消费者对产品的自信，减少消费者的失调感。

（4）多样性购买行为

如果消费者认为不同品牌间的产品有显著差异，就会产生多样性的购买行为，随意性较大。物流企业若在市场中占据领导者地位，则可以通过提供特色服务、加强广告攻势等方式来巩固其在消费者心目中的地位。而作为市场挑战者则以低价格或折扣等方式来鼓励消费者选择自己的品牌。

### 2. 影响客户行为的因素

物流客户的购买行为受到多种因素的影响，这些因素都是不可控的，如文化、社会、个人以及心理特征等，如图 2.4 所示。

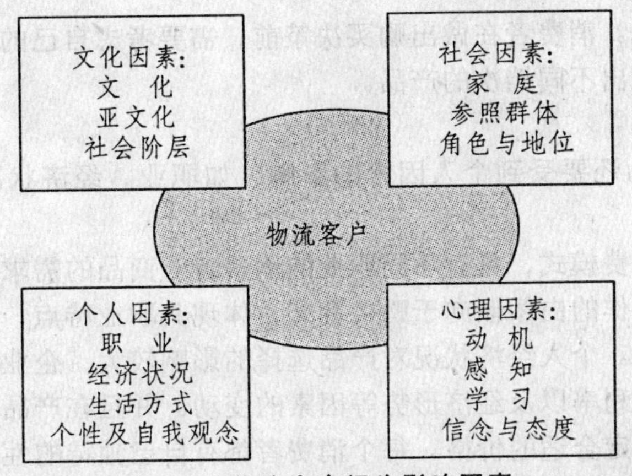


**图 2.4 物流客户行为影响因素**

(1) 文化因素

文化因素对客户行为的影响最深远，包括文化、亚文化和社会阶层三个子因素。文化是社会绝大多数人接受并受其制约的价值观念和行为模式，是引发人类愿望和行为的最根本原因。由于每个人成长的社会文化环境不同，形成了不同的价值观、人生观和世界观。每个群体或社会特有的文化背景、文化影响使不同群体消费者的购买行为呈现出差异。例如，中国传统“货比三家”的思想，使消费者在购买产品时愿意花费大量的时间来比较不同品牌间产品的差异，从中选择最满意的产品。

每种文化都是由小的团体——亚文化所构成的。例如在饮食方面，中国北方人和南方人属于两个不同的亚文化群，他们在饮食习惯上存在着差异，北方人喜欢面食，而南方人喜欢米饭。以民族亚文化为例，我国不同民族有不同的风俗习惯，过春节的时候汉族吃饺子，土家族吃红曲鱼等。因此，物流企业在开展营销活动的时候要注意地区亚文化群的特点，针对这些特点推出新产品，提供新服务。

社会阶层是对一个社会中具有同质性和持久性的社会群体，按照职业、收入水平、教育水平、价值观等进行分类。社会阶层具有两个特点：第一，处于同一阶层的成员具有类似的兴趣爱好和消费方式；第二，人们的社会阶层归属可能因为某些因素的变化相应地升高或降低。

(2) 社会因素

客户的购买行为受到家庭、社会角色、地位等一系列社会因素的影响。家庭因素对购买者的行为影响比较大，营销人员在开展营销活动时，要充分考虑不同家庭决策类型对购买行为所产生的影响。若每个家庭成员对所需商品进行独立采购，其他人干涉不予考虑，则可较少关注家庭因素的影响。但若购买的商品是供家庭成员使用，购买行为必须考虑其他家庭成员的意见时，家庭因素的影响力就凸显出来了。

相关群体是指影响一个人态度、价值观和行为的所有群体。相关群体对消费行为的影响体现在以下两个方面：一是具有示范性，其消费行为和生活方式为其他消费者提供了可供选择的模式；二是仿效性，相关群体的消费行为引起人们仿效的欲望。相关群体对消费行为的影响力不容忽视，企业应该利用好这种力量，比如根据企业产品所面向的目标市场，选择具有较高社会认同度的人进行代言来促进销售。

每个人都处于不同的团体中，扮演不同的角色。每种身份都是一种地位的象征，也是社会对其评价的一种体现。消费者在做出购买决策前，需要考虑自己的角色和地位，企业应根据消费者所处的地位推出不同档次的产品。

(3) 个体因素

消费者的购买行为还要受到个人因素的影响，如职业、经济状况、个性、生活方式等因素。

个人职业影响着消费模式，具有不同职业的消费者对商品的需求往往不同。以服装的购买为例，在写字楼里工作的白领倾向于购买套装，体现其职业特点，而蓝领工人选择服装时更多的是考虑服装价格。个人经济状况对产品选择的影响较大，企业进行产品推广过程中，要充分考虑个人收入、利率以及经济形势等因素的变动。并且在产品定价时要根据目标市场消费者的收入状况，制定合适的价格。每个消费者都有自己独特的性格，在对品牌或产品选择时存在差异。例如，在性格上依赖性较强的人对市场变化比较敏感，容易受到广告宣传的影响，也易于建立品牌的忠诚度。而性格较独立的人对市场因素的变化不太关心，其购买行为不易受到外部环境的干扰。一个人的生活方式就是其消费心态的表现，可以通过消费者的 AIO 模式来表示，如图 2.5 所示。通过对消费者生活方式的了解，可以预测其消费行为。例如，一个爱好运动的人，应该比较关注健康，更愿意选择有营养的、富含维生素的食物而不是垃圾食品，所以向这类消费者推销的应该是新鲜蔬果而不是薯片。

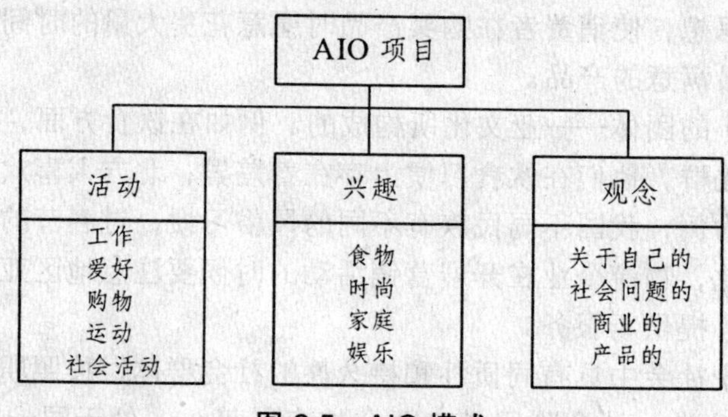


**图 2.5 AIO 模式**

(4) 心理因素

消费者的购买行为还要受到动机、感知、学习、信念和态度这四个因素的影响。

动机会促使人们去满足需求。根据马斯洛需求层次理论（见图 2.6），人们必须首先满足最基本的需求，才能转向更高层次的需求。跟一个连温饱问题都没解决的人谈自我价值的实现，完全就是天方夜谭，毫无意义。对消费者动机研究的目的就是为了挖掘消费者深层次的需求信息。以客户快递物品为例，其动机就是客户由于自身原因或某些环境因素不能亲自将物品送到接收者手中，只能委托快递公司代劳。而深层次的需求信息又是客户希望物流公司能

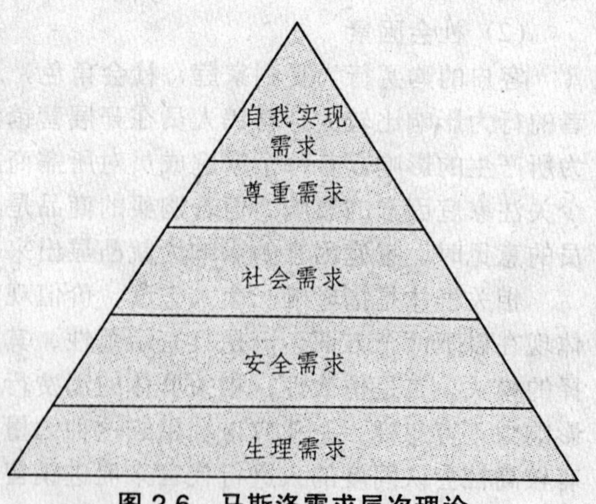


**图 2.6 马斯洛需求层次理论**

够及时地、准确地进行配送。针对这一深层次的需求信息，物流公司可以提供物品追踪等增值服务来提高客户满意度。

感知是人们为了解世界而收集、整理并解释信息的过程，也就是世界观形成的过程。人们对同样的刺激会产生不同的知觉，经历三种认知过程：选择性注意、选择性扭曲和选择性记忆。① 选择性注意阶段是指人们在接受大量信息的过程中，通常是根据潜意识中的原则选择性记忆其中部分信息。比如在信息量巨大的门户网站上，如新浪网，我们不会将网站上的新闻统统浏览，只是关注自己感兴趣的领域，比如财经、娱乐信息等。② 选择性扭曲的过程是将信息转换成自己乐于接受的形式，扭曲后的信息可能与原始信息有一定的差别。如果你已经不再信任某企业的产品，即使其他人对它好评如潮，你也不会再次选择购买。③ 选择性记忆是人们比较容易记忆的且跟自己观念相同的信息。比如一个 UPS 的品牌忠诚者可能会记住 UPS 物流服务的特点，而忽视了其他品牌相同服务的特点。

通过不断的学习和积累大量的经验可能引起个人行为的改变，学习往往反映在驱动、刺激、诱因和强化的交互作用中。市场环境瞬息万变，新产品、新品牌不断涌现，消费者的购买行为必须搜集多方面的信息，这本身就是一个学习的过程。

信念和态度的形成与购买行为之间是相互作用的。通过学习和实践，人们形成了自己的信念和态度，信念和态度反过来又会影响他们的购买行为。消费者的信念取决于品牌或产品在消费者心目中的形象，如果消费者对某物流企业配送服务的印象是时效性高、安全性高、工作人员的服务态度好，那么当该消费者再次有物流配送需求时，他肯定会不假思索地将业务委托给该物流企业。态度是指通过长期的观察了解所形成的对事物的认识和评价。客户忠诚度的形成，就需要企业在很长的时间内都要使自己的产品、服务或营销模式满足消费者的态度，客户的态度一旦形成了某种固定模式，就不会轻易改变，所以企业应该是尽量迎合消费者的态度而不是贸然地改变。

**3. 物流客户购买决策过程**

不同的购买类型反映了物流消费者购买过程中的差异性或特殊性，物流客户的购买过程通常可以分为：认知物流需求、搜集物流信息、评价与选择物流方案、购买物流服务、购买后行为五个阶段，如图 2.7 所示。

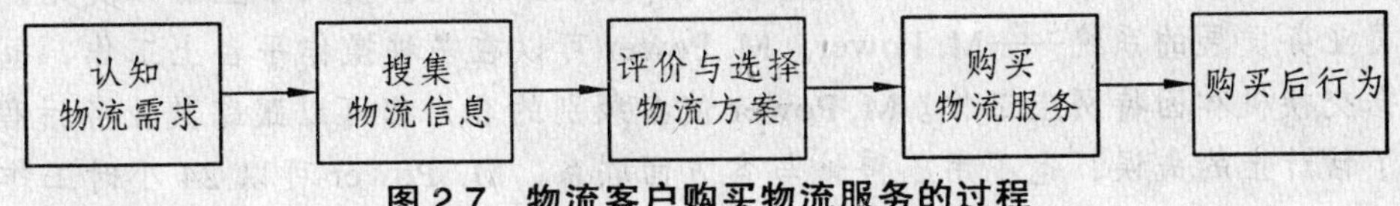


**图 2.7　物流客户购买物流服务的过程**

(1) 认知物流需求

这是物流客户购买物流服务的起点，在这一阶段客户要了解自身的物流需求，如对物流成本、运输线路、可靠性等方面的要求。

(2) 搜集物流信息

物流客户通过搜集物流信息，如运费、信息处理水平、安全性等，可以比较不同的物流企业所提供服务的差异，选择能够带来更低的价格、更优的服务质量的企业。

(3) 评价与选择物流方案

这一阶段是客户对所收集的信息进行归纳整理，根据自身特征和需要，建立不同的评价标准，在各种备选方案中做出最合理的选择。

(4) 购买物流服务

物流客户评价分析的结果，选择合适的物流服务商，然后将自己的物流活动委托给他们。

(5) 购买后行为

在接受物流服务的过程中，物流客户会将其实际的满意度同期望度相比较，从而得出满意或不满意的结论，并会影响今后的购买行为。

**【案例】** 想顾客之所想的马士基物流

当今，商业物流和客户联盟常与其他的远洋运输物流业者进行激烈的竞争。物流业的佼佼者马士基物流——商业和客户联盟，也发现自己的竞争对手不仅有业内企业，还有包括远洋运输物流业以外的企业，如联邦快递、联合包裹服务和德国邮政。

马士基相信，远洋运输业的改革势必会改变运输物流业的现状。在这种形势下，客户也提出了希望得到综合物流服务的要求，这对公司是一个挑战。快递公司想通过与快递、非航运运输及第三方物流企业合作，来扩大他们的海运服务范围。这些公司提供各式各样的物流服务，他们的目标与马士基一样，都是希望客户以最小的代价得到快捷、可靠的送货上门服务。

马士基国际物流分为美洲分公司、欧洲分公司和亚太分公司。在美国，马士基有7个办事处，在欧洲有40多个，在我国也有13个。这些办事处分地区处理着公司的物流业务。同时，公司在美国还有4个自己的物流货仓网络，负责货物的转运、存储。实际操作中，在统一的经营方针指导下，马士基物流又分成了9个分部：货场管理、供应链管理、空运、NVO服务、信息技术、金融、公关和市场、商业过程以及仓储分运。这些部门是由商业和客户两方组成的，由于减少了中间环节，它们运作得非常好。它们彼此间默契的配合并不仅仅靠总部统一的命令，而是靠减少中间环节来实现。为更好地为客户服务，马士基还与一家中间转运公司达成了合作协议，此中转公司专门有6个办事处为马士基的客户服务，提供中转及NVO服务。

在北美，马士基物流重新培训了95%的原公司雇员。组建新公司时，公司从来没想到要裁员。他们的雇员与客户非常熟悉，并建立了良好的关系。他们认为，雇员是公司的财富。

在过去的5年中，公司为实现物流服务的计算机系统化，投入了上百万美元，建立了适合公司业务发展的系统——M. Power。M. Power可以在多种操作平台上工作，也可以在电子数据交换机和因特网上工作。M. Power使各级别的客户都可以跟踪其业务过程。这样就避免了估计上的失误，也不用不停地与各方面联系，M. Power可以24小时工作。在信息处理上，马士基也与其他公司进行了合作。

马士基的信息自动化并非到此为止，他们还想把它的供应链全部自动化。公司的技术人员正在努力使系统自动接收航班发货地的数据。通过研究，他们发现自动化的“瓶颈”往往来自供货商，所以他们给供货商提供了一个网站，让供货商能输入班轮信息，自动发到系统上而不必拷贝或发传真。这些计算机设备都是免费为客户安装的，公司在这方面耗资上百万美元。这样，客户工作起来就会更方便，这是马士基的主要目的。

客户和商家都对马士基提供的更广泛业务范围很感兴趣。与客户良好的合作关系，使公司有更好的商业发展前景，这种稳定的关系受到客户的称赞。在公司整个改革过程中，公司员工与客户经常联系，并告诉客户每一个变化，让客户了解公司的改革内客。为了更好地为客户服务，马士基物流从不画地为牢。只要需要，宁愿与 APL 的 ACS 物流合作，来提高自己为客户服务的质量。客户对马士基包括海运、仓储及转运的物流服务越来越感兴趣，马士基物流的综合服务吸引了很多新客户。只要客户需要，他们就会提供相应的服务，这正是他们成功的关键。

（资料来源：郑一群. 现代物流运作实务与案例[M]. 北京：对外经济贸易大学出版社，2007.）

## 2.3　竞争者分析

物流企业在开展市场营销的过程中，仅仅了解其顾客是远远不够的，还必须了解其竞争者。物流企业实施营销战略的关键就是使物流企业建立和保持持久的竞争优势，通过将企业的产品、价格、分销渠道以及促销方式与竞争对手进行比较，确定企业的优势、劣势，使企业能够发动更为准确的进攻或在受到竞争者攻击时能有效地做出防卫。

企业在市场营销中分析竞争者的步骤如图 2.8 所示。

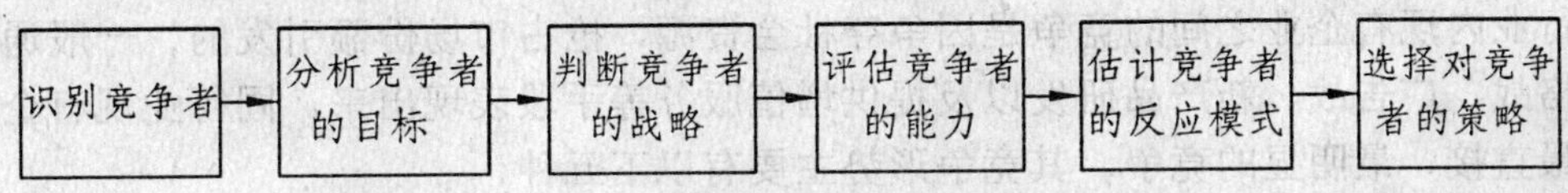


**图 2.8　分析竞争者的步骤**

### 2.3.1　识别竞争者

物流企业只有对所在市场、行业的竞争者进行充分研究，才能增强自身参与竞争的能力。物流企业对竞争者的识别不仅仅是把与自己提供相同物流服务、相似服务价格、类似促销方式的企业作为竞争者，还不能忽略那些未来可能对自己构成威胁的竞争对手，有时潜在竞争者对企业的威胁比现有的竞争者更大。迈克尔·波特（Michael E. Porter）认为："在分析竞争对手前，首先应该确定企业应该集中精力考察哪些竞争对手。显然，对所有重要的现有竞争对手都必须进行分析，然而，分析那些将会走上舞台的潜在竞争对手也非常重要。"

物流企业对竞争者的识别可以从行业角度和市场角度进行分析：

#### 1. 市场角度识别竞争者

从市场观念来说，物流企业的竞争者是一些力求满足相同顾客需要的其他物流企业。例如，对于快递公司与普通货代公司来说，如果顾客对时效性要求不高，所需要配送的物品不是很贵重，由于普通货运价格优势，顾客通常会选择普通货代服务。从市场方面考虑，企业深入了解现有和潜在竞争者的范围，更有利于企业准确地识别竞争者。

#### 2. 行业角度识别竞争者

在物流行业中的竞争者，主要是提供相同物流服务或者有密切替代关系同时又相互竞争的物流企业。决定物流行业结构的主要因素包括：物流服务商的数量及提供物流服务差异化的程度，进退物流行业的壁垒。

波特认为，企业所在行业的竞争强度或吸引力取决于五种基本竞争力量（见图 2.9），即现有竞争者之间的竞争、潜在的竞争者、替代品的威胁，以及客户、供应商的讨价还价能力。正是这些力量的综合作用，影响了企业在行业中最终的获利能力。

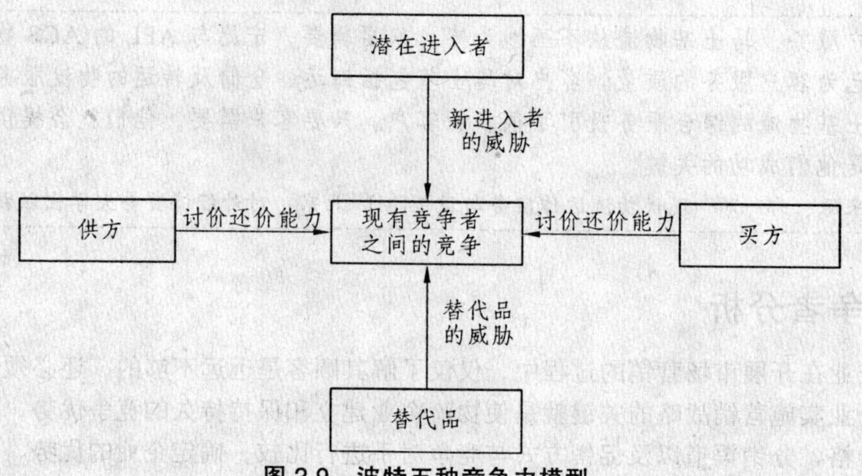


图 2.9 波特五种竞争力模型

(1) 现有竞争者之间的竞争

同行业内现有企业之间的竞争是因争夺社会资源、抢占市场份额引发的，一般通过企业间的价格战、广告战、新产品研发以及提供增值服务等手段表现出来。同行业现有企业间的竞争是最直接、最明显的竞争，其竞争形势主要有以下五种：

① 市场份额竞争。这种竞争在成熟行业中表现得比较突出。由于在成熟行业中，市场需求趋于稳定或增长缓慢，企业为了保持已有的利润率、维持投资效益，只有通过扩大市场份额来实现。

② 均势竞争。如果参与行业竞争的各企业力量比较均衡，对于任何一家企业而言均无竞争优势，此时只有拥有了新技术、新产品的企业才能在竞争中获胜。

③ 差别竞争。同行业的企业之间通过提供差异化的产品或服务来实施差异化营销策略，从而提高品牌知名度、提高服务质量来赢得顾客。

④ 规模竞争。对企业而言，规模的扩张可以获得规模经济效益，降低企业成本。但是当企业不断追加投资，扩大生产规模，可能造成市场上的产品供过于求，导致价格下降，企业能获得的收益自然也随之减少。

⑤ 多元化竞争。多元化竞争是企业通过开发新技术、新产品或兼并其他企业等方式打破部门、行业的界限，将企业经营触角伸入其他经营领域，促进生产资料的合理流动、优化资本结构，降低企业的经营风险，从而实现企业竞争力的提高。

(2) 替代品的威胁

替代品可以在功能上部分或全部代替某一产品。由于替代品的存在限制了企业的产品价格，从而限制了企业的潜在收益。就物流行业来说，不同的运输方式之间就是一种替代关系，随着我国铁路覆盖范围的不断延伸，铁路货运费用相对低于公路运输费用，公路运输就面临了来自铁路运输的威胁。

(3) 新进入者的威胁

受利益驱动，新进入者会进入那些长期处于高回报率、需求旺盛、市场潜力较大的行业。对每一个行业来说，新进入者的到来必然会加剧现有企业间的竞争。如果进入者所面临的行业进退壁垒高，新进入者的威胁就比较低。企业可以通过扩大经济规模、提高初始投资量、增强产品研发力度等方式来实现产品的差异化，提高市场的进退壁垒。

(4) 供方讨价还价能力

企业营销目标的实现必须依赖于供应商提供企业生产所需的各种资源，供应商也是企业整个顾客“价值传递系统”中的重要环节之一。如果企业的供应商较强势，那么在双方交易过程中，供应商更具有话语权，也就是说，供应商讨价还价的能力就比较强，对于产品价格、质量和服务等方面有相当大的主动权。比如宝洁公司，由于该公司在日用消费品市场上占有极大的市场份额，所以在与零售商（如超市）交易过程中自然表现得比较强势，他们可以要求将宝洁的产品放在超市最显眼的位子，体现其自身的品牌优势。

同时，供应商在下列情况下讨价还价能力也比较强：供应商所提供的产品具有排他性，在产品市场不存在替代产品，所以无需与替代品进行竞争；供应商在所属行业处于垄断地位；对于供应商来说，企业的购买量只占供应量的较小部分；对于企业的生产制造活动，供应商提供的产品是重要的投入要素；转换供应商对于企业来讲成本过高；供应商对买主来说构成了前向一体化的威胁。

(5) 买方讨价还价能力

买方是企业产品（服务）的直接购买者和使用者，关系到企业营销目标的实现。物流客户可以通过压低物流服务价格、要求物流企业提供更好的服务、索取更多的服务项目等方式对物流企业施加压力。在下列情况下，购买者的讨价还价能力比较强：对于购买者，可选择的同类产品比较多，产品属于标准化或无差异的产品；在产品市场上，供大于求，并且有足够的替代品；购买几乎没有转换成本等。反之，则购买者的讨价还价能力比较弱。

### 2.3.2　判定竞争者的目标和战略

在识别了竞争者后，需要研究竞争者在市场上所追求的目标。虽然竞争者的最终目标是追求利润最大化，但是在追求利润过程中，不同的竞争者有不同侧重点，如获利能力、市场占有率、现金流量、成本降低、技术领先、服务领先等。

对物流企业竞争者经营目标的分析，有助于了解其对目前市场地位和财务状况的满意程度，从而推断竞争者是否会改变当前的营销战略以及对外部环境变化可能做出的反应模式。企业还必须保持对其竞争者的战略进行不断的观测，因为灵活的竞争者会随着时间的推移不断修订其战略。通过对竞争对手战略目标的判定，分析竞争对手所采用的战略类型和强度，以便企业寻求有利的时机和切入点，开展差异化的营销战略。

在任何一个行业中，企业采取的战略越相似，竞争就越激烈。在多数行业中，根据各企业所采取的主要战略不同，将实行相同或相似战略的一群企业作为一个战略群体。企业想要进入某个战略群体，必须考虑以下两点：第一是进入壁垒，即进入各战略群体的难易程度；第二，如果企业成功进入了某战略群体，那么该群体的成员企业作为其竞争对手，企业要根据其主要竞争对手确定自己的竞争战略。

### 2.3.3　评估竞争者的能力及反应模式

竞争者实施的营销战略的强度取决于竞争者所拥有的资源和能力。对市场竞争者的分析主要包括以下内容：

（1）核心能力

分析竞争者企业在市场中保持和获得竞争优势的能力，如研发能力、创新能力、协调及生产能力、应变能力等。

（2）成长发展能力

包括了解竞争者中是否具有扩大市场的能力，在人员、技能和营销等方面发展壮大的速度和幅度如何。

（3）快速反应能力

包括竞争者对外部环境中客户的需求反应，以及其他公司所采取的营销策略的反应速度。

（4）适应环境变化能力

包括竞争者对环境因素的变化，如市场需求波动、重大技术创新、经济滑坡的冲击等做出的相应的策略，包括价格调整、削减成本、产品更新等措施。

（5）持久力

竞争者对收入或现金流所造成压力的支撑能力，这是由企业当前先进储量、资金流动性、投资力度等因素决定的。

由于企业的营销管理哲学不同，他们对竞争者的反应是不同的。了解竞争者的经营哲学、企业文化、主导信念等因素才能准确地预测竞争者可能采取的行动。一般而言，有以下四种反应模式：

（1）从容型竞争者

从容型竞争者对竞争对手的行动没有反应或反应不强烈。他们可能认为顾客对自身品牌的忠诚度很高，对手的行动对其不会造成太大影响，或缺乏做出反应所需的资金条件等。

（2）选择型竞争者

选择型竞争者并非对竞争对手的任何攻击行为都做出反应，只对某些类型的攻击做出反应。比如，企业可能对竞争者的降价行为反应比较强烈，而对竞争者增加广告力度的策略却无动于衷。

（3）凶狠型竞争者

凶狠型竞争者对所有竞争对手的攻击行为都会做出最强烈的反应。一般而言，这类竞争者的实力强、市场占有率较高、品牌知名度高，通过迅速反应来警告其他竞争者停止任何攻击，否则可能会遭受更强烈的报复。

（4）随机型竞争者

随机型竞争者对竞争对手的攻击的反应具有随机性，对某一攻击行动可能采取反击行为，也可能不采取任何行动。

### 2.3.4 选择对竞争者的策略

企业在确定了主要的竞争者，并分析了其竞争能力和反应模式以后，可以根据以下情况做出应对竞争者的决策：① 根据竞争者的强弱。企业在进攻竞争者时，由于竞争者的状况不同，企业所付出的成本也不同。比如，进攻较弱的竞争者，所耗费的时间和资源比较少，但同时能得到的利益也比较少；如果将较强的竞争者作为进攻目标，企业需要付出较大的代价，但能大幅度扩大市场占有率和利润水平。② 根据竞争者与本企业相似度的大小。

多数企业主张与自身相似度高的竞争者展开竞争，但同时又避免完全摧毁对方，因为那样做可能会招来更难对付的竞争者。③ 根据竞争者的表现。表现良好的竞争者是遵守行业规则，根据成本合理定价，激励其他企业降低成本或增加产品的差异化程度。而具有破坏性的竞争者则是不守行业规则，为了获得期望回报率或市场占有额，采取不正当的手段。只有营造良好的市场氛围，各个竞争者凭借自己的实力争夺市场，才有利于行业的健康发展。

企业通过对竞争者情况的判断，根据自己在目标市场中的角色来选择相应的竞争战略——领导者战略、挑战者战略、追随者战略或补缺者战略。

**1. 市场领导者战略**

处于市场领导者地位的企业拥有较大的市场份额，其产品更新换代比较快，在客户心中有很高的地位，在产品价格变动等方面往往领先于其他企业。由于市场的瞬息万变，处于领导者地位的企业若不能准确地判断竞争形势，步步为营进行战略部署，其地位就可能被其他企业所取代。例如，诺基亚公司从摩托罗拉公司手中夺过了世界手机销售量第一的大旗。

要想保住市场领导者的地位，企业可以采取下列措施。① 想方设法扩大社会总需求；② 凭借自己在已占领市场上的地位优势，采取良好的进攻措施（见图 2.10）和防御措施（见图 2.11）以保护当前的市场份额；③ 在维持当前市场份额不变的前提下，进一步扩大份额。

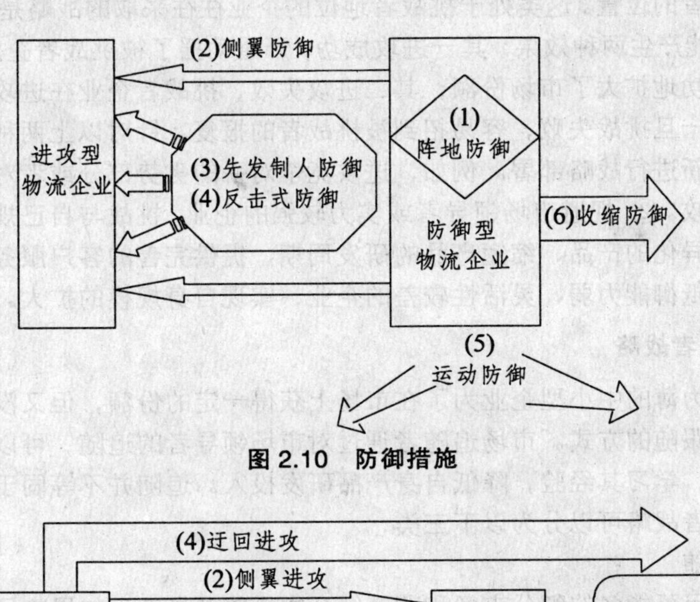


**图 2.10　防御措施**

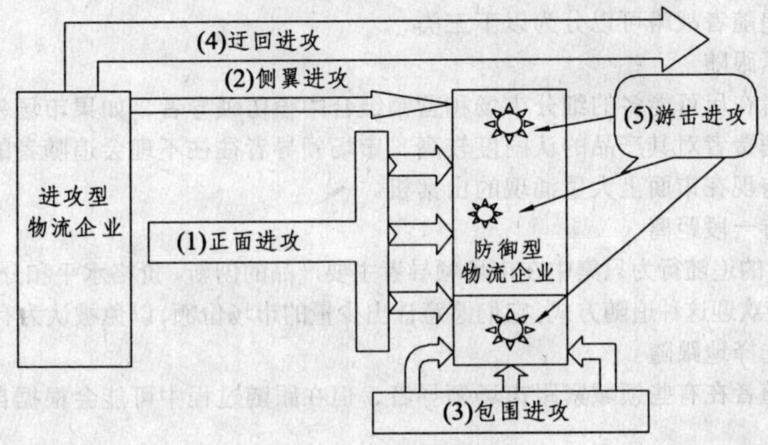


**图 2.11　进攻措施**

上述市场领导者战略可以用表 2.2 表示。

表 2.2 市场领导者战略的具体措施

| 措 施 | 具体方法 |
|---|---|
| 扩大社会需求 | 寻找新的使用者<br>研发并推广产品的新用途<br>提高产品的使用量 |
| 保护市场份额 | 弥补自身的劣势，不给其他竞争者可乘之机<br>加强客户关系管理，与客户建立起牢固的关系<br>持续创新，加强产品的研发力度 |
| 扩大市场份额 | 提供高质量的产品<br>提供完善的售后服务<br>加强客户关系管理，建立紧密的客户关系 |

**2. 市场挑战者战略**

市场挑战者通常是在一个产业中位于第二、第三或排名更靠后的企业，它们也具有相当的实力，有些企业的规模也比较大。例如，在软饮料行业的龙头老大是可口可乐公司，百事可乐就处于挑战者的位置。这类处于挑战者地位的企业往往采取的战略是：① 进攻市场领导者。这种方法可能产生两种效果：其一进攻成功，严重动摇了被挑战者企业在市场上的地位，并取而代之，成功地扩大了市场份额；其二进攻失败，挑战者企业在进攻过程中耗费了大量的资源和时间，一旦挑战失败，容易招到被挑战者的报复。针对以上两种极端情况，企业可以进行权衡后重新进行战略部署。例如，进攻竞争对手的劣势部分或者对竞争者市场覆盖范围的缝隙发起进攻。② 规避市场领导者或实力较强的企业，挑战与自己规模相当或更小的企业，通过提供差异化的产品、缩短产品的研发周期、提供完善的客户服务，甚至是低价促销策略来排挤风险抵御能力弱、灵活性较差的企业，实现自身规模的扩大。

**3. 市场追随者战略**

一部分势单力薄的中小型企业为了在市场上获得一定的份额，但又没有能力挑战市场领导者，往往采取跟随的方式。市场追随者通过对市场领导者的追随，可以借鉴、模仿、改进领导者的新产品，学习其经验，降低自身产品研发投入。追随并不等同于消极被动或完全照抄领导者，追随者战略可以分为以下三类：

（1）紧紧跟随

即追随者在尽可能多的细分市场和营销组合中模仿领导者，如果市场领导者的市场地位比较稳固，消费者对其产品的认同度较高，市场领导者往往不理会追随者的追随行为。比如诺基亚手机与现在市面上大量涌现的山寨机。

（2）保持一段距离

即追随者的追随行为只集中在市场领导者主要产品的创新、价格水平和分销渠道上，市场领导者往往比较欢迎这种追随方式，它们愿意让出少量的市场份额，以免被认为有垄断市场的野心。

（3）有选择地跟随

这类跟随者在有些领域紧跟市场领导者，但在跟随过程中可能会根据自身的情况对战略进行调整。

**4. 市场补缺者战略**

市场补缺者往往是资源、能力比较有限的企业，为了避开与强大的竞争对手争夺市场，通过寻找细分市场中的潜在需求，率先填补大企业无暇顾及的市场缝隙。市场补缺者非常了解目标客户群体，所以他们能够集中所有优势资源来满足补缺市场的需求，提供专业化的服务，也就首先建立客户信誉，获得了竞争优势。

## 小　结

物流企业市场营销环境是指与物流企业市场营销活动相关的、影响企业生存和发展的各种内外界条件和因素的总和，主要包括微观环境和宏观环境，具有客观性、动态性、关联性、差异性的特征。物流市场营销的宏观环境包括人文环境、政治法律环境、经济环境、科技与自然环境、社会文化环境因素。微观环境包括物流企业自身、供应商、竞争者、营销中介、顾客以及社会公众。

物流客户分析是物流企业通过各种渠道获取客户需求的相关信息，根据物流需求特点进行生产运营。对物流客户购买行为模式的分析，是为了解物流客户在购买物流企业所提供的各种服务的过程中所产生的各种心理特征和需求特征。物流客户的购买行为受到多种不可控因素的影响，如文化、社会、个人以及心理特征等。

利用波特的五种竞争力模型分析企业所在行业的竞争强度。企业通过对竞争者情况的判断，根据自己在目标市场中的角色来选择相应的竞争战略——领导者战略、挑战者战略、追随者战略或补缺者战略。

## 复习思考题

**一、单项选择题**（在下列每小题中，选择一个最合适的答案。）

1. ______是向企业及其竞争者提供生产经营所需资源的企业或个人。
   A. 供应商　　B. 中间商
   C. 广告商　　D. 经销商
2. ______主要指协助企业促销、销售和经销其产品给最终购买者的企业或个人。
   A. 供应商　　B. 制造商
   C. 营销中间商　　D. 广告商
3. ______就是企业的目标市场，既是企业服务的对象，也是营销活动的出发点和归宿。
   A. 产品　　B. 顾客
   C. 利润　　D. 市场细分
4. 影响消费需求变化的最活跃的因素是______。
   A. 个人可支配收入　　B. 可任意支配收入
   C. 个人收入　　D. 人均国内生产总值
5. 恩格尔定律表明，随着消费者收入的提高，恩格尔系数将______。
   A. 越来越小　　B. 保持不变

C. 越来越大　　D. 趋近于零

6. ______主要指一个国家或地区的民族特征、价值观念、生活方式、风俗习惯、宗教信仰、伦理道德、教育水平、语言文字等的总和。

A. 社会文化　　B. 政治法律

C. 科学技术　　D. 自然资源

7. ______主要指人们对社会生活中各种事物的态度和看法。

A. 社会习俗　　B. 消费心理

C. 价值观念　　D. 营销道德

8. 出现于不同行业之间的交叉与结合部分的市场机会，则称之为______。

A. 全面机会　　B. 行业市场机会

C. 边缘市场机会　　D. 局部机会

9. 企业的营销活动不可能脱离周围环境而孤立地进行，企业营销活动要主动地去______。

A. 控制环境　　B. 征服环境

C. 改造环境　　D. 适应环境

**二、多项选择题**（下列各小题中正确的答案不少于两个，请准确选出全部正确答案。）

1. 市场营销环境______。

A. 是企业能够控制的因素　　B. 是企业不可控制的因素

C. 可能形成机会也可能造成威胁　　D. 是可以了解和预测的

E. 通过企业的营销努力是可以在一定程度上去影响的

2. 微观环境指与企业紧密相联，直接影响企业营销能力的各种参与者，包括______。

A. 企业本身　　B. 市场营销渠道企业

C. 顾客　　D. 竞争者　　E. 社会公众

3. 营销部门在制订和实施营销目标与计划时，要______。

A. 注意考虑企业外部环境力量　　B. 注意考虑企业内部环境力量

C. 争取高层管理部门的理解和支持　　D. 争取得到政府的支持

E. 其他职能部门的理解和支持

4. 营销中间商主要指协助企业促销、销售和经销其产品给最终购买者的机构，包括______。

A. 中间商　　B. 实体分配公司

C. 营销服务机构　　D. 财务中介机构

E. 证券交易机构

5. 以赢利为目的的国内市场包括______。

A. 生产者市场　　B. 消费者市场

C. 中间商市场　　D. 政府采购市场　　E. 非营利组织市场

6. 国内市场按购买动机可分为______。

A. 消费者市场　　B. 生产者市场

C. 中间商市场　　D. 非营利组织市场　　E. 国际市场

7. 购买行为的实现必须具备_______。
   A. 消费欲望　B. 购买力
   C. 成年资格　D. 商品　E. 都不是

8. 对环境威胁的分析，一般着眼于_______。
   A. 威胁是否存在　B. 威胁的潜在严重性
   C. 威胁的征兆　D. 预测威胁到来的时间
   E. 威胁出现的可能性

## 三、名词解释

物流营销宏观环境；物流营销微观环境；公众；物流企业客户分析；恩格尔定律。

## 四、判断题（判断下列各题是否正确，正确的在题后的括号内打“√”，错误的打“×”）

1. 微观环境直接影响与制约企业的营销活动，多半与企业具有或多或少的经济联系，也称直接营销环境。（　）
2. 宏观环境一般以微观环境为媒介去影响和制约企业的营销活动，因而宏观环境也称为间接营销环境。（　）
3. 微观环境与宏观环境之间是一种并列关系，微观营销环境并不受制于宏观营销环境，而是各自独立地影响企业的营销活动。（　）
4. 同一个国家不同地区的企业之间的营销环境基本上是一样的。（　）
5. 市场营销环境是一个动态系统，每一环境因素都随着社会经济的发展而不断变化。
6. 只要企业制定好营销组合策略，做好内部营销，企业的营销活动就一定能够取得很好的营销效益。（　）
7. 营销活动只能被动地受制于环境的影响，因而营销管理者在不利的营销环境面前可以说是无能为力的。（　）
8. 面对目前市场疲软，经济不景气的环境威胁，企业只能等待国家政策的支持和经济形势的好转。（　）
9. 在一定条件下，企业可以运用自身的资源，积极影响和改变环境因素，创造更有利于企业营销活动的空间。（　）
10. 直接影响企业营销能力的各种参与者，事实上都是企业营销部门的利益共同体。（　）

## 五、简答题

1. 什么是物流营销环境？它有哪些特征？
2. 简述市场营销环境的构成。
3. 简述物流客户的购买决策过程。
4. 怎样进行物流企业竞争者分析？

## 六、案例分析

### 红叶超市的购物环境

红叶超市营业面积260 $m^2$，位于居民聚集的主要街道上，附近有许多各类商场和同类超市。营业额和利润虽然还可以，但是与同等面积的商场相比，还是觉得不理想。通过询问部分顾客，得知顾客认为店内拥挤杂乱，商品质量差、档次低。听到这种反映，红叶超市经理感到诧异，因为红叶超市的顾客没有同类超市多，每每看到别的超市人头攒动而本店较为冷清，怎会拥挤呢？本店的商品都是货真价实的，与别的超市相同，怎说质量差档次低呢？经过对红叶超市购物环境的分析，发现了真实原因。原来，红叶超市为了充分利用商场的空间，柜台安放过多，过道太狭窄，购物高峰时期就会造成拥挤，顾客不愿入内，即使入内也不易找到所需的商品，往往是草草转一圈就很快离去；商场灯光暗淡，货架陈旧，墙壁和屋顶多年没有装修，优质商品放在这种背景下也会显得质量差档次低。为了提高竞争力，红叶超市的经理痛下决心，拿出一笔资金对商店购物环境进行彻底改造。对商店的地板、墙壁、照明和屋顶都进行了装修；减少了柜台的数量，加宽了走道，仿照别的超市摆放柜台和商品，以方便顾客找到商品。整修一新开业后，立刻见到了效果，头一个星期的销售额和利润比过去增加了70%。可是随后的销售额和利润又不断下降，半个月后降到了以往的水平，一个月后低于以往的水平。为什么出现这种情况呢？观察发现，有些老顾客不来购物了，增加了一批新顾客，但是新增的顾客没有流失的老顾客多。对部分顾客的调查表明，顾客认为购物环境是比原先好了，商品档次也提高了，但是商品摆放依然不太合理，同时商品价格也提高了，别的商店更便宜些，一批老顾客就到别处购买了。听到这种反映，红叶超市的经理再次感到诧异，因为一般来说，红叶超市装修后商品的价格并未提高，只是调整了商品结构，减少了部分微利商品，增加正常利润和厚利商品，其价格与其他超市相同。

**思考题：**

红叶超市究竟怎样才能适应顾客呢？

# 第 3 章 物流市场调研与需求预测

本章重点

- ✧ 随机抽样与非随机抽样方法
- ✧ 物流市场调研的三种方法
- ✧ 调查问卷的设计
- ✧ 物流需求的定量与定性预测方法

本章难点

- ✧ 事前事后无控制对比实验、事前事后有控制对比实验、事后有控制对比实验的比较
- ✧ 调查问卷的设计
- ✧ 物流需求的定置预测方法

必备技能

- ✧ 通过对物流市场营销调研流程的学习，能够熟练地开展调研活动
- ✧ 掌握市场调查问卷的设计原则、方法
- ✧ 掌握实验方法调研的五个步骤
- ✧ 理解定量和定性分析方法的原理，并能熟练运用于市场预测

## 3.1 物流市场调研

物流企业开展具有针对性的营销活动，离不开市场调研，企业需要系统地搜集物流客户对某些特定问题的态度、观点或信念等信息，比如客户对物流企业所提供的服务质量、价格等方面的态度。通过物流市场调研，物流企业可以衡量客户满意度、清晰地了解客户的偏好、把握物流市场需求、识别物流企业的发展机会。

### 3.1.1 物流市场调研的含义及内容

物流市场调研是针对物流企业在开展营销活动中遇到的问题，采用科学的研究方法，有针对性地对营销数据进行收集、整理和分析，作为企业制定相应营销策略的依据。面对复杂多变的市场环境，企业想要准确地选择目标市场，开展有效的营销策略，必须科学地研究市场需求的变化趋势，掌握市场详情。

物流企业市场营销调研的对象包含一切与物流企业营销活动相关的外部环境，以及企业在制订营销决策过程中所涉及的各种问题。市场调研的内容十分广泛，主要包括六类：市场研究、

产品研究、定价研究、营销渠道研究、促销策略研究和消费者研究。

(1) 市场研究

对物流市场进行调研需要研究目前市场发展的特点及趋势、产品的供求状况、目前的经济形势，以及物流企业目前的市场占有率。

(2) 产品研究

企业生产的产品是为了满足客户的需求，企业只有提供适销对路的产品才能获得利润。产品研究主要包括：产品差异化、产品包装、产品商标和品牌、产品功能、产品服务等方面。

(3) 定价研究

在进行定价研究时，需要对企业生产成本、所获利润、消费者对产品的价格弹性以及市场购买力、销售潜力等进行分析，同时也不能忽略对竞争者定价策略的研究。

(4) 营销渠道研究

主要包括营销渠道覆盖范围、分销渠道的结构、渠道营销业绩以及处于营销渠道各节点销售商的销售能力及信用等因素。

(5) 促销策略研究

主要包括对促销动力研究、广告媒体调查、广告效果调查、社会公共形象研究、销售区域调查，以及其他促销方式，如人员推销、营业推广、公共关系的效果调研等。

(6) 消费者研究

消费者是企业产品的使用者使产品的价值得以实现，企业也获得了利润，所以营销调研活动应该首先以消费者为重点。消费者研究包括：消费者对品牌的偏好、对品牌的忠诚度，消费者的购买能力、分布地区、购买意向等方面的调研。

## 3.1.2 物流市场调研的步骤

物流市场调研是一项复杂而细致的工作，需要经过一定的程序才能达到企业预定的营销目标。物流市场营销调研的全过程大致可分为图 3.1 所示的四个阶段。

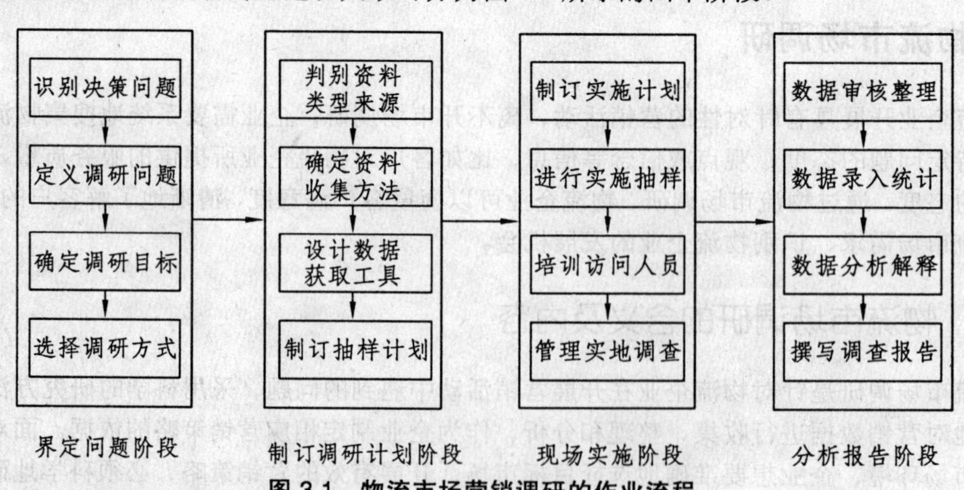


**图 3.1 物流市场营销调研的作业流程**

在上述四个作业阶段中，其中关键的五个步骤是：界定营销问题，制订营销调研计划，实施数据收集，数据整理和分析，撰写营销调研报告。

### 1. 界定营销问题

哲学家约翰·杜威（John Dewey）曾指出，"问题识别或界定准确相当于解决了问题的一半。"在物流市场营销调研中，如果能首先界定好营销问题，就能由此勾画出解决调研问题的框架。在界定营销调研过程中，主要涉及了三个关键性的问题：① 在制定营销策略时，需要寻求哪些信息来支撑决策？② 这些信息是否已经存在？③ 通过市场调研，是否确实能够获得需要的信息？

以物流配送中心的规划设计为例，为了确定物流配送中心的业务需求和规模，必须收集大量的相关数据。比如，配送中心所在区域的当前物流需求量、未来的物流需求量、未来消费的增长趋势、配送商品种类、商品类型等信息。首先确定所需要收集的数据，也就是界定了营销问题，因为此后进行的各步骤都要以此为蓝本。

### 2. 制订营销调研计划

制订营销调研计划主要包括以下七方面的内容：① 将已界定的营销问题详细化，将物流企业营销目标具体化；② 确定资料来源是一手资料、二手资料，还是综合考虑；③ 选择数据的收集方法，企业可以根据不同的调研方式（询问法、观察法、实验法），与被调查者不同的接触方式（邮寄、电话、面访和网上调查），选择适合的方法进行数据收集；④ 准备调研过程中所需要的工具，比如调研提纲、调查表和问卷，其他设备仪器等；⑤ 制订抽样计划，是按照哪种方式进行抽样，对样本如何进行设计、怎样实施抽样，以及后期抽样评估等；⑥ 制订数据分析计划，主要是定性分析与定量分析；⑦ 制订调研实施计划。

### 3. 实施数据收集

在此阶段，物流企业就要组织调研人员，按照所制订的营销调研计划，系统收集资料。获取一手资料的方法有询问法、观察法和实验法等，主要获取物流客户对物流企业的态度、选择物流服务的偏好等。二手资料是现有资料，主要来源于企业内部资料和外部资料，内部资料是指物流企业的各种记录，如凭证、订单、统计表、企业制订的工作计划等；外部资料主要有四类：政府机构发布的统计资料，同行业所发行的市场动态信息，市场调查机构或咨询机构发布的商业性刊物，公开出版的期刊、杂志、研究报告等。

### 4. 数据整理和分析

市场调研所收集到的数据量多且杂，针对性不强，不能系统地说明问题，因此要反映市场现状、特征，就必须进行数据分析。数据分析是市场调研程序中的重要工作，是将收集到的资料和信息进行分析、计算和整理，提炼出有用的信息并得出结论的过程。在数据分析过程中，需要采用相应的数据分析方法对前期获得的数据进行挖掘，数据分析的过程必须围绕调查目的开展。通过信息的整理和分析，有助于物流企业及时发现问题，及时对市场问题做出反应。

### 5. 撰写调研报告

撰写调研报告是物流市场调研的最后一个环节，即把调研的结果以书面报告的形式提交给物流企业或政府机构等，作为做出科学决策的依据。调研报告通常分为两种，专门性报告书和综合性报告书。调研报告由引言、正文、结论、附件四部分组成，包括研究的问题和目标、研究的对象、范围和方法、研究的结论以及研究人员的建议等。

### 3.1.3 物流市场调研样本设计

市场调研工作的目标是获取总体的各类信息及特征，样本的确定和抽样方式的选择是市场调研活动基础性的工作。

**1. 样本和抽样的基本概念**

(1) 目标总体和抽样总体

在开展市场调研活动时，首先要确定调研的目的，即需要了解的问题，其次是明确调查的对象。从市场调查的范围看来，总体是包含所有调查对象的集合，通常是由具有某种共同特性的许多个体构成的，如由多个物流企业所构成的集合，由许多国家构成的集合等都可以被看做是总体，而构成总体的每一个小单元，就是个体。在由多个物流企业构成的集合中，每个物流企业单元就是一个个体。

抽样总体是由抽样调查时被抽取的调查对象所构成的集合，如物流企业计划调查物流客户的消费习惯。但由于企业人力、物力或财力的限制，不可能调查全部有物流需求的客户，只能选择部分具有代表性的群体作为调查对象，被选中的对象就构成了样本。对于物流企业而言，既可以选择物流需求量大的某些制造型企业、商贸企业作为调查对象，也可以选择具有个性化需求的普通消费者。

(2) 随机抽样与非随机抽样

随机抽样也称概率抽样，是指按照确定的概率抽取调查样本，调查总体中的每个个体被抽取的机会是均等的。一般具有以下四个特征：① 从总体中抽取的样本事先都能加以确认；② 每个样本可能被抽到的概率是相等的，而且是已知的；③ 任何一个样本被抽到的概率与已知该样本的发生率相等；④ 任何一个被抽到的样本的调查结果只能得到唯一的估计值。

非随机抽样也称非概率抽样，是指根据方便原则或主观标准来抽取调查样本，主要包括以下几种情况：① 从总体中抽取容易取得的部分；② 随机抽取样本；③ 从总体中选择典型的部分，如对物流企业情况调查，就可以抽取具有代表性的物流企业，如中远、中外运、马士基等。

(3) 抽样框及抽样单位

抽样框是所有总体单位的集合，是总体的数据目录或全部单位的名单。抽样框的编制是抽样的基础，抽样框的合理与否直接关系到抽样活动是否方便。抽样框具有以下特点：① 包含尽可能多的样本单位；② 同一抽样框中的每个样本单位被抽中的机会相同。

抽样单位是根据抽样需要或按照某些标准将调查总体进行适当的划分，把总体分为若干个部分，每一部分就称作抽样单位。比如进行居民收入水平的抽样调查，就可以将居住在同一小区或者街道的居民作为抽样单位。

**2. 抽样调查的程序**

制订一个科学的抽样调查计划主要包括以下六个步骤（见图 3.2）：

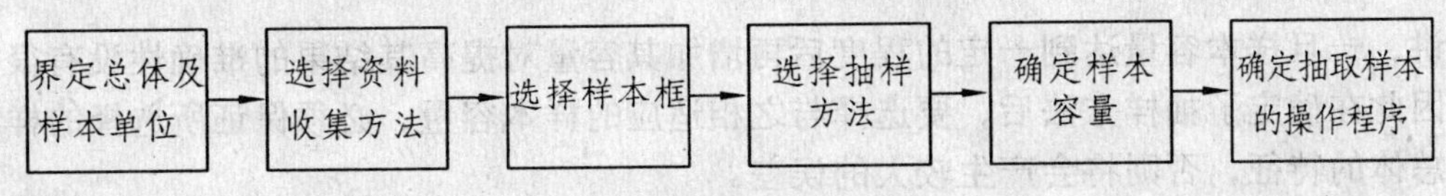


图 3.2　抽样调查程序

(1) 界定总体及样本单位

为了实现调研目的，保证调研结果的准确性，往往需要对调研对象的特征进行详细说明，明确调查范围及总体单位。例如某第三方物流企业准备了解其所在区域制造企业的物流外包需求情况，调查总体就是在调查期内，位于该区域的所有制造企业。调查总体可以从以下几个方面进行描述：产品特性、当前生产运营状况、对第三方物流企业提供的物流服务的认知度等方面。

样本单位是抽样的基本单位，在清楚了总体特征后，选择合适的样本单位。在上述例子中，第三方物流企业可以选择典型制造型企业，如以汽车制造企业、医药制造企业等作为样本单位。

(2) 选择资料收集方法

资料收集方法的选择对抽样过程、抽样结果的可靠性等方面都有巨大的影响，资料收集方法主要有网上调查法、邮寄调查法、电话调查法、直接面谈法等（下文中有详细介绍）。不同的方法对调查的要求不同，需要根据具体情况进行选择。

(3) 选择样本框

样本框是总体的数据目录或全部单位的名单，这些名单可按一定的顺序排列。例如，要调查某物流园区所在区域公路运输的情况，可以将该物流园区作为调查区域的中心，将其周围的全部公路作为基本单位排列起来，从中抽取调查对象，然后对抽中路段内的车辆运输情况进行调查。

(4) 选择抽样方法

根据调查目的、调查问题的性质以及调查条件的限制等因素，选择合适的抽样方法。抽样方法包括随机抽样和非随机抽样，二者的基本概念在上文中已有介绍，二者的优缺点比较如表 3.1 所示。

表 3.1　抽样方法比较

| 抽样方法 | 优　点 | 缺　点 |
|---|---|---|
| 随机抽样 | 排除人为干扰；<br>调查结果可靠性高 | 调查样本抽取概率相同，无法突出重点；<br>对调查人员的能力素质要求高；<br>费用高；<br>耗时长 |
| 非随机抽样 | 节约成本；<br>样本典型，可代表总体；<br>操作方便；<br>耗时比较短 | 调查结果的准确性差；<br>抽样样本受主观影响较大 |

(5) 确定样本容量

一般情况下，如果样本容量越大，调查的信息越多，调查结果也就越准确。但如果样本容量过大又会加大调查人员的工作量，对调查人员的要求也就更高。对于一个特定的抽样调查来讲，一旦样本容量达到一定的程度后再增加其容量对提高其结果的准确性没有很大的影响。因此在确定了抽样方法后，要选择与之相适应的样本容量，必须保证所选择的样本能够反映总体的特征，否则将会产生较大的误差。

(6) 确定抽取样本的操作程序

为了尽量减少人为因素对所抽取样本的影响，在随机抽样或非随机抽样过程中，要严格按照抽样程序进行操作，以提高抽样结果的准确性。

**3. 抽样方法**

(1) 随机抽样方法

此方法主要包括简单随机抽样、系统随机抽样、分层随机抽样、整群随机抽样。

① 简单随机抽样是指总体样本中每一个个体被抽中的机会是均等的，常用的抽样技术是抽签法和随机数表法，抽样概率为：

抽样概率 = 样本单位数（$n$）/总体单位数（$N$）

② 系统随机抽样，又称等距抽样。先将总体中的个体按照一定的特性排列起来并给每个个体编号，然后按照一定的顺序来抽取样本。例如，调查某城市居民收入水平，该城市居民数量为 1 000 万，按照等距抽样的方法抽取 2 000 人。首先将该城市的所有居民进行编号，后按照每隔 5 000 人（1 000 万/2 000）抽取一个样本。

③ 分层随机抽样是指将总体中的各单位按照一定的标准进行分层，然后采用随机的方法在各层中抽取一定的个体。例如，某地共有居民 2 000 人，按年龄进行分类，其中老年人为 400 人，中年人 600 人，青年人 700 人，儿童 300 人，从中抽取 200 人进行调查，则各类型人群应抽取的样本个数为：

老年人样本数目 $n_1 = 400 \div 2\,000 \times 200 = 40$

中年人样本数目 $n_2 = 600 \div 2\,000 \times 200 = 60$

青年人样本数目 $n_3 = 700 \div 2\,000 \times 200 = 70$

儿童样本数目 $n_4 = 300 \div 2\,000 \times 200 = 30$

④ 整群随机抽样是指将总体划分为若干个群后，从中随机抽取部分群，然后对抽中群内的单位进行调查的一种方法。

(2) 非随机抽样方法

非随机抽样通常为了快速获得调查结果、调查对象不确定或是受其他因素影响无法进行严格的抽样时所采用的方法。非随机抽样主要包括偶遇抽样、判断抽样、配额抽样和滚雪球抽样。

① 偶遇抽样，是根据调查者的方便与否来抽取样本的一种方式，比如街头随机访问等，这种调查方式比较随意，调查结果准确性不高。

② 判断抽样，是根据调查者的主观意愿、经验和知识等方面选择总体成员，比如要调查消费者对某牌子剃须刀的认知度，首先就要排除女性消费者。

③ 配额抽样，是将总体中的所有单位按照一定的要求分为若干层，然后根据总体结构特征所确定各组样本的抽样定额选取样本。

④ 滚雪球抽样，主要应用于总体中的样本比较稀疏的情况，如对从事某一特殊行业的人员的调查等。

## 3.1.4 物流市场调研的方法

### 1. 访问法

访问法是市场调研中使用最普遍的一种收集一手资料的方法，由调查人员直接与被调查者接触，通过提问与回答的方式收集被调查者的看法和意见。其内容主要包括三个方面：① 对事实的询问，如“贵公司的物流成本占总销售额的比重是多少？”；② 对意见的询问，用于了解被调查者的愿望，如“贵公司是否考虑过将部分物流业务外包？”；③ 阐述性询问，要求被调查者阐述一定的理由，如“贵公司未引入 RFID（无线射频识别技术）的原因是什么？”。访问法根据调查人员与被调查人员接触方式的不同，可分为直接面谈法、电话调查法、邮寄调查法、网上调查法。这四种访问方法的优缺点见表 3.2 所示，调研人员应该根据物流企业自身的条件以及市场环境做出选择。

表 3.2　四种访问方法比较

| 访问方法 | 优　点 | 缺　点 |
| --- | --- | --- |
| 直接面谈 | 比较灵活；<br>拒答率低；<br>调查资料质量好；<br>调查对象的适用范围广 | 调查费用高；<br>调查周期长；<br>对调查者素质要求高 |
| 电话调查 | 信息反馈快；<br>费用低；<br>适用范围广；<br>节省时间；<br>易控制 | 受通话时间限制；<br>调查资料质量不高；<br>被调查者代表性不强；<br>问题不能深入 |
| 邮寄调查 | 调查区域较广；<br>无调查人员偏见；<br>费用较低；<br>匿名性好；<br>被调查者可获得较充裕的时间作答 | 问卷回收率低；<br>问题次序的偏见；<br>回收时间长；<br>时效性差；<br>答卷者可能不是目标被调查者 |
| 网上调查 | 回收速度快；<br>费用低；<br>无调查人员偏见 | 调查范围具有局限性；<br>可能出现重复调查情况 |

**【案例】**　可口可乐公司“新可乐”的失败

1985 年，可口可乐公司秘密进行了代号为“堪萨斯工程”的市场调查行动，它出动了约 2 000 名市场调查员在 10 个主要城市调查顾客是否接受一种全新的可口可乐。问题包括：可口可乐配方中将增加一种新成分，使饮用时的口感更柔和，你愿意吗？可口可乐的口味与百事可乐口味相仿你会感到不安吗？你想试试一种新饮料吗？

调查结果表明，只有 10%～12% 的顾客对新口味可口可乐表示不安，而且其中一半表示会适应新的可口可乐，这表示顾客们愿意尝试新口味的可口可乐。

在新可乐的样品出来后，可口可乐公司组织了品尝测试，在不告知尝试者品牌的情况下，请他们说出哪一种饮料更令人满意，测试的结果令可口可乐公司兴奋不已。顾客对新可乐的满意度超过了百事可乐，市场调查人员认为这种新配方的可乐至少可以使可口可乐的市场占有率提高 1%～2%，这就意味着增加 2 亿～4 亿美元的销售额。

为了确保万无一失，可口可乐公司斥资400万美元进行了一次规模更大的口味测试，13个最大城市有超过19万名顾客参加了测试，55%的品尝者认为新可乐的口味胜过了传统配方的可口可乐，而且在这次口感测试中新可乐再次击败了对手百事可乐。

依据这次调查的结果和慎重的考虑，在1985年4月23日，可口可乐公司董事长罗伯特·戈伊朱埃塔宣布了一项惊人的决定。他宣布：经过99年的发展，可口可乐公司决定放弃它一成不变的传统配方，原因是现在的消费者更偏好口味更甜的软饮料，为了迎合这一需要，可口可乐公司决定更改配方，调整口味，推出新一代可口可乐。

可口可乐公司做出改换口味的决定，是希望借此打败饮料王国的强劲对手。在20世纪80年代，可口可乐在饮料市场的领导者地位受到了挑战，可口可乐的销售量增长速度从每年递增13%下降到只有2%，其原因是竞争对手百事可乐来势汹汹，它先是推出了“百事新一代”的系列广告，将促销的锋芒直指饮料市场最大的消费群体——年轻人。

在“新可乐”上市后的一个月，可口可乐公司每天接到超过5 000个抗议电话，更有雪片般飞来的抗议信件，可口可乐公司不得不开辟了83条热线，雇佣了更多的公关人员来处理这些抱怨和批评。有的顾客称可口可乐是美国的象征，改变口味就是改变美国文化；有的顾客威胁说将改喝茶，永不再买可口可乐公司的产品；更有忠于传统可口可乐的人们组成了“美国老可乐饮者”的组织，发动全国抵制“新可乐”的运动，而且许多人开始寻找已停产的传统可口可乐。面市后两个月，“新可乐”的销售远远低于公司的预期值，不少瓶装商强烈要求改回销售传统可口可乐。公司的市场调查部门进行了紧急的市场调查，一个月前还有53%的消费者声称喜欢“新可乐”，可现在一半以上的人说他们不喜欢“新可乐”，再过一个月，认可“新可乐”的人只剩下不到30%。

“新可乐”面市后的第三个月，其销量仍不见起色，而公众的抗议却愈演愈烈。最终可口可乐公司决定恢复传统配方的生产，其商标定名为可口可乐古典，同时继续保留和生产“新可乐”，其商标为新新可乐，但是可口可乐公司已经在这次行动中遭受了巨额损失。

（资料来源：http：//info.china.alibaba.com/news/detail/v0-d1002713203.html.）

**2. 观察法**

观察法主要是有目的、有计划、系统地对研究对象进行观察，获得研究所需的资料。观察法在现场观察的同时，还需借助于照相机、摄像机将现场情况记录下来，并可通过其他收集资料的方法对观察结果加以比较和检验。根据观察结果的标准化程度，观察法分为控制观察和无控制观察。控制观察是根据观察的目的，确定观察的范围，利用标准化的观察手段、程序和技术进行系统观察，使实验结果实现标准化；无控制观察则比较灵活，通常用于探索性调查或有深度的专题调查。根据观察者所处位置，观察法分为参与观察与非参与观察。这两者的区别主要是，观察者是否参与了被观察的活动，参与观察可以很快掌握事态的发生、发展情况，但容易使观察结果带上某些偏见；非参与观察一般用于视察、探索性调查和一般行为的调查。根据所取得资料的时间特性分为时间调查法和横断面调查法。前者是通过对某事项的连续调查，取得不同时间的资料；后者是在某特定时间内，对某事项有关的不同对象进行观察，取得事项在该时点上的有关资料。

### 3. 实验法

实验法通常被用来推断因果关系，将科学中的实验求证法用于市场调查之中，分析了解调查对象发展趋势。在实验中，调研者要有目的地控制一个或几个市场因素的变化，并研究调查对象在这些因素影响下的变动情况。实验调研法常用来测量新产品、新广告、新包装、价格调整、促销方案等对销售效果的影响。

运用实验法进行市场调研，主要包括五个步骤，如图 3.3 所示。

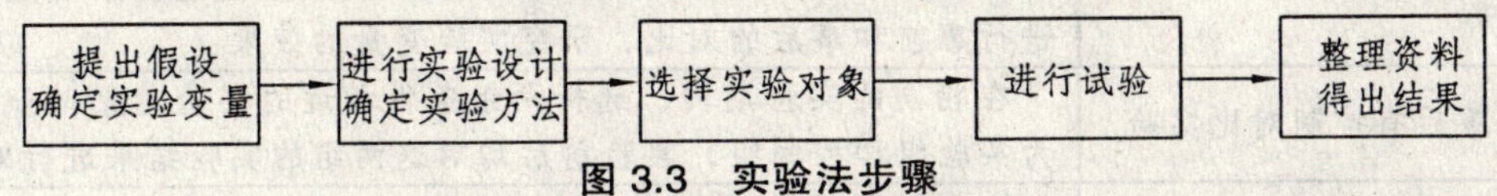


**图 3.3 实验法步骤**

在市场调研之前，调查人员应该根据调查项目的目的和要求，分析可能影响事物变化的因素，确立因果关系，提出若干研究假设以及确定实验的自变量。在实验设计阶段，调查人员为达到实验目的做出详细的规划，实现对假设条件的验证和实验对象的控制。实验对象的选择可以通过随机抽样或非随机抽样产生，合适的实验对象能够对实验过程产生积极影响。在提出实验假设，确定实验对象的前提下，按照已确定的方法来进行实验，通过不断反复实验以求获得真实可靠的数据。最后通过对观察结果的分析整理，揭示出调查对象在市场因素影响下的变动情况，得出客观的调查报告。

实验法的优缺点如表 3.3 所示。

**表 3.3 实验法优缺点**

| 优　点 | 缺　点 |
|---|---|
| 结果的客观性和实用性；<br>有利于明确的确立因果关系；<br>花费较少；<br>实验过程易于重复；<br>控制能力强 | 实验研究环境可能脱离实际；<br>实验样本可能存在缺陷；<br>容易受主观因素的影响；<br>花费的时间较长；<br>管理控制比较困难 |

根据调查目的和对照组的设置情况、对照组组数，可以设计出多种实验调查方法。在市场调查中，常用的实验设计方法主要是正规设计和非正规设计两大类。正规设计，又称为随机对比实验，是指调查者按随机抽样的方法选定试验单位进行的实验调查，包括完全随机设计、分组随机设计和多因素分组随机设计等种类，如表 3.4 所示。

**表 3.4 正规设计法比较**

| 方法名称 | 实验目的 | 优缺点 |
|---|---|---|
| 完全随机设计 | 获取某因素是否对目标变量的变动存在显著影响 | 优点：使用简单、易操作；<br>缺点：没有严格控制外部因素、存在局限性 |
| 分组随机设计 | 将实验单位间的差异按照某些标准加以分组，使各组间差异明显，组内差异减少 | 优点：实验结果准确性高；<br>缺点：实验时间长、费用高 |
| 多因素分组随机设计 | 可消除两个或多个实验外因素对实验结果的影响 | 优点：提高实验准确性、节省分析时间和过程、可与其他方法相互结合；<br>缺点：实验时间长、费用高、实际应用存在局限性 |

非正规设计是按照判断分析的方法选择实验单位，可以分为三大类：事前事后无控制对比实验、事前事后有控制对比实验和事后有控制对比实验，如表3.5所示。

**表3.5 非正规设计法比较**

| 方法名称 | 特点 |
| --- | --- |
| 事前事后无控制对比实验 | 在同一环境内按照正常情况进行测量，收集必要的数据，然后进行实验。经过一定的实验期后，收集实验过程中的数据，进行事前和事后的对比，研究实验变量的效果 |
| 事前事后有控制对比实验 | 在相同的实验期内，选择两组条件相近的实验对象，分别作为实验组和控制组，实验前后均对这两组的实验结果进行对比 |
| 事后有控制对比实验 | 在市场调研过程中，选择两组条件相近的实验对象，分别作为实验组和控制组，通过改变实验组的某自变量进行实验，控制组保持不变。实验后，对比两组的实验结果 |

(1) 事前事后无控制对比实验

【例】某企业生产了A、B、C、D四种产品，打算通过改变包装来促进销售，但对该策略没有十分的把握，因此在某市场实验了一个月，事前事后产品销售量的统计结果如表3.6所示。

**表3.6 产品实验前后销售数据比较** 件

| 产品 | 实验前销售量 | 实验后销售量 | 变化量 |
| --- | --- | --- | --- |
| A | 38 | 49 | +11 |
| B | 47 | 56 | +9 |
| C | 53 | 48 | −5 |
| D | 27 | 35 | +8 |
| 合计 | 165 | 188 | +23 |

通过上表比较可以看出，企业通过改变包装后，A产品增销11个单位，B产品增销9个单位，C产品减少5个单位，D产品增销8个单位。虽然C产品的销售量跟实验前相比有所减少，但四种产品总销售量提高了23件。在不考虑其他外部因素对实验的影响的情况下，改变包装策略能够实现企业产品销售量的增长。

(2) 事前事后有控制对比实验

【例】某企业想了解某产品包装颜色的改变是否能够促进产品销售，通过选用对比组与控制组对比实验来观察效果。选A、B两种产品为实验组，C、D两种产品为控制组，经过一个月的实验期后，产品销售量的统计结果如表3.7所示。

**表3.7 产品实验前后销售数据比较** 个

| 实验前后销售量 | A、B（实验组） | C、D（控制组） |
| --- | --- | --- |
| 实验前销售量 | 400（$Z_1$） | 500（$Y_1$） |
| 实验后销售量 | 700（$Z_2$） | 650（$Y_2$） |

通过表 3.7 可以看出，在实验期内，实验组产品的销售量增加了 300 个单位，控制组产品的销售增加了 150 件。那么，包装颜色的改变后能使销售量增加：

$$(Z_1-Z_2)-(Y_1-Y_2)=(700-400)-(650-500)=150\ (\text{个})$$

$$\text{实验效果}=[(700-400)/400-(650-500)/500]\times 100\%=45\%$$

即该企业通过改变包装颜色可以促使销售量增加 45%。

### 3.1.5　调查问卷设计

**1. 调研问卷的类型和结构**

问卷，指系统记载着体现调查项目的一系列问题的调查表，是实地调查法中的重要方法。无论是面谈访问法、电话访问法、邮寄访问法，还是网络访问法，都需要使用问卷。

（1）调研问卷的类型

① 自填式问卷和访问式问卷。自填式问卷是被调查者根据问卷上所提出的各种问题，依据自己的看法回答；访问式问卷是由调查者根据被调查者的回答填写。

② 结构型问卷和无结构问卷。结构型问卷中问题的设置具有一定的逻辑关系，调查者要严格按照问卷的指导语提问；无结构问卷提问比较随意，在提问过程中，问题顺序可以被打乱。

③ 甄别问卷和正式问卷。甄别问卷是用于筛选适合被访者的问卷；主题问卷是获取信息的重要载体。

（2）调研问卷的结构

① 问卷标题。主要说明研究的主题，例如：××集团仓储管理水平调查问卷。

② 问卷说明。主要是向被调查者说明调查的目的、背景。

③ 被调查者信息。主要包括被调查者的姓名、联系方式、职位等个人信息。

④ 调查机构。说明进行调研活动的主要机构有哪些。

⑤ 问卷主体。与所需调查内容相关的各种问题，以及被访者的回答等信息。

**2. 常见的问题形式**

① 二项选择题。提出的问题仅有两种答案可以选择，只能在“是”或“否”，“有”或“无”中选择一个。这两个答案是对立的，排斥的，非此即彼。

例如：贵企业目前的物流配送采用的是何种模式？

□自营　　□外包

② 多项选择题。提出的问题答案在两个以上，被访者根据自己的观点进行选择，这种题一般还要设置一个“其他”选项，以便被访者充分表达自己的意见。

例如：贵公司采用了哪些物流信息技术？

□RFID（射频识别）　□GPS（全球卫星定位系统）　□GIS（地理信息系统）

□ASS（自动分拣系统）　□EOS 系统（电子自动订货系统）　□条形码技术

□EDI 系统（电子数据交换系统）　□其他

③ 排序题。调查者给出几个选项，由被访者根据重要性进行排序。

例如：贵公司在选择第三方物流企业时比较关注的因素按照从大到小的顺序排列（1～7）

□服务范围

□能提供的服务在地理的广阔性、网络性

□有无同类产业的物流受托经验

□解决方案的能力、物流规划能力

□成本、费用水准

□业务质量

□信息提供能力，信息系统的构筑状况

④ 回忆题。了解被访者对不同商品质量、品牌等方面印象的强弱。

例如，请您说出当你看到“橙色”时，你会想到哪个物流企业?

⑤ 态度量表。这种题主要是用来对被访者回答的强度进行测量。

例如：您对物流企业采用先进的信息技术的看法是：

| □非常重要 | □比较重要 | □重要性一般 | □不重要 | □非常不重要 |
|---|---|---|---|---|
| 5 | 2 | 0 | −2 | −5 |

**3. 物流企业调查问卷**

**【例】** ××企业物流外包需求调查问卷。

1. 贵公司目前的物流配送采用的是何种模式?

□自营　　□外包

(若选择自营转入第 5 题)

2. 贵公司外包物流业务量占总物流业务量的比例：

□1% 及以下　□1%～3%　□3%～5%　□5%～10%　□10% 以上

3. 贵公司在选择第三方配送中心的时候，最重视什么?（可多选)

□能提供的服务范围

□能提供的服务在地理的广阔性、网络性

□有无同类产业的物流受托经验

□解决方案的能力、物流规划能力

□成本、费用水准

□业务质量

□信息提供能力，信息系统的构筑状况

4. 贵公司对目前提供服务的第三方配送中心

□非常满意　□比较满意　□基本满意　□不满意　□非常不满意

若选择不满意或非常不满意，其主要原因是什么?（可多选)

□运作成本高

□服务内容残缺

□信息不及时不准确

□作业速度慢

□货损率高

□作业差错率高

□其他 ____________ （转入第 6 题)

5. 请根据贵公司尚未将物流业务外包的主要原因，按重要性程度在相对应的项上画“√”。

| 重要性程度 / 原因 | 非常重要 | 比较重要 | 重要性一般 | 不重要 | 非常不重要 |
| --- | --- | --- | --- | --- | --- |
| 外包服务质量差 | | | | | |
| 外包服务费用高 | | | | | |
| 物流服务的绩效难以考核 | | | | | |
| 担心失去对物流作业的控制力 | | | | | |

6. 贵公司生产的产品对仓储条件有无特殊要求？

□有　　□无

若有，有哪些特殊要求？ ______________

7. 贵公司关注第三方配送中心的哪种功能？（可多选）

□商品周转功能　□商品拣选功能　□商品保管功能

□商品在库管理功能　□流通加工功能　□信息处理功能

8. 贵公司希望第三方物流配送中心提供哪些增值服务？（可多选）

□采购与订单处理　□货物追踪　□物流方案的选择与规划　□库存控制决策建议

□货物回收与结算　□物流咨询　□物流系统工程设计与规划方案的制作

9. 请贵公司根据下列因素，按其重要性程度在相对应的项上画“√”。

| 重要性程度 / 运输方面 | 非常重要 | 比较重要 | 重要性一般 | 不重要 | 非常不重要 |
| --- | --- | --- | --- | --- | --- |
| 配送货物速度 | | | | | |
| 配送货物准确性 | | | | | |
| 配送货物安全性 | | | | | |
| 配送货物可行性 | | | | | |
| 配送货物密集性 | | | | | |

| 重要性程度 / 仓储方面 | 非常重要 | 比较重要 | 重要性一般 | 不重要 | 非常不重要 |
| --- | --- | --- | --- | --- | --- |
| 仓储管理的专业性 | | | | | |
| 存储环境及位置 | | | | | |
| 货物对设施的特殊要求 | | | | | |
| 货物保存的完整性 | | | | | |
| 采用先进的仓库管理系统 | | | | | |

10. 贵公司希望第三方配送中心信息系统能够在哪些方面与公司信息系统进行衔接？(可多选)

□ERP（企业资源计划系统）

□WMS（在库管理，仓储管理等）

□TMS（运输配送管理，货物追踪管理等）

□ATP · CTP（交货期问答等）

□订单处理系统

□出货/采购的数据库的构建

□其他________

## 3.2 物流市场需求预测

物流需求是一定时期内人们对生产、流通、消费领域的原材料、半成品、成品的需求，以及对废旧物品的处理而产生的涉及运输、仓储、配送、包装、装卸搬运、流通加工以及信息等方面的需求。物流需求预测是为了帮助企业制订合理的物流管理计划，实现物流服务需求与供应间的平衡。

### 3.2.1 需求预测的含义

**1. 需求预测的定义**

预测是人类研究客观事物未来发展变化的行为，是人类根据事物发展变化的内在联系及规律性推测未来不确定事物的认识活动。物流市场营销预测就是根据物流市场的历史和现状，运用科学的方法对影响物流市场供求变化的因素进行分析，推断其未来发展趋势。物流企业的经营目标、经营模式、发展方向以及管理机制、组织结构等都是由物流需求决定的，进行物流需求预测能进一步把握物流现状及发展趋势，能成为物流企业制订合理的发展计划、经营策略和管理模式的依据。

**2. 物流需求的特点**

(1) 物流需求的派生性

物流需求是由社会经济活动特别是制造与经营活动所派生出来的一种次生需求。物流的数量、方向、构成等都受到社会经济活动影响，与生产资源的分布情况、生产制造情况、消费地情况、运输状况等因素相关。

(2) 物流需求的复杂性

由于物流需求与社会生产、经济生活有密切联系，所以受外部环境的影响比较大，比如石油涨价就可能冲击快递行业。随着经济的发展、人们收入的提高、消费方式的改变，以及物流基础设施的制约等因素的相互影响，可能引起物流需求的波动，产生不同的需求模式。

(3) 物流需求的时效性和地域性

物流需求存在时间和空间维度，在经济发展的不同阶段，对物流需求的数量、特征、规模是不同的，往往表现在物流需求在不同的销售周期呈现出波动。在地域性方面，由于不同地域的资源分布情况、生产力布局等情况不尽相同，这对物流企业确定其配送中心的位置、对其仓库规模的规划以及分配运输资源等活动都有较大的影响。

(4) 物流需求的可预测性

物流需求的可预测性，根据预测难度可分为三种：① 有规律的需求。对于这种情况的预测，不需要复杂的需求模型就能得到较精准的结果。② 无规律的需求。对于这种情况的预测，需要借助于一定的预测方法，所得到的预测结果可能存在一定的偏差。③ 无需求规律而且不可预测，则只能从物流系统整体的角度进行控制，从对其他方面的精准控制来削减这些因素对企业的影响。

### 3. 物流需求的行业结构

我国现代物流市场需求按照行业类型的不同，主要来自于以下几个方面：

(1) 工业物流

在工业的经营范围内，生产各个环节之间的物料流动就是工业物流，它是企业生产经营活动的重要组成部分。工业物流可以细分为几种形式：原材料及设备采购供应阶段的物流、生产阶段的物流、销售阶段的物流、回收物流、废旧物物流。

随着市场竞争的日益激烈，顾客的个性化需求成为了工业制造企业参与市场竞争的指导思想。以汽车制造为例，我国汽车企业一般已实行柔性化的按订单生产，要求零配件能够根据生产流程的节拍准时配送到相应的工位，实现 JIT。而在销售物流方面，由于汽车体积和重量大、价值高等特点，故要求有专业的物流设备配套，对物流过程的安全性要求很高。

(2) 商业物流

商业物流是指从事商品流通的企业的物流，既包括以商品所有权的转移为中心的商流活动，也包括以商品的运输、保管、装卸、包装、流通加工、配送等为中心的各种物流活动。

商业物流市场需求主要包括批发企业物流需求和零售企业物流需求。

① 批发企业物流需求。批发企业位于供应链中游，其主要承担从制造商处购买商品，然后分配给下游的零售商。由于市场需求的零星、分散和个性化特征，零售商对多频率少批量物流的要求日益提高，因此批发企业对物流配送的需求量比较大，并且强调配送的准时性。

② 零售企业物流需求。零售企业位于供应链下游，接近消费终端，所以能够最直接地了解消费者需求特征和需求变化趋势等。零售业直接面对终端客户，客户需求都是以个性化为主，多品种少批量的需求居多。所以配送费用在总物流成本中所占比例大，同时消费者对配送服务的质量要求也比较高。

(3) 农业物流

现代农业物流是指以满足顾客需求为目标，运用现代化的物流手段，对农业生产资料和农产品等实体的相关服务及信息，从供应源到消费源所进行的组织、控制与管理的经济活动过程。

根据不同的分类标准，可以将农业物流分为不同的类别。根据农业物流的流体对象不同，可分为农业生产资料物流和农产品物流。根据物流每个阶段的任务和形式不同，现代农业物流可以分为农业供应物流、农业生产物流和农业销售物流。

(4) 高技术产业物流及电子商务物流

高技术产业主要指信息技术、生物工程和新材料三大领域生产高技术产品的产业群。该产业的产品特点是附加值高、时效性强、对市场很敏感，所以产品的供应与销售必须能够快速响应市场需求变化。该行业较多地采用柔性生产以及准时制生产方式。

电子商务是指利用网络进行的商务活动，包括 B2B、B2C、C2C 形式，电子商务的顺利实现必须要以物流作为支撑。电子商务过程中更看重物流的时效性和安全性，对于开展电子商务的企业，如戴尔公司，一般采用延迟制造策略来响应市场快速的需求变化。

## 3.2.2 需求预测的程序和方法

### 1. 定性分析

定性预测技术又称判断预测技术，是主要分析预测对象的内在发展规律，判断其未来变化趋势的一种预测方法。预测的目的主要在于判断市场上物流供需未来的发展方向和性质。这种分析方法通常是在数据不足而且难以获得或没有必要去收集详细的数据的情况下，不需要利用复杂的数学工具进行的预测。它一般用于中长期预测，应用比较广的是：销售人员意见法、客户意见法、德尔菲法等。

(1) 销售人员意见法

这种方法可以收集到更为详细、具体的资料，也被称为基层意见汇集法。销售人员最接近市场和客户，通过与客户的密切接触，可以了解客户的需求发展特征、购买心理变化，以及物流市场目前供给状况等。通过将销售人员对未来需求的意见进行收集、分析，再综合做出预测。这种方法的主要优点是，预测准确性较高，缺点是容易受到销售人员的主观判断的影响。

(2) 客户意见法

客户意见法是通过对现有客户以及潜在客户进行调查，了解他们对物流企业所提供的服务需求以及购买偏好，综合各种客户意见信息得出预测结果，这种预测方法能够很好地把握市场需求变动情况，但是预测周期较长，费用较高。

(3) 德尔菲法

德尔菲法又称专家调查法，是通过对专家进行匿名函询方式收集专家对未来分析的意见，经过分析、整理后再匿名反馈给各位专家再次征求意见，直到专家们的意见趋于一致为止。

该方法的具体步骤是：

① 选择专家。针对需要调查问题所在的领域，问题所涉及的范围，根据一定的原则选择专家，人数一般为 10～15 人。所选择的专家相互之间不发生联系，这是为了保证专家的意见不会受到他人看法的影响，他们只以书信形式与预测人员进行联系。

② 编制并邮寄“专家应答表”。专家人员确定之后，预测人员向专家介绍预测的目的，提供相关的资料，邮寄专家应答表。

③ 分析整理“专家应答表”。收集专家的基本意见和看法，整理专家应答表，进行分析、整理等。

④ 与专家反复交换意见。将分析整理后的结果反馈给专家，让专家对自己的意见进行相应的修改，如此反复，直到专家的意见基本趋于一致。

⑤ 得出预测结果。以专家的意见为蓝本，做出预测。

⑥ 将最终的预测结果函告各专家并致谢。

## 2. 定量分析

定量分析法是预测人员利用历史数据，运用一定的数学模型，对未来市场的变动趋势和发展情况进行预测，主要是因果模型分析法、时间序列分析法及结构性需求预测方法。

(1) 因果模型分析法

因果模型分析法是将预测对象与其制约因素联系起来进行分析，建立预测对象与其所能观察到的相关度强的变量间因果预测模型的方法。这类方法常用的预测技术有计量经济模型、投入产出法及回归分析法等。这里主要介绍回归分析法中的一元线性回归分析法。

一元线性回归分析法可表述为：

$$y_i = b_0 + b_1 x_i + u_i \tag{3.1}$$

式中　$x_i$，$y_i$——自变量和因变量的观测值；

$u_i$——剩余残差项，或称随机扰动项，引进随机扰动项 $u_i$，是为了包括对因变量 $y_i$ 的变化有影响的所有其他因素；

$b_0$，$b_1$——未知参数，可以通过最小二乘法确定，

其中　$$b_1 = \frac{\sum_{i=1}^{n}(x_i - \overline{x})(y_i - \overline{y})}{\sum_{i=1}^{n}(x_i - \overline{x})^2}$$

$$b_0 = \overline{y} - b_1\overline{x}$$

$$\overline{x} = \frac{1}{n}\sum_{i=1}^{n} x_i,\ \overline{y} = \frac{1}{n}\sum_{i=1}^{n} y_i$$

(2) 时间序列分析法

时间序列分析法是用事物过去的变化特征描述和预测未来的变化特征，主要适宜短、中期的预测。常用的方法有时间回归法、移动平均法、指数平滑法、外延平滑法、适应性平滑法及季节平均法等。这里，主要介绍以下几种。

① 简单移动平均法，是对原时间序列按一定的时间跨度逐项移动，计算一系列的时间序列平均值，参与计算的实际值随着预测期的推进而不断更新，以消除短期、偶然的因素引起的变化，呈现出长期趋势。

假设时间序列为 $X_1, X_2, \cdots$，则简单移动平均法的计算公式模型为：

$$F_{t+1} = \frac{1}{n}(X_t + X_{t-1} + \cdots + X_{t-n+1}) = \frac{1}{n}\sum_{i=t-n+1}^{t} X_i \tag{3.2}$$

式中　$F_{t+1}$——下一期的预测值；

$X_i$——第 $i$ 期的实际值；

$n$——移动平均的时间段数（$n \leqslant t$）。

② 加权移动平均法，是根据实际值至预测期的远近程度，对各个时期的历史数据赋予不同的权值来反映对将要发生的数据所起的作用。一般来说，距离预测期较近的数据，对预测值的影响也较大，所以其权值也比较大；反之，则较小。

假设 $\alpha_t$ 是 $t$ 时期与实际观察值 $X_t$ 相对应的权数，满足 $\alpha_t \geqslant \alpha_{t-1} \geqslant \cdots \geqslant \alpha_{t-n+1} \geqslant 0$ 且

$\sum_{i=t-n+1}^{t} a_i = 1$，则加权移动平均法的计算公式模型为：

$$F_{t+1} = \alpha_t X_t + \alpha_{t-1} X_{t-1} + \cdots + \alpha_{t-n+1} X_{t-n+1} = \sum_{i=t-n+1}^{t} \alpha_i X_i \tag{3.3}$$

式中 $F_{t+1}$——下一期的预测值；

$X_t$——第 $t$ 期的实际值；

$n$——移动平均的时间段数（$n \leqslant t$）。

③ 一次指数平滑法，是利用时间序列中本期的实际值与本期的预测值加权平均作为下一次的预测值，其公式模型为：

$$F_{t+1} = \alpha X_t + (1-\alpha) F_t \tag{3.4}$$

式中 $F_t$——第 $t$ 期一次指数平滑预测值；

$X_t$——第 $t$ 期实际观察值；

$\alpha$——平滑常数，即权系数，$0 < \alpha < 1$。

（3）结构性需求预测方法

结构性物流需求预测要以综合物流量，即货运量和物流作业量的总和为基础。因为货运量只能反映出物流活动运输环节的需求量，而不能有效地反映仓储、包装、流通加工等方面的物流需求，利用货运量来代表整个物流系统的需求量是不够客观的。在对物流系统进行总体规划时主要利用货运量指标，因为该指标易度量。而在详细规划阶段，应分析物流作业量，因为在此阶段需要考虑各设备及人员的配置情况。结构性物流需求预测可根据系统规划中已确定的作业流程，对货运量指标进行分解、转化、处理，用更精确的指标来反映各个子系统的物流量，从而确定设备和人员需要量。

## 小 结

物流市场调研是针对物流企业在开展营销活动中所遇到的问题，采用科学的研究方法，有针对性地对物流市场营销数据进行收集、整理和分析，作为企业制定相应营销策略的依据。调研内容主要包括市场研究、产品研究、定价研究、营销渠道研究、促销策略研究、消费者研究六类。在物流市场调研中关键的五个步骤是：界定营销问题，制订营销调研计划，实施数据收集，数据整理和分析以及撰写营销调研报告。市场调研样本的确定涉及了两种抽样方法：随机抽样方法和非随机抽样方法。物流市场调研方法主要有三种，即访问法、观察法和实验法，实验法的内容是本章的重点也是难点。

物流市场营销预测就是根据物流市场的历史和现状，运用科学的方法对影响物流市场供求变化的因素进行分析，推断其未来发展趋势。市场预测方法分为定性预测和定量预测。在定性预测中普遍采用的方法是：销售人员意见法、客户意见法、德尔菲法等。定量分析法是预测人员利用历史数据，运用一定的数学模型，对未来市场的变动趋势和发展情况进行预测，主要是因果模型分析法、时间序列分析法及结构性需求预测法。

# 复习思考题

**一、单项选择题**（在下列每小题中，选择一个最合适的答案。）

1. ______主要包括消费者规模及构成调查、消费者购买动机和购买行为调查、产业市场调查。

A. 物流市场营销环境调查　　B. 物流市场需求调查
C. 物流市场供给调查　　D. 物流市场营销策略调查

2. 确定调查对象的方法主要有______和典型调查、抽样调查。

A. 随即调查　　B. 整群抽样
C. 普查　　D. 观察性调查

3. 由调查人员到现场针对调查对象的情况，有目的、有针对性地观察调查记录，据以研究被调查者行为和心理，这种收集资料的方法是______。

A. 观察调查　　B. 电话调查
C. 询问调查　　D. 口头调查

4. ______是概括说明调查研究主题，使被调查者对所要回答什么方面的问题有一个大致的了解。

A. 问卷说明　　B. 问卷提纲
C. 问卷主题内容　　D. 问卷标题

5. ______是调查问卷中最重要的部分。

A. 问卷说明　　B. 问卷提纲
C. 问卷主题内容　　D. 问卷标题

6. ______一般是指一年以上五年以下时间长度的市场营销预测。

A. 近期预测　　B. 短期预测
C. 中期预测　　D. 长期预测

7. 德尔菲法的一大特点是______。

A. 匿名性　　B. 公开性
C. 客观性　　D. 定量性

8. ______是利用近期的实际数值，通过算数平均值的方法，不断引进新资料消除偶然因素影响来求得未来预测值。

A. 简单移动平均法　　B. 加权移动平均法
C. 回归分析法　　D. 定性预测法

**二、多项选择题**（下列各小题中正确的答案不少于两个，请准确选出全部正确答案。）

1. 物流市场营销调查中收集资料的方法有______。

A. 固定样本连续调查　　B. 观察调查
C. 实验法　　D. 询问调查

2. 询问调查法一般通过______的途径向被调查者了解情况收集资料。

A. 网络调研系统　　B. 口头
C. 电话　　D. 书面

3. 定性预测的方法有______。

A. 经理人员意见法　　B. 销售人员意见法

C. 客户意见调查法　　D. 德尔菲法

## 三、名词解释

物流市场营销调查；物流市场营销预测；实验法；德尔菲法；回归分析。

## 四、判断题（判断下列各题是否正确，正确的在题后的括号内打"√"，错误的打"×"。）

1. 电话访问问卷最重要的特点是简洁明了，访问时间多为3～5分钟。（　　）
2. 任何调查问卷都应在调查表的最后附上调查员及被调查者的个人资料。（　　）
3. 定性预测是依据历史的数据，通过建模和解模，对预测对象未来发展变化趋势进行量的分析和描述的方法。（　　）
4. 德尔菲法通常适用近期预测和物流新产品的销售预测等。（　　）
5. 销售人员意见法的缺点是他们容易受局部和短期销售情况的影响，带有一定的主观偏见。（　　）
6. 加权移动平均法是对一次指数平滑法的完善与发展。（　　）

## 五、简答题

1. 简述物流市场营销调查的作用。
2. 简述物流市场营销调查的步骤。
3. 简述物流市场营销预测的程序。
4. 简述德尔菲法的操作步骤。

# 第 4 章　物流市场细分与目标市场选择

**本章重点**

✧ 物流市场细分的方法与步骤
✧ 物流目标市场定位的方法与策略
✧ 物流目标市场的选择策略
✧ 物流目标市场营销策略
✧ 物流服务营销策略

**本章难点**

✧ 物流目标市场的选择策略
✧ 物流目标市场营销策略
✧ 物流服务营销策略

**必备技能**

✧ 掌握物流市场细分的方法
✧ 掌握物流目标市场的选择与定位方法
✧ 掌握如何选取正确的营销策略

## 4.1 物流市场细分

市场细分（Market Segmentation）的观点是美国学者温德尔·史密斯总结了一些企业的市场营销经验，在 20 世纪 50 年代提出的。它一问世立即被企业家所认可，并被誉为创造性的新概念。它的理论依据是消费需求的绝对差异性和相对同质性。

市场细分是根据消费者的消费需求和购买习惯的差异，将整体市场划分为由许多消费需求大致类同的消费者群体所组成的子市场群。这种按照一定标准将整个市场划分开来的活动又被叫做市场分割、市场区隔化。而这一活动的结果，即一个个分割的子市场可称为细分市场，每个细分市场内的消费者具有相对类同的消费需求。

### 4.1.1 物流市场细分的概念及意义

#### 1. 物流市场细分的概念

物流市场细分是指物流企业按照某种标准，将物流市场上的客户划分为若干个客户群，每一个客户群构成一个子市场，不同的子市场之间，需求存在着明显的差异。物流市场细分是物流企业目标营销的基础。

**2. 物流市场细分的意义**

市场细分是现代企业从事市场营销活动的重要手段，它是企业通向成功的阶梯。对于物流企业来说，其对市场进行细分的主要意义在于：

(1) 市场细分有助于物流企业深刻地认识市场

客户不同的特征造成了不同的需求市场，只有进行深入地分析，才能深刻地认识如此混沌的市场整体。市场细分为我们提供了极好的分析工具，通过按不同的标准细分，就像按不同的角度把复杂的市场分开，再重新拼起来一样，既清楚地认识了每一个部分，又了解了部分之间的联系。物流企业可以详细分析每一个细分市场层面的需求及其满足的情况，寻找适当的市场机会。

(2) 市场细分有助于物流企业发现市场机会

从市场供给看，在竞争者似乎占领了市场的各个角落时，物流企业利用市场细分就能及时、准确地发现属于自己的市场机会。因为消费者的需求是无穷尽的，总会存在尚未满足的需求。只要善于市场细分，总能找到市场需求的空隙。物流市场在我国的发展才刚刚起步，很多物流需求尚未满足或者满足的程度很低，这些需求正是物流企业新的市场机会。

(3) 市场细分有助于物流企业确定经营方向，开展针对性的营销活动

面对广阔的市场，任何企业的资源都是有限的，都不可能囊括所有的需求，只能满足其中十分有限的部分。因此，慎重地选择自己的目标市场，对物流企业的优势资源得以发挥是至关重要的。细分后的子市场小而具体，更易于物流企业了解客户的需求和竞争者的信息，并且可以根据自己的实际情况，确定经营方向，快速的对物流需求反应，并做出相应的营销策略，提高物流企业快速适应市场的能力和竞争力。

(4) 市场细分对小型物流企业具有特别重要的意义

目前，我国有很多的小型物流企业。与大型物流企业相比，小型物流企业的物流服务能力和竞争实力要小得多，在市场占领上无法与大型企业抗衡。通过市场细分，小型物流企业可以发现尚未满足的需求。对这些尚未满足的需求，小型物流企业应充分地发挥经营灵活的优势，占领这部分的市场空间，使自己在日益激烈的竞争中生存和发展。

### 4.1.2 物流市场细分的前提条件及依据

**1. 物流市场细分的前提条件**

并不是所有的物流市场都适合进行细分，虽说物流企业可以按照各种标准进行市场细分，但不是所有划分出来的细分市场都是有用的，所以，物流市场细分具有一定的条件。

(1) 可衡量性

可衡量性是指企业用以细分市场的标准以及细分以后的市场是可衡量的，即细分出来的市场不仅有明确的范围，而且也可以大致估算其容量的大小。可衡量性主要包括以下三个方面：① 客户对物流服务的不同偏好，使其对企业的营销策略具有明显不同的反应；② 物流企业必须可以获取客户的准确情报；③ 对于各个细分市场物流企业可以做出定量的分析且便于对市场进行可行性研究，使企业可以选择较好的目标市场。在一些实际的物流活动中，有

些市场是难以衡量的，就不能对它进行市场细分。

(2) 可进入性

可进入性是指细分后的市场应该是物流企业能够进入并能占有一定的份额，否则，市场细分就失去了意义。所以在市场细分前，就应该认真考察市场是否已有很多的竞争者，而自己的实力在进入细分市场后是否足以同竞争者抗衡，若不能，则要放弃对这块市场的细分。

(3) 赢利性

赢利性是指细分出来的市场的物流需求的规模要大到足以使物流企业获得预期的利润。物流企业在进行市场细分时，必须考虑细分市场的容量，其中包括：客户的数量和他们的物流服务的需求量、支付能力和需要服务的频率。如果市场的容量和规模偏小，就不需要进行细分。

(4) 稳定性

稳定性是指细分市场必须在一定时期内保持相对稳定。这样物流企业在占领市场以后的相当长时期内不需要改变自己的目标市场，便可以制订较长时期的营销策略，有效地开拓和占领目标市场，获得预期的经济效益。

**2. 物流市场细分的主要依据**

客户需求的差异性是市场细分的依据，凡是构成消费者差异的因素都可以作为市场细分的标准。物流市场中，客户对物流服务的需求，无论是在物流服务产品的质量和数量上，还是在服务产品的特性和要求上都存在着明显的差异，虽然客户从根本上都是为了完成物品从供应地向接收地的实体流动过程，但是物流活动或物流作业的具体运作却各不相同，这就为物流市场细分提供了客观依据。

物流市场细分是将具有相似需求特征的客户划分在同一个市场，但并不意味着这个细分市场内其他的需求差异不存在。只是在同一细分市场内部，需求差异较小，在不同细分市场之间，需求差异较大。例如，客户的产品不同则对运输的要求不同，但是他们可能为了降低成本或者是地理上的原因而采用同种运输方式。这些需求的差异性是客观存在的，客户对物流需求的差异性本来就存在，物流企业只是将它们找出来加以利用。

物流企业的资源总是有限的，满足不了市场上所有的需求。因此，物流企业的经营者在制订营销决策时，必须首先确定那些最有吸引力，并有能力为之提供最有效服务的市场部分作为企业的目标市场，来提高企业营销活动的效率。

按不同的服务客体即以物流服务的作用为对象，可将物流市场细分为：

(1) 以个人为服务对象，生活资料为服务客体

对于生活资料市场细分的依据或标准，主要有地理环境因素、人口状况因素、顾客心理因素和购买行为因素等四大类，每个方面又包括一系列的细分因素。

① 地理因素。以地理因素来划分市场是一种传统的市场细分。地理因素包括洲际、国别、区域、行政省市、气候条件、城镇规模、交通运输条件、人口密度、所处街道、城市居住圈等具体变量因素。例如，对于沿江城市和内陆城市，交通运输条件不同，因此所选用的运输工具也不同，物流服务需求也不同。

② 人口因素。人口因素包括年龄、性别、收入、教育水平、家庭规模、宗教和种族等。这种由心理因素引起的顾客的欲望与需求的不同，直接导致了所需的物流服务需求的不同。

目前，在该方面主要采用多种人口统计变量来进行综合市场细分，尤其是当单一因素无法准确划分时。

③ 心理因素。顾客心理因素包括顾客的生活方式、兴趣、观点、个性、价值取向等心理变量。在同一人口因素中可能包含完全不同的心理因素，所以除考虑单纯的人口因素外，还要综合考虑心理因素。

④ 行为因素。行为因素是指和顾客行为习惯相关的一些变量，包括需求时机和频率、追求的利益和顾客对品牌的忠诚度等。

以个人为服务对象的物流服务主要有信件快递业务、附生于电子网络购物的宅急送业务以及一般的包裹邮寄业务等。在这些活动中，单位人的需求是至关重要的。要了解不同顾客对物流服务的不同要求，从而对市场进行有效的细分。

(2) 以组织为服务对象，生产资料、生活资料为服务客体

以组织为服务对象，生产资料、生活资料为服务客体，除了使用上述的市场细分标准外，还要根据生产资料与生活资料的特点，客户、客户规模和购买力、客户地点等作为细分标准。

① 企业的类型。主要是指客户所处的行业、所有制形式、经营产品的种类和范围等。由于客户所在的行业不同，客户对物流的需求存在差异性，但同一行业市场内的客户对物流需求具有一定的相似性。其差异性主要体现在各个行业要根据自己的特点去组织物流活动，其相似性主要体现在每个行业所需物流功能的具体操作活动上。客户行业细分主要可分为：电子产品、钢铁、生活日用品、服装等所需的物流服务的细分市场。

② 最终客户的要求。对于物流企业来说，由于最终客户的不同需求，对客户所进行的物流服务也是不同的。有的客户追求的是价格低廉，有的客户追求的是服务质量，也有的两者都追求。例如，对电子产品制造企业和大型冶炼厂，就运输价格与运输时间来说，虽然都很重要，但对于前者则注重于时间，后者则更注重于运输的价格，在这种需要下，物流企业就要根据自身的特点结合他们的不同需求进行合适的市场细分。

③ 客户规模。客户规模是指物流企业对客户所需求的物流服务量的大小和物流服务模式的判断。在生产资料市场中，大、中、小客户的区别要比生活资料市场更为明显。大客户虽然单位户数少，但是所需的物流服务的规模相对较大；小单位则需求相对较小。物流企业应对这三种不同的客户采取不同的营销方案。

④ 客户的地理分布。产业客户的地理分布往往受到一个国家的资源分布、地形气候和经济布局的影响，所以对于物流服务也有不同的要求。这就使得物流企业必须根据不同区域的物流需求确定出不同的营销手段，以取得最佳经济效益。根据此标准，一般可以划分为：区域物流、跨区域物流和国际物流。

⑤ 客户所需的服务方式。该种细分就是根据客户所需物流服务诸功能的实施和管理的要求不同而加以细分市场，例如，有的企业需要的是供应链设计，有的是第三方的物流管理，有的是货物运输等。一般情况下按服务方式细分物流市场可以分为：单一方式物流服务和综合方式服务。

以上是对物流市场细分的简单概括。值得我们注意的是，物流市场是一个纷繁复杂的市场，还有很多从其他角度和方面细分的方法，这需要根据具体的情况制订具体的计划，而对于每个细分的子市场，还可以再根据实际情况进行进一步的细分。

## 4.1.3　物流市场细分的方法及步骤

### 1. 物流市场细分的方法

物流企业在运用细分标准进行市场细分时必须注意下面的几个问题：市场细分的标准呈现动态性，各项标准是随着社会生产力及市场状况的变化而不断变化的，不同的物流企业在市场细分时应采用不同的标准；由于每个物流企业的技术条件、资源、财力和营销战略的不同，所采用的标准也是有区别的。

物流企业在进行市场细分时，可以采用同一项细分因素，也可以采用多个变量因素组合和系列变量因素组合进行市场细分。通常所采用的方法有以下几种：

（1）单一变量因素法

单一变量因素法是指根据影响物流客户需求的某一个重要因素进行市场细分。例如，运输服务需求，可按时间、距离或载重量进行市场细分。

（2）多个变量因素组合法

多个变量因素组合法是指根据影响物流需求的两种或者两种以上的因素进行市场细分。因为客户的需求差别很复杂，只有从多方面分析、认识，才能更准确地把他们区分为不同特点的群体，如表 4.1 所示（表中数字代表不同的细分市场）。

**表 4.1　多个变量因素组合法**

| 内　容 | | 地理区域 | | |
|---|---|---|---|---|
| | | 区域物流 | 跨区域物流 | 国际物流 |
| 服务属性 | 个人物流需求 | 1 | 2 | 3 |
| | 大规模物流需求 | 4 | 5 | 6 |

（3）主导因素排列法

主导因素排列法是指在一个细分市场的选择存在多种因素时，可以从客户特征中寻找和确定主导因素，然后与其他因素有机结合，确定细分的目标市场。在提供运输服务时，可以按照时间、距离或载重量进行市场细分，但是对于具体的细分市场，例如，对于生鲜物品的运输，时间是主导的因素，这时就要把时间放在第一位，但同时应考虑到地理区域的问题，适当地选择不同的运输工具。

（4）系列变量组合法

系列变量组合法是指根据物流企业经营的特点并按照影响物流需求的诸多因素，由粗到细，由单一因素到多个因素进行市场细分。细分的过程是一个比较和选择分市场的过程，下一阶段的细分是在上一阶段细分市场的基础上进行的。如表 4.2 所示，在该表中，物流企业选择的细分市场是为生产资料的制造企业提供库存管理服务，且服务范围为区域物流。这种方法可使物流目标市场逐渐明确而具体，有利于物流企业更好地根据自身条件制订相应的营销策略，逐步达到最大化满足物流需求的目标。

表 4.2 系列变量组合法

<table>
<tr><th>地理区域</th><th>客户行业</th><th>产品属性</th><th>物流服务</th></tr>
<tr><td rowspan="2">区域物流</td><td rowspan="2">农 业</td><td rowspan="2">生产资料</td><td>配送服务</td></tr>
<tr><td>库存管理</td></tr>
<tr><td>跨区域物流</td><td rowspan="2">制 造 业</td><td rowspan="2">生活资料</td><td>运输服务</td></tr>
<tr><td>国际物流</td><td>供应链管理</td></tr>
</table>

(5)“产品/市场矩阵”法

企业在进行联合市场细分时，“产品/市场矩阵”法被广泛使用。该方法是指同时以产品（客户的不同需求）和市场（不同的客户群）这两个变量建立矩阵来细分市场。矩阵的行代表各种不同的产品，即以顾客需求为依据进行市场细分；矩阵的列代表不同的客户群，即以使用者的类别进行市场细分。以某物流企业对市场的分析为例，假设客户对物流服务的要求分别为时间、质量和价格，市场上主要有 IT 制造企业、钢铁企业和家电制造企业三个不同的客户群，这样就构成了九个子市场。企业要分别对这九个子市场进行评价，同时考虑企业自身的目标、资源和业务能力等，从中找出一个最适合企业的子市场作为目标市场。比如该企业最终选择了“IT 企业-时间”市场作为服务对象，如图 4.1 中阴影部分所示。

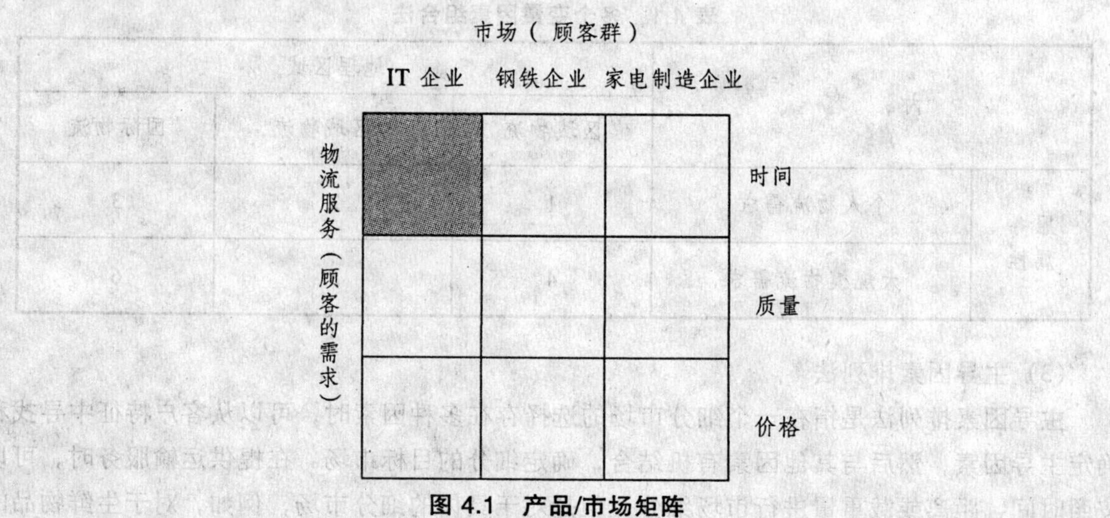


图 4.1 产品/市场矩阵

一般来说，物流企业细分市场运用的细分变量越多，所获得的精确度就越高，每个细分市场的客户数也就越少。同时，物流企业的细分成本随着细分市场的增多而递增。所以恰当的市场细分应该既能保证市场细分的有效性和精确性，又能使成本最低。

**2. 物流市场细分的主要步骤**

在对物流市场进行细分时，可以按照图 4.2 所示的步骤进行。

① 根据物流市场的需求，确定提供何种物流服务产品。物流服务产品市场范围应以客户的需求，而不是物流服务产品本身特性来确定。在了解和分析客户当下需求的同时，还要了解客户的运行状态、行业特点、外包物流的需求动机、客户需求与本企业所提供物流服务水平之间的差距、服务需要改善或提高之处等。

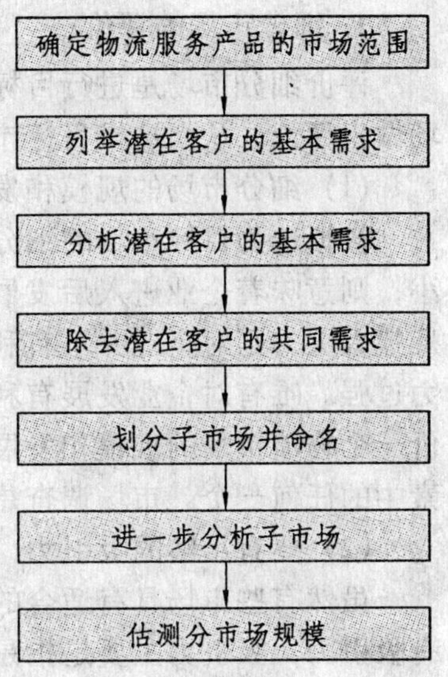


图 4.2　物流市场细分的步骤

② 列举潜在客户的基本需求。在选定物流企业将要为之服务的市场范围后，需要对潜在客户会有哪些需求进行大致的估计，这将为后来的深入分析提供基本的资料。

③ 对潜在客户的基本需求进行分析。对于这些基本需求而言，不同的顾客群体会有不同的需要，通过分析可以知道哪些需求对于他们来说更为重要。

④ 除去潜在客户的共同需求。这些共同需求固然很重要，但是在市场细分时，它们是不能作为市场细分的基础的，物流企业要以特殊的需求作为标准。

⑤ 根据潜在客户基本需求的差异性，将市场划分为不同的子市场并命名。

⑥ 进一步地分析每个子市场的需求特点。此时，对于潜在客户所进行的更深一步的考察，包括已细分的市场是否需要合并和继续细分等。一个物流企业，一般只能满足部分市场的需求。因此，在对物流市场整体细分的基础上，物流企业还应将目标物流市场按照即时的需求标准进行细分。根据自身的条件来选择一部分客户的需求作为目标市场，确定适当的服务组合策略以更好地满足他们的需求，使企业在激烈的市场竞争中得以生存和发展。

⑦ 在调查的基础上对分市场的规模（客户数量、物流服务的需求数量等）进行估测，从中选取能使企业获得有利机会的市场。

目前，中国物流市场的需求在地区和行业上都存在着差异，因此，物流市场可根据地域或行业进行细分。对不同地区不同行业的市场又可以根据产品的时效性、企业接受服务价格的能力及货物的大小和客户在供应链中所处的位置等因素来进一步划分出子市场。

## 4.2　物流目标市场选择

目标市场（Target Market）是指企业决定要进入的那个市场部分，也即是在市场细分的基础上，企业根据自身的优势欲为之服务的那部分顾客群体。基于市场多元异质性的市场细分理论为企业选择目标市场提供了基础。正确的选择目标市场是市场细分的目的，若说市场细分显示了企业所面临的市场机会，目标市场选择则是企业通过评价各种市场机会、决定为多少个目标市场服务的重要营销策略。

### 4.2.1　物流企业目标市场的选择

并不是所有的细分市场都能成为企业的机会市场，一种市场机会是否能成为企业机会，不仅取决于这种市场机会是否与企业的目标相一致，而且还取决于企业是否具备利用这种市场的条件，取决于企业在利用这种机会时的优势。因为对企业来说，无论规模多大，实力多强，都无法满足所有客户的所有需求。由于资源的限制，企业不可能有足够的人力、财力和物力来满足整体市场需求，这就要求企业进行目标市场的选择。

### 1. 细分市场的评价

评价细分市场是进行目标市场选择的基础。一个物流企业可以从以下四个方面对细分市场做出评价，从而选择目标市场。

（1）细分市场的规模和发展潜力

被拟选为目标市场的细分市场要有合适的潜力和规模。若某一细分市场的潜力和规模太小，则意味着企业进入后发展的前景黯淡；反之，对小型物流企业来说，细分市场的潜力和规模太大，则对企业并不有利：一则需要大量的投入，二则这个市场对大型物流企业的吸引力过强。唯有对企业发展有利的规模和潜力才是具有吸引力的细分市场。要正确地估测和评价一个物流市场的规模和发展潜力，不可忽视顾客的数量和他们所需的服务量水平这两个因素中的任何一个。市场调查是细分市场的基础工作，必须认真对待。

（2）要有足够的吸引力

虽然有些市场具有适合的规模和发展潜力，但是从物流企业经营的角度看，并不一定具有吸引力。吸引力主要是指是否可以给企业带来长期的经济效益。而一个长期内在的吸引力是由以下五种因素决定的：同行业竞争者、潜在的新参加的竞争者、替代物流服务产品、购买者和供应商。所以，这些因素是物流企业在进行目标市场选择时需要着重考虑的。

（3）要符合本企业的目标和能力

某些市场虽然具有较大的吸引力，但是不能推动企业实现发展目标，甚至分散企业的精力，令其无法实现主要的目标，这样的市场应该考虑放弃。另一方面，还应考虑企业的资源条件是否适合在某一细分市场经营。只有企业有条件进入，并能充分发挥其资源优势的市场才是物流企业应该考虑最终进入的目标市场。

物流企业要分区域、分行业、分档次，根据细分市场的规模和增长的潜力及企业自身的资源条件来选择目标市场，找准切入点，避免盲目求全求大。

### 2. 物流目标市场的选择策略

目标市场的选择策略，即关于企业将为哪一个或哪几个细分市场服务的决定，通常有五种模式可供参考：

（1）市场集中化

市场集中化是指企业选择一个细分市场集中力量为之服务，只提供一种物流服务供应单一的顾客群。较小的物流企业可以采用这种方式来专门添补市场的某一部分。例如，小型的物流企业可以针对现在比较流行的网络购物而在一些大型的物流企业无法覆盖的小县城提供“宅急送”服务。这种集中式的营销使物流企业可以深刻了解该细分市场的需求特点，进而针对其需求特点，进行营销策略的制订，从而获得强有力的市场地位和良好的声誉，但同时也隐含着较大的经营风险。这种方式一般适合小型的物流企业或初次进入市场者。

（2）服务专门化

服务专门化是指物流企业只提供一种物流服务，并向所有的客户提供这种服务，这样就会在这个领域树立起很高的声誉，但一旦出现其他的替代服务或者客户需求的转变，企业将面临巨大的威胁。例如在物流市场中，物流企业仅仅提供库存管理，那么当消费者同时需要其他的物流服务或者市场上出现既提供库存管理又提供运输与配送服务的竞争者时，企业就会面临失去市场的危机。

（3）市场专门化

市场专门化是指物流企业专门服务于某一特定的顾客群，进而满足他们的各种需求，例如，物流企业只服务于电视生产厂家。在这种情况下，企业只为这个客户群服务，能建立良好的声誉。但是一旦这个顾客群的需求潜力和特点发生变化，物流企业就要承担较大的风险。

（4）有选择的专门化

物流企业选择几个细分市场，且每一个对企业的目标和资源利用都有一定的吸引力，但各个细分市场之间很少或者根本没有任何联系。这种策略能分散企业的经营风险，即使其中的某个细分市场失去了吸引力，企业还有其他的细分市场赢利。

（5）完全市场覆盖

物流企业力图用各种服务来满足各种顾客群体的需求，即以所有的细分市场作为目标市场。目前，对于物流企业来说，只有实力雄厚、服务面宽、反应能力强的物流企业才可以采取这种策略。例如，UPS 就是针对不同物流需求满足各种运输需求（严格上说来，UPS 实行的是专业化下的全面的市场进入，也没有做到完全意义上的市场进入）。

对一般的企业而言，有选择的专门化是比较理想的模式，一方面避免了全面出击，另一方面也有利于分散经营风险。这一点对于我国的中小物流企业尤为重要。

图 4.3 表示出了五种选择模式下的细分市场与物流企业所提供的不同服务的关系。

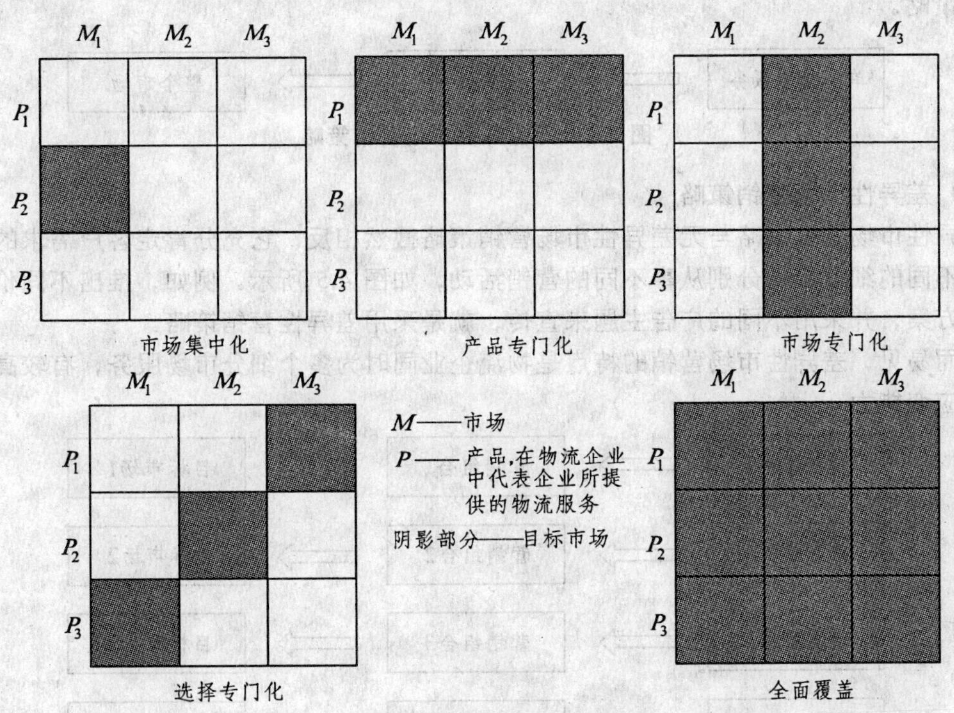


**图 4.3　市场选择的五种模式**

另外，物流企业在进行目标市场的选择时，要对企业进入市场的内部优势（Strengths）、内部劣势（Weaknesses）、外部机会（Opportunities）和外部威胁（Threats）进行综合评价，即“SWOT”分析，为企业把握市场机会和市场定位打下基础。

### 4.2.2 物流目标市场营销策略

在目标市场选择好之后，物流企业对客观存在的不同顾客群体，根据不同服务对象和服务客体的特点，必须决定如何为已确定的目标市场设计营销组合，即采取怎样的方式，使自己的营销力量到达并影响目标市场。对于物流企业来说，选择采用何种营销渠道去销售现代物流服务的策略是十分重要的。

(1) 无差异性市场营销策略

所谓无差异性市场营销，就是将整个市场视为一个整体，不考虑消费者对某种产品需求的差别，它致力于顾客需求的相同之处而忽略不同之处，如图 4.4 所示。UPS 在早期就是采取这种策略，以单一的服务内容、一致的价格、同一广告主题面向所有顾客。

无差异性市场营销策略最大的特点就是成本的经济性。对于物流企业来说，单一的服务可以减少服务的转换成本，在广告宣传和促销活动上也可以减少费用。同时也可以减少企业在市场调研、开发和制订各种营销组合方案等方面的营销投入。这种策略适合于需求广泛、市场同质性高的大量生产和销售的客户的物流需求。但是，由于物流需求的种类繁多，差别很大，且不断变化，在其他物流企业可以提供特色服务时，实行无差异性营销策略的企业容易受到竞争企业的威胁，无法反击。所以，多数的物流企业采取的是差异性市场营销策略。

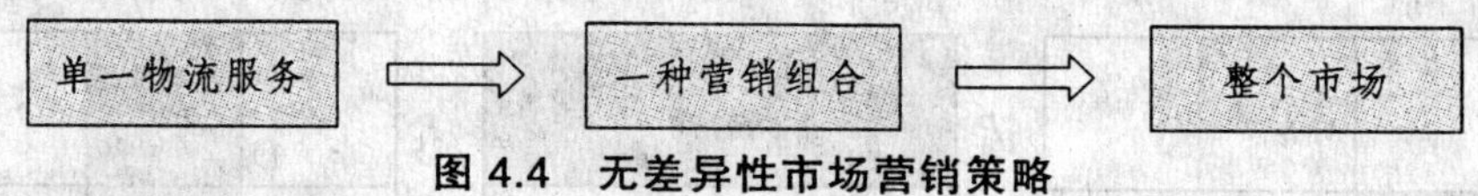


**图 4.4 无差异性市场营销策略**

(2) 差异性市场营销策略

差异性市场营销策略与无差异性市场营销策略截然相反，它充分肯定客户需求的不同，并针对不同的细分市场分别从事不同的营销活动，如图 4.5 所示。例如，推出不同价格的物流服务方案，并采用不同的广告主题来宣传，就是采用差异性营销策略。

显而易见，差异性市场营销的特点是物流企业同时为多个细分市场服务，有较高的适应能力和应变能力。

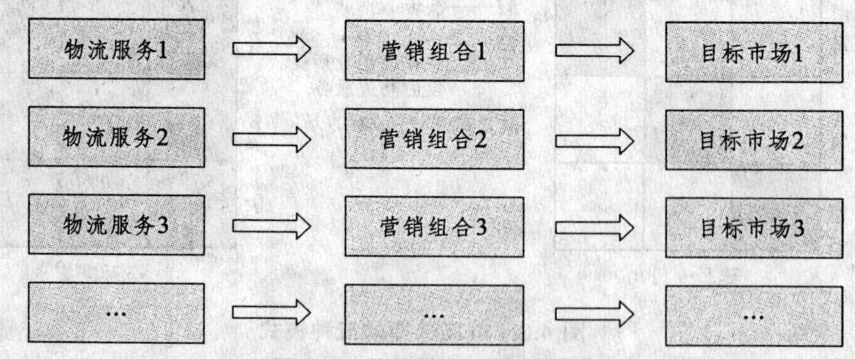


**图 4.5 差异性市场营销策略**

(3) 集中性市场营销策略

集中性市场营销策略是指在将整体市场细分为若干细分市场之后，只选择其中的某一细分市场作为目标市场，如图 4.6 所示。集中性市场营销策略的指导思想是把物流企业的资源用于一个或少数几个细分市场，不是在较多的细分市场都获得较小的市场份额，而要求在少数较小的市场获得较大的市场份额。这一策略特别适合于资源力量有限的中小物流企业。不过集中性营销策略的市场区域相对较小，物流企业的发展受到限制，潜伏着较大的经营风险，如果目标市场的需求情况突然发生变化或是市场上出现更强有力的竞争对手，企业就可能陷入困境。

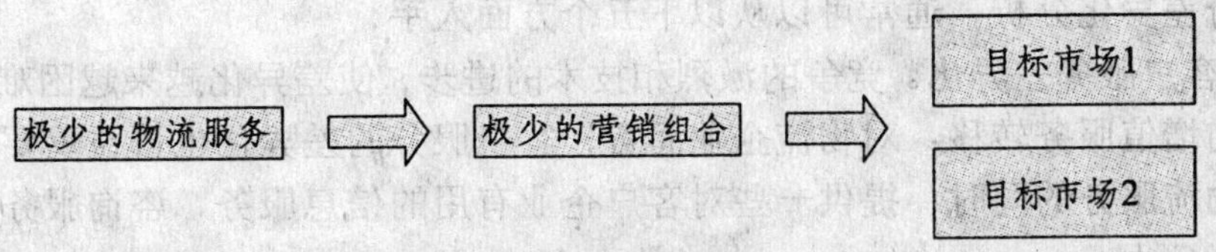


**图 4.6　集中性市场营销策略**

随着外资企业对中国物流市场进军步伐的加快，中国物流行业的竞争日益激烈，国内物流企业要想在激烈的市场竞争中有自己的一席之地，必须重视和应用营销策略。只有用现代营销理念来经营物流企业，以客户为核心，开展针对性的营销策略，建立长期、双赢的客户关系，才能使企业在竞争中立于不败之地。

## 4.3　物流目标市场定位

菲利普 · 科特勒对市场定位的定义是：市场定位就是对公司的产品进行设计，从而使其能在目标顾客心目中占有一个独特的、有价值的位置的行动。市场定位的实质是使本企业与其他企业严格区分开来，并使顾客明显感觉和认知这种差别，从而在顾客心目中占有一个特殊的印象。市场定位的目的是为了影响顾客心理，增强企业产品以及产品竞争力，扩大产品销售，增加企业的经济效益。

### 4.3.1　物流市场定位的基本原则

“定位”这个词是由艾尔 · 里斯（Al Ries）和杰克 · 屈劳特（Jack Trout）于 1972 年提出的，他们说：“定位并非对产品本身采取什么行动，而是针对潜在顾客的心理进行的创造性活动。也就是说，将产品在潜在顾客的心目中确定一个适当的位置。”通常，消费者对市场上的产品有着自己的认识和价值判断，提到一类产品，他们会在内心按自己认为重要的产品属性将市场上他们所知的产品进行描述和排序。随着市场上的商品越来越丰富，与竞争者雷同、毫无个性的产品，很可能无法吸引消费者的注意而被淘汰。物流市场定位就是通过辨别物流客户的不同需求，突出服务的差异化，从而满足客户的需求。就是说要使客户感到自己获得的物流服务是与众不同的，即与竞争者是有差异的，并且偏爱这种差异。从这种意义上说，目标市场定位又是一种竞争性的定位。

为了获得竞争优势而进行的目标市场定位包括以下主要任务：首先要确定企业可以从哪些方面寻求差异化；其次是找到物流企业的服务产品独特的卖点；然后要开发总体定位战略，

即明确物流服务的价值方案[1]。

(1) 寻求差异化

差异化是指为使企业产品与竞争者产品相区分，而设计一系列有意义的差异行动。根据迈克·波特的理论，企业的竞争优势来源于两个主要方面：成本领先或者差异化。实际上，为了向客户提供更多的价值，物流企业服务定位就是要从差异化开始。而与客户接触的全过程都可以进行差异化分析，通常可以从以下五个方面入手：

① 物流客户服务差异化。竞争的激烈和技术的进步，使差异化越来越困难，现代竞争的关键点逐渐向增值服务转移。对物流企业而言，客户服务的差异化也日益重要。例如，物流企业在提供物流服务的同时，提供一些对客户企业有用的信息服务、咨询服务等，都可以增强本企业的竞争力。

② 渠道差异化。通过设计分销渠道的覆盖面、建立分销专长和提高效率，企业可以取得渠道差异化优势。例如，戴尔电脑、雅芳化妆品就是通过开发和管理高质量的直接营销渠道而获得差异化的。

③ 人员差异化。培养训练有素的人员，是一些企业，尤其是服务行业中的企业取得强大竞争优势的关键。例如，沃尔玛的雇员都精神饱满等。

④ 形象差异化。形象是公众对物流企业及其所提供的物流服务的认识与看法。企业或品牌形象可以对目标顾客产生强大的吸引力和感染力，促其形成独特的感受。有效的形象差异化需要做到：建立一种独特的物流方案，并通过一种与众不同的途径传递这一特点，借助可以利用的一切传播手段和品牌接触，传达触动顾客内心感受的信息。例如，物流企业可以借助与大型或著名企业的合作，提升自己的品牌在顾客心中的可信度。

⑤ 物流服务产品差异化。率先推出某些有价值的特色物流服务，无疑是最有效的竞争手段之一。例如，中储为其客户提供的质押融资业务，就是中储的一个领先优势。但是在采取这种方法时，往往需要企业投入较大的成本，同时还需要企业在是专门为客户订制特色的服务组合，还是使该服务产品更加标准化而降低成本之间进行决策。

(2) 寻求独特的服务“卖点”

任何物流客户服务都可以进行各种程度的差异化。然而，并非所有客户服务的差异化都是有意义或者有价值的。有效的差异化应该能够为物流服务产品创造一个独特的“卖点”，即给消费者一个鲜明的选择理由。

(3) 有效的差异化必须遵循的基本原则

① 重要性：该差异化能使目标客户感受让渡价值较高所带来的利益。

② 独特性：该差异化是竞争者无法提供的，或企业以一种与众不同的方式提供这种物流服务。

③ 优越性：该差异化明显优于客户通过其他物流企业而获得的相应利益。

④ 可传播性：该差异化能被客户看到、理解并传播。

⑤ 排他性：竞争者难以模仿该差异化。

⑥ 可承担性：客户有能力为该差异化付款。

⑦ 赢利性：物流企业可以通过该差异化获得利润。

1 晁钢令. 市场营销学[M]. 上海：上海财经大学出版社，2003: 173-175.

(4) 物流企业在定位时应避免的错误

① 定位不足是指物流企业的差异化设计同客户之间的沟通不足，客户对物流企业的服务产品难以形成清晰的印象和独特的感受，认为它和其他物流企业提供的服务产品相比没有独到之处，甚至不容易被客户识别和记住。

② 定位过分是指物流企业将自己的服务产品定位过于狭窄，不能使客户全面地认识自己的服务产品。定位过分限制了客户对企业及其所提供服务的了解与物流企业营销目标的实现。

③ 定位模糊是指由于物流企业的设计和宣传的差异化主题太多或定位变换太频繁，使客户对其物流服务产品的印象模糊不清。

(5) 确定价值方案，开发总体定位战略

客户是根据自身的价值判断进行物流服务的选择，所以确定价值方案就作为物流企业总体定位战略的核心内容。所谓价值方案是指企业定位所依赖的所有利益组合与价格的比较。客户往往以此作为价值判断的依据。其公式如下：

$$V = B / P \tag{4.1}$$

式中　$V$——价值；

　　　$B$——总利益；

　　　$P$——价格。

通常，物流企业可以从五种价值方案中选择一种进行总体定位：优质优价、优质平价、价廉物美、利益相同且价格较低、利益较低且价格更低。

在确定了总体定位战略之后，物流企业就可以按照选择的定位对目标市场进行有效的传播。

## 4.3.2　物流目标市场的定位方法

物流企业在进行市场定位时，首先要了解竞争者的服务产品具有哪种特色，另外还要研究客户对该服务产品的各种属性的重视程度，然后根据这两个方面进行分析，再选定本企业服务产品的特色和独特形象。因此，物流企业的市场定位工作一般包含以下四个步骤：

**1. 建立市场结构图**

任何一种物流服务产品都有许多属性或特征，如价格的高低、服务产品质量的高低、功能的多少等。其中的任何两个不同的属性变量就能组成一个坐标，从而构建起一个目标市场的平面图。

以服务产品的价格和服务的优劣分别作为横纵坐标来分析目标市场是非常普遍的做法，因为任何物流服务产品的这两个属性都是客户最关心的。当然，根据不同的物流服务产品，也可以选择客户关心的其他属性，如服务的完成时间和价格、服务完成的时间与服务的质量等。图4.7就是以价格和服务产品的质量对物流市场的一个分析。

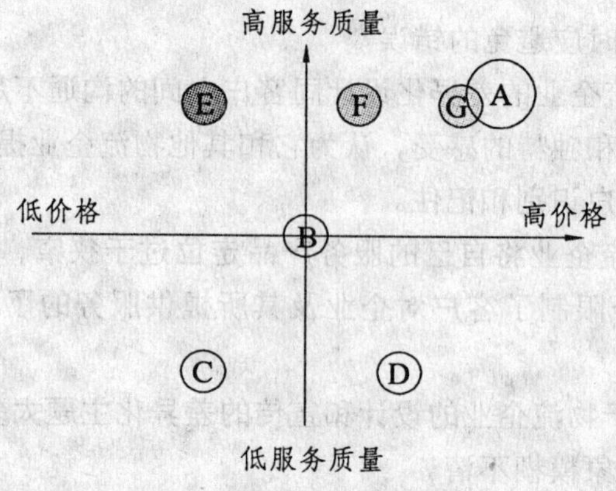


图 4.7 目标市场定位

**2. 在市场结构图上大致描绘出竞争状况**

目标市场定位的第二步就是在市场结构图上标明现有竞争者的位置（坐标平面上的点）及其市场份额大小（圆圈的面积）。以图 4.7 为例，A、B、C、D 四个圆圈分别代表目标市场上已有的四个竞争者，圆心的坐标表示其在目标市场上的实际定位，圆圈的面积大小则说明各个竞争者的市场份额的大小。可以看到，A 是物流市场中比较有声望的企业，它提供优质的服务和高价格的产品；B 企业提供的质量和价格都是中档服务；C 企业占据着低质量和低价格的服务市场；D 企业以高价提供着低质的物流服务，是欺骗顾客的物流企业。四个企业中，A 企业的销售状况最好，占有的市场份额最大。

完成这个步骤后，企业得到一张详细的“作战图”，竞争对手的分布和实力都一目了然。

**3. 初步确定定位方案**

试着将代表本企业的小旗插到“作战图”的不同位置，每一种位置意味一种定位方案。分析、评价各种可能的方案后，选出最理想的作为初步的定位，经有关部门详细论证后，由企业决策当局确定。

**4. 修正定位方案和再定位**

企业的定位是否准确是关系到企业成败的关键，所以在初步定位后，还应做些调查和试运行工作，及时找到偏差进行纠正。

在初步定位正确后，同时也应该看到物流市场环境的动态变化，随时准备对物流服务产品进行再定位。一般说，有三种变化是促使物流企业考虑再定位的力量：一是需求的萎缩或者客户偏好的转移；二是竞争者定位策略和实力的改变，威胁到物流企业在目标市场的发展；三是物流企业自身的变化，如掌握一种尖端的技术，使物流服务的质量大幅度的提高或者可以提供新的物流服务产品，这时再定位可能导致服务的名称和价格的更改，也可能导致整体物流服务的变动。另外，物流企业还必须考虑定位转移的成本和新定位收益的问题。

## 4.3.3 物流目标市场的定位策略

物流企业目标市场定位的最终确定，是必须经过对企业自身、竞争对手做出客观评价和对客户的需求有了充分分析后的抉择。从理论上说，物流企业可以选择的目标市场定位的策略主要有以下几种：

### 1. 填补策略

填补策略即企业将自己的物流服务产品定位在目标市场目前空缺的部分。市场的空缺部分是指市场上尚未被竞争者发现或占领的那部分需求。物流企业选择填补策略，大多数是因为该策略能避开竞争，获得进入某市场的先机，先入为主地建立对自己有利的市场地位，如图 4.7 中 E 的位置。

但在决定采取填补策略之前必须仔细分析“空缺”的性质和大小，以及企业本身的实力。首先，要明白这一空缺为什么存在，是因为竞争对手没有发觉、无暇顾及还是因为这里根本没有潜在的需求，不要低估了你的竞争对手，轻易地以为空缺的存在是因为前两种原因。其次，要知道如果确实存在潜在的需求，那么就需要考虑这一空缺是否有足够大的空间，也就是说存在的潜在需求是否具备一定规模足以使企业获得收益。在得到肯定的答案以后，企业还要继续思考的第三个问题是，自己是否有足够的技术和资源去为这一市场的空白区域提供适合的服务。如果物流企业不具备应有的技术和资源能力，却一意孤行，最后的结果只能是失败，造成企业资源的大幅流失。此外，企业的营销管理能力是否能胜任对空白区域的开发也很重要。最后，企业还要判断填补这一空缺在经济上是否合算。

企业均是追求利润的经济组织，所以，即使前面所提到的问题都有令人满意的答案，但获利情况不佳，物流企业在最终无法获得利润，甚至不能收回成本的情况下，是不应该选择填补策略的。

### 2. 并存策略

并存策略是指物流企业将自己的服务产品定位在与现有的竞争者的服务产品相近的位置，力争与竞争者满足同一个目标市场部分，即服务于相近的顾客群，如图 4.7 中 F 的位置。并存策略不是取代策略，因此它并不是向对手发动猛烈的进攻，而是一些实力不强的中小企业在产品定位时，跟随现有大企业的行动，力求与对手和平共处的一种策略。

采取这种策略，企业无需开发新的物流服务产品（可以模仿现有的物流服务），免去了大量的研究开发费用，由于这种服务产品已经在市场上得到广泛的认可，物流企业也不需要担心这种服务产品不被市场接受的风险。同时，企业可以在自己的特色服务上投入较大的精力。

不过，在物流企业采取这种策略时，有两个前提条件：① 在物流企业意欲进入的目标市场中需求尚未被满足；② 物流企业推出自己的服务产品时，应注意到在各方面既能与竞争者提供的服务产品相媲美，又有自己的特色，这样才能拥有自己的客户群体。

### 3. 取代策略

取代策略是指要将竞争对手赶出原来的位置，自己取而代之。这是一种竞争性最强的目标市场定位策略，如图 4.7 中 G 的位置。企业如果这样定位是准备挑战现有的竞争者，力图从他们手中抢夺市场份额。选用这一策略的物流企业一般实力都比较雄厚，为扩大自己的市场份额，决心并且有能力和信心击败竞争者。但也有可能是物流企业所选择的目标市场区域已被竞争者占领，而且不存在与之并存的可能，企业只好勇敢的出击。有时候小的物流企业也可以将大企业从某些市场区域中挤走。

除对竞争者的优点和弱点有清楚的了解外，采取取代策略的企业还需要具备三个条件：① 物流企业推出的服务产品在质量、功能或其他方面有明显优于现有服务产品的特点；② 物流企业借助自己强有力的营销力量使客户认同这些优越之处；③ 物流企业拥有足够的实力，其资源足以支持这种较量。我国的物流企业，大多数都是中小物流企业，资源、能力比较有限，一般来说不宜采取这种策略。

**4. 游击营销策略**

游击营销是指在激烈的市场竞争中，不靠大肆宣传，大量投资，而是充分利用现有的资源和财力，最大限度地发挥其作用，进而把握机会，填补空缺，努力开拓市场。其精髓在于用非传统的手段和方法来达到传统营销的目的。

物流企业在营销中运用游击策略，首先要找准竞争对手的盲点，迅速地将资金运用到这个领域，在目标市场中开辟自己的根据地。企业在进入市场以后，可以同与自己没有竞争关系的公司结盟，以共担风险。要遵循“敌进我退，敌退我追，避开敌人锋芒”的原则，充分挖掘自身服务的特点与潜力，采取单线进攻的策略，制造自己的局部优势地位，这样在建立好自己信誉的基础上，对抗竞争者。

## 4.4 物流服务营销策略及其组合

### 4.4.1 营销策略组合的含义及类型

企业的营销策略是指企业对其内部与实现营销目标有关的各种可控因素的组合和运用。影响企业营销目标实现的因素是多方面的，包括品牌的选择、价格的制订与调整、中间商的选择、广告宣传、营业推广和公共关系等。这些营销活动可以单独进行，但是相互之间又必然会产生影响。许多企业在营销实践时认识到，必须对企业的各种营销策略围绕统一的营销目标加以有机组合，才能使营销活动取得成功，并降低营销成本。美国市场营销学家杰罗姆·麦卡锡于 1960 年将各种因素归结为四个主要方面的组合，即产品（product)、价格(price)、地点（place）和促销（promotion)，从而使企业的营销策略围绕这四方面形成了四种不同类型的策略组合。

① 产品策略（product strategy)，是指企业以向目标市场提供各种适合消费者需求的有形和无形产品的方式来实现其营销目标。其中包括对同产品有关的品种、规格、式样、质量、包装、特色、商标、品牌以及各种服务措施等可控因素的组合和运用。

② 定价策略（pricing strategy)，是指企业以按照市场规律制订价格和变动价格等方式来实现其营销目标。其中包括对定价有关的基本价格、折扣价格、津贴、付款期限、商业信用以及各种定价方法和定价技巧等可控因素的组合和运用。

③ 分销策略（placing strategy)，是指企业以合理选择分销渠道和组织商品实体流通的方式来实现其营销目标。其中包括对与分销有关的渠道覆盖面、商品流转环节、中间商、网点设置以及储存运输等可控因素的组合和运用。

④ 促销策略（promotion strategy)，是指企业利用各种信息传播手段刺激消费者购买欲望，促进产品销售的方式来实现其营销目标。其中包括对与促销有关的广告、人员推销、营业推广、公共关系等可控因素的组合和运用。对于物流服务产品而言，由于其专业性和定制性的特点，人员推销具有其他营销方式所不可替代的作用，同时也要求物流产品营销采用团队营销的方式。

这就是我们通常所说的“4P”营销组合策略，如图 4.8 所示。随着经济的发展，20 世纪 90 年代以后，消费者在营销中的主体地位日益确立，又有人提出了以顾客满意为导向的营销组合理论，美国学者舒尔茨提出了“4C”理论，如图 4.9 所示，即 customer（顾客）、cost（成本）、convenience（便利）、communication（沟通）。其中，“顾客”是指顾客的需要与期望；“成本”是指顾客获得满足的代价；“便利”是指顾客时间与精力的节省；“沟通”是指顾客与企业之间的信息与情感的交流。有人能认为在新时期的营销活动中，应当用“4C”来取代“4P”。但是许多学者认为，“4C”的提出只是进一步明确了企业的营销策略的基本前提和指导思想，但是从操作层面上讲，仍然必须通过以“4P”为代表的营销活动来具体运作。所以“4C”只是深化了“4P”，而不是取代“4P”。“4P”仍然是目前为止对营销策略组合最为简洁明了的诠释。

图 4.8 物流服务营销组合的 4P 理论

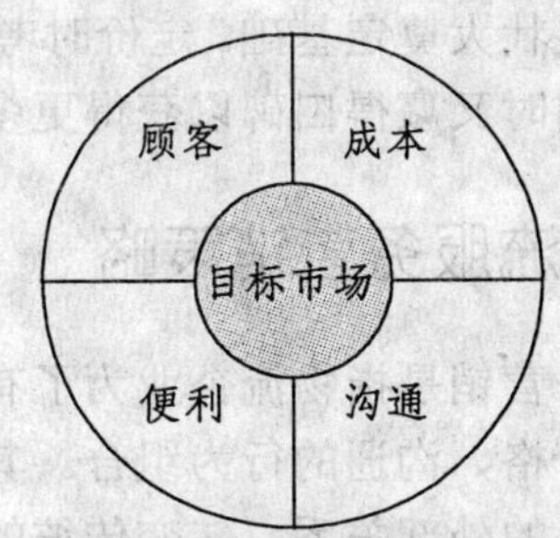


图 4.9 物流服务营销组合的 4C 理论

“4Rs”理论是美国学者舒尔兹（Don E.Schultz）提出的以竞争为导向的营销新理念，此理论涉及四个新的营销要素：关联（relevancy）、反应（respond）、关系（relation）和回报（return），如图 4.10 所示。企业通过实施供应链管理的营销模式，运用有效方式与客户建立关联，及时、快速、有效地对客户的希望和需求做出反应，促使企业与客户建立长期而稳固的关系，而作为回报——为客户创造了价值，为企业带来了收益和利润，实现了企业营销的个性化和优势化，在竞争中求发展。“4Rs”组合理论最大的特点是以竞争为导向，看重企业与客户的双赢，主动地创造需求并积极地适应客户需求，整合营销，通过关联、关系、反应等形式与客户形成独特的关系[1]。

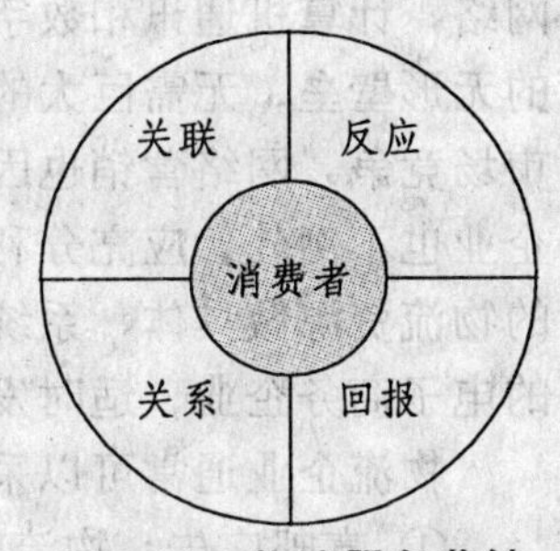


图 4.10 物流服务营销组合的 4Rs 理论

在物流企业进行市场定位、物流服务的价格制定、渠道策略以及促销活动的时候应该以“4Rs”理念为指导，在企业执行方案时根据自己的实际情况进行调整。

运用时，应遵循以下原则：

（1）市场开发时，采用关联（relevancy）与产品策略（product）结合的方式

企业首先要分析客户的需求与现状，以此与客户本体与服务需求建立关联。在充分了解客户需求和目标的基础上，为重要客户提供个性化的服务。深入了解客户的业务流程与计划（销售计划、库存管理、生产计划等），形成稳定的物流需求，促进合作的进一步加深。

（2）及时反应策略，采用反应（reaction）与渠道（place）结合的方式

1 郭伏，王红梅．“4Rs”理论与第三方物流企业营销创新[J]．东北大学学报，2005，7（5）：346-349.

物流客户对物流服务的需求与质量都有越来越高的要求，这在根本上要求物流企业要有快速的反应能力。快速的反应依赖于物流企业为客户合理地选择分销渠道和组织商品实体流通的方式，这种有效的、可以实现客户的最大利润的分销渠道也是非常重要的。

(3) 以关系（relation）与促销（promotion）为手段，进行关系营销

关系营销是“4Rs”策略组合的核心部分。企业应以关系营销为指导，大力开展促销活动，努力争取顾客。中小物流企业面对的顾客主要是一定区域内的客户，这样我们就可以得到第三方物流的促销策略：① 网络营销；② 人员推销；③ 广告宣传；④ 营业推广等。

(4) 利润策略以回报（return）加价格（price）的组合方式

营销目标必须注重企业在营销活动中的回报。良好的服务质量、成本的下降和客户竞争力增强，会使客户主动让出一部分利益来回报企业，并且双方共担风险、共享收益，为企业的进一步发展壮大奠定基础。定价时考虑客户可以支付的价格，在合理范围内不断改善服务，降低成本的同时又赢得口碑以获得更多的客户。

## 4.4.2 物流服务营销策略

物流服务营销是指物流企业为了有效率地满足客户企业的物流需求而系统地提供服务概念、价值、价格、沟通的行为组合。其服务营销强调为客户实现价值的最大化；强调与客户建立广泛深入的外部关系，转变传统的交易倾向为关系倾向。

基于物流企业提供给客户的是一种服务，而不是实物的产品，所以其营销特点有别于提供产品的一般行业。物流企业的服务营销应该强调重视顾客导向，运用网络营销、项目营销、个性化服务营销和关系营销等策略[1]。

### 1. 物流企业网络营销策略

以互联网、高新技术为代表的电子商务的出现，给市场带来了新的营销法则：借助互联网络、计算机通讯和数字交换媒体的威力来实现企业的整体目标。网络营销消除了企业竞争的无形壁垒，无需巨大的广告费用和众多的销售人员，就可以加入到全球国际大市场中参与市场竞争。网络营销也因此成为企业角逐市场的必备手段，成为企业营销的必然趋势。物流企业也不例外，应充分利用电子商务环境，建立自己独立的域名网址，对企业形象及本企业的物流资源做具体、系统的介绍，吸引意欲外包物流的客户企业，尤其是可以外包配送业务的电子商务企业，适时发展国际物流业务，开拓国际物流市场。

物流企业通常可以采用以下方法来进行网络营销：

① 直邮广告：物流企业通过向客户邮箱发送定制信息的同时对自己的网站、服务进行宣传。

② 互惠的链接：这是一种重要的网络营销手段，是指物流企业寻找与自己的网站具有互补性、相关性或者潜在客户的站点，向它们提出与自己的站点进行交互链接的要求并在自己的网站上为合作伙伴的站点设立链接的一种网络营销手段。

③ 电子公告板：设电子公告板的主要目的是为了吸引客户了解市场动向和引导物流业的消费市场。通常以开办热门话题论坛和开办网上俱乐部或沙龙的方式出现。

1 韦燕燕. 物流企业营销策略之初探[J]. 商业研究，2005，14: 86-87.

④ 网络互动：这种营销方式将客户的欲望和需求经网上立即送达物流企业，而物流企业也可以立即针对客户需求制订或修改物流方案和服务价格，通过交流达成充分的理解。网络互动的特性使客户真正参与到整个方案制订和实施过程中，客户在物流企业营销中的地位得到提高，客户参与的主动性和选择的主动性得到加强。

### 2. 物流企业项目营销策略

物流企业的重要特征是以实现货主企业物流合理化为目的，以客户满意为宗旨。由于客户业务内容及物流服务需求的多样化，一般要求物流企业根据客户物流业务要求制订物流解决方案，构造物流系统。即使是物流企业自己不拥有的资源，只要客户物流业务需要，就要想办法投资购进或通过多种方式整合。因此，物流企业的每一个客户的开发以及物流服务方案的设计都可以作为项目来实施，项目营销已成为物流企业的主要策略。

物流项目营销的主要对象是潜在客户企业的高层。针对客户企业的高层，物流企业应采用专业化的团队营销方法。由于客户企业的高层都是本行业的专家，熟知本行业的产品以及流通状况。因此，对他们进行物流营销时，物流企业应派出具有高水平的专业化人员组成团队。在表明自己的物流方案设计水平和运作经验的同时，能分析指出客户现行物流运作与管理中存在的问题的本质和客户应该达到的物流目标，使客户的高层切实感到采用物流企业提出的方案能解决现有物流中的问题并为自己带来较大的效益。只要物流方案获得客户高层的认可，物流企业的项目营销就取得了决定性的胜利。

### 3. 个性化服务营销策略

物流个性化服务营销策略主要是针对物流服务营销的特点和物流的特征提出来的。通过客户挖掘、资源配置、互动协作、客户细分，提高物流服务质量，积累丰富的行业经验和客户服务经验，建立个性化的、长期的、双赢的共生关系。个性化服务营销注重关心客户的需求，强调客户关系的维护，并根据客户的行为来预测客户的物流需求，为其设计物流服务。当客户个性化需求得到良好满足时，客户会对物流企业的服务形成良好的印象。一方面，客户的个性化需求得到越来越好的满足，建立起对物流企业的忠诚意识；另一方面，由于这种满足是针对差异性很强的个性化需求，就使得其他企业的进入壁垒变得很高。这样，物流企业和客户之间的关系就变得非常紧密，甚至牢不可破，这就形成了个性化服务营销的效果。

### 4. 战略性关系服务营销策略

长期性战略关系营销策略是指通过吸引、开拓、维持和增进与客户的服务关系，建立和发展长期关系，来体现物流企业以顾客为导向的目标，实现以利润最大化的运营价值和多赢的环境价值。对于物流企业而言，长期性战略关系营销策略应该是整个服务营销策略组合中的核心策略。因为采用这一营销策略可以使物流服务企业与客户形成一种相互依存的关系，并通过这种依存关系获得长远的服务业务。

长期性战略关系营销的目的不仅是开发客户，更重要的是保持、培养客户忠诚，因为关系营销注重的是与客户的长久关系而不是一次性的交易。物流企业关系营销客户策略是物流企业根据长期性战略关系营销原理、客户理论和市场现状而采取的客户营销策略，主要包括三个方面：① 客户开发策略；② 客户的管理策略；③ 客户保持和培养忠诚策略。

在运用传统营销手段的同时，还应关注网络营销这一新型手段；在承接潜在大型企业物流项目时，可以重点运用项目营销策略；在推销物流服务时，可以适时提供个性化服务，以解决客户的后顾之忧；但自始至终，都需用战略性的关系营销策略来开发和保持客户。只有这样，才能确保物流企业在激烈的市场竞争中取得优势，赢得客户。

**5. 绿色营销策略**

绿色营销是一种符合客户与社会需求，并且可以带来利润及持续经营的管理过程，它将客户需求、企业利润与环境保护三方的利益协调起来，实现三者的同步发展。绿色营销是一种全新的营销观念，是物流营销的新的重要组成部分。物流企业倡导绿色营销，就是要求企业要自身更新观念，培育绿色意识，构建绿色物流。通过提供绿色服务，满足客户的绿色需求，使客户在环境保护和提高自身生活质量中坚持绿色消费。其关键是物流企业要构建绿色物流。构建绿色物流的途径主要有：① 选择绿色供应商，物流企业也有自己的供应商，如运输工具制造商，各类港口、码头、机场等；② 开展绿色运输，主要通过开展共同配送，采取复合运输以及大力发展第三方物流等；③ 推行绿色包装，主要通过包装的模数化、大型化、集装化以及提高包装复用率来实现；④ 实施绿色加工，加强废弃物流管理。

**【案例】** 整体大于部分之和——联邦快递公司（FedEx）网站营销策略分析

联邦快递公司是一家全球快运业巨擘。它仅用 25 年时间，从零起步，在联合包裹服务公司（UPS）和美国运通公司等同行巨头的前后夹击下迅速成长壮大起来，发展为现有 130 多亿美元资产，在小件包裹速递、普通递送、非整车运输、集成化调运管理系统等领域占据大量市场份额的行业领袖，并跃入世界 500 强。

公司现有员工总数 14.5 万，开展业务的国家和地区 211 个，全球业务空港 366 座，备有各类型运输飞机 624 架，日出车数近 4 万辆，处理超过 200 万磅的空运货物。

公司网站 1995 年开通。其 1998 年度提交股东的报告页面上，以“FDX——新的领先者品牌”为题，自豪地宣称：FedEx 开创了快递产业中的“基地源泉”，史无前例地将智能化系统引入该行业中。

FedEx 主推“服务、技术、与顾客协同拓展市场”的营业理念，成为在当今快速、竞争、全球一体化市场上，唯一能向顾客提供其需要的“综合性物资调运解决方案”的企业。

可见，虽然同是快递行业，FedEx 将其卖点建立在智能化服务体系上，深度介入到客户的物资调运业务中去，提供能与之协同运作的“整体解决方案”，让客户与股东俱欢颜，就能在强大的对手面前领先一步而发展壮大起来。

1. 网站定位

FedEx 网站注重的是它与客户，尤其是企业客户间的亲和力，这对发挥其智能化运输控制系统作用是至关重要的。所以，网站定位在宣传“整体大于部分之和”的营销理念、力求与客户协同动作、共谋最佳效益。

与 UPS 等企业网站一样，FedEx 网站也是一个面向实际作业的服务窗口，故每层页面都有业务宣传、实地作业和树立企业形象的功能。同时，由于公司历史较短或其他原因，FedEx 并未争取到（如 UPS）2000 年悉尼奥运会指定承运商“那样高度的形象工程”，虽少了一份云中漫步的潇洒，倒也能无所牵挂地在网页上做好自己的文章。

首页仅起迎客及目录入口作用。左上角是 FedEx 标志，其下以多种语言写上“欢迎”字样。

对于不同国家，页面仅是国名、国旗和递送员形象三者不同。如中国主页的递送员选择了电视广告中主流模特形象，清纯靓丽，笑容可掬；而美国主页中则是位短发干练，体型结实、夹着大包裹风风火火闯天下的姑娘。FedEx 业务主页的兴趣点都直接设在中央区，且都是递送员的形象，忙碌而面带微笑，体现网站设计的立意重在本地化、人性化服务上，力争给人以亲切感、可信赖感。

任何一个网站，可以有无穷多的页面链接关系，许多企业网站也轻易地建立了无数的内外链接关系。但是应记住：一个成功的企业网站还应有一种超乎页面间的精神链接关系，它是企业的价值取向、管理风格、经营宗旨、营销手法等的综合体现，也可以说是“网站艺术”中的神韵所在。在本站中，则体现为笑面世界、忙碌奔波的快递姑娘。

页面左侧一排选择按钮，分别为“登录”“、发货”“、查询”“、送达”“、服务”、“与我们联系”、“FedEx 公司”等；右侧向用户介绍其改进后的“FedEx InternetShip”（联网运送）业务系统，帮助世界各地顾客更便捷地查询信息，获得服务。它是基于国际互联网的一套智能化货物运送系统，目前为第四版，可提高发货速度，并能一次查询 25 件货运信息。这些都是网站业务类主页的标准格式部分。

2. 网站结构

FedEx 网站共 3 000 多页，功能强大。页面大致分为两类，一类是业务页面，以国别为页簇平行组织；一类是宣传页面，按企业介绍及业务进程组织。两类页面互相链接，便于切换。所有页面的风格均清亮简洁，页面间脉络清楚，链接关系简单。这些都是面向作业、面向流程的服务性网站所应具备的特征。否则，到处设活动区，链接关系复杂，不能按业务进程组织的页面，必然给顾客造成许多麻烦。

网站设有“新用户欢迎中心”和“在线服务中心”。新用户欢迎中心在简单的欢迎词后对服务项目（国内、国际的包裹航运及陆运），接货及送达（核实与接收待送货品、文件、包装、处理、送达等）、运输及管理工具（如 Internet、专用软件、硬件、解决方案、运输进程的费用与时间优化等），运输示例（演示介绍 FedEx 系统的简单步骤，申请和提交业务表的填发等）做逐栏介绍。

在线服务中心功能也大致相似，只不过页面增加了实际作业按钮，故除向顾客介绍外，主要是对实际操作提供指导。

3. 网站商业竞争力分析

FedEx 网站上述页面属常规部分，与其他快递公司相同。FedEx 能在短期内快速崛起，自有多个原因，其中之一是它旺盛的竞争力。近两年来，FedEx 的竞争力就体现在它在 Internet 上构建的智能化运输管理系统，其核心威力是对企业用户和个体用户的吸引力上。

对于企业用户，FedEx 的智能系统能与用户企业网无缝连接，或通过 Web 页面直接介入到用户物资运输中去。这样的结果是，任何公司在逻辑上都可以直接将 FedEx 庞大的空运阵容和陆地车队当做自己的运输资源；而且 FedEx 智能系统还告诉他们，一切最快并非一切最佳，明智的运输方案应是各种待运物资在送抵目的地总体等待时间最短，或最适时的解决方案。

一般企业不具备智能物资排运系统，也无建立的必要。FedEx 知其系统对它们有独特吸引力，就主推“整体大于部分之和”的协作化、智能化货运解决方案，深受各类企业欢迎，大小公司趋之若骛。如一家全球性女装零售商兼家居饰品商打算自己做产品的仓储和批发业务，它请求使用的系统来跟踪本企业的订单、检查库存、安排运货时间等。结果，FedEx使其实现了所有接单送货均在48小时内完成。

对于个人用户，FedEx网站的规范化作业流程使他们方便地进行自我服务，可以接发订单、提交运输业务、跟踪包裹、收集信息和开账单等。

该网站每月有300多万次的访问，所有数据都同时进入公司内部网。由于约2/3的运输都是通过该系统自动处理，极大地降低了用户向FedEx电话应答中心的巨额查询费用，从而为其节省了数百万美元，而成本的降低就意味着竞争力的增强。

FedEx网站证明：在当前信息时代，一个公司的先进系统、运作模式和处理的信息，其价值远不止于在公司内部使用。它能在“整体大于部分之和”营销理念下，借助于国际互联网冲破无数企业在行业范围、物理形态和地理行程上的差异，彼此在虚拟的作业环节上实现无缝连接；借助于这种连接，一个企业可以让其先进的管理技术、战略资源，如在时间管理、信息管理、复杂的后勤规划、庞大的空中与陆上储运资源等对其他无数企业产生如天体黑洞那样的无穷吸引力。

公众现在已经把“交给联邦快递”这句话与遵守诺言等同起来。这一成果来之不易，诚如电子贸易营销经理布朗称：“无论顾客是通过电话、亲自上门，还是通过国际互联网，我们的目标都是要保持百分之百的顾客满意。

（资料来源：邓爱民，沈文. 国内外物流经典案例[M]. 北京：人民交通出版社，2001.）

### 4.4.3 物流服务营销组合

与有形产品的营销一样，在确定了合适的目标市场以后，物流服务营销工作的重点同样是采用正确的营销组合策略，以满足目标市场顾客的需求，占领目标市场，但是由于物流服务市场具有若干特殊性，从而决定了物流服务营销组合策略的特殊性。一般而言除了传统营销的“4P”外，还应包括人（people）、过程（process）及有形展示（physical evidence）。

**1. 传统“4P”中值得注意的问题**

物流服务营销中的产品是指企业计划向市场提供的物流服务。在营销过程中，无论向市场提供的产品组合是以无形的物流服务为主还是以有形物品为主，企业都必须结合目标市场定位，形成清楚的产品概念，即本企业到底向市场提供怎样的服务，满足顾客的哪些需求。

物流服务营销中的竞争同样服从这样一个基本准则，即在不同企业向市场提供的价值相当的情况下，谁能以较低的价格向顾客提供这种价值，谁就能赢得顾客；而当不同企业向顾客收取的价格/费用相当的情况下，谁能向顾客提供更大的价值，谁就能赢得顾客。因此合理的定价是服务营销过程中一个十分重要的问题。合理的价格不仅能吸引消费者，而且还有可能成为无形服务差别化策略的重要手段。但是，值得注意的是，由于不同的顾客对同类服务的需求经常存在着差异，物流服务营销中的定价往往面临着标准成本难以准确衡量的困难，从而加大了定价的难度。

物流服务同样需要向市场推广。市场竞争越是激烈，就越是需要采取有力的推广措施。而当一个物流企业推出一种新型服务时，更需要通过宣传促使顾客理解、接受新服务品种。与有形产品的促销宣传一样，物流服务产品的促销宣传也应当借助于广告、公共关系、营业推广及人员推销等手段。这些措施与有形产品营销，在性质上是完全相同的。但值得注意的是，由于物流服务是无形的，顾客要准确把握服务质量的优劣就存在着相当的困难，有些服务在使用后仍无法对其质量优劣做出评价。因此，在消费者决策过程中，其他顾客对某企业所提供服务的“口碑”（WM，Word of Mouth）往往起着十分关键的作用。在进行服务推广的过程中，出资进行广告宣传是必要的，但提供优质物流服务，建立良好的口碑显得更为重要。

物流服务营销中的渠道是指将服务从其生产者手中送到消费者手中的通道。在考虑渠道决策时，必须考虑到物流服务因为具有不可存储性及不可分离性等特征所产生的影响。由于服务无法存储和运输，其生产、销售和消费很可能在同一空间完成，为使更多的目标市场顾客能获得满意的服务，在不可能进行大规模生产和销售的情况下，物流企业就必须要根据服务的具体特点，进行科学的网点决策，并要保证不同网点所提供的服务质量是统一的。

### 2. 人（people）

在提供物流服务的过程中，人（物流企业员工）是一个不可或缺的因素。尽管有些物流服务不是由人员来直接提供的，例如，网上订单的订制和网络上的信息共享，都是由网络平台提供，但是网络的建设和维护，对客户的网络上的回复都是由员工来进行的。而对于那些要依靠物流企业的员工直接提供的服务（如宅急送）来说，员工因素就显得更为重要。一方面，高素质、符合要求的员工的参与是物流服务提供的一个必不可少的条件；另一方面，员工的服务态度和水平也是决定顾客对物流企业所提供服务的满意程度的关键因素之一。一个高素质的员工能够弥补物质条件不足可能使消费者产生的缺憾感，而素质较差的员工则不仅不能充分发挥本企业所拥有的物质设施上的优势，还可能成为顾客拒绝再次选择企业的物流服务的主要因素。Christian Gronroos 提出服务的营销实际上由三个部分组成，如图 4.11 所示。其中，外部营销包括为企业服务提供的准备、服务定价、促销、分销等内容；内部营销部分则是指企业培训员工及为促使员工更好地向顾客提供服务所进行的其他各项工作；互动营销则主要强调员工向顾客提供服务的技能。图 4.11 中的模型清楚地显示了员工因素在服务营销中的重要地位。在物流服务营销组合中，处理好人的因素，就要求企业必须根据服务的特点和服务过程的需要，合理进行企业内部人力资源组合，合理调配好一线员工和后勤工作人员。以一线员工为“顾客”，以向顾客提供一流的物流服务为一线员工的服务素质和能力。而要形成并保持一支素质一流、服务质量优异的一线员工队伍，企业管理部门就必须要做好员工的挑选和培训工作，同时要使企业内部的“二线”、“三线”队伍都围绕着为一线队伍展开。只有为“一线”创造了良好的工作环境，建立了员工对企业的忠诚，才能形成其为顾客服务的热诚，通过较高的物流服务质量赢得顾客对企业的忠诚。

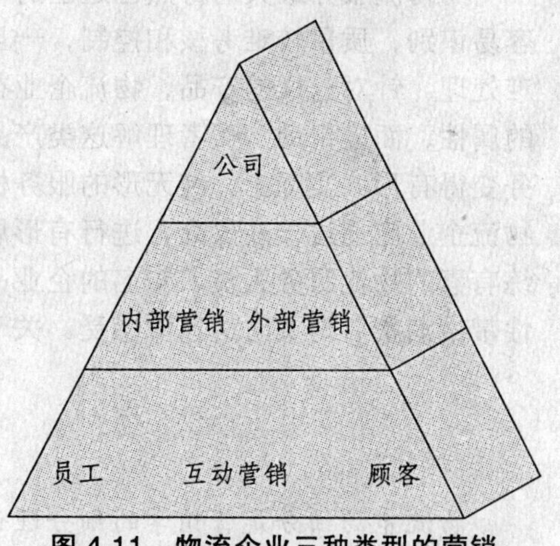

图 4.11　物流企业三种类型的营销

### 3. 过程（process）

在营销过程中，物流企业不仅要明确向哪些目标客户提供服务，提供哪些服务，而且要明确怎样提供目标顾客所需要的服务，即合理设计服务提供的过程。服务提供过程的设计涉及以下几方面的问题。

① 物流企业的服务应该以怎样的次序、步骤提供？在什么时间、什么地点提供？以怎样的速度向顾客提供？

② 在服务的过程中，物流企业担当的职责是什么？服务是全部由自己提供，还是部分外包？

③ 以怎样的方式提供物流服务？是根据顾客的需求提供个性化的服务，还是向顾客提供标准化的物流服务？

④ 如何评价并不断改进自己提供的物流服务？例如，是由顾客、管理人员还是由员工之间相互评价？

物流营销具有一般产品市场营销的一些特征，然而，由于物流所具有的特点，要求物流营销组合与有形产品以及其他的服务产品的营销有着不同的特点。目前国内的物流企业普遍存在缺乏服务营销理念、服务营销策略模糊不清、不重视或没有充分运用网络和个性化服务需求等营销问题。

**4. 有形展示（physical evidence）**

服务是无形的，在服务消费的决策中，消费者往往根据其能够感知的有形因素的状况来判断无形服务的质量，从而做出是否消费的决策。通过有形因素向顾客展示无形服务的特点、层次等，即服务营销中的有形展示。

而物流服务最大的特点也是它的本质，即无形性、抽象性。对购买者来说，这种服务不容易识别，质量较难考核和控制，一旦发生了投诉或纠纷，因没有一个具体的实物展现，很难处理。针对这样的产品，物流企业在营销过程中就要注意在促销宣传中不宜过多介绍服务的属性，而应帮助购买者理解这类产品的特点，将带来的好处、利益点在哪里，让无形的服务变得有形。实际上，纯无形的服务极少，大部分的服务都需借助有形的实物才可以产生。物流企业应通过一些媒介，进行有形展示，如通过现代化的配送中心、强大的运输设备、训练有素的物流服务人员、知名的企业品牌、各种详细的服务细则与程序等，来打消它的无形性带给消费者购买时的风险感受。关于有形展示的部分会在下面的章节中具体的阐述。

## 小　结

物流市场细分是营销学的细分理论在物流市场上的具体实践，物流市场细分的实质是实现物流企业服务的专业化。市场细分化是一种把市场划分成不同购买者群体的行为，这些购买者可能值得物流企业为其提供独特的产品和营销组合。物流市场细分的依据主要有：地理、人口、心理和消费行为等因素。其中，物流市场细分要根据不同类型的客户与服务选择不同的细分因素。

物流企业将最佳的细分市场挑选为目标市场，为此要对细分市场的潜量、赢利能力到竞争状况等方面进行评价。然后企业可以不理会市场的差异性，采用无差异市场营销；也可以为几个细分市场开发不同的产品，采用差异性市场营销；或者可以只追求某部分细分市场，采用集中市场营销策略。究竟采用哪种目标市场的覆盖策略，物流企业的决策受到诸如企业资源、产品和市场的同质性和竞争者营销策略等因素的影响。

而对于已确定的目标市场，物流企业要为自己的服务产品进行市场定位，其实质即是在顾客心目中标明本企业服务产品的特色和形象。为取得最大竞争优势而进行的服务的定位包括以下任务：首先，确定企业可能差异化的来源；其次是找到企业服务产品的独特卖点，即究竟提供多少和什么差异化；然后明确服务产品的价值方案、开发总体定位战略。企业可以从产品、服务、渠道、人员和形象等方面建立差异化。物流企业在定位时一定要尽量避免定位不足、定位过分和定位模糊等错误。借助市场结构图，物流企业在明确竞争对手并在研究竞争者地位的基础上做出决定：选择填补市场空白，或与竞争者比邻并存，或干脆取而代之。通过服务产品的定位，物流企业奠定了制定营销组合计划的基调。

本章还对物流营销组合作了初步的介绍，主要介绍了物流企业网络营销策略、物流企业项目营销策略、个性化服务营销策略、战略性关系服务营销策略四种策略，以及在营销组合中，物流服务营销与传统的“4P”的相比，需要注意的地方。具体的每个部分将在下面的章节中作具体的介绍。

## 复习思考题

**一、单项选择题**（在下列每小题中，选择一个最合适的答案。）

1. 物流市场细分是对客户的______进行细分。

A. 需求　　B. 产品
C. 服务　　D. 所在地

2. 在进行物流市场细分时，根据企业经营的特点并按照影响物流需求的诸因素，由粗到细地进行市场细分的方法是______。

A. 单一变量因素法　　B. 多变量因素组合法
C. 系列因素变量法　　D. 双因子变量因素法

3. 物流企业选择几个细分市场作为自己的目标市场，针对各种不同的客户群提供不同的物流服务的物流目标市场模式叫______。

A. 密集单一市场　　B. 有选择的专门化
C. 产品专门化　　D. 完全市场覆盖

4. 在物流目标市场营销策略中，适合实力有限的中小企业的策略是______。

A. 无差异市场营销　　B. 差异市场营销
C. 集中市场营销　　D. “一对一”营销

5. 对于同质产品或需求上共性较大的产品，一般宜实行______。

A. 无差异市场营销　　B. 差异市场营销
C. 集中市场营销　　D. “一对一”营销

6. ______的明显优势是企业可以避开激烈竞争的压力，风险小、成功率高。

A. 并存策略　　B. 取代策略
C. 填补式策略　　D. 网络营销策略

7. “七喜”汽水突出宣传自己不含咖啡因的特点，成为非可乐型饮料的领先者。这种策略属于______。

A. 并存策略　　B. 取代策略
C. 填补策略　　D. 绿色营销策略

8. 定价策略主要考虑与______有关的问题。
A. 顾客需求　　B. 定价
C. 产品种类　　D. 销售渠道

**二、多项选择题**（下列各小题中正确的答案不少于两个，请准确选出全部正确答案。）

1. 企业在进行物流市场细分时应遵循的条件有______。
A. 可衡量性　　B. 赢利性
C. 可行性　　D. 稳定性

2. 一个有效的目标市场应具备的条件有______。
A. 有一定规模　　B. 有发展潜力
C. 有吸引力　　D. 符合企业的目标和资源

3. 在企业考虑应该进入细分市场时，可供选择的模式有______。
A. 密集单一市场　　B. 有选择的专门化
C. 产品专门化　　D. 市场专门化
E. 完全市场覆盖　　F. 人员专门化

4. 当产品进入成熟期后，市场竞争激烈，消费者需求日益多样化，此时可采用的物流目标市场营销策略有______。
A. 无差异市场营销　　B. 差异市场营销
C. 集中市场营销　　D. "一对一"营销

5. 市场定位的策略有______。
A. 并存策略　　B. 取代策略
C. 填补策略　　D. 另辟蹊径式策略

6. "4P"营销理论中的"4P"指的是______。
A. 人员（People）　　B. 产品（Product）
C. 价格（Price）　　D. 渠道（Place）
E. 促销（Promotion）

**三、名词解释**

物流市场细分；物流目标市场；差异市场营销策略；物流市场定位。

**四、判断题**（判断下列各题是否正确，正确的在题干后的括号内打"√"，错误的打"×"。）

1. 物流市场细分中每个客户群都是各个具有不同特征的市场。（　）
2. 企业不能放弃那些有吸引力但不符合企业长远目标的细分市场。（　）
3. 完全市场覆盖策略只能大企业采用。（　）
4. 无差异市场营销的实质是不进行市场细分（　）
5. 市场定位是在任何情况下都可能发生的。（　）
6. 市场定位的关键是企业要在自己的产品上找出比竞争者更具有竞争优势的特性。（　）

## 五、简答题

1. 物流市场细分有哪些主要依据？
2. 物流市场细分的主要步骤是什么？
3. 物流目标市场的几种营销策略各有什么特点？
4. 物流目标市场定位的实质是什么？如何进行目标市场定位？
5. 物流服务营销的策略有哪些？

## 六、案例分析

### “黑猫大队”的“宅急便”服务

以母猫叼着小猫，小心翼翼护送的图案为标志的“黑猫大队”——大和运输（Yamato Transport）公司，是日本专业物流企业中经营业绩最高的企业，创立于1919年。从业务领域的经营情况和业绩看，大和运输公司在日本国内运输行业、国际运输行业、信息通讯行业以及其他行业都呈现出不断增长的势头，成为成功的第三方物流供应商。2006年，大和运输公司在世界物流企业100强中位居第17位。如此优异的经营业绩固然得益于其良好的物流管理、信息管理和顾客支持，更离不开其最初对“宅急便”服务市场的成功开发。正是因为这一点，它才创造了如今庞大和不断发展的市场。

（1）开拓创建差别化的配送服务——“宅急便”

大和运输公司早期是从事陆地运输的专业运输公司，1976年开始从事“宅急便”业务，当时它通过开展新型的配送服务，创造了“宅急便”这样一种物流服务品牌，之后，随着陆运物流服务的不断延伸和扩展，它将这种陆地配送服务统称为“宅急便”。

“宅急便”是对应新型社会和经济环境下的一种新型的专业物流服务，与原来的陆地运输最大的不同在于它构造了新物流服务的核心要素和本质内容。这种要素主要体现在“面向家庭的小单位个别配送”、“混合装载”和“广范围的网络运输”。面向家庭的小单位个别配送就意味着这种专业物流服务不是固定线路的货车运输，而是具有针对性、营销意义的配送服务，可以说这是专业运输公司顺应时代变化和物流公司强化业务能力及推动物流管理的必然结果。“宅急便”市场的形成也意味着大和运输公司是一家真正意义上的专业物流服务供应商。

大和运输公司开拓新型的配送服务，是被内外环境的变化和发展所推动的。从外部环境来看，在日本经济高度增长时代，由于经济的不断发展，企业的商品运输量非常大，在这种背景下，从事陆地运输的企业不仅经济利益能得到保障，而且运输能力也大大提高。然而，石油危机的爆发，导致了经济的萎缩，商品运输急剧下降，这种状况沉重地打击了寻求不断扩张的专业运输企业。这些企业都拥有庞大的运输网络和货车，所以固定费用很高，这些环境要素对企业的发展形成了极大的挑战。作为专业运输企业，如果不能创造出差异化、新型的市场，那么就只能坐以待毙。

另一个环境要素是大和运输公司原来从事陆地运输时，服务市场主要集中在日本首都圈附近，客户多是一些东京地区的大型百货店，但是，随着客户网络的不断拓展和延伸，大和运输公司的销售、运输网络明显滞后。在这种状况下，一些大型客户中断了与大和运输公司的交易，使得大和运输公司面临着巨大的经营危机和压力，这种情况下再在日本全国市场发展固定线路的运输网络，显然非常困难，正是这种两难的处境迫使大和运输公司必须重新思考企业的发展战略。

从当时日本的运输配送市场看，面向个体顾客的小件商品配送服务只有邮包送递和铁路小型商品运输这两种公共运输服务，而且这两种服务的市场规模每年不到3亿日元，市场规模较为狭小，而面向个体顾客的“宅急便”服务由于波动性大，何时、何地发生，向什么地方配送等都很难预测，所以鲜有企业愿意从事这种面向个体顾客的物流服务。

在这种情况下，大和运输公司决定独自开拓这种其他企业所不予重视的配送服务市场。

大和运输公司的“宅急便”有几个特点：

① 商品的长宽高度不超过1米；

② 包装物可以是箱子，也可以是布袋，不需要特别的包装和捆绑；

③ 可以在任何家庭、任何地方取货，并向任何地方配送；

④ 配送费用根据所划分的不同地带采用不同的费用；

⑤ 配送时间按地区不同大致规定为1～2天。

这些特点都是邮包递送和铁路小型货物运输所不能做到的，“宅急便”的出现不仅侵蚀了它们的市场，而且还挖掘了新的市场和需求，这一点是当时任何人所没有想到的。

（2）建立自身“宅急便”市场的竞争优势

大和运输公司开发、运营“宅急便”的当年，交易量不到170万件，虽然对于着力于战略转换的大和运输公司来说业务量较少，但从另一个方面看，这种状况又对大和运输公司的未来发展起到了良好的推动作用。因为自从大和运输公司开发“宅急便”市场后，立刻引起了“宅急便”市场的竞争，当时一些大型运输公司，像日本通运、西浓运输公司都相继推出了“宅急便”服务，而后者在运营能力、经营规模和运输网络上都要强于大和运输公司。

面对挑战，大和运输公司分析了其自身的优势，经过对企业内外环境的分析后，决定全面转入“宅急便”的配送服务市场。因为，它是一个专业“宅急便”服务公司，而与其相对应的日本通运和西浓运输，它们的战略重点却仍然是工业运输和商业运输，也就是说，“宅急便”只是其整体业务组合中的一个非战略组成部分。例如，日本通运作为当时最大的专业运输企业，主要业务是从事日本国铁终端的运输，所以，它与日本国铁路是一种合作关系。在这种情况下，它不可能大规模地投入到“宅急便”业务上，因为“宅急便”业务与铁路小型货物运输是一种竞争关系。

基于上述威胁和机会的分析，大和运输公司要想在“宅急便”市场立足，并真正成为日本最大的专业“宅急便”公司，就必须在服务内容上下工夫，塑造自身的核心竞争力，以创造出更新、更大的市场需求和发展空间。具体讲，就是要在原来单纯强调小批量配送方式的基础上，增加各种服务，以扩大“宅急便”市场的范围，扩展新的需求，这种新的服务内容包括运输方式、装卸方式、信息技术等技术革新的各个方面。

正是基于上述考虑，大和运输公司在开展“宅急便”业务的初期就着力新技术和服务的开发，他们将之称为“市场的自我增值”。开始顾客只是将“宅急便”看做是一种简单的配送服务，但是，在其便利性的服务特点得到认同之后，顾客的需求就会转为主动的行为，并进一步享受“宅急便”配送服务的便利性，而且越来越多的人和企业开始成为“宅急便”市场的顾客群体。作为从事“宅急便”业务的企业，也进一步扩大服务领域和内容，从而又产生更好、更高的服务，反过来又强化了顾客关系的维系，如此往复，形成了一种良性循环。例如，大和运输公司的滑雪板“宅急便”、高尔夫“宅急便”等都是因顾客的需求而产生的，特别是产地直送业务，即直接从产地采购商品配送到顾客指定的地方。这些都是大和运输公用差别化服务的表现，而且得到了顾客的认同与欢迎，成为大和运输公司在竞争中立于不败之地的杀手锏和新利益的增长点，这是其他任何从事“宅急便”业务的公司所不能比拟的。

另外，大和公司还通过不断优化自己的信息系统来巩固自己的市场地位。

虽然大和运输公司开创了“宅急便”这种小单位物流配送服务及其品牌，但是由于其他企业的跟进，“宅急便”已经成为一种配送服务的统称。大和运输公司在这种激烈竞争的市场条件下，仍然位居首位，与其独创性的配送服务是分不开的。通常所理解的“宅急便”主要是针对从家庭到家庭的小件货物配送，但是大和公司却有效地拓展了这一服务领域，进一步开发了企业的小型货物配送服务市场，现在对企业用户的小型货物配送已占绝大部分，从而使“宅急便”成为多样化、小批量时代的企业和家庭用户都不可或缺的物流服务。因此，大和运输公司取得了成功，发展成了第三方物流企业中的佼佼者。

**思考题：**

（1）如果一个企业只提供运输服务，这样的企业会有生命力吗？

（2）如何评价大和运输公司的“宅急便”这样一种物流服务品牌？对我国运输服务业发展会带来哪些冲击？

（3）你认为专业运输服务与综合运输服务的发展战略是否一致？运输发展战略的确立基础是什么？

（资料来源：沈墨. 现代物流案例分析[M]. 南京：东南大学出版社，2006.）

# 第 5 章 物流服务产品策略

**本章重点**

- ✧ 物流服务产品的概念、分类标准与物流服务产品组合的概念及策略
- ✧ 产品生命周期的概念，物流服务产品在其四个生命周期阶段的特征及相应的产品策略
- ✧ 物流企业新产品开发的过程、策略
- ✧ 创新扩散理论及在其指导下的新产品推广策略

**本章难点**

- ✧ 理解物流服务产品与普通产品的区别，物流服务产品概念的三个层次
- ✧ 物流服务产品营销的策略研究
- ✧ 产品生命周期理论以及创新扩散理论对物流服务产品营销实践的指导意义

**必备技能**

- ✧ 对物流服务产品概念有准确的理解，能够结合实际的物流服务产品进行产品概念的分析
- ✧ 能对不同物流服务产品进行分类，并了解其特征
- ✧ 能够结合企业及市场的实际情况，选取合适的产品策略，并对选择的策略进行利弊分析
- ✧ 能利用产品生命周期理论以及创新扩散理论进行产品策略的选择研究

物流服务产品是物流企业进行产品营销的基础。客户最关注的是企业提供的物流服务产品质量如何、是否能够满足需求、能够满足多少需求。物流企业想在产品营销上占据优势，首先就要在产品策略上下工夫，尽力为客户提供最合适的产品或产品组合。不同的产品以及产品在其不同生命周期阶段所具有的特征不尽相同，相应的产品策略就有所差别，这些都需要物流企业予以重视，采取合适的产品策略，为市场提供适销对路的物流服务产品。

## 5.1 物流服务产品与产品组合

### 5.1.1 物流服务产品

#### 1. 物流服务产品概念

企业进行生产经营活动的目的是为了能比竞争者更加有效地满足客户的需求，而企业向市场提供的产品就是达到这一目的的载体。在营销学中，产品被定义为能够满足一定消费需

求并能通过交换实现其价值的物品和服务。可见一个产品首先要能满足客户的需求，其次是要在市场中进行等价交换并体现出其价值。

物流服务产品作为一种服务产品，与普通意义上的产品有很大的区别。物流服务产品是一个更为广泛的概念，涉及物流流程中的各个环节，包括物流企业为客户提供的服务，以及为了完成这种服务投入的各种元素。在本书中，我们讨论的物流产品主要是物流企业出售给客户并能满足客户特定需求的服务产品，即物流服务产品。总体说来，物流服务产品包含，图 5.1 所示的几个层次。

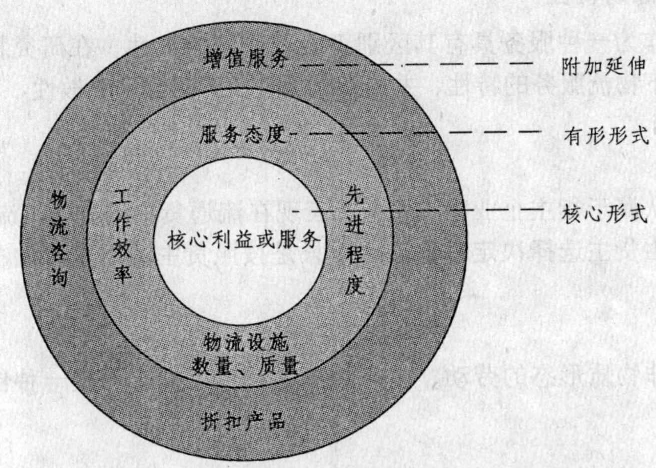


**图 5.1　物流服务产品的三个层次及举例**

(1) 核心形式

核心产品即实质产品，是指产品能够为消费者带来的最基本的利益和效用，譬如说货运产品就是为了满足客户实现对货物在地理上的转移，这就是其核心。毕竟消费者购买产品不仅是为了产品本身，更是为了满足自身特定的需要。物流企业通过为客户提供专业性的物流服务，以最低的成本满足客户的要求，为客户创造价值，这是物流服务产品的核心，失去了这一核心，就失去了存在的价值。因而物流企业在提供物流服务产品时应最先了解客户，考虑服务产品是否能够满足客户的需求，是否能让客户满意。

(2) 有形形式

所谓有形，就是能够直接为人们所感知的部分。服务产品的无形特性阻碍了客户对产品的认知，因而物流企业需要将无形产品有形化，把产品的有形形式主动展现出来，这也是服务产品营销的一种手段。具体说来物流服务产品的有形形式就是企业在为客户提供物流服务的时候，为这种服务提供支持的设施、人员等，物流设施的数量、质量、先进程度、工作效率，以及员工的服务态度、专业程度等都是客户可以感受到的。有形产品是呈现在市场上可以为顾客所识别的，直接影响客户对产品的满意度。物流服务产品的有形形式是其核心形式的外在表现，有形形式为了核心形式而存在，而没了有形形式，核心形式也无从谈起。

(3) 附加延伸

附加延伸是指客户购买产品时所能得到的附加服务和附加利益的总和。给物流服务产品附带延伸服务项目是服务产品营销的好办法，事实上在现今的市场中物流服务产品的差别度较小，替代产品多，激烈的竞争要求企业为其服务提供更多的额外服务，如折扣优惠、保险、咨询等。物流服务产品的附加延伸项目是物流企业赢得市场竞争的重要手段。

核心形式、有形形式和附加延伸是物流服务产品概念中不可分割和紧密联系的三个层次。核心形式作为满足消费者基本需求的产品层次，是物流服务产品的基本和中心，它要求物流企业应该对消费者的需求有充分的认识和把握，对物流服务产品的基本功能和效用有准确的定位，将产品的核心形式转化为有形形式，并在此基础上附加更多的利益，进一步满足消费者的需要。要知道一个产品的价值大小，是由客户决定的，而不是由企业决定的。

### 2. 物流服务产品的特性

物流服务产品作为一种服务具有其区别于普通产品的特性，在研究物流服务产品之前，我们有必要了解一下物流服务的特性，主要有从属性、即时性、分散性、可替代性和需求波动较大等。

(1) 从属性

物流服务必须从属于货主企业物流系统，表现在流通货物的种类、流通时间、流通方式、提货配送方式都是由货主选择决定，物流企业只是按照货主的需求，站在被动的地位来提供物流服务。

(2) 即时性

物流服务属于非物质形态的劳动，生产的不是有形产品，而是一种伴随销售和消费同时发生的即时服务。

(3) 分散性

物流服务的客户大多数是不固定的，这些客户数量众多而分布广泛，他们的需求在时间和空间两个方面都具有分散性，为需求的预测带来很大的不确定性。

(4) 可替代性

在专业化物流服务企业出现以前，很多企业都是自己承担运输、保管、配送等物流活动，具备一定的物流提供能力。因此即使是现在，他们对专业物流企业所提供的物流服务仍然具备一定程度的可替代性，这使物流经营者难以从质、量两个方面来调整物流服务的供给能力。

(5) 需求波动较大

正是由于物流服务的从属性、即时性、分散性和可替代性等特性，造成了物流服务的需求波动较大，使得产业的供需很难获得平衡，给经营和管理带来了一定的难度。

### 3. 物流服务产品分类

(1) 基本物流服务产品和增值物流服务产品

基本物流服务产品包括人们通常认识的一般性的物流服务，是指根据客户的要求将货物从一个地方运送到另一个地方要提供的基本物流服务，如仓储、运输、装卸、搬运、包装、配送等。基本物流服务产品是客户的基本需求，因而也是物流企业必须要提供的产品项目，基本物流服务的差异性很小，不同企业之间服务水平的差距更多是由企业在设备技术水平上投入的大小差别决定的。

增值物流服务产品是物流企业在基本物流服务产品的基础上增加的增值服务项目，如为客户提供代收货款、物流规划咨询、国际件报关等服务。物流企业提供增值服务目的在于提高企业物流服务产品的差异性，以此满足客户更多的需求，从而吸引更多客户、扩大市场份额。

(2) 普通物流服务产品和特殊物流服务产品

物流企业提供的物流服务针对的货物类型、特性不同，在物流设备的需求上也就有所不同。大部分货物只要能够进行良好的包装，物流企业均可利用常规的运输工具进行运输，在仓储管理中也没有特别的要求，这些货物就是普通物流服务产品。而对于某些特定的货物，在为其提供物流服务时需要利用特殊的技术手段，譬如生鲜产品的运送和储存就需要冷藏车和冷库。普通物流服务产品在市场上竞争比较激烈，要提供特殊物流服务产品需要物流企业配备专门的设备，在管理上也比提供普通物流服务产品难度更高。

(3) 国内物流服务产品和国际物流服务产品

按照物流服务涉及的地域范围可以将物流服务产品分为国内物流和国际物流。

国内物流是指物流服务产品中的各项服务项目都在国内发生。这是大多数物流企业能够提供的产品，物流企业通过在国内各地设立办事处来为客户提供全国范围的物流服务。办事处可以自行设立，也可以通过加盟的形式增设。

国际物流是指范围涉及境外地区的物流服务，物流企业通过在其他国家设立办事处或者与国外的物流企业签订合作协议来提供国际物流服务。由于国家之间的物流环境存在差异，再加上国际物流涉及范围广、标准化要求高、操作难度大，因而只有具有一定实力的物流企业才能提供这种物流服务。

(4) 正向物流服务产品和逆向物流服务产品

按照物流流向的不同,可以将物流服务产品分为正向物流服务产品和逆向物流服务产品。

一般来说，社会中的正向物流包括制造商经制造程序将产品完成再销售到最终使用者等一连串的过程。这也是大多物流企业能够提供的物流服务。而在有些时候，制造企业在其退货、不合格品退回、维修与再制造、物料替代、物品循环利用、废弃物回收处理等流程中也会需要相应的物流服务产品，我们称这一过程为逆向物流服务。逆向物流有其不确定性和复杂性，处理费用高，但是增值潜力大，目前在市场中也并不常见，提供逆向物流服务产品需要有较高的专业性，合理的服务产品设计可能为物流企业带来较大效益。

## 5.1.2 物流服务产品组合

### 1. 物流服务产品组合概念

产品组合指是指企业所有产品品类、产品项目的有机构成方式，是企业销售的全部产品的结构。当代社会的发展，一方面企业要增加产品销量获得较大的经济效益，另一方面又由于市场、消费需求的变化，要发展多品种的产品以适应消费需求的多样化。如何在产品营销中进行产品的搭配和组合就成为企业在经营决策中必须要面对的重要问题。

现在市场中的物流服务产品品类多种多样，产品的服务水平参差不齐。消费者当然希望物流企业能提供多种多样的物流服务产品来满足其各种需求，而已有产品也许不能够为客户和企业带来长期稳定的利益。为此物流企业都会销售多种产品来满足客户需求、抢占市场、增加利润。不仅于此，物流企业还要对其销售的物流服务产品进行统筹安排，进行对客户和企业都有利的组合搭配，这就是所谓的物流服务产品组合。

事实上，我们所说的物流服务产品，大部分都是各项物流服务项目的产品组合，譬如一个物流企业提供的产品往往包含仓储、装卸、运输等多项服务。图 5.2 为铁路物流产品组合。

在物流服务产品市场中，产品的同质性以及激烈的竞争就要求企业在产品组合上下工夫，推出有独创性的产品组合，才能获得客户的青睐。

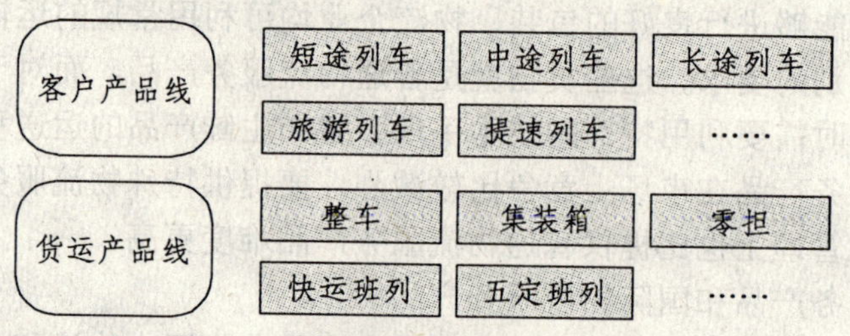


**图 5.2 铁路物流产品组合示意图**

### 2. 物流服务产品组合策略

物流服务产品组合涉及组合的宽度、深度和相关性三个方面。

物流服务产品组合的宽度是指物流企业提供物流服务产品组合的数量，产品组合的宽度表现了企业经营范围的大小，增加产品组合的宽度，可以充分发挥企业的特长，使企业的资源得到充分利用，提高经营效益。此外，多元化经营还可以降低风险。

物流服务产品组合的深度又称产品组合的长度，是指企业各产品组合包含的产品项目的数量，产品组合的深度反映了企业满足各个不同细分子市场的程度。

物流服务产品的组合较为灵活，例如某物流企业为客户提供包含仓储、装配、搬运、运输、装卸等一系列产品项目的基本组合，这个基本组合的深度就是 5。此外物流企业同时为客户提供包装、货到付款、现金付款折扣等可供选择的增值产品，任何增值产品与基本组合结合起来都是一个新的产品组合，像仓储、装配、搬运、运输、装卸，外加付款现金折扣就是一个新的深度为 6 的产品组合，此时的产品宽度则具有较大灵活性。

物流服务产品组合的关联性指企业的各产品大类在最终用途、服务条件、分销渠道等方面的相关联程度。较高的产品组合关联性能带来企业的规模效益和范围效益，提高企业在某一地区、行业的声誉。

企业在进行产品组合时，涉及三个层次的问题需要做出抉择来确定最佳的产品组合，即：① 是否增加、修改或剔除产品项目；② 是否扩展、填充和删除产品组合；③ 哪些产品组合需要增设、加强、简化或淘汰。我国第三方物流企业的服务产品的组合如表 5.1 所示。

**表 5.1 我国第三方物流企业的服务产品的组合[1]**

| 深 度 | 宽 度 |
|---|---|
| 运 输 | 公路运输、铁路运输、航空运输、干线运输、普通货物运输、危险品运输、国际集装箱运输、海关监管货物运输、整车运输、快递、快运 |
| 仓储（库存） | 中转仓储、分销仓储、中转平台仓储、融通仓储、零配件仓储、库存分析、退货管理 |
| 配 送 | 分销配送、联合运输、共同配送、直接换装、同城配送、非同城配送 |

1 周峰，冯进展，彭晓东. 第三方物流服务产品的分析[J]. 物流科技，2008，3：56.

续表 5.1

| 深　度 | 宽　度 |
| --- | --- |
| 流通加工 | 来料加工、半产品加工、包装、贴标签、零件加工、零件组装 |
| 采　购 | 国际采购、国内采购、原材料采购、零件采购、产品采购 |
| 物流方案的咨询 | 提供理赔和投诉服务、信息咨询、供应链管理、生产物流设计、物流选址 |
| 物流人才培训 | 物流理念培训、操作人员培训、物流管理培训、物流技术培训 |
| 包　装 | |
| 装　卸 | 门到门装卸、车站装卸、码头装卸 |
| 运输代理 | 揽货、定舱、交接、中转、分拨、报关、签定船 |
| 信息服务 | 订单信息管理、库存管理系统、货物定位、对车辆跟踪、无线网络、手提终端、射频技术、条形码技术、RFID技术、仓库管理系统 |
| 供应链管理 | 选择供应商、管理和协调供应商、分销资源规划、制造资源规划、电子数据交换、顾客关系管理、企业资源计划 |
| 其他服务 | 冷冻物流、代收货款、补货、退货检验、坏件销毁 |

(1) 扩充产品组合策略

扩充产品组合策略就是加大企业产品组合的宽度和深度。增加产品组合的方式，或者增加某产品组合中的产品项目，比如在为客户提供已有的系列物流服务的基础上，增加代收货款、通知放货等增值服务。这种产品组合策略有利于企业多元化发展，扩大市场份额，最大化地利用企业现有资源满足客户的更多需求，同时也降低了营销风险。

一般企业的扩充产品组合策略可分为向上扩充、向下扩充两种形式。

① 向上扩充是指一些低端的物流服务产品已经无法满足企业经营的要求，这个时候一些企业开始推出高端的物流服务产品，将产品组合向上扩充。一般说来高端产品利润更高，也有助于企业提升实力和品牌知名度。然而企业在与高端市场中的原有企业的竞争中由于进入较晚，缺乏运营的经验，竞争中必然处于劣势，因而企业在向上扩充时要确保从企业服务水平到销售渠道都能够适应高端产品的销售，并做充足的准备，否则盲目地进军高端市场可能导致企业的巨大损失。

② 向下扩充是指补充一些低端的、基本的产品组合或项目。如果企业通过销售高端产品已经建立良好的品牌形象，这时利用原有的优势更容易占领低端产品市场。向下扩充一般是当高端产品市场中的竞争过于激烈或者销售增长趋缓的时候，企业通过销售低端产品来分散风险、扩大市场。企业在向下扩充时应该考虑企业目前的服务水平和销售渠道对于低端产品的提供和销售是否存在浪费，以及在这个时候销售低端产品是否会损害企业的品牌形象。

此外还有双向扩充，所谓产品线双向扩充，就是原定位于中档产品市场的企业掌握了市场优势后，向产品线的上下两个方向延伸。

（2）缩减产品组合策略

缩减产品组合策略与上一种策略相反，是缩小产品组合的宽度和深度。物流企业在提供物流服务时，多元化是一个可取的发展方向，但是有些时候我们发现企业提供的产品组合与项目过多，不但不能很好地达到满足客户更多需求的效果，反而还分散了企业的管理能力。可能存在的情况有：① 物流服务成本过高的物流服务产品组合、项目；② 企业管理能力不足，比如企业的管理能力仅能满足3个物流服务产品组合的管理，这时若要推出5个组合，则会大大增加企业管理负担，从而降低产品质量。这两种情况的共同点就是企业销售产品的收入无法补偿提供服务的成本或机会成本过高。这时候企业就应当选出对提高企业服务水平并无帮助的产品组合或者项目进行剔除，从而集中精力管理那些更有用的产品组合、产品项目。

（3）特殊化产品组合策略

特殊化产品组合策略并不是对产品组合规模上的调整，而是通过在产品组合中为客户提供一些特殊的物流服务项目，提高产品的差异性和质量，让企业的产品组合较之市场上的其他产品能满足客户更多的需求，从而吸引更多的客户。

**【案例】** UPS的物流服务

美国联合包裹服务公司（UPS）始建于1907年，是一家百年老字号，也是美国经济的支柱企业。在经过近一个世纪的运作之后，UPS已经由一家拥有技术的货车运输公司，演变成拥有货车的技术型公司。每天有1 200万件包裹和文件的运送量，它每天还需租用300多架包机。公司在美国国内和世界各地建立了18个空运中转中心，每天开出1 600个航班，使用机场610个。目前，UPS的34万名工作人员，分布在全球2 400多个分送中心，他们每天驾驶着13万辆运送车，昼夜不停地为200多个国家和地区的客户提供门到门的收件、送件业务，UPS每日上门取件的固定客户已逾130万家。目前UPS的固定资产达126亿美元，在全球化快递业中可谓独占鳌头。UPS的成功来自于UPS在数字时代来临时紧紧抓住了发展电子商务这一良机，实现了由传统物流企业向电子物流企业的跨越。

UPS之所以取得巨大的经营成功，与富有特色的物流服务密切相关。主要概括为以下几个方面。

1. 快捷优质的传递

UPS规定：国际快件3个工作日内送达目的地；国内快件保证在翌日上午8点半以前送达。为了测试UPS的快递究竟快不快，UPS总裁曾于星期三在北京向美国给自己寄了一个包裹，星期五当他回到亚特兰大公司总部上班时，包裹已经出现在他的办公桌上。而在美国国内接到客户电话后，UPS可在1小时内上门取件，并当场用微型电脑办理好托运手续。20世纪90年代，UPS又在180多个国家开设了24小时服务的"下一航班送达"业务。UPS坚持"快速、可靠"的服务准则，获得了"物有所值的最佳服务"的声誉。

2. 代理通关业务

UPS从20世纪80年代末期起投资数亿美元建立起全球网络和技术基础设施，为客户提供报关代理服务。UPS建立的"报关代理自动化系统"，使其承运的国际包裹的所有资料都进入这个系统，这样，通关手续在货物到达海关之前即已办完。UPS的电脑化通关为企业节省了时间，提高了效益。UPS有6个通关代理中心，每天办理2万个包裹的通关手续。

3. 即时追踪服务

UPS 的即时追踪系统是目前世界快递业中最大、最先进的信息追踪系统。所有支付货物都能获得一个追踪条码，货物走到哪里，这个系统就跟到哪里。这个追踪系统已经进入全球互联网络，每天有 1.4 万人次通过网络查询他们的包裹的行踪。非电脑网络客户可以用电话询问“客户服务中心”，路易斯维尔的服务中心昼夜服务，200 多名职员每天用 11 种语言回答世界各地的客户大约 2 万次电话询问。

4. 无纸化包裹服务管理

UPS 建立的亚特兰大“信息数据中心”可将 UPS 系统包裹的档案资料从世界各地汇总到这里。包裹送达时，物流员工借助一个类似笔记本电脑的“传递信息读取装置”，提取客户的签字，再通过邮车上的转换器，将签名直接输送到“信息数据中心”，投递实现了无纸化操作。送达后，有关资料将在数据中心保存 18 个月。这项工作使包裹的管理工作更加科学化，也提高了 UPS 服务的可靠性。

5. 完善的包装检验与设计服务

UPS 设在芝加哥的“服务中心”数据库中，抗震、抗挤压、防泄漏的各种包装案例应有尽有。服务中心还曾设计水晶隔热的包装方式，为糖果、巧克力的运输提供恒温保护；坚韧的编织袋，为 16 万台转换器提供了经得起双程磨损的包装材料。这类服务为企业节省了材料费和运输费，被称为“超值服务”。

【案例点评】

UPS 通过利用信息化技术增加了其服务的技术含量，一方面节约了客户和自身的物流成本，带来巨大的经济效益；另一方面各种信息化的服务和特有的包装服务也增加其服务组合的差异性，有利于 UPS 抢占新市场和巩固已有的老客户。UPS 的产品策略值得我国物流企业借鉴。

（资料来源：张理. 现代物流案例分析[M]. 北京：中国水利水电出版社，2005）

### 3. 物流服务产品组合的价值分析[1]

价值分析方法是一种应用极广的方法，在政治学、伦理学、经济学、法学等多种领域都有其存在的空间。我国学者将价值分析方法应用于物流产品组合之中，即把物流产品组合看做一个系统，以产品组合价值最大化为目标，通过对产品组合中的服务项目的价值进行量化分析，选择最优的产品组合方式。

例如：假设某物流企业向客户企业推出的一项物流产品组合包含有 $A$、$B$、$C$、$D$、$E$ 五个功能项目，当前成本分别是 150 元、270 元、250 元、240 元和 90 元。现需对这项物流产品组合进行整体价值的优化，目标成本 700 元。

首先将该项物流产品组合的诸项功能分别进行重要性（对客户需要而言）相互比较，重要性高得 1 分，否则得分为 0，如表 5.2 所示。

1 陈良勇. 浅谈物流服务的产品属性及其价值分析定型[J]. 物流技术，2007，26（10）：32.

**表 5.2　物流服务产品功能评分表**

| 物流服务 | $A$ | $B$ | $C$ | $D$ | $E$ | 得分合计 | 功能评价系数 |
|---|---|---|---|---|---|---|---|
| $A$ | × | 1 | 1 | 0 | 1 | 3 | 0.3 |
| $B$ | 0 | × | 1 | 0 | 1 | 2 | 0.2 |
| $C$ | 0 | 0 | × | 0 | 1 | 1 | 0.1 |
| $D$ | 1 | 1 | 1 | × | 1 | 4 | 0.4 |
| $E$ | 0 | 0 | 0 | 0 | × | 0 | 0 |
| 合　计 | | | | | | 10 | 1 |

然后计算各服务项目的价值系数、功能评价系数和成本系数，如表 5.3 所示。

① 价值系数：

$$V=F/C$$

式中　$V$——价值系数；

$F$——功能评价值，为实现某一功能的最低成本；

$C$——功能的现实成本。

利用价值系数进行功能评价：

$V>1$ 表明用较少的费用实现了规定的功能。服务项目价值大。

$V=1$ 表明实现功能所花的费用与必要的成本相适应。

$V<1$ 表明功能的实际成本比其必需的成本大。

② 功能评价系数＝某种服务项目的功能分数/产品组合的功能分数。

③ 成本系数＝某种服务项目成本/总成本。

**表 5.3　价值评价系数计算表**

| 物流服务 | 功能评价系数 | 目前成本 | 成本系数 | 价值系数 | 按功能评价系数分配的目标成本 | 应降低成本指标 |
|---|---|---|---|---|---|---|
| | $a$ | $b$ | $c=b/1\ 000$ | $d=a/b$ | $e=a\times 700$ | $f=b-e$ |
| $A$ | 0.3 | 150 | 0.15 | 2 | 210 | −60 |
| $B$ | 0.2 | 270 | 0.27 | 0.74 | 140 | 130 |
| $C$ | 0.1 | 250 | 0.25 | 0.4 | 70 | 180 |
| $D$ | 0.4 | 250 | 0.25 | 1.67 | 280 | −40 |
| $E$ | 0 | 90 | 0.09 | 0 | 0 | 90 |
| 合计 | 1 | 1 000 | 1 | — | 700 | 300 |

分析结论：要实现目标成本，应降低当前总成本 300 元，其中，重点可关注 $B$、$C$、$E$ 功能的成本调整，必要时可将 $C$、$E$ 功能从产品组合中删除。

## 5.2 物流服务产品生命周期策略

### 5.2.1 产品生命周期理论

产品生命周期（PLC，Product Life Cycle），是指产品的市场寿命，即一种新产品从开始进入市场到被市场淘汰的整个过程。如图 5.3 所示，产品的生命周期分为导入期（introduction）、成长期（growth）、成熟期（mature）、衰退期（decline）四个阶段。一个新产品进入市场后，并不能迅速地占领市场，也无法长期在市场中畅销，这就像人的生命一样，有生长也有衰退，因此我们用产品生命周期这一概念进行产品营销的对策分析，通过研究产品所处的周期阶段的特点、顾客需求的不同，制定相应的营销方案。

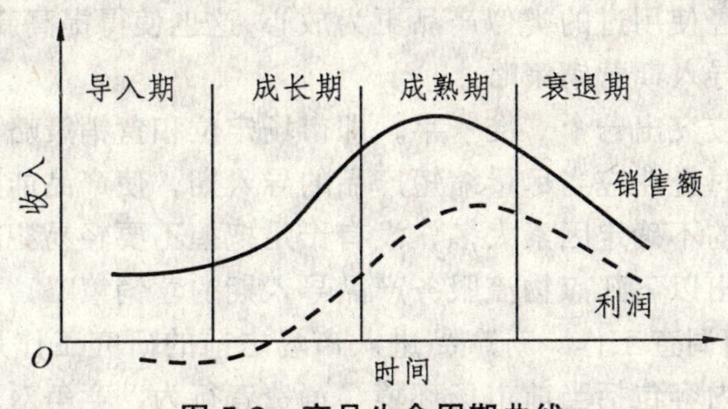


**图 5.3　产品生命周期曲线**

针对产品的生命周期理论，企业在对物流服务产品的营销中应当尽量延长产品的生命周期，使产品在市场中停留的时间更长，为企业创造更多的效益。对产品的各个阶段的目标主要有：① 缩短产品的导入期，让产品能尽快进入市场，被客户所接受；② 延长产品的增长期以及在成熟期的增长和平稳状态，这是产品为企业或客户创造效益的黄金时期；③ 尽量推迟产品被市场的淘汰。事实上，不同产品的生命周期曲线的形态也互不相同，企业在制定产品营销策略时，应根据实际情况在产品的不同生命周期制定不同的策略。

### 5.2.2 物流服务产品市场生命周期的特点及策略

物流服务产品同样也存在着生命周期，在其生命周期的不同阶段也有自己的特点，下面我们就介绍一下物流服务产品在导入期、成长期、成熟期与衰退期的阶段特点及营销策略。

**1. 导入期**

(1) 物流服务产品导入期的特点

产品新入市场往往是产品营销中最关键也是最困难的一步，物流服务产品在这一阶段的主要特点有：

① 市场竞争少。在市场中能够提供新产品的竞争企业较少，这是物流企业推出物流服务新产品的优势，企业应把握这个优势尽力拓展市场，先入为主。

② 服务水平低。由于企业初次推出某项物流服务产品，在管理运作上缺乏经验，缺乏必要的产业分工与协作，这会在服务产品的供应过程中产生许多问题。这也是推出新产品不可避免的，需要在运营中逐渐积累经验，提高产品的服务水平。

③ 对市场需求不确定。这同样是由于经验不足使得企业对某项特定物流服务产品在市场中的需求了解不够。想要确定客户对新产品的需求和接受程度是十分困难的，需要在推出产品的前期做大量的调查分析。

④ 产品差异性小。当新产品推出时，市场中的其他企业已经在提供这种物流服务产品，企业推出同样的产品可以有效避免对客户需求预测出现偏差。我国物流服务导入期的大部分物流企业只能承担运输、装卸或仓储等基础性服务，而提供增值服务则能力有限，这样就使得物流服务产品与市场上其他产品的差异性较小。

⑤ 成本高，销量低。企业在推出新产品时需要投入大量成本，譬如前期的研究调查，以及广告等费用，有些企业为了迅速抢占市场还会采取降价的策略，这些都大大提高了企业的成本。而另一方面由于是新产品，消费者对其认识不够，因而在购买前往往会过于谨慎，相比较而言消费者对于已经使用过的类似产品更为放心,这也使得提高新产品的销量存在阻力。

（2）物流服务产品导入期营销策略

在新产品营销中，应突出一个“准”字，即市场定位和营销策略要准确无误，符合企业和市场的客观实际。同时企业应当尽量缩短产品的导入期，使产品能快速适应市场，同时又不能操之过急，新产品的不确定因素太多，没有十足把握不要轻易犯险。面对新产品投入市场的阶段特征，我们提出以下几点物流服务产品导入期的营销策略：

① 进行充分的前期调查工作。新产品进入市场之前的研究工作是产品进入市场的主要依据。市场研究的主要内容包括当前市场环境、消费者行为、竞争对手状况、现有渠道的特点等。首先是产品的开发要根据市场的需求；其次是新产品上市的初试期，要不断征求各级客户对产品的意见并及时进行必要的调整；最后是对区域市场的竞争品牌进行调查分析，运用 SWOT 分析法，对产品的优势和劣势、市场的机会点和威胁点进行深入分析。

② 试点销售策略。如果对产品在市场中可能产生的反应并不确定，盲目地进行大范围营销并不是理智的选择，这个时候就可以采用试点的方法，即在特定的区域或特定的用户中率先进行产品的试销，然后调查在物流服务产品的试点销售过程中客户对产品价格、质量等方面的反应，从而确定物流服务产品是否能够满足客户需求，达到企业的预期目标。试点销售不仅能够全面检查企业营销策略是否恰当，而且具有示范带头作用，对于发挥公司员工的积极性具有很好的说服力。

③ 差异性策略。差异性策略就是通过独特的服务项目或产品组合来满足客户更多的需求，增加产品的差异性是使产品在进入市场初期就能吸引顾客的好办法。

### 2. 成长期

当产品成功投入市场为客户所接受，这时产品就进入了成长期，这是需求增长阶段，需求量和销售额迅速上升，利润迅速增长。

（1）物流服务产品在成长期的特点

① 产品需求增长。产品获得了市场认可，越来越多的客户开始购买企业的物流服务产品，产品销售量稳步攀升，这是物流服务产品成长期的主要特点。

② 销售利润提高。产品的在成长期的销售与导入期不同，已经不需要企业投入大量的广告营销等成本，企业的重心已经逐渐从如何抢占市场转移到如何提高利润。此时，物流企业的关键是要尽可能实现收支平衡的作业量，然后扩大其市场覆盖面。既然物流服务正在获得

越来越多的顾客认可，那么物流服务就有可能在这种成长阶段中实现较高的获利水平。在该阶段中，企业服务产品的市场渗透正在不断地扩大，销售条款和条件也做出了相应的调整，主要反映在数量折扣和促销奖励等方面，以期最大限度地提高效益。

③ 竞争加剧。物流服务产品在导入期的成功使得产品需求增长，进而会引起越来越多的物流企业参与到市场竞争中来，市场竞争日趋激烈化和扩大化，这是物流企业在产品成长期面临的主要问题。

(2) 物流服务产品在成长期的策略

成长期是产品生命周期中最具活力的时期，产品的销量以及赢利水平在这个时期稳步攀升，因而在产品成长期的各项策略应当突出一个“好”字，保持良好的服务质量，致力于最大限度地延长产品的成长期，并充分利用这一时期在竞争中扩大市场、提高利润。

① 扩大市场规模。充分利用企业产品已有的知名度来扩大产品的市场，特别是物流服务产品的特性也要求企业能够在全国大部分地区开展业务。在扩大市场的同时也应相应地调整物流服务产品的分销渠道，确保产品市场规模能合理有序地进行扩充。这是物流企业增加产品销量的主要途径。

② 提高产品质量。首先要提高产品核心项目的服务质量，一个物流服务产品的核心项目是客户购买该产品的主要目的，其服务水平的高低直接影响到客户对产品的满意程度，它也决定了物流服务产品的战略地位和核心竞争力。其次，要完善产品的服务，提高产品服务的多样性，为物流服务产品增加增值服务，在满足客户需求的同时也能提高物流服务产品的差异性，这也是当前大部分物流企业所使用的策略。

### 3. 成熟期

(1) 物流服务产品在成熟期的特点

成熟期是产品从增长到衰落的过渡期，其最显著的特征就是其阶段性，目前普遍认为产品的成熟期分为三个阶段:

① 增长成熟期。受产品成长期惯性的影响，这个时期的产品销量仍呈增长态势，只是由于经过成长期的发展，此时市场已基本趋于饱和，增长速度较产品成长期有明显下降，进入市场的物流企业数量也明显减少。

② 稳定成熟期。这个时期的市场已经饱和，没有潜在市场可供开拓，产品销量保持原有水平，增长率停滞甚至有所下降。

③ 衰退成熟期。此时的物流服务产品销量仍然较高，只是增长率开始下降，市场上出现了更能迎合客户需求的替代品，客户开始转而购买其他物流服务产品，这是产品衰退的预兆。

(2) 物流服务产品在成熟期的策略

产品在成熟期增长率持续下降，已经失去了在成长期的活力，然而成熟期其实是对产品在成长期最高峰的维持，产品销量最大，利润最多，因而产品的成熟期被认为是产品生命周期的“黄金时期”，企业在物流服务产品的成熟期的营销策略要突出一个“争”字，争取稳定市场份额和利润最大化，延长产品的市场寿命。这时的产品策略主要是在成长期产品策略的继续。

① 市场改良策略。这种策略主要是从产品的营销方式上入手延长产品的生命周期。主要

有：通过重新定位产品形象、开发新的细分市场等方式开拓市场；运用数量折扣、降低价格等方式刺激消费，增加产品销量。

② 产品改良策略。即通过提高物流服务产品的服务质量，增加增值服务等手段来吸引客户购买。

**4. 衰退期**

当物流服务产品逐渐不能适应经济发展的要求，逐渐被市场淘汰时，就进入了衰退期。此时物流服务产品已经不能满足客户的要求，产品的弱点与缺陷愈发突出，大量客户转而购买其他更合适的替代品，为了留住老客户，物流企业不得不通过大幅度降价等方式让利客户，利润剧减，竞争者相继退出市场。

在这个时期维持产品销量和赚回成本是企业的主要目标，在应对措施上延长衰退期是一个选择，把企业的能力和资源集中在对企业运营最有价值的产品项目上，从中获利。企业在这个时期更应当注重的还是"转"，即进行果断的决策，有计划、有步骤地转移阵地，推出更能满足市场需求的新产品，否则过时的产品可能给企业带来亏损，切忌仓皇失措、贸然撤退。

下面我们就对物流服务产品在其生命周期四个阶段的特征和营销目标进行小结，如表 5.4 所示。

**表 5.4 物流服务产品在生命周期各阶段的特征与营销目标**

| 生命周期 | 导入期 | 成长期 | 成熟期 | 衰退期 |
|---|---|---|---|---|
| 销售额 | 低 | 迅速上升 | 达到顶峰 | 下降 |
| 单位成本 | 高 | 平均水平 | 低 | 低 |
| 利　润 | 无 | 上升 | 高 | 下降 |
| 顾客类型 | 逐新者 | 早期采用者 | 多数采用者 | 落后者 |
| 竞争者数目 | 少 | 渐多 | 相对稳定<br>后期开始减少 | 减少 |
| 营销目标 | 建立知名度<br>争取试用 | 提高市场占有率 | 保持市场占有率 | 实现产品更新换代 |

# 5.3 物流新产品的开发策略

## 5.3.1 物流新产品概述

**1. 物流新产品概念**

在竞争异常激烈的市场中，物流企业为了生存必须进行新产品的开发。我们在这里说的新产品并不是指完全的发明创造，它具有广泛的内涵。物流企业提供的物流服务产品往往是多个服务项目的组合，例如，一个第三方物流企业为货主企业提供的物流服务产品可以包含仓储、运输、装卸、流通加工、包装等数个服务项目，这时并不能理解为物流企业开发新产品就是对物流服务产品中的所有项目进行创新。物流企业可以在产品中加入代收货款或者限时配送等增值服务，满足了客户更多的需求，这种加入了增值服务项目的物流服务产品我们也可以说是一个新产品。从市场营销学的角度看，凡是企业向市场提供的能给顾客带来新的满足、新的利益的产品，即视为新产品。一般来说物流新产品主要有以下五种类型：

(1) 全新产品

全新产品是指完全利用新技术开发，在市场中首次出现的物流服务产品。这种产品的开发需要花费大量的人力、物力以及很长的研发时间。目前基本物流服务技术已较为成熟，这种全新产品主要是一些高端物流技术的研发与物流服务相结合，例如利用条码技术提供货物实时跟踪的服务产品。

(2) 新产品组合

将不同的服务产品进行组合出售是物流服务产品的基本营销方式，一般物流企业都会为客户提供集仓储、装卸、运输等于一体的一系列服务产品。再加上一些增值服务，不同产品组合的推出都可以说是一个新产品。

(3) 现有产品组合的增补

为现有产品组合增加服务项目，多为增加一些增值服务，如代收货款、限时配送等。

(4) 现有产品的改良

通过新的技术与管理手段，提高物流服务的效率、降低物流服务成本、提高客户对物流服务的满意度。这种物流新产品也是目前市场中比较常见的新产品类型。

(5) 产品市场的重新定位

对产品面对的细分市场进行重新定位后推出新产品。这种新产品在服务成本和质量上没有太大的更改，主要是面对的客户群体和相应的销售渠道进行改变。

**2. 新产品开发的作用**

产品生命周期理论要求企业不断开发新产品。在当今社会，受科技发展的影响，产品更新换代速度加快，生命周期呈现缩短的趋势，企业如果不致力于新产品的开发与旧产品的改良，旧产品很快就会在激烈的市场竞争中逐渐过时，造成市场份额的大量流失。在现有产品还能迎合市场需求的时候推出更好的新产品，是企业巩固其竞争地位的有力武器，新产品的开发对于企业来说至关重要。新产品开发的作用主要有：

(1) 更好地满足客户需求

对于物流企业来说，客户的满意是企业生存和发展的基础。企业对新产品的开发应当是以市场需求为导向，即客户需要什么样的服务，企业就开发什么样的新产品去满足客户的需求，企业甚至可以通过推出新产品来创造、引导客户的需求。只有这样才能获得客户的青睐，为企业赢得更多的市场份额。

(2) 维持企业长久运营

任何产品都有其生命周期，都有被市场淘汰的一天。仅仅依靠销售旧产品维持企业的运营是远远不够的，企业绝不能够把产品的生命周期变成企业的生命周期，任何产品的衰退都是必然的，然而一个企业却可以依靠开发新产品来分散风险、维持企业长期的活力。

(3) 提升和完善服务

任何新产品都比老产品要更符合市场需求，对于物流服务产品来说就是物流服务的水平更高。一方面，企业在开发新产品的过程中，通过对新的技术手段和管理手段的研究使用，能不断提高企业物流服务产品的服务水平，从而提高客户的满意度。另一方面，企业推出新产品能扩大企业的服务范围，为客户提供以前企业不能提供的服务产品，这也完善了企业的服务。

（4）提高企业竞争力

进行新产品开发的企业往往是行业中的领头企业，能够率先在市场中推出新产品首先就赢得了市场，有很大的竞争优势，这对企业而言是十分有利的。

**【案例】** 柯达的新产品开发策略

从19世纪80年代到20世纪80年代，柯达公司在世界照相领域中的霸主地位一直没有动摇。“创新技术、突破生活”是柯达公司传统的座右铭，也是柯达的成功之本。

柯达公司的创始人乔治·伊士曼20岁时，就对照相机颇感兴趣，虽然没有积蓄，他却已经开始着手研究照相干板。为了实现这一梦想，1881年1月，他把自己极端珍视的5 500美元的积蓄作为准备资金，在罗契斯特创立了照相干板制造公司。这个公司便是伊士曼·柯达的前身，当年乔治·伊士曼27岁。乔治·伊士曼一边制造照相干板，一边对照相机的全部构造及性能进行仔细研究，他一直想制造出一种操作简单的照相机。经过7年的苦苦钻研，终于研制成了一种小型口袋式照相机，命名为“柯达一号”。

此后，柯达公司还连续推出“袖珍型全自动照相机”和“立即显像摄影机”，可以说是在世界照相史上具有划时代意义的两次突破。

柯达公司认识到，某种类型照相机若能长期销售就可赢利累累，但同时又要顾及业余摄影爱好者玩腻某型号相机之后就有减少买软片的倾向。因此，柯达的策略就是每隔些时间推陈出新，让新一代的青年接触到新型的柯达相机。于是，1969年柯达公司就想秘密设计一种“立即显像摄影机”。当时，这种相机已经上市，著名的“拍立得”公司已经制造出即时显像的相机SX-70，只是最初SX-70在使用时须将保护乳剂的保险纸撕开丢掉，这等于制造垃圾，但“拍立得”也正着手改良这种相机。在这种激烈的竞争中，柯达公司的首脑们并不过分紧张，在位于罗契斯特一座普通建筑物的柯达总部，主管部门显得异常的沉稳和镇定，他们总是善于控制业务变动的步幅，从容而循序地开发与发展多种新产品，拿握着每一种产品的寿命以求获得最大的利润，这也是柯达公司一贯的管理领导艺术。

根据稳步求胜的战略，“即显相机”经历了周密的研制过程。公司先确定这种相机与软片大致应该具备的优势，然后考虑用户的潜在需求，在用户满意度上下工夫，所以，新产品务必要廉价。其次，必须容易操作，以消除用户因技术欠佳难以驾驭相机的恐惧心理。最后，必须保证质量，不能让用户在摄像效果上失望。正如即显部研究主任麦克尼斯所说：“用户真正关心的是这部相机是否能比较容易地照出色彩艳丽的摄影佳作。”根据这些要求成立了科研特别小组，从技艺方面研究解决这些问题。到1971年初夏，研究人员提出了3种软片设计的方案供管理部门选择，同时也附呈每一种方案所需的开发费用。

决策部门批准了最佳方案，分别在英国、法国、美国开始推行。执行小组的成员包括生产、推销与研究各方面的专家，他们的工作十分艰巨。例如，为了解决聚焦问题，执行小组决定柯达即显相机的镜头圆径应该很小，这会产生背景深远的效果。可是镜头圆径一小，通过的光也较少，执行小组只好决定采用较目前软片快4倍的高速乳剂胶卷。但这种胶卷的研制需要耗费大量的资金。于是柯达公司派1 000多位研究人员，遍及美国与西欧从事此胶卷的开发。直到1973年初，赛格领导的特别执行小组，从3种化学软片中选定了可以产生瑰丽色彩的一种，一个月以后，又终于找出了能大量生产感光性能特快的快速感光乳剂的方法。最后，感光乳剂在美国试制，经柯达公司总部罗契斯特实验室的精炼，而后又获得法国控制乳剂专家的协助始臻完美。

柯达公司新照相机的不断发明，也直接扩大了它的软片市场。在 1953—1963 年，柯达公司在研制“袖珍型全自动相机”期间，同时改制了古老的软片，为了便于安装，柯达首先设想把软片与匣子合成一体，发明盒匣软片，增加快拍机会，这种软片比通常的软片增加 25% 的长度，而且价格低廉，最便宜的只有 10 美元，这在软片市场上可谓是一次开拓。

柯达公司举世瞩目的声誉，除以上业绩之外，还跟它改良影印机的成功是分不开的。从 20 世纪 50 年代后期，柯达公司就在光电照相机方面进行了一定的研究。但在影印机市场上，有技术领先、实力强劲的世界彩印机巨头金禄和万国商业机器公司与之竞争，金禄早在 1960 年就以 914 型影印机首先进入市场获得成功，多年来金禄的影印机畅销全球，几乎独占市场。而万国商业机器公司当时也有 10% 的市场占有率。柯达作为迟来的新手并没有甘拜下风，而是以其稳健的作风做出抉择：要制造一种最新的产品。通过对影印机市场的调查，了解到用户的兴趣在于产品的品质、快速、可靠与简便。在对市场的未来前景进行科学预测后，经过综合平衡，柯达公司决定所生产的新产品专门为大公司服务。柯达公司要夺取市场，必须使自己的新产品在技术性能方面超过其他公司，于是制定了新产品开发的优质战略。1967 年，一名叫沙莱的人发明了一种新构想的文件重组反馈器，这种装置能自动处理一堆需要复印的原件。沙莱给各大影印公司致函，寻求被采用的机会。金禄公司寄了一张空白表格要他填写，但柯达公司却立即委托专利律师打电话和沙莱直接洽谈。当时，尽管柯达公司对沙莱的发明并没有马上利用，但很快取得了这项发明的专利权。几年后，柯达公司影印实验室对沙莱的文件重组反馈器进行了研究改进，柯达的工程师终于使它能圆满地运行。于是，柯达影印机可以一面复印、一面装订。这就比其他要等全部复印完了之后才能装订的影印机多了令人羡慕的优越性。另外，给新产品的“必备”条件帮了大忙的还在于 Intel 公司推出的 8008 号微机处理机，它使柯达影印机健全了“故障排除系统”。

当一系列难题终于得到解决之后，柯达公司生产的 EK 影印机开始上市。这种影印机由于能够一边复印一边装订，得到用户的一致好评。它的多功能性即使是老牌的金禄公司和万国商业机器公司也望尘莫及。

【案例点评】

不断地推出适应市场需要的新产品，是一个公司赢得市场、获得消费者青睐、击败竞争对手的法宝之一。柯达公司在其一百多年的经营历程中，之所以能够遥遥领先，在市场上占据主动地位，确实有赖于它那稳健的、持续不断的新产品开发与创新。中国过去的一些企业，往往不能像国外一些成功的大公司一样历经百年而不衰。其原因在于，一旦企业开发出适应市场需求的新产品，就自我满足、固步自封，躺在过去的成绩上睡大觉，结果在一觉醒来之时，才发现市场已被新的竞争对手占据。因此，通过稳健的、持续不断的新产品开发，使企业永远保持清醒和进取精神，是我国一些企业应注意的问题。柯达公司的做法对于我们物流企业的产品开发也是值得借鉴的。

（资料来源：曹刚. 国内外市场营销案例集. 武汉：武汉大学出版社，2002.）

## 5.3.2 新产品开发过程

企业进行新产品开发是一项相当费时费力的工作，需要企业对产品开发的组合和过程进行系统的安排和规划。产品开发过程还包括了开发前期的准备以及新产品投入市场后的考察工作。一般来说，新产品开发是按图 5.4 所示的程序依次进行的。

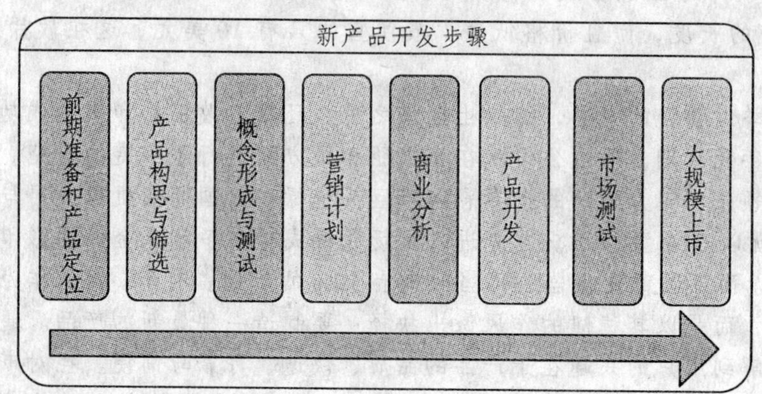


**图 5.4 新产品开发步骤**

### 1. 前期准备和产品定位

企业进行产品研发的前期准备工作十分重要。在此期间，企业要对目前市场中的需求有准确的把握和认识：一方面企业应当总结已有产品的缺陷，即这些产品在哪些方面已经跟不上客户需求的变化；另一方面企业要调查研究市场中已经出现或即将出现的新的需求。企业结合市场需求和自身的实力，对产品策略进行定位，这种定位不仅仅是当前要开发的新产品的规划，而应该是一个长期的企业发展定位，涉及物流企业的各个部门以及市场的各个区域。

### 2. 产品构思与筛选

产品的构思并不单单是管理层的任务，物流企业应当广泛发动各层级的职工甚至客户参与进来，有些时候，一线工作的服务人员比企业管理人员更能了解客户的需求，任何有益的建议或者创意都可能形成一个优秀的产品构思。新产品的构思越多，就越有可能从中发掘出既符合市场需求又能为企业带来效益的开发方案，这就需要对形成的产品构思进行筛选，对每个可能的方案进行利弊分析。一方面要剔除市场前景不好的开发方案，这些方案可能不符合市场需求，或者不符合企业的能力水平、战略规划；另一方面要留下市场前景好的开发方案，避免出现误将优秀方案抛弃的情况，错失市场良机。

### 3. 概念形成与测试

在前一阶段筛选出来的新产品构思方案需要发展成新产品概念。所谓产品概念，即从消费者的角度出发，对新产品构思进行详尽的描述，譬如新产品的内容、服务水平、价格、优点、提供的利益等内容。在新产品概念形成的时候要对产品概念进行测试，即结合企业对目标市场定位、客户需求等因素对新产品概念进行评估，在这个过程中进一步改进产品概念。产品概念测试的主要方法有客户访谈、重点客户调查等。调查的内容主要是客户对新产品概念的认识和反应。通过测试了解新产品对于客户是否有足够的吸引力以及新产品在哪些地方还可以改进，这也是帮助企业进行新产品决策的重要依据。

**4. 营销计划**

新产品的开发人员还需要同物流企业的营销部门共同制定产品进入市场后的营销策略，主要包括产品的目标市场、销售计划、分销渠道的选择等。

**5. 商业分析**

商业分析主要是从企业自身角度出发，即通过对新产品概念的成本利润进行分析，考察其对于企业的运营是否有利，是否符合企业的目标。如果新产品概念能为企业带来充分的效益，就可以对新产品进行实际的开发；如果新产品对于企业的赢利和发展并无帮助，则应果断地放弃该新产品开发方案。

**6. 产品开发**

当前期对产品的分析阶段确定下来最合适的产品开发方案后，就可以着手进行实际的产品开发工作了。前期的工作只是形成了一个粗糙的产品雏形，在这个阶段企业要把产品概念进一步具体化，最终得出一个符合企业开发目标的产品。之后还需对最终产品进行严格的测试，包括产品服务条款、价格等的设计是否仍存在漏洞，提供物流服务的基础设施是否准备齐全等，尽力避免在推出产品后出现问题。

**7. 市场测试**

新产品在开发成功之后，企业就要将其投入市场。此时由于不可控因素较多，企业可以选择在小范围地域或者特定客户中进行产品的试销，以此来降低新产品进入市场的风险。通过这种市场测试企业可以在实际的产品销售中了解新产品是否存在问题，从而在产品大规模上市之前做出相应的调整。不同的产品在不同的情况下也会有不同的试销方案，花费的成本和时间也有所差别，企业应该根据新产品的投资规模、市场规模等因素决定市场测试的时间长短和区域范围。

**8. 大规模上市**

当新产品经过试销和调整，企业对于新产品上市已经有充分的把握时，便可以将产品在市场中推出了。这时需要注意的是要把握推新产品的最佳时机、区域、方式以及目标市场。

不同新产品的开发过程都是不一样的，在各个阶段耗费的时间和精力也各不相同。作为企业高层管理人员来说，在进行过程的每一个阶段，所需要决定的关键问题是，是否有必要进入下一阶段？是否应该放弃？

### 5.3.3　新产品开发策略

企业在进行新产品开发的时候，应该根据市场需要，量力而行。少数具有较强实力的企业可以选择自行研发新产品，这种方式投入大，可以迅速抢占市场，先入为主；其他实力较弱的企业则可以选择跟随开拓企业的策略，降低投入和风险。这也是新产品开发的两种主要策略：

**1. 自行开拓策略**

正如前文所说，由于无前例可鉴，这种策略在新产品的研发期间需要大量的研究工作，包括客户的需求分析、服务条款与价格的制定等，这些工作难度大、成本高，因而仅适合市场中具有较强实力的领先企业。

虽然投入大，这种策略的优势也是显而易见的。首先，抢先开发新产品，不论在市场还是在客户心理上都会产生先入为主的效果，有利于提高客户对本企业新产品的认可，建立良好的企业形象，当其他企业也跟进推出这种新产品时，大多数客户仍会选择其最初认可的企业，因而企业的利润有所保障。其次，不断率先推出新产品，在市场竞争中便会处于领先主动的地位，获得竞争优势。

**2. 跟随模仿策略**

跟随模仿策略就是在领先企业推出新产品后再推出模仿和改进后的产品。这种策略免去了开发新产品的大量成本，能借助新产品已有的声誉顺利进入市场，而且新产品已经在市场上推出了一段时间，能够较容易地提高客户对新产品的接受程度，企业可以选择最受市场欢迎的新产品跟进，并且还能通过市场反应提出许多有建设性的改进意见，如果可以对产品进行有效的改良，甚至能够后来居上。

跟随模仿策略要求企业对市场具有较强的反应能力，反应越滞后在市场上的竞争地位越处于被动劣势的状态。同时也要求能对模仿的产品进行独到的创新，否则无法吸引客户购买。

除此之外，新产品开发还有一些辅助策略，譬如产品延伸策略、服务强化策略等。产品延伸策略就是在现有产品的基础上增加物流服务产品，譬如在配送服务的基础上增加代加工的服务产品，这种新产品开发的目的就是为了提高原有产品的服务水平，既方便了客户又能为企业带来效益；而服务强化策略就是将原有的物流服务产品结合新技术后作为新产品重新推出，譬如将 RFID 技术应用在库存管理产品中，新技术的使用能使产品服务水平有显著的提高。这些策略主要是开发一些具有高附加值的增值服务产品，以此来提高企业的服务能力和水平。

## 5.3.4 创新扩散理论

美国著名传播学者罗杰斯提出了创新扩散理论，即一种新事物一旦被引入到一个社会系统，就会在这个社会系统中从一个决策单位（个人、家庭、集体），随着时间的推移不断地传到下一个单位。创新扩散理论对于我们物流新产品进入市场后被客户接受的过程研究具有现实的指导意义。

**1. 对新产品的采纳过程**

创新扩散理论认为在客户采用一种产品之前会经过了解、兴趣、评估、试验、采纳这五个学习阶段，如图 5.5 所示。

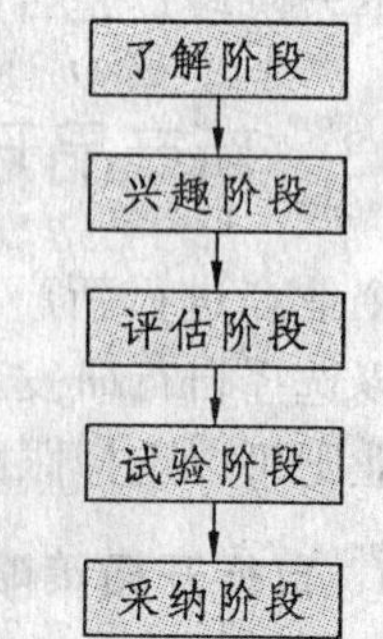

**图 5.5 新产品采购过程**

(1) 了解阶段

在这个阶段中，客户只是知道企业在市场中推出了新产品。而对于新产品的具体信息却所知甚少。

(2) 兴趣阶段

在这一阶段客户通过对新产品的一些接触，逐渐开始对新产品产生兴趣，并主动搜寻新产品的信息，希望对新产品能有所了解。物流企业在这一阶段应利用新产品的优势进行相应的营销宣传，积极刺激客户增加对产品的兴趣。否则如果连客户都对新产品没有兴趣，产品就失去了存在的意义。

(3) 评估阶段

在客户对产品的信息有所了解之后，都会以自身的标准对新产品进行衡量，以评估新产品是否满足自己的需求，是否需要尝试使用。

(4) 试验阶段

客户经过评估满意后开始尝试购买新产品。这时的客户还是较为谨慎的，只是对产品进行少量的购买，主要是希望在对服务产品的实际使用中收集更多的产品信息。如果产品服务能够达到客户预期的水平，客户就会继续选择购买进而决定采纳，反之客户就会放弃对产品的使用。

(5) 采纳阶段

即客户在试用满意后决定全面和经常地使用该新产品。

针对客户采纳过程的不同阶段，物流企业应该尽力使客户在各阶段都能达到满意，引导客户渡过这些阶段进入下一阶段。一般来说，一旦客户决定采纳某种新产品，就不会轻易更换自己的选择，因为对于客户来说，在采纳新产品的过程中他们也是费时费力的。

**2. 对新产品的反应**

由于不同客户的生活环境、受教育程度、文化背景、性格等存在差异，他们对于新产品的反应也各不相同。有些人对新产品能有较早的反应，而有些人则相对滞后。按照人们对新事物反应的先后，罗杰斯将新事物受众分为五类，分别是：① 创新者（Innovator)；② 早期采用者（Early Adopters)；③ 早期大众（Early Majority)；④ 晚期大众（Late Majority)；⑤ 落后者（Laggards)。

(1) 创新者

创新者可以说是所有受众的领头人，他们一般受过良好教育，社会地位较高，能比较容易地获得新事物的信息并有尝试新事物的冒险精神。这些人是最先采用新产品的人。

(2) 早期采用者

早期采用者是紧跟着创新者采用新事物的人，他们接受新事物能力很强，有广泛的信息来源。较之创新者，早期采用者对于新事物的态度要更为谨慎一些。

(3) 早期大众

早期大众在采用新事物前会经过较长时间的考虑。这些人一般收入也较高，态度谨慎，而且人数较多。

(4) 晚期大众

晚期大众一般都等到很多人开始采用新事物后，才会尝试使用新事物。他们的受教育程度和收入不高，信息来源少，接受新事物的能力较弱。

(5) 落后者

落后者总是固守于旧事物，不愿意接受新事物。他们在受众群体中总是最后开始采用新事物，而且这个时候新事物已经出现很长时间，不能被称为新事物了。落后者收入较低，社会地位较低，且行为保守。

事实上，不同的人在不同的领域对新事物的反应速度都是不一样的，消费者的收入和社会地位只能作为一个参考，不能一概而论，计算机产品的早期采用者也可能是物流服务产品的晚期大众，因而对于辨认不同类型的客户，特别是创新者还是有些难度。而其中早期大众和晚期大众人数较多，物流企业可以根据这两个客户群体有针对性地进行新产品的营销活动。尽量以最快的速度让不同类型的客户群体接受企业的新产品。

## 小　结

物流服务产品是物流营销中最重要的因素，因而产品策略也是营销者需要做出的最重要的决策。广泛意义上的物流产品既包含物流企业为客户提供的服务，也包括为了提供物流服务而生产的设施、设备。本书主要是对物流产品中的服务概念进行研究。

物流服务产品作为一种服务产品，其概念包含了核心形式、有形形式和附加延伸三个层次，这三个层次是紧密相连，不可分割的。

将物流服务产品项目进行组合销售是物流企业进行产品销售的主要方式。说到底进行产品组合的设计和调整都是为了赶上客户日益变化的消费需求，因而在进行物流服务产品组合时，应当对客户的需求进行优先考虑。物流服务产品组合策略主要包括扩充产品组合策略、缩减产品组合策略和特殊化产品组合策略。

产品生命周期理论是企业产品理论中的经典，它描述了任何产品在投入市场后都要经历导入期、成长期、成熟期和衰退期四个阶段。生命周期理论对于物流企业制定产品策略具有重要的指导意义，企业应根据物流服务产品在其生命周期不同阶段的特点制定相应的策略，以达到延长产品增长期、推迟产品衰退期的目的。

产品生命周期理论告诉我们任何一个产品都不可能永远受市场欢迎，物流企业要想维持企业的活力，就必须进行新产品开发。新产品并不一定是指完全利用新技术手段开发的新产品，特别是在基本技术手段研发已经较为完善的物流领域，大部分产品还是对原有产品进行技术革新和改良后重新推出的新产品。新产品的开发策略主要有自行开拓策略和跟随模仿策略。

根据创新扩散理论，客户对新产品的认识需要经过了解、兴趣、评估、试验到采纳几个阶段，而根据客户对新产品接受的速度和程度，可以把这些个体分为创新者、早期采用者、早期大众、晚期大众和落后者。物流企业应针对不同类型的客户群体和客户所处的不同认识阶段制定相应的产品策略。

## 复习思考题

**一、单项选择题**（在下列每小题中，选择一个最合适的答案。）

1. 形式产品是______借以实现的形式。

A. 期望产品　　B. 延伸产品

C. 核心产品　　D. 潜在产品

2. 附加延伸是指顾客购买某类产品时，附带获得的各种______的总和。

A. 功能　　B. 利益

C. 属性　　D. 用途

3. 产品组合的宽度是指产品组合中所拥有______的数目。

A. 产品项目　　B. 产品线

C. 产品种类　　D. 产品品牌

4. 产品组合的长度是指______的总数。

A. 产品项目　　B. 产品品种

C. 产品规格　　D. 产品品牌

5. 所谓产品线双向扩充，就是原定位于中档产品市场的企业掌握了市场优势后，向产品线的______两个方向延伸。

A. 前后　　B. 左右

C. 东西　　D. 上下

**二、多项选择题**（下列各小题中正确的答案不少于两个，请准确选出全部正确答案。）

1. 物流服务的特性主要有______。

A. 从属性　　B. 及时性

C. 分散性　　D. 可替代性　　E. 需求波动大

2. 物流服务产品组合包括的变数是______。

A. 适应度　　B. 长度

C. 相关性　　D. 宽度　　E. 深度

3. 新产品开发的作用主要有______。

A. 满足客户需求　　B. 维持企业运营

C. 提升完善服务　　D. 提高企业竞争力

E. 提高产品销量

4. 一般说来客户在采用某种新事物前会经历______这几个阶段

A. 了解阶段　　B. 兴趣阶段

C. 评估阶段　　D. 试验阶段　　E. 采纳阶段

5. 物流服务产品整体概念的基础层次指的是______。

A. 物流服务产品的核心层　　B. 物流服务产品的有形层

C. 物流服务产品的延伸层　　D. 物流服务产品的物理层

E. 物流服务产品的服务层

**三、名词解释**

物流服务产品；物流服务产品组合；物流服务产品的生命周期；国内物流和国际物流；创新扩散理论。

**四、判断题**（判断下列各题是否正确，正确的在题后的括号内打“√”，错误的打“×”。）

1. 物流核心产品必须具有满足需求的基本效用或利益以及特定的形式。（　）

2. 物流服务产品生命周期的长短，主要取决于企业的人才、资金、技术等实力。（　）

3. 不同的物流服务产品种类，其产品生命周期曲线的形态亦不相同。（　）

4. 新产品处于导入期时，竞争形势并不严峻，而企业承担的市场风险却最大。（　）

5. 企业产品进入成熟期时，虽然销售增长缓慢，但销售额已达到最高值，显然利润额肯定是最大值。（　）

6. 一旦新物流服务产品市场试销成功，则意味着新产品能迅速被消费者接受，企业能获得丰厚的利润。（　）

7. 物流新产品开发的全过程，如果各职能部门能齐心合力，相互支持、协调配合，将会降低开发的失败率，提高新产品开发的成功率。 ( )

## 五、简答题

1. 物流服务产品组合有哪几种主要策略？
2. 物流服务产品在导入期的营销策略有哪些？
3. 物流企业为什么要进行新产品开发？

## 六、案例分析

### 增值服务将成为中国快递业新的利润增长点

随着社会的不断发展和生活节奏的不断加快，人们对快递服务的要求越来越高。再加上人们对快递需求的多元化，促使传统型快递企业不断创新业务模块，在自身网络不断发展的基础上推出更多的以客户为导向的服务产品和增值服务。

目前在国内开展增值服务的快递企业基本上都是一些大型企业，这也是由增值服务这种产品的特性所决定的。当然，一些中小型企业也开始涉足，但是，受服务能力限制，仅提供同一个城市区域内的增值服务。就在一些大型快递公司中，限于同一个城市区域内的增值服务的快递企业不在少数。如到付业务，是在快递业中开展最早也是最普遍的一项业务。

到付就是将快递服务的付费方式由寄件方改为收件方的一种服务产品。此种产品由于操作方便、简单，在各快递企业的服务中比较多。但是在加盟式快递企业中，由于各公司内部管理上的原因和在到付价格上的混乱，在到付金额上参差不齐，造成了客户的投诉，也给客户造成了直接经济损失。另一个原因是由于中国经济水平不平衡，有些加盟制快递企业在经济欠发达地区的加盟公司因自身经济原因无法按时将到付款返回总部财务中心或者上级公司财务中心，因此，导致这些加盟公司总部在经济欠发达地区开通此项业务一直犹豫不决，甚至有些加盟制快递公司总部在经济欠发达地区开通了此项业务之后，又将其关闭。当然，这其中的原因是多方面的，但是，最主要的还是跟加盟制快递公司的网络平衡和公司长远发展战略有关。

客观上讲，代收货款业务是为了顺应电子商务物流配送业务的发展趋势而出现的新产品，从2005年晚些时候开始出现到目前，虽然说发展较为缓慢，但是，在完善客户配送体系，为客户提供多样化的服务方面还是起到了极大的促进作用。如中国邮政EMS、顺丰、圆通、申通、韵达等公司现均已开通了此项业务。但是从行业的发展情况来看，已经开通的几家公司除了中国邮政 EMS 和顺丰速运做到了部分跨省市的代收货款服务外，其他的基本上还只限于同一个城市内的代收货款业务。其中亚洲领先的电子商务网站淘宝网的业务占到了相当大的比例。

时效件是刚刚在中国快递业推出的一项快递增值服务，当然，最早推出的还是中国邮政EMS。2004年以来，EMS相继提供次晨达、次日递和一系列增值服务。但是由于其价格高昂，对于一些时效要求不高的客户并不“问津”。据调查，在中国国内提供时效件服务的有中国邮政EMS、四大外资快递巨头、顺丰速运、圆通速递、申通快递等快递企业。如中国邮政EMS、四大外资快递巨头、圆通速递等提供的“当天件”、“次晨达”、“次日达”、“隔日件”等产品。

值得注意的是顺丰速运前不久推出的系列时效产品，这项被顺丰称为“新业务”的服务项目自 2008 年 11 月 1 日启动，主要服务区域为江浙沪、京津地区、广东省三区域，即华东跨市（上海市、浙江省、江苏省、安徽省）即日到、广东省即日限时递（深圳、东莞、广州、惠州、中山、江门、佛山、珠海互寄）、深圳同城即日限时递（上午分三个时间段下单，分别在当天下午 14：30、16：00 和 18：00 前送达），并且承诺送到，不到退款。此项业务主要有“晨到”系列产品：晨收晨到、午收晨到、夜收晨到；“午到”系列产品：晨收午到、午收午到、夜收午到等。顺丰在推出此项业务后时强调，所有晨到、午到系列产品均以工作日计算，星期六、星期日递送时间顺延。也就是周六、周日，该项业务不在范围之内。前不久，国内大型加盟式快递企业圆通速递为了进一步加强与淘宝网的战略合作，在淘宝网上推出了“时效件”服务产品。其“时效件”是指客户通过淘宝网线上下单，当天送达的快件。主要服务为上海同城当天件、华东区域当天件（江苏、浙江），圆通此举旨在通过区域时效件的运作，为其全国时效件的运作积累经验。

可以说，顺丰和圆通在当前形势下推出时效件，是为了进一步提升企业品牌竞争力，争取更多的市场份额，提高企业抗击经济“寒流”挥出的重拳。当然，这些举措只是物流快递企业增值服务的一个方面。

从 2006 年 5 月份起，顺丰就对其在华南地区的月结客户提供了免费短信增值服务，并先后在一些地区推出了针对电子商务的客户自助网上下单服务，后来又在广东推出了网上下单积分有礼活动。2007 年 9 月 1 日起，顺丰面向其广东地区的客户推出了快件签单返回业务。从 2008 年 1 月 2 日起，顺丰向湖南、湖北、四川、河南四省及苏州、昆明、贵阳三市寄往国内所有的快件推出保价服务。2008 年 5 月 4 日起，顺丰在华东、华北、东北、西北等部分城市开通代收货款服务。今年早些时候，联邦快递在中国快递市场大打价格战，顺丰速运为了应对联邦快递对其快递资费的“价格挤压”，适时调整价格，推出了隔日达经济型快递产品。

（资料来源：http：//www.56885.net/lw_view.asp?id = 108053.）

**思考题：**

（1）物流企业提供增值服务是对何种产品策略的运用？

（2）利用本章的内容叙述为什么物流企业要提供增值服务。

# 第 6 章　物流服务产品价格策略

本章重点

- ✧ 价格的本质、基本职能和作用
- ✧ 影响物流产品定价的因素
- ✧ 物流产品定价的方法
- ✧ 物流产品的定价策略

本章难点

- ✧ 理解需求弹性对产品价格的影响
- ✧ 理解不同定价方法和策略的适用条件和目标
- ✧ 理解不同市场成员，包括客户和竞争者对定价策略的不同反应

必备技能

- ✧ 能对产品定价目标、产品成本、需求和竞争等因素进行具体详细的分析
- ✧ 能针对不同的企业内部环境和市场外部环境选择合适的定价策略
- ✧ 在定价的时候能够对客户及竞争者的反应进行全面充分的分析

价格策略是物流服务产品营销的重要部分，对于无形的物流服务产品来说，价格是体现物流服务价值的重要方面。物流服务产品的定价受到多种因素的影响，合理的定价策略不仅能提高物流服务产品的销售量和销售收入，还能在一定程度上提高物流企业的竞争力。在本章中，我们将对物流服务产品的价格策略进行阐述，介绍一些科学的定价方法和策略。

## 6.1　物流服务产品定价基本原理

### 6.1.1　价格的概念及基本职能

对于价格我们再熟悉不过了，物流服务产品的价格就是消费者购买物流服务所要支付的货币量，例如，我们从北京快递一本书到上海，邮费是 20 元，这个 20 元就是物流企业给快递产品定的价格。价格是商品同货币交换比例指数，或者说价格是价值的货币表现。

#### 1. 价格的概念

价格是商品价值的货币表现形式，可以说价格的制定和变化是由商品的价值的变动决定的，商品的价值是价格形成的基础。此外，价格同样也由货币本身的价值决定，例如某产品在美国售价为 4 美元，在中国售价是 30 元人民币，这不是因为产品的价值变化了，而是因为

货币的价值有所差别。在市场经济条件下，商品的价格受供求关系的影响，价格是围绕价值上下波动的，仍然存在着商品价格和商品价值不一致的情况。

**2. 价格的基本职能**

价格之所以能在长期的人类历史中得以形成、保留和发展，并在市场经济中占有极其重要的地位，正是因为价格有其不可替代的作用。价格的基本职能是指价格能够带来的最基本的效用和功能，一般来说价格的基本职能主要有标度职能、调节职能和信息职能。

(1) 标度职能

价格的标度职能是指商品的价格是商品内在价值的外在表现。我们一般把劳动时间作为商品价值的衡量标准，然而商品价值并不能在商品自身上表现出来，这时就需要以一定数量的货币作为价格来标度商品的价值。而我们的物流产品作为摸不着、看不见的服务产品，其价值更是抽象而难以认知，这时就需要物流企业对其服务产品进行定价，以此来标度物流服务产品的价值。

我们在对价格的标度职能进行理解的时候，还应当对价值和价格的关系有所认识，价值是价格的本质，价格是价值的外在表现。而价格对价值的表现也不是稳定而绝对的。在一定的技术水平下价值是固定的，而价格由于受到供需关系等多种因素的影响而围绕价值上下波动。

(2) 调节职能

我们提到商品的价格与价值经常存在不一致的情况。在市场经济中，商品的价格会受到供需、竞争等因素的制约而不断变动，商品价格的每一次变动都会引起市场环境的相应的变化：在物流服务产品供不应求时提高价格，利润增加，就能刺激物流企业提高市场中的物流服务产品供给；在物流服务产品供过于求时降低价格则会减少产品供给，从而达到平衡市场供需关系的作用。这就是价格对市场的调节职能，在价格实现其调节职能的过程中，市场的各个组成部分包括物流企业、消费者等都会对价格的调整做出各自的反应，使价格成为有效的经济调节手段和经济杠杆。

(3) 信息职能

在市场经济条件下，价格往往能够快速地对经济环境进行反应。首先价格是对价值的反应，体现一个产品价值量的大小；其次价格的变化也有重要的指示作用：价格的下降可能是由于技术水平上升导致成本下降，也可能是产品在市场中供过于求，而价格的下降则可能是由于成本上升或产品在市场中供不应求。因而企业乃至消费者都把价格作为重要的市场信息进行考虑，进行自身的决策。这就是价格信息职能的体现。

## 6.1.2 价格的构成

在对物流服务产品的定价策略进行分析之前，我们还有必要介绍一下物流服务产品价格的构成。物流服务产品的价格主要由四个部分组成，分别是物流生产成本、流通费用、税金以及利润。

**1. 物流生产成本**

物流生产成本就是物流企业为客户提供物流服务所付出的成本。物流生产成本是构成物流服务产品价格的主要部分，物流企业为产品制定的价格不能低于物流服务的生产成本，否则必定会给物流企业带来亏损。物流生产成本也是反应企业经营管理水平的重要指标，企业应在保证产品服务质量的同时努力降低产品的成本，才能在竞争中占据优势。物流生产成本一般还分为显性成本和隐性成本两个部分。

（1）物流生产显性成本

显性成本是指计入账内的、看得见的实际支出。在物流服务产品中的显性成本存在于运输、仓储、装卸、搬运、配送、流通加工和信息传递等具体的基础设施、设备资源的购买，以及物流企业运营的管理成本中。显性成本是产品价格的主要组成部分。

（2）物流生产隐性成本

隐性成本是指隐藏于企业总成本之中、游离于财务审计监督之外的成本。是由于企业或员工的行为而有意或者无意造成的具有一定隐蔽性的将来成本和转移成本，是成本的将来时态和转嫁的成本形态的总和。例如，由于物流运作不畅导致的库存费用增加所形成的资金利息成本、库存资金占用的机会成本和市场反应慢的损失及管理不善造成的货物损失和损坏的成本等。由于隐性成本隐蔽性大、难以避免、不易量化，所以隐性成本一般只是作为定价的参考，在价格上所占比重不大。

#### 2. 流通费用

流通费用是指物流服务产品在由物流企业提供给客户的过程中所必须支出的费用。需要指出的是，一般流通费用分为生产性流通费用和纯粹性流通费用。生产性流通费用是指产品在销售给客户时的运输、保管、包装等费用，而物流服务产品作为一种服务产品，物流企业“生产”产品（即为客户提供服务）与客户的消费是同时进行的，服务产品是不需要也没有办法进行运送的，因而物流服务产品的流通费用指的就是纯粹性流通费用，即指用于促进商品形态变化（由商品转变为货币和由货币转变为商品）而发生的费用，如广告宣传费、营销人员工资、邮电通信费用和销售佣金等。纯粹性流通费用是实现物流服务产品的价值所必需的，但不能增加产品的价值。

#### 3. 税金和利润

税金和利润是物流服务产品价格中除去物流生产成本和流通费用后的部分，是物流企业提供物流服务产品为社会带来的纯收入。其中税金包含增值税、营业税、教育附加、城市维护建设税、企业所得税等，是物流企业按照税法规定需要缴纳给国家的款项。利润则是物流企业的收入，它是体现物流企业经济效益好坏的重要标志，也是国家用来考核企业经营状况的重要指标。

## 6.2 物流服务产品定价的影响因素分析

在物流服务产品定价的影响因素上，目前普遍受到认可的就是产品定价的 3C 模式，即认为成本（Cost）、客户需求（Customers’ demand）与竞争者价格（Competitors’ price）是影响产品定价的三个主要因素（见图 6.1）。扩展开来说，影响物流服务产品定价的因素主要有定价目标、产品成本、需求因素、竞争因素及其他因素（见图 6.2）。

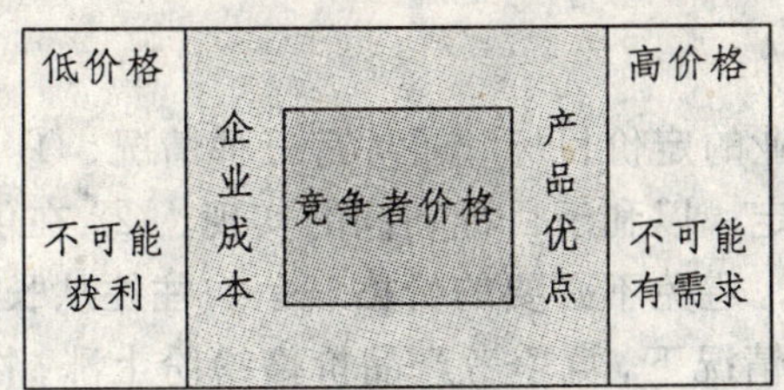


图 6.1　产品定价的 3C 模式

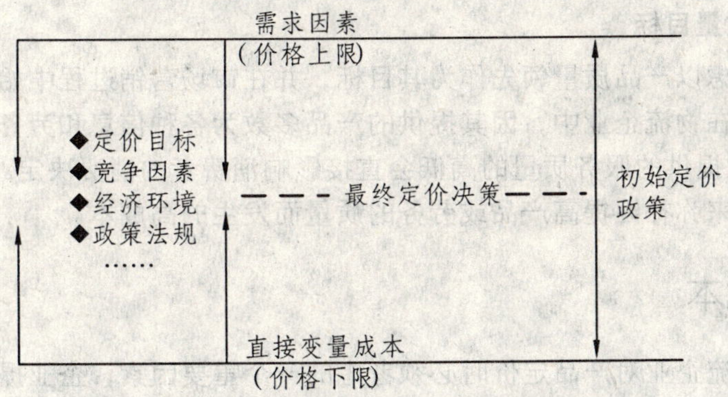


图 6.2　物流服务产品定价的影响因素

## 6.2.1　定价目标

物流企业在给物流服务产品定价之前首先应当对产品的目标市场有一个准确的定位，然后根据产品所针对目标市场的特性来进行定价。定价目标是指物流企业通过制定一定水平的价格所要达到的预期目的。物流企业的定价目标主要有：

### 1. 利润目标

赢利是物流企业提供物流服务产品的根本目的和直接动力，因而物流企业在给产品定价时首先应当考虑的是产品以这样的价格进行销售是否能给企业带来利润、能带来多少利润，以及企业是希望通过利润最大化还是适度利润的方针来进行产品销售。不同企业营销的利润目标都各有不同，一般而言，物流企业追求的应该是长期的、全部服务产品的综合最大利润，在有些时候企业也会追求进入市场后短期的利润最大化，对利润的不同追求也会导致在定价策略上有所差别。

### 2. 销售额目标

销售额目标就是企业在销售产品的时候都希望能尽量提高产品的销量，从而扩大销售收入、提高利润，一般来说同质的物流服务产品，客户更倾向于购买价格更低的产品，企业可以通过定较低的价格来赢得更多的销售额，但是前提是要保证以这样的价格销售物流服务产品至少要能给企业带来利润收入。需要注意的是，物流服务产品的成本是价格的底线。

### 3. 市场占有率目标

提高市场占有率是企业营销的又一重要目标，在市场经济条件下，谁拥有市场，谁就能生存、发展并获得可观的回报，通过一定的定价策略能够达到提高市场占有率的目的。

#### 4. 稳定价格目标

以稳定价格作为物流企业的定价目标，通常有三种情况：① 在价格下跌的情况下，物流企业希望保持价格水平的稳定，以利于目标利润的实现；② 在供求关系比较正常的情况下，物流企业为了稳定市场阵地，避免不必要的价格竞争，往往从长远利益考虑，以稳定价格为定价目标；③ 在供不应求的情况下，竞争者产品价格纷纷上涨，物流企业为了树立良好形象，提高市场占有率，也往往会牺牲短期收益，以稳定价格为定价目标。

#### 5. 提高产品质量目标

企业也可能考虑以产品质量领先作为其目标，并在市场营销过程中始终贯彻产品质量最优化的指导思想。在物流企业中，因其提供的产品多数为各种信息和劳务服务（看不见的产品），不同物流企业提供的服务质量的高低会直接影响消费者的消费决定。当然，此时就要求物流企业用高价格来弥补因提高产品或劳务的质量而发生的高成本。

### 6.2.2 产品成本

产品成本是物流企业对产品定价时必须考虑的一个重要因素，企业提供物流服务说到底就是为了赢利，因而物流服务产品的定价不能低于物流服务产品的成本费用，物流服务产品的销售额必须要足以支付企业的成本投入，才能维持企业的最低生存要求。可以说物流服务产品的最高价格取决于市场需求，而最低价格则取决于物流服务产品的成本。因而必须对物流产品成本进行考虑。产品总成本主要包括固定成本和可变成本两个部分，边际成本也是产品定价需要考虑的因素。

#### 1. 总固定成本（TFC）

总固定成本是企业于一定时期内在产品固定投入上的总支出。固定成本是相对于可变成本来说的，在一定的业务量规模内，产品固定投入的总量是不变的，只要不超过这个限度，不论业务量是多少，总固定成本都一样。但是，相对于单位业务量而言，单位业务量所分摊的固定成本与业务量的增减成反向变动。因而企业总是要最大化地利用其固定成本进行生产经营活动，以达到降低单位成本的目的，就是我们通常说的规模效应。物流企业的固定成本一般包括物流设施、设备或工具的租赁费或自己投资购买的固定资产的折旧费等。

#### 2. 总可变成本（TVC）

总可变成本是企业于一定时期内在产品可变投入上的总支出。与固定成本不同的是，可变成本随着企业的业务量变化而变化，它直接反应企业业务量的增减。然而，一旦业务量继续增加使得边际收益出现递减时，总可变成本的增长率才会有递减的可能。而这种总可变成本边际递减现象，也正是企业定价时可以运用的战术之一。

#### 3. 边际成本（MC）

边际成本是指增加一个单位物流服务量所支付的追加成本，是增加单位物流服务量而引起的总成本的增加量。在一定的生产规模下，边际成本实际上就是增加的可变成本，它随着物流服务产品产量的变化而变化。通常企业是把边际成本和边际收入（MR）一起考虑的，边际收入是增加一个单位物流服务量所增加的收益。边际收入减去边际成本的余额叫做边际贡献（MD），当边际贡献为正值时说明增加单位物流服务提供量可以帮助企业增加收入或减少亏损，为负时则不能。

### 6.2.3 需求因素

需求因素也是影响物流服务产品定价的一大重要因素，在市场经济条件下，产品的价格是随着供给与需求之间的波动不断变化的。首先我们来介绍一下市场供求规律的运作。

**1. 供求规律**

(1) 供给与需求

所谓供给，就是物流企业在一定的价格水平下能够提供给市场的物流服务产品的数量；需求就是在一定的价格水平下消费者意愿并有能力购买的物流服务产品的数量。从需求曲线和供给曲线可以看出，需求随着价格的上升呈递减的趋势，这是容易理解的，因为如果物流服务产品的价格上升，客户就会转而购买更为便宜的替代品，从而需求减少；如果价格下降，就会吸引新的客户来购买，同时刺激已有客户增加购买量，导致需求上升。反之，供给随着价格的上升呈递增的趋势，高价高利润的物流服务产品吸引更多的物流企业进入市场，而价格下降利润减少就会导致部分物流企业退出使得供给减少，如图 6.3 所示。

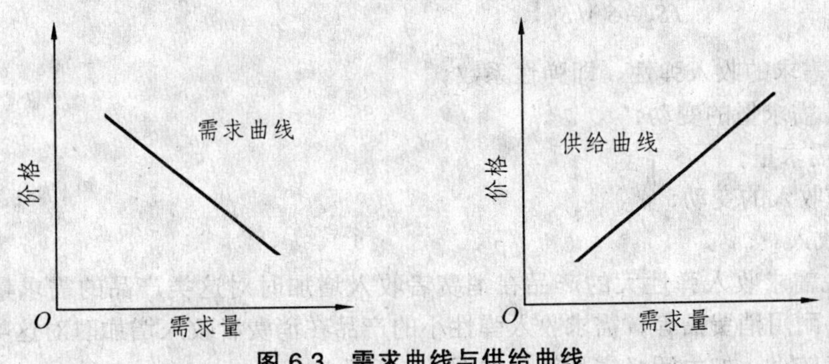


**图 6.3 需求曲线与供给曲线**

(2) 均衡价格

在市场交易中存在一个物流服务产品的均衡价格，即当产品的供给和需求达到平衡状态时的价格，供给曲线与需求曲线的交点对应的价格即为物流服务产品的均衡价格 $P'$，相对应的需求量为均衡量 $Q'$，如图 6.4 所示。

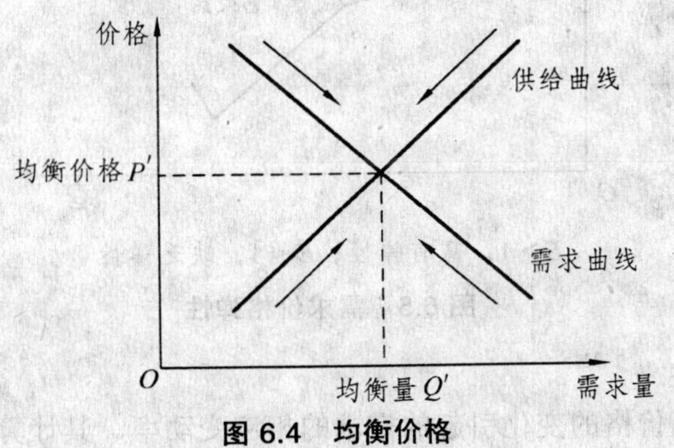


**图 6.4 均衡价格**

当市场中的物流服务产品供过于求时，产品的市场价格下跌，进而导致客户需求增长、产品供给减少；反之当市场中的物流服务产品供不应求时，产品的市场价格上涨，导致客户需求减少而产品供给增多。这就使得市场中的价格始终围绕均衡价格变动。均衡价格是相对稳定的价格，由于市场情况的复杂性和多变性，供求之间的平衡只是相对的、有条件的，而不平衡则是绝对的、经常性的。

**2. 需求弹性**

所谓需求弹性，就是指收入、价格等因素的变化引起的需求的相应变动率。需求弹性对于我们研究市场需求及相应的价格变动规律有重要的作用。一般来说需求弹性分为需求收入弹性、需求价格弹性和需求交叉弹性三种。

（1）需求收入弹性

需求收入弹性是指收入的变化引起的需求的相应变动率。其计算公式为：

$$|E_s| = \frac{\text{需求变动的百分比}}{\text{收入变动的百分比}} = \frac{\Delta Q/Q}{\Delta S/S} = \frac{(Q_2-Q_1)/Q_1}{(S_2-S_1)/S_1} \tag{6.1}$$

式中 $E_s$——需求的收入弹性，即弹性系数；

$\Delta Q$——需求量的变动；

$Q$——需求量；

$\Delta S$——收入的变动；

$S$——收入。

一般来说需求收入弹性大的产品在消费者收入增加时对这类产品的需求量会大幅度增加，如高档、耐用消费品等；需求收入弹性小的产品在消费者收入增加时对这类产品的需求量的增加幅度较小，如生活必需品等，如图 6.5 所示。

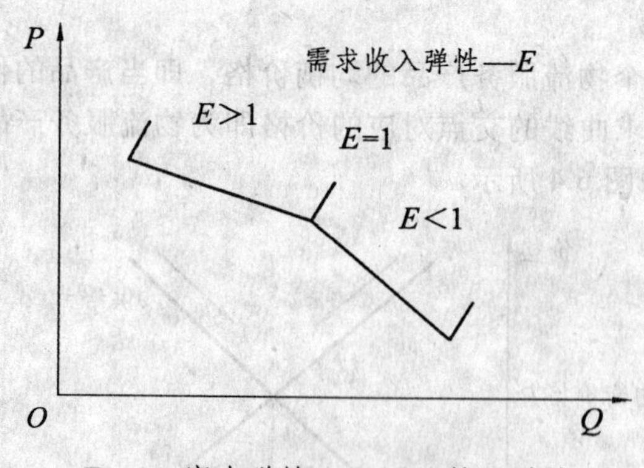


$E>1$，富有弹性；$E<1$，缺乏弹性

**图 6.5 需求价格弹性**

（2）需求价格弹性

需求价格弹性是指价格的变化引起的需求的相应变动率。其计算公式为：

$$|E_d|=\frac{需求变动的百分比}{价格变动的百分比}=\frac{\Delta Q/Q}{\Delta P/P}=\frac{(Q_2-Q_1)/Q_1}{(P_2-P_1)/P_1} \tag{6.2}$$

式中　$E_d$——需求的价格弹性，即弹性系数；

$\Delta Q$——需求量的变动；

$Q$——需求量；

$\Delta P$——价格的变动；

$P$——价格。

与需求收入弹性类似，需求价格弹性大的产品需求量对于价格的变化有强烈的反应，而需求价格弹性小的产品需求量对于价格的变化反应则要小一些，产品缺乏弹性大多是由于产品在市场中没有其他替代品、消费者对价格不敏感或是已经对产品有很大程度的认可。

（3）需求交叉弹性

需求交叉弹性是某种产品的需求量对于其替代品或者互补品的价格变化的反应程度，其计算公式为：

$$E_c=\frac{一种物品需求量变动百分比}{另一种物品价格变动百分比}=\frac{\Delta Q_x/Q_x}{\Delta P_y/P_y}\times 100\% \tag{6.3}$$

式中　$E_c$——需求交叉弹性；

$Q_x$——某种物品原来的需求量；

$\Delta Q_x$——更改物品的变动量；

$P_y$——另一种物品原来的价格水平；

$\Delta P_y$——另一种物品价格的变动量。

一般来说某种物品对于其替代品价格的需求交叉弹性为正值，对其互补品的需求交叉弹性为负值。例如，航空运输产品的需求量对于陆运产品价格的交叉弹性为正值，即陆运产品价格上升导致航空运输产品的需求量上升；对于航空港仓储价格的交叉弹性则为负值，即航空港仓储价格的上升导致对航空运输产品的需求量下降。

下面我们以表 6.1 对三种需求弹性进行总结。

**表 6.1　需求弹性大小的含义**

| 需求弹性 | 大小 | 含义 |
|---|---|---|
| 需求收入弹性与需求价格弹性 | $+\infty$ | 完全弹性<br>微小的收入（价格）上升（或下降）会引起需求量无限大减少（或增加） |
| | $1<E<+\infty$ | 富有弹性<br>需求量减少（或增加）的百分比大于收入（价格）上升（或下降）的百分比 |

续表 6.1

| 需求弹性 | 大小 | 含义 |
|---|---|---|
| 需求收入弹性与需求价格弹性 | 1 | 需求量减少（或增加）的百分比等于收入（价格）上升（或下降）的百分比 |
| | $0<E<1$ | 缺乏弹性<br>需求量减少（或增加）的百分比小于收入（价格）上升（或下降）的百分比 |
| | 0 | 完全无弹性<br>在任何收入（价格）水平需求量都相同 |
| 需求交叉弹性 | $+\infty$ | 完全替代<br>一种物品价格微小上升（或下降）引起另一种物品无限大量的增加（或减少） |
| | $0<E<+\infty$ | 替代<br>一种物品价格上升（或下降），另一种物品的需求量也增加（或减少） |
| | 0 | 无关<br>无论其他物品的价格如何，一种物品的需求量不变 |
| | $E<0$ | 互补<br>一种物品价格下降（或上升），另一种物品需求量增加（或减少） |

### 6.2.4 竞争因素

由于物流服务产品之间的差异性较小，大部分物流企业难以提供独特性的物流服务，市场中的这些物流企业必定存在激烈的竞争。总体来说物流企业必须在产品的价格和质量上进行权衡，物流企业可以通过提供价格较低的物流服务产品来赢得市场份额，但同时收入的减少会直接影响服务质量；相反的物流企业如果想以较高的价格出售自己的产品，则必须尽量提高产品的服务质量。

在垄断市场条件下，实力强大的垄断企业可以控制产品的价格水平，竞争对于价格的影响不大。然而对于物流服务产品来说，国有、外资、独资、合资的各种企业都参与到了产品的竞争中来，市场竞争较为激烈。具有较强实力的企业在一定程度上能够引导行业价格，而实力稍弱的企业则只能跟随已有价格随行定价，对于这些企业利用竞争对手的价格作为物流服务产品定价的依据是较为安全和合理的选择，如表 6.2 所示。

表 6.2 参照竞争对手的定价

| 对手价格 | 定价项目 | 本企业定价 | 说明 |
|---|---|---|---|
| 15 万元 | 同类产品 | 15 万元 | 可接受 |
| | 耗油性（加） | +2 000 元 | 优，可增加 |
| | 耐用性（加） | +3 000 元 | 优，可增加 |
| | 服务便捷 | +2 000 元 | 优，可增加 |
| | 关键部件 | +1 000 元 | 优，可增加 |
| | 一次性付款 | −4 000 元 | 价格折扣 |
| 总计 | | 154 000 元 | |

### 6.2.5　其他因素

除了上述因素以外，物流企业在对物流服务产品进行定价时还应考虑许多其他的相关因素，例如政府制定的相关经济制度、法规；国际国内的经济状况、通货膨胀率、利率、汇率等。对于物流企业而言，行业特征也是影响物流服务产品定价的重要因素。而且不同的物流服务产品和市场状况，行业特征所造成的影响也不同。

## 6.3　物流服务产品定价的方法与策略

### 6.3.1　物流服务产品定价方法

**1. 利润导向定价法**

利润导向定价法简单来说就是尽量提高物流服务产品的价格，以获得更多的利润。企业在对物流服务产品定价的时候不应把价格定得过低，一方面降低了企业利润，另一方面可能导致客户的反向推算，即认为价格低的服务产品服务水平也不高，从而低估物流服务产品的质量和价格。提高价格一方面能保证服务质量，另一方面也能提高利润。但是这种定价方法要注意的是一定要在合理的范围内提高产品价格。因为一旦提升后的价格超出了客户经济和心理的承受能力，客户就会转向购买其他价格较低的企业进行服务消费。而现在市场上有着大量提供无差异物流服务的企业，盲目地提高价格可能会流失顾客，最终给企业带来损失。这种定价方法一般只适用于能够提供无法被代替的物流服务产品的企业，或者是整个物流行业进行提价，企业在进行利润导向定价时应谨慎而行。

**2. 成本导向定价法**

物流企业在销售其服务产品时首先应该保证销售收入能够抵偿企业的成本支出，否则就无法赢利，这是企业经营的基本目的，如图 6.6 所示。因此，物流企业在制定其产品价格的时候必须考虑企业的成本，由于成本的直观性，这种制定产品价格的方法也更加便于利用，只是这种方法与利润导向定价一样，是从企业自身的角度出发，因而在实际的使用中，还应该与顾客导向定价的方法结合使用才能保证定价的科学合理。成本导向法包括成本加成定价法和目标利润定价法两种。

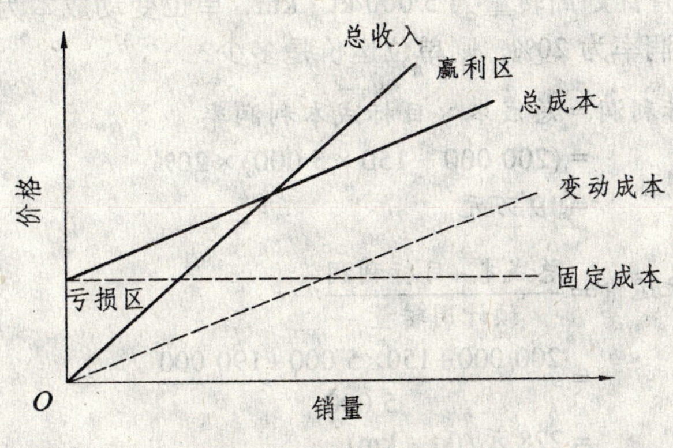


图 6.6　成本导向定价法

（1）成本加成定价法

成本加成定价法是按产品单位成本加上一定比率的利润制定产品价格的方法。加成的含义就是一定比率的利润。其计算公式为：

$$价格=单位成本\times(1+成本利润率)$$

【例】 某企业单位运输总成本为180元/(kt · km)，企业的预期利润率为20%，求该产品的销售价格是多少？

$$\begin{aligned}价格&=单位成本\times(1+成本利润率)\\&=180\times(1+20\%)\\&=216\ 元/(kt\cdot km)\end{aligned}$$

在服务产品单位成本一定的条件下，以这种方法制定服务产品价格的关键在于确定成本利润率。不同的服务产品加成比例不同，企业一般以同类服务产品的加成比例为参考依据进行加成。成本加成定价法是企业较常用的定价方法，这种定价方法的特点是：

① 企业的成本一般比较固定和直观，将价格盯住单位成本，可以大大简化企业定价程序，而不必根据需求情况的瞬息万变而做调整，并且能够保证销售收入大于成本，正常情况下企业可以赢利。

② 同一行业的各企业如果都采用成本加成定价，只要加成比例接近，所制定的价格也将接近，可以减少或避免价格竞争，并保持价格稳定，稳定的价格对消费者也更加有利。

但这种方法的不足是缺乏营销管理中很重视的销售的灵活性的特点，无法应对复杂多变的市场。而且使用这种定价方法往往使企业忽视了降低成本的重要性，进而妨碍了产品价格的下降，最终对客户无益。

（2）目标利润定价法

目标利润定价法就是在成本定价的基础上按照收益率的高低制定价格的方法。同成本加成法相比，该方法主要是以企业想达到的利润目标作为出发点来制定产品价格，而成本加成法是从产品成本为出发点来制定产品价格。目标利润定价法的基本公式为

$$目标利润=总成本\times目标成本利润率$$

$$单位产品价格=\frac{总成本+目标利润}{预计销量}$$

【例】 某公司某月计划周转量为5 000 kt · km，单位变动成本为150元/(kt · km)，固定成本20万元，目标利润率为20%，则单位运价是多少？

$$\begin{aligned}目标利润&=总成本\times目标成本利润率\\&=(200\ 000+150\times5\ 000)\times20\%\\&=19\ 万元\end{aligned}$$

$$\begin{aligned}单位运价&=\frac{总成本+目标利润}{预计周转量}\\&=\frac{200\ 000+150\times5\ 000+190\ 000}{5\ 000}\\&=228\ 元/(kt\cdot km)\end{aligned}$$

目标利润定价法的优点可以保证企业既定目标利润的实现；然而这种方法也有其弊端：一方面它和成本加成定价法一样，是从物流企业的利益出发制定价格，忽略了市场和客户的需求；另一方面是在价格计算之前就确定了物流服务产品的预计销量，事实上我们知道在市场中的商品，特别是需求弹性大的商品，往往是价格影响销量，并非销量决定价格，因而这种方法一般只适用于需求弹性小的商品。

### 3. 需求导向定价法

需求导向定价法主要从客户的需求出发，根据客户对物流服务产品的主观接受程度、主观认识和理解程度、心理价位的衡量尺度即客户的心理期望价格进行物流定价。现代市场需求瞬息万变，竞争激烈，只有那些以消费者为中心，不断满足消费者需求的服务产品，才有可能在市场上站住脚。一般来说，企业主要是通过问卷调查的方式来了解客户对服务产品价格的倾向，并以此为依据进行定价。作为面向客户的服务产品，客户的满意度直接影响到产品的销售，这种定价方法充分考虑了顾客的需求，是物流市场营销中应该推崇的定价方法。这种定价法综合考虑了成本、产品的市场生命周期、市场购买能力、顾客心理、销售区域等因素。需求导向定价法主要有习惯定价法、理解价值定价法、区分需求定价法、比较定价法等。

(1) 习惯定价法

很多商品在市场的销售中已经逐渐形成一个约定俗成的价格，这个价格也已经被客户所接受。这种习惯价格在物流业中比较常见，例如，快递公司同质服务产品的费用持续在一定的价格水平，顾客一直习惯以这个价格来购买快递公司的服务产品。企业在对产品进行定价的时候可以直接按照这种习惯价格来定价，不宜降价，这样会减少企业的利润，不利于企业服务质量的提高从而降低企业的竞争优势；也不宜涨价，价格高于习惯价格会直接影响服务产品的销量。

(2) 理解价值定价法

理解价值定价法是根据顾客对产品价值的理解，即产品在顾客心目中的价值观念来确定价格的定价法。这种定价不是以卖方的成本为基础，而是以买方对产品的需求和价值的认识为出发点。企业运用销售推广策略，特别是其中的非价格因素，以影响顾客，使顾客在头脑里形成一种价值观念，然后根据这种价值观念制定价格。

例如，假设有 A、B、C 三家物流企业，分别就服务速度、货物安全、服务人员素质和服务增值性四个属性指标请有关人士（如企业经营者、客户等）进行评价，结果如表 6.3 所示。

**表 6.3　不同物流企业的理解价值**

| 重要性指数 | 属性指标 | 物流企业 | | |
|---|---|---|---|---|
| | | A | B | C |
| 40 | 服务速度 | 40 | 40 | 20 |
| 30 | 货物安全 | 33 | 33 | 33 |
| 20 | 服务人员素质 | 40 | 30 | 30 |
| 10 | 服务增值性 | 40 | 25 | 25 |
| 100 | 理解价值 | 37.9 | 34.4 | 27.4 |

从表中所知物流企业A的理解价值高，C的理解价值较低，B居中。如果三家物流企业按照各自的理解价值定价，就需要保证其价值和价格之比相同，才能保证合理的市场占有率。如果物流企业B的物流服务产品定价为100元，则物流企业A定价应为110元（100×37.9/34.4），物流企业C定价应为80元（100×27.4/34.4）。

理解价值定价法的关键之一，是要求企业对顾客理解的相对价值，有正确的估计和判断。如果企业对顾客理解的价值估计过高，定价必然过高，影响销售量；反之，如定价太低，则不能实现营销目的。

（3）区分需求定价法

区分需求定价法是指某种产品并不按照边际成本的差异制定不同的价格，而是根据实际情况不同来制定不同的价格，例如：① 根据不同的顾客定价，如同种物流服务产品对于购买量大，或者付款及时的顾客，可以给予一定的折扣；② 对于不同的时间，如不同季节、日期甚至不同的钟点都可以灵活地制定不同的价格。

物流企业采取区分需求定价法要具备以下条件：① 市场必须是可以细分的，而且各个市场部分（子市场）要能体现出不同的需求强度；② 企业按照不同的价格把同一种产品卖给了不同的顾客，但是竞争者不可能低价竞销；③ 细分和控制市场的成本费用不得超过因实行区别定价所得的额外收入；④ 区别定价不会引起顾客的反感。

（4）比较定价法

一般企业在销售物流服务产品的时候可以定低价提高销量，或者定高价提高利润，这两种方法都可以增加企业的销售收入，然而到底哪一种定价更加合适，我们就需要根据产品的需求弹性和市场调查来进行决定。对富于需求弹性的产品，可以采取降低价格的办法；对于缺乏需求弹性的产品，则应采取提高价格的办法。一般来说物流企业的服务产品大多需求弹性较高。这种方法较为实用，在现代企业中的应用也较为广泛。

**4. 竞争导向定价法**

竞争导向定价以市场上相互竞争的同类商品价格为定价基本依据，以竞争状况的变化确定和调整价格水平。这种定价方法简便易行，主要有随行就市定价法和密封投标定价法。

（1）随行就市定价法

随行就市定价法是竞争导向定价方法中广为流行的一种。这种方法定价的原则是与市场上竞争对手同质产品的最高水平或者平均价格持平。具体价格水平的决定要以企业提供服务产品的质量来决定。当企业的服务产品在质量等因素上与市场中其他企业的产品并无太大差别，即同质产品市场条件下，按照同行业的平均价格水平为依据来确定该产品价格往往是惯常采用的定价方法，这就是所谓的随行就市定价法。这样定价一方面更易为客户所接受，也能减少竞争，使市场中的企业在和谐的环境中共同受益。

随行就市定价法有些类似于习惯定价法，不同的是习惯定价法是以市场的需求为依据，而随行就市定价法是用在市场需求多变难于预测的前提下，以竞争对手的价格为参考更为方便。

（2）密封投标定价法

密封投标定价法一般是物流企业在参与投标时使用的竞争导向定价方法。物流企业通过估计竞争对手的可能报价，使自己的定价在能够赢利的前提下低于竞争对手的可能报价以赢得标的。物流企业在参与投标之前首先要考虑企业参与项目的机会成本，即是否会因为参与这个项目而损失了其他更好的机会，有时候企业甚至会通过采用低于成本的价格投标，通过项目的实施与招标方建立合作关系，树立良好的信誉和形象，以期将来获得更大的项目。投标定价法主要是根据每个方案可能的收益和中标概率，计算每个方案的期望利润，公式为：

每个方案的利润期望值＝每个方案可能的收益×中标概率

运用这种方法，最大的困难在于估计中标概率。主要的方法有一般对手法和具体对手法。首先要尽可能多地收集投标项目和竞标对手的信息，通过对中标概率的历史数据的统计分析，估算竞标对手高于某一价格的概率，计算本公司赢得标的的概率。下面就介绍一种确定中标概率的方法[1]：

首先从过去的投标行为着手，收集类似项目的价格信息。为了便于比较不同项目的价格，需要引入投标价格比 $r$ 的概念，即

$$r = P/C \tag{6.4}$$

式中　$P$——投标价格；

$C$——履行合同的成本。

引入 $r$ 是为了使不同成本甚至不同类型的项目具有可比性。

假设竞争者 $j$ 的若干次历史报价的中标概率构成了概率分布为 $g_j(Y_j)$，$Y_j$ 为竞争者 $j$ 的报价。则竞争者 $j$ 的报价高于本企业报价的概率或本企业的报价低于竞争者 $j$ 的概率 $f_j(P)$ 为：

$$f_j(P) = \int_r^{\infty} g_j(Y_j)\mathrm{d}y \tag{6.5}$$

假设某一项目的投标活动有 $n$ 个竞争者，则本企业的中标概率 $f(P)$ 为：

$$f(P) = \prod_{j=1}^{n} \int_r^{\infty} g_j(Y_j)\mathrm{d}y$$

### 5. 基于价值共享的定价法[2]

以上几种定价方法是营销学中通用的，在各类产品与服务的定价中得到普遍的应用。在学术界也有不少学者针对物流服务产品的具体定价方法进行研究，这里就介绍一种旨在实现物流企业与其客户双赢的基于价值共享的物流服务产品定价方法。

根据消费者剩余理论，物流企业提供物流服务产品创造的价值一部分转给了消费者，被称为消费者剩余；另一部分作为利润为物流企业所得，被称为生产者剩余，如图 6.7 所示。

根据这种价格、价值与成本的构成关系，可以根据提供物流服务产品的成本与物流企业预期利润来确定物流服务产品的价格，即

$$P = C + \Delta V \times \lambda \quad \text{s.t. } \lambda \in (0,\ 1) \tag{6.6}$$

式中　$P$——物流服务产品的价格；

$C$——提供物流服务所耗费的总成本（包括变动成本和应分摊的固定成本）；

---

1　盛光华. 密封投标定价法机理解析[J]. 学习与探索，2008，3：164.

2　张圣忠，吴群琪. 基于价值共享的物流服务定价理念与方法[J]. 经济研究，2006，29（3）：15.

$\Delta V$——物流服务所创造的价值增量；

$\lambda$——价值增量中物流企业所能分享的比例。

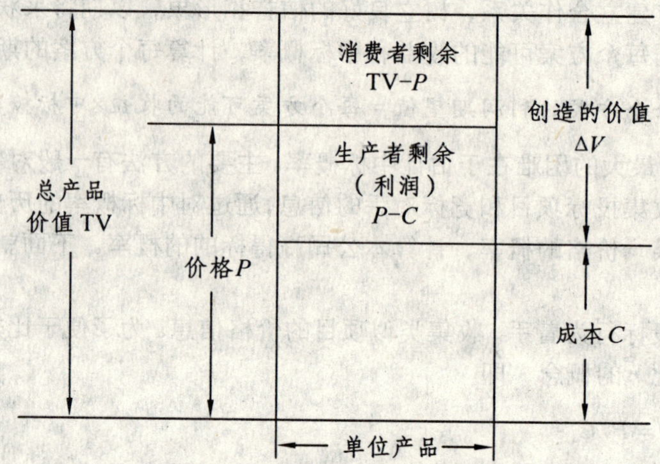


**图 6.7 物流服务产品价值构成**

对物流企业来说，$C$ 比较容易确定，而$\Delta V$与 $\lambda$ 则较难确定。

（1）$\Delta V$的确定

$\Delta V$是物流服务产品所创造的价值总增量，是总产品价值减去物流企业提供物流服务产品所耗费的总成本。这里的成本既包括物流生产显性成本，也包括物流生产隐性成本。

（2）$\lambda$的确定

影响$\lambda$的因素主要是物流服务的品质、竞争结构和谈判能力。

① 物流服务的品质。如果物流服务能够达到客户的最高期望水平，则物流企业与客户对价值增量进行平均分配是双方都能接受、也是最公平的分配方式。但是如果物流企业提供的物流服务不能达到客户的满意水平，则物流企业需要让渡自己所得的价值增量以尽力提高客户的满意度，服务的品质越低，物流企业所得价值增量的比例越小。由此物流服务产品的价格公式可以修正为：

$$P = C + \Delta V \times 50\% \times \sum_{i=1}^{5} \eta_i \cdot \omega_i \quad \text{s.t. } \eta_i \in [0, 1],\ \omega_i \in [0, 1],\ \sum_{i=1}^{5} \omega_i = 1 \tag{6.7}$$

式中 $\eta_i$——品质的每个构成内容（假设为 5 个）相对于最高水平的系数；

$\omega_i$——相应构成内容对品质的影响权重。

② 竞争结构。在定价时除了考虑物流服务的品质之外，还需要对市场中的竞争因素加以考虑。如果市场中竞争激烈，物流企业可以考虑通过减少利润、提高客户得到的价值增量比率，以巩固市场份额。需要注意的是，即使市场中的竞争较少，物流企业也不应过多地占有客户的价值增量。所以通过设置竞争结构对分配比例的影响系数（$\lambda_c$）加以反映。由此物流服务产品的价格公式可以进一步修正为：

$$P = C + \Delta V \times 50\% \times \sum_{i=1}^{5} \eta_i \cdot \omega_i \times \lambda_c \quad \text{s.t. } \lambda_c \in (0, 1] \tag{6.8}$$

③ 谈判能力。物流服务供需双方的谈判能力也是影响 $\lambda$ 的重要因素。一般来说，物流

企业的谈判能力越弱，其可能获得的价值增量的比例越低。可以通过设置谈判能力对分配比例的影响系数（$\lambda_n$）加以反映，如下式所示：

$$P = C + \Delta V \times 50\% \times \sum_{i=1}^{5} \eta_i \cdot \omega_i \times \lambda_n \quad \text{s.t. } \lambda_n \in (0, 1] \tag{6.9}$$

综合以上三个因素，可按以下公式确定物流服务产品的最终价格：

$$P = C + \Delta V \times 50\% \times \sum_{i=1}^{5} \eta_i \cdot \omega_i \times \lambda_{cn}$$

$$\text{s.t.} \begin{cases} \eta_i \in [0,1] \\ \omega_i \in [0, 1], \sum_{i=1}^{5} \omega_i = 1 \\ \lambda_{cn} = (0, 1] \end{cases} \tag{6.10}$$

其中，由物流服务品质因素所决定的分配比例 $(50\% \times \sum_{i=1}^{5} \eta_i \cdot \omega_i)$ 是物流企业应该得到的部分，$\lambda_{cn}$ 反映了由于竞争结构和谈判能力的影响而使物流企业应该得到而未得到的部分。而为了体现利益共享的原则和供给方对需求方利益的关注，对 $\lambda_{cn}$ 的值进行了限定，这对于保持稳定的客户关系和有效挖掘用户的潜在需求将起到积极的作用。

## 6.3.2　物流服务产品定价策略

### 1. 新产品定价

新进市场对于产品来说是一个至关重要的时期，定价是否合理又直接关系到新产品能否为顾客所接受并能在已有的竞争压力下顺利打开市场。新产品定价策略是营销中值得关注和研究的问题。

成本应该是新产品定价的基础，物流企业在对物流服务新产品定价之前首先应当对提供物流服务所需支付的成本有准确的计算，这里介绍一种依据作业量的成本定价方法[1]：

设新服务产品的单位变动成本为 $V$，提供该服务产品需要 $m$ 种作业，第 $i$ 种作业的成本动因率为 $M_i$（$1< i < m$），该服务产品中第 $i$ 种作业的作业量为 $Y_i$；假设产品预计销量为 $X$，固定成本为 FC，总成本为 TC，则该服务产品的成本函数为：

$$\text{TC} = V \times X + \sum (M_i \times Y_i) + \text{FC} \tag{6.11}$$

我们前面说过新产品价格下限应为单位完全成本。根据新产品的成本函数可求得该新产品的单位完全成本：$V + (\sum M_i Y_i + \text{FC}) / X$。设企业期望税前成本收益率为 $R$，利用成本加成法可得该新产品的价格 $P$ 的数学表达式为：

$$P = [V + (\sum M_i Y_i + \text{FC}) / X] \times (1 + R) \tag{6.12}$$

在成本加成定价决策的基础上，物流企业还可以选择取脂定价，渗透定价和中间定价三种新产品定价策略：

---

1　曾晓．作业基础新产品的定价决策[J]．现代商业，2008，18：51.

(1) 取脂定价策略

取脂定价策略是一种高价策略，是指在新产品投放市场时定高价，争取在短时间内收回投资，并赚取高额利润。这种策略如同从牛奶中提取奶油一样，首先就把牛奶中精华部分取走，故称取脂定价策略。

采用这种定价方法的优点是：① 物流企业能在短期内获得大量利润，迅速收回成本；② 物流企业能在价格上进行产品市场的进一步细分，企业对于购买力强的客户和地区的价格可以定得高一点，而对于购买力低的地区可以低一点；③ 为弥补因预测失误而导致的定价缺陷留有足够的修正空间；④ 采用高价策略在一定程度上可以保证物流服务产品的质量。新上市的产品由于企业缺乏操作经验，也没有足够的设备为市场提供大量的物流服务产品，这个时候给产品定高价一方面可以在高获利的前提下有效控制需求，给物流企业一个缓冲期来逐渐适应市场的需求；另一方面又给企业足够的精力来加强物流服务产品的质量控制，在客户中形成良好的口碑宣传。

采用这种定价方法的缺点是：① 价格高于价值损害客户的利益，引起他们的不满；② 同时高的价格还蕴涵了高额利润，必然招致更多的外来资本的参与和竞争。

(2) 渗透定价策略

与取脂定价策略相反，渗透定价策略是一种低价策略，即企业把新产品价格定得低一些，以吸引顾客，扩大销量，逐步渗透进市场。这种定价策略能在价格上给企业带来竞争优势，有利于物流企业在提供物流服务产品的初期就迅速抢占市场。需要注意的是低价出售产品必须要在保证产品服务质量的前提下进行，此外物流企业要对可能出现的大量需求有充足的准备。该策略适用于对需求价格弹性大的物流服务产品。

根据促销投入的多少，以上两种策略还可以分为缓慢取脂策略、快速取脂策略、缓慢渗透策略和快速渗透策略，如图 6.8 所示。

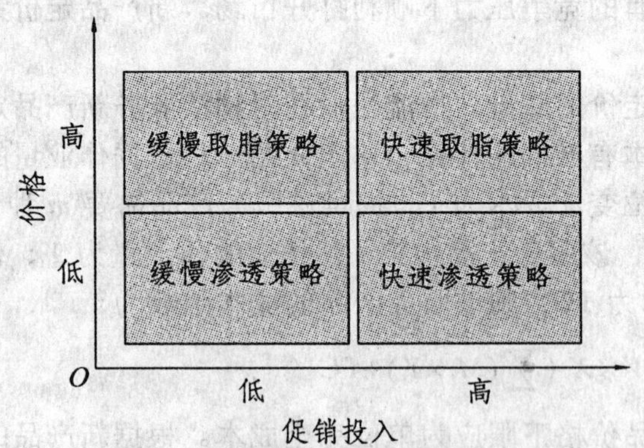


**图 6.8 取脂策略与渗透策略的细分**

(3) 中间定价策略

物流新产品上市后，按照企业的正常成本、税金和一般利润，定出中等价格，使企业既能获得一般利润，又能吸引购买者，赢得顾客的好感。这种定价策略介于取脂定价策略和渗透定价策略之间，避免了“高”、“低”定价策略的弊端，故称中间定价策略。

**2. 折扣定价策略**

折扣即通过对产品价格的优惠来刺激客户购买，是物流服务产品营销中较为常见的定价方法，它同时也是一种有效的促销手段。一般物流企业会对其客户以及中间商提供各种类型的折扣，折扣的主要类型有数量折扣、现金折扣、季节折扣、代理折扣以及回程和方向折扣。

(1) 数量折扣

数量折扣是指物流企业给予那些购买物流服务产品量大的客户的一种折扣，以鼓励客户购买更多的产品。数量折扣分为累计数量折扣和一次数量折扣。累计数量折扣是客户在一定的时期内累计消费的产品量达到一定数量就能得到的数量折扣；一次数量折扣则是客户一次性消费的产品量达到一定数量即可享受的数量折扣。

(2) 现金折扣

现金折扣是物流企业给那些当场或折扣期限内付清货款的顾客的一种减价，以促使客户尽快确认成交，加快还款，防止坏账的产生。

(3) 季节折扣

季节折扣也称季节差价，指企业给那些在淡季购买商品或服务的顾客的一种减价，它可以使企业的生产和销售在一年四季保持相对稳定。

(4) 代理折扣

代理折扣是指物流企业给予一些中间商（如货运代理、票运代理等）的价格折扣。

(5) 回程和方向折扣

这是指物流企业在回程或运力供应富裕的运输路线与方向给予的价格折扣，以减少运能浪费。

**3. 以满意为基础的定价策略**

以满意为基础的定价策略目的在于缓和、减轻顾客的购买风险。物流企业可以通过以下几种方式来实施这种策略:

(1) 服务保证

对于客户来说，他们最希望物流企业在提供物流服务的时候能够对服务的质量进行明确的保证，当物流服务不能达到物流企业事先保证的水平，就对客户进行相应的赔偿，这种赔偿通常是全额或部分返还客户支付的服务费用。比如说物流企业为客户提供限时配送的服务，保证在某个时间将客户的货物送达，如果送到时超过了保证的时间，就返回客户支付的费用。服务保证体现了一个企业对其物流产品服务水平的信心，能给客户带来很大的安全感，是促使顾客放心购买的有力因素。同时服务保证还要求物流企业努力提高产品的质量，对于提供较差或一般服务水平的企业，进行服务保证只会增加企业销售的风险和损失，这些企业在考虑提供保证之前，应大幅度改善其服务质量。

**【案例】**　东方物流的成功在于重诺守信

四川东方物流有限公司是由东方锅炉（集团）股份有限公司下属子公司——东方锅炉（自贡）东方储运有限公司改制而成，是西南地区一家集公路普通货物运输、公路集装箱、大件设备运输、海关监管货物运输、铁路运输，从国际货运代理到报关、铁路、公路、水陆联运、仓储和设备运、装、卸、安装调试于一体的专业化程度较高的综合物流企业。东方物流时刻遵守并践行“优质、高效、安全、守信”的服务理念。不断提高服务质量，努力改进服务方法，始终以“把困难和麻烦留给自已，把方便留给客户”作为服务的目标，力求实现零客户投诉。

2005 年自贡市 A 企业出口产品运输对外开展招标，以几辆货运车辆联合成立的 Y 物流公司以低价获标，结果在运输途中货物被雨淋湿，造成货物全部损毁，Y 物流公司无力赔偿。A 企业痛心疾首却无能为力。面对由于货物损毁严重影响第三方物流企业在客户心目中的形象这一问题，四川东方物流在业内率先向客户承诺：如果货物发生损毁，由物流公司先行赔付。四川东方物流一诺千金的诚信经营准则，重振了其在公众中的信心。

东方物流此举赢得了市场的广泛认同，建立了东方物流的品牌形象。由于东方物流奉行诚信经营准则，得到了客户的广泛认可，在业内发展势头良好，2004 年被评为中国物流百强企业第 90 位，中国民营物流企业前 30 名；2005 年被评为中国物流百强企业第 57 位，四川省物流企业综合能力排名第一。

【案例点评】

即使通过低价策略进行物流服务产品的销售，也应当在服务的质量上有十足的把握。服务保证是取得客户信任的好办法，然而在提供服务保证之前企业首先需要确定的是：对于产品的服务质量是否有足够的信心，以及是否具有赔付的能力？

（资料来源：牛鱼龙. 中国物流百强案例[M]. 重庆：重庆大学出版社，2007.）

（2）客户需求定价

需求定价就是针对客户对物流服务产品某些特定方面的期望和需求来制定产品价格。例如，说对于同一个物流服务产品，某些客户可能要求物流服务在时间上更加快捷，能够更快地将物品送到需求地；而某些客户需要运送的产品价格高昂，他们在运送时间上没有太大要求，而需要物流企业在运送时能够保证货物的完好。这时物流企业就需要对客户的需求有充分的了解，考虑顾客对物流服务的最大关注点、最大期望、最计较和最在意的特性在哪里，然后结合这些来进行产品定价，如要求更快捷的服务定价更高，贵重物品可以让客户购买保价服务等。这样即使是同一种产品在不同情况下也会有不一样的价格，物流企业的服务产品定价也更具弹性。

（3）不变价格定价

不变价格定价主要是针对与物流企业有长期合作关系的客户，双方通过签订长期物流服务协议的方式确定一个相对稳定的价格或者价格区间，物流企业按照协议中规定的价格为客户提供物流服务。不变价格通常要比市场中的平均价格要更低更具竞争力，这样才能吸引客户并与物流企业建立稳定的客服关系。采用不变价格定价可以保证客户对物流企业在长期内的产品需求，但是产品成本和利润的变化往往是难以预测的，可能会出现产品成本上升导致在同一价格水平上企业利润下降的情况，这就需要物流企业对此有充分的准备，在协议中制定的价格要具有弹性。

**4. 关系定价策略**

营销学中有关系营销的概念，所谓关系营销，是把营销活动看成是一个企业与消费者、供应商、分销商、竞争者、政府机构及其他公众发生互动作用的过程，其核心是建立和发展与这些公众的良好关系。关系定价就是使物流企业和客户都能获益的定价策略，通过这种双赢的策略来与客户建立更为紧密的合作关系，从而在市场中能够获得更多的忠实客户。关系定价策略同样要求物流企业对客户的需求和利益有充分了解和重视。一般来说，关系定价策略包含长期合同和多购优惠两种方式。

(1) 长期合同定价策略

长期合同定价策略类似于不变价格定价策略，物流企业针对与企业签订长期合同的客户，给予其更具竞争力的价格，以此来与客户建立长期的合作关系，或者加强现有关系。长期合同能保证物流企业在长期内的产品需求，使物流企业可以集中更多资源来拉开同竞争对手的差距。

(2) 多购优惠定价策略

物流企业在提供物流服务时，提供多笔小订单的整合服务的管理与服务成本都要高于单笔大订单的服务，因此，物流企业对于一次性购买物流服务产品量大或者产品项目多的客户可以给予一定的定价优惠，这也是物流企业产品促销的一种方式。这种定价策略一方面增加了客户一次性购买产品的数量，另一方面也降低了物流企业的产品成本，也为客户节省了资金，增进了物流企业与客户的合作关系，因而是比较有效而且应用广泛的定价策略。

**5. 差别定价策略**

所谓差别定价，也叫价格歧视，就是物流企业针对不同的客户、不同的产品，在定价上有所差别。差别定价并不反映成本费用的变动，也就是说这种定价差别不是因为产品成本差异而产生的。物流服务产品差别定价主要有客户差别定价、产品形式差别定价、产品部位差别定价和销售时间差别定价四类。

实行差别定价需要保证不同细分市场的价格弹性差异较大，下面就举例说明一般定价策略和差别定价策略的效果差别[1]：

假设物流企业的目标市场由两个细分市场构成：第一个细分市场是对物流服务产品价格反应迟钝的顾客群体 r，其价格弹性 $E_r<1$，可近似看做 0；第二个细分市场是对物流服务产品价格反应敏感的顾客群体 s，其价格弹性系数 $E_s>1$。

设 $Q$、$P$ 为调价前总的物流量和平均价格，价格浮动率为 $p$（降价时 $p<0$，反之 $p>0$），相应地物流量变动率为 $q$。

① 如果对所有的客户群体进行降价，即一般定价策略。降价前后的价格分别为 $P$ 和 $P(1+p)$，降价前后两个细分市场的物流量分别为 $Q_r$、$Q_s$ 和 $Q_r$（价格弹性系数为 0）、$Q_s(1+q)$。此时调价后销售增加额 $\Delta R_1$ 为：

$$\begin{aligned}\Delta R_1 &= P(1+p)Q_s(1+q)+P(1+p)Q_r-P(Q_s+Q_r)\\ &= PQ_s(p+q+pq)+pPQ_r\end{aligned}$$

② 如果只对细分市场 s 降价，即差别定价策略。对第一个细分市场维持原价 $P$，物流量 $Q_r$ 也不变；而第二个细分市场调价前后的价格和物流量分别为：$P$、$Q_s$ 和 $P(1+p)$、$Q_s(1+q)$。此时调价后销售增加额 $\Delta R_2$ 为：

$$\begin{aligned}\Delta R_2 &= P(1+p)Q_s(1+q)+PQ_r-P(Q_s+Q_r)\\ &= PQ_s(p+q+pq)\end{aligned}$$

由此可得运用差别定价策略调整价格所得的额外经济效益 $\Delta R$（$p<0$）：

$$\Delta R=\Delta R_2-\Delta R_1=-pPQ_r>0$$

1　邹丹，蒋军. 差别定价法在航空运输中的运用探究[J]. 交通与运输，2008，S1：138.

### 6. 心理定价策略

心理营销定价策略是针对消费者的不同消费心理，制定相应的商品价格，以满足不同类型消费者的需求策略。心理营销定价策略一般包括尾数定价、整数定价、习惯定价、声望定价、招徕定价和最小单位定价等几种形式。

（1）尾数定价策略

尾数定价就是定价时保留小数点后的尾数，例如 9.9 元、0.99 元等。这种定价方法可使购买者对定价增强信任感，同时还可使人感觉价廉。

（2）整数定价策略

整数定价策略是针对客户求方便的心理，将商品价格有意定为整数。整数往往能给人一种方便、整洁的印象。

（3）习惯性定价策略

有些物流服务产品的需求量较大，客户购买的次数较多，就会对产品的价格水平形成一个习惯性的认定，同时这种价格水平也是在市场经济作用下形成的，一般来说都较为合理，符合行业的实际情况。对于这种产品，物流企业按照习惯价格来定价更为省事，如果定价过高，可能会引起客户的反感。

（4）声望定价策略

声望定价策略是企业将产品的价格制定得比同类产品的价格高，以显示其商品或企业的名望。很多时候消费者会将价格作为判别产品质量、性能的“指示器”，认为价格高的产品服务质量就好，特别是对于服务产品，其无形性更使得价格成为衡量其质量的一个直观因素。它能有效地消除购买心理障碍，使顾客对产品或零售商形成信任感和安全感，顾客也从中得到荣誉感。

（5）招徕定价策略

招徕定价是物流企业有意将少数产品降价以招徕吸引顾客的定价方式。商品的价格定得低于市价，一般都能引起消费者的注意，这是适合消费者“求廉”心理的。采用这种策略，虽然几种低价产品不赚钱，甚至亏本，但从总的经济效益看，由于低价产品带动了其他产品的销售，企业还是有利可图的。

**【案例】** 价格在销售中的作用

销售作为企业运作的最后一个环节，对企业的命运影响巨大，所有其他环节的风险也聚集到这里，稍有不慎，便有可能被风浪吞噬。仔细研究销售中可能遇到的风险，认真对待，是企业家称心如意地“嫁”出“美娇娘”的保证。尤其是价格问题，价格是任何一个消费者在决定是否购买某产品时都会考虑到的因素，它是构成一个好的营销计划的重要一环。

在哈佛商学院市场营销管理学课程中，要经常讨论不同的几个策略，使其最佳地适应成本结构和长期销售，以实现公司的利润目标。在讨论确定产品最优价格的问题之前，学生们必须考虑可能的价格范围。最低定价选择是公司制造某种产品的最低成本，如果为了具有竞争力而必须进一步降价，那么该产品就应退出市场。最高的可能价格是目标消费者对某项产品的“可接受价格”，比这更高的价格将会导致极低的销售额。

美国太姆手表公司以生产廉价表而著称于世，虽然是实行低价销售，但也创造了丰厚的利润。许多消费者这样认为：价廉而物美。

对于一些价格低的商品，有的消费者认为，便宜无好货。当您戴上太姆公司生产的手表时，保准会惊叹物美价廉。美国太姆公司 1950 年开始生产手表，当时手表市场激战正酣，强手如林，像这样一个名不见经传的小公司要在竞争中杀出一条生路，开辟和扩大自己的市场，想来确实不易。但是，太姆公司成功了。

由于手表的需求大，市场潜力也较大，市场上高档表多而低价表少，如果能采取较低的价格，能够比较容易进入市场，扩大销路。因此，公司在长达几十年的经营中，一直坚定不移地对新产品采取低价策略，不断以低价向市场推出自己的新产品。

产品创新的目的，就是要进入市场，扩大市场。因此，产品如何定价是十分关键的，多数企业都为产品定低价以促使多销、快销。有的甚至在开始不惜不要一分赢利，也要以惊人的低价去争取消费者，击败竞争对手，在市场对其产品了解之后，再恢复其赢利价格。一般来说，新产品刚进入市场。消费者对其了解信任不够，持观望、谨慎态度，企业除了大力宣传促销之外，以低廉的价格去吸引消费者购买，销量会大增。

太姆公司在 20 世纪 50 年代还是默默无闻，60 年代便在国内市场上站稳了脚跟，70 年代已成为世界闻名的手表制造公司，依靠的就是低价销售。如果您想产品销量大，企业生产扩大，不妨也学学太姆公司。当然，还得在产品质量过得硬的前提下方可。

【案例点评】

消费者在对产品做出取舍时，价格往往成为关键因素。虽然消费者一贯牢记“便宜无好货”、“一分价钱一分货”的古训，但却始终追求“物美价廉”。企业在消费者矛盾的心理选择中挣扎。如何定价？定高价？定低价？让企业难以决策的因素实在太多，关键看企业是否拿捏得准，特别是在销售环节上。

（资料来源：孙全治. 市场营销案例分析[M]. 南京：东南大学出版社，2004.）

### 6.3.3　价格的变动与调整

物流服务产品的价格并不是确定下来就不再变化，物流企业应当随着企业技术水平、社会经济环境以及市场需求的变化对物流服务产品的价格进行相应的调整，才能保证产品的价格水平能够满足市场与企业自身的营销需要。

**1. 降价与提价**

物流企业对产品价格的调整说到底就是对价格的下降与提升。需要说明的是，这里说的价格是企业产品的总体价格水平，不包括例如差别定价等一些特殊的专门定价。在以下几种条件下，企业需要降低产品的价格：

① 企业运作效率的提高，使得提供物流服务所需的成本下降，这时企业可以降低产品价格以吸引客户并保持原有的利润水平不变。

② 市场中新进的竞争者增加，产品销售竞争激烈，在仍能赢利的前提下，可以降低产品价格以应对竞争。

③ 物流服务产品进入衰退期，逐渐被更符合市场需求的新产品代替，这时为了留住客户，需要降低产品的价格。

对于客户来说，他们当然都希望企业能够降低产品价格，冒然提升产品价格必然会造成客户的不满，因而在企业制定产品价格的时候，应充分考虑到客户的利益，尽量避免确定产品价格后又提升价格水平的情况。在以下几种条件下，企业可以提升产品的价格：

① 企业提供的物流服务产品在进入市场后出现供不应求的现象，再加上初期竞争较小，这时企业可以适当提高价格赚取利润。但是要防止这种情况下提价造成客户的反感，并且随着更多竞争者的进入价格会逐渐降回原来的水平。

② 提供服务的成本提高，例如石油价格的上升导致运输成本的提高，这时就要提升价格来补偿成本的增加。这种提价是在整个行业范围内进行的，一般能够得到客户的理解。

**2. 价格变动带来的反应**

物流企业对物流服务产品价格的调整都会引起客户、竞争者甚至政府的注意。如果产品价格下降，客户可能会认为产品已经过时，会被新产品代替；物流企业管理经营不善；产品的服务质量可能存在问题导致销量下跌等。竞争者则可能认为物流企业在通过降价来抢占市场，或是企业的管理出现问题。反之如果产品价格上升，客户可能会认为物流企业想赚取更多的利润，或是产品的服务质量有所提高等。物流企业要对这些可能的反应进行充分的考虑，对客户、竞争者可能采取的应对措施有所预见，才能对产品价格的调整进行合理的规划。

**3. 对竞争者价格变动的反应**

不同的企业对竞争者发动价格变动的反应各不一样。市场的领导者常常面临较小企业发动的降价，对此市场领导者会有以下几种选择：

① 维持原价。

② 维持原价和增加价值。

③ 降价。

④ 推出廉价产品予以反击。

## 小　结

物流服务产品定价是物流企业开发产品至关重要的一步，是否能制定一个合理的产品价格直接影响到产品在进入市场后销售状况的好坏，因而物流企业在制定产品价格的时候要进行全面的考虑。一般影响物流服务产品定价的主要因素有企业的定价目标、产品的成本、市场需求以及竞争因素等。

物流企业进行产品定价的方法有很多，总体说来可以分为利润导向法、成本导向法、需求导向法和竞争导向法四类定价方法。在实际的运用中，企业往往是把四类定价方法结合起来使用。作为服务产品，应当把客户的需求放在首位，因而应当以需求导向为主要的定价方法。

物流服务产品的定价策略同样有很多，主要是针对产品的不同时期、不同的目标客户实行不同的定价策略。同样，物流服务产品定价策略应当以满足和客户需求为首要目的。

物流企业除了最初的定价外，还要根据内外部因素变化对产品进行相应的调整，企业在调整物流服务产品价格，特别是提高价格的时候，应当对价格变动所带来的客户以及竞争者的反应有充分的预见和果断的应对措施。

## 复习思考题

**一、单项选择题**（在下列每小题中，选择一个最合适的答案。）

1. 随行就市定价法是______市场的惯用定价方法。

A. 完全垄断　　B. 异质产品

C. 同质产品　　D. 垄断竞争

2. 企业把全国市场分为若干价格区，对于卖给不同价格区顾客的某种产品，分别制定不同的地区价格，这种定价策略属于______。

A. 关系定价　　B. 差别定价

C. 心理定价　　D. 折扣定价

3. 为鼓励顾客购买更多物品，物流企业给那些大量购买产品的顾客的一种减价称为______。

A. 代理折扣　　B. 数量折扣

C. 季节折扣　　D. 现金折扣

4. 当产品市场需求富有弹性且生产成本和经营费用随着生产经营经验的增加而下降时，物流企业便具备了______的可能性。

A. 渗透定价　　B. 取脂定价

C. 尾数定价　　D. 招徕定价

5. 投标过程中，投标企业对其价格的确定主要是依据______制定的。

A. 市场需求　　B. 企业自身的成本费用

C. 对竞争者的报价估计　　D. 边际成本

6. 物流企业的产品供不应求，不能满足所有顾客的需要。在这种情况下，物流企业可以通过______来提高利润。

A. 降价　　B. 提价

C. 维持价格不变　　D. 降低产品质量

7. 招徕定价指______利用部分顾客求廉的心理，特意将某几种商品的价格定得较低以吸引顾客。

A. 生产者　　B. 竞争者

C. 批发商　　D. 零售商

**二、多项选择题**（下列各小题中正确的答案不少于两个，请准确选出全部正确答案。）

1. 影响企业定价的主要因素有______等。

A. 定价目标　　B. 产品成本

C. 市场需求　　D. 经营者意志

E. 竞争者的产品和价格

2. 企业定价目标主要有______等。

A. 维持生存　　B. 当期利润最大化

C. 市场占有率最大化　　D. 产品质量最优化

E. 成本最小化

3. 价格折扣主要有______等类型。

A. 现金折扣　　B. 数量折扣
C. 代理折扣　　D. 季节折扣
E. 回程和方向折扣

4. 心理定价的策略主要有______。

A. 声望定价　　B. 合同定价
C. 尾数定价　　D. 差别定价
E. 招徕定价

## 三、名词解释

需求导向定价法；竞争导向定价法；取脂定价策略；渗透定价策略。

## 四、判断题（判断下列各题是否正确，正确的在题后的括号内打“√”，错误的打“×”。）

1. 竞争导向定价法包括随行就市定价法和需求差异定价法。（　）
2. 当采取理解价格定价法时，如果企业过高地估计认知价值，便会定出偏低的价格。（　）
3. 产品差异化使购买者对价格差异的存在不甚敏感。因此，在异质产品市场上企业有较大的自由度决定其价格。（　）
4. 顾客对产品的降价既可能理解为这种产品有某些缺点，也可能认为这种产品很有价值。（　）
5. 面对激烈的竞争，物流企业为了生存和发展，在任何时候都应始终坚持只降价不提价的原则。（　）
6. 提价会引起消费者、经销商和企业推销人员的不满，因此提价不仅不会使物流企业的利润增加，反而导致利润的下降。（　）
7. 如果物流企业的市场占有率下降之后很难得以恢复，市场领导者往往维持价格不变。（　）
8. 在物流企业难以估算成本而且打算和同行和平共处的情况下，物流企业往往采取随行就市定价法。（　）

## 五、简答题

1. 简述定价的主要方法。
2. 简述价格折扣的主要类型及其影响折扣策略的主要因素。

# 第 7 章　物流服务产品分销渠道策略

**本章重点**

✧ 物流服务产品分销渠道的委托代理关系
✧ 物流企业分销渠道策略
✧ 渠道冲突管理，对分销渠道的调整和控制

**本章难点**

✧ 分销渠道的评估
✧ 综合物流服务代理模式
✧ 渠道冲突的管理

**必备技能**

✧ 熟练掌握基于 Internet 的综合物流代理模式
✧ 能够针对企业面对的内外部因素选择合适的分销渠道策略
✧ 能够对中间商以及分销渠道的效能进行评估
✧ 能够针对分销渠道出现的问题提出合适的解决方案

物流企业经营的目的是将物流服务产品传递到客户手中，并最终获取利润。如何将物流服务产品传递到消费者手中？采取怎样的方式进行传递？是物流企业面临的重要问题。同时，物流服务产品不同于工业品与生活消费品的特性决定了其在传递上也存在一定的差异性。在这一章中，我们将对物流服务产品的分销渠道进行阐述。

## 7.1　物流服务产品分销渠道概述

### 7.1.1　分销渠道概述

**1. 分销渠道的含义与作用**

在市场上，大多数的产品都不是由生产者直接供应给最终顾客或用户。在生产者和最终用户之间有大量执行不同功能和具有不同名称的营销中介机构存在。美国著名营销专家菲利普·科特勒认为：“一条分销渠道是指某种货物或劳务从生产者向消费者移动时，取得这种货物或劳务的所有权或帮助转移其所有权的所有企业和个人。”从这个定义看，分销渠道主要包涵两个方面的内容：① 渠道是产品或劳务从生产者手中传递到分销商；② 分

销商传递到消费者手中的通道。一条分销渠道主要包括生产者、商人中间商、代理中间商和消费者。

许多书中提到营销渠道，在企业营销管理的实际工作中，营销渠道管理通常就是指分销渠道管理。但是从渠道范围来说，分销渠道不同于营销渠道，营销渠道是指采购原材料和销售商品引起所有权转移所经过的路径，包括采购渠道与辅助服务机构；分销渠道是指商品所有权从生产者或商人手中转移至消费者手中的路径，不包括采购渠道与辅助服务机构。需要强调的是：分销渠道中除了企业和消费者之外的所有成员统称为分销商。

生产厂商把企业全部或者部分的销售工作委托给营销中介机构，从某种意义上说，厂商的这种委托意味着放弃部分经营控制权，然而这样做是有其经济效益的。事实上，我们只要简单地将使用营销中介机构和不使用营销中介机构的经济效果作简单的比较，就可以得出结论，如图 7.1 所示，我们可以直观地感受到营销中介机构的介入为生产企业带来的好处。从图中，我们可以得知：如果不使用营销中介机构，三个制造商和三个顾客之间将总共发生九次交易行为，使用营销中介机构以后，交易行为只有六次，这使得交易成本得到了节约，交易过程更为经济、更有效率。当然，在实际交易中，情况更为复杂。

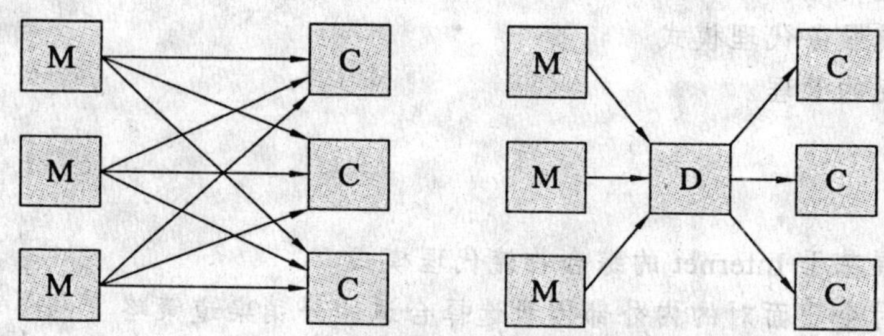


**图 7.1 营销中介机构经济效果**

### 2. 分销渠道的流程

产品从生产厂商向最终顾客或用户流动的过程中，渠道成员之间会发生各种各样的业务联系，这些业务联系构成了“渠道流程”。正是这些流程，将产品在适当的时间、以适当的方式、运至适当的地点、交至所需要的人手中，使渠道成员有机地联系在一起。一般的分销渠道中，实体流、所有权流、资金流、信息流和促销流等在制造商、经销商与顾客之间流动。如图 7.2 所示，这些流可以是正向的（如实体流、所有权流和促销流）、反向的（如资金流），也可以是双向的（如信息和风险承担等）。

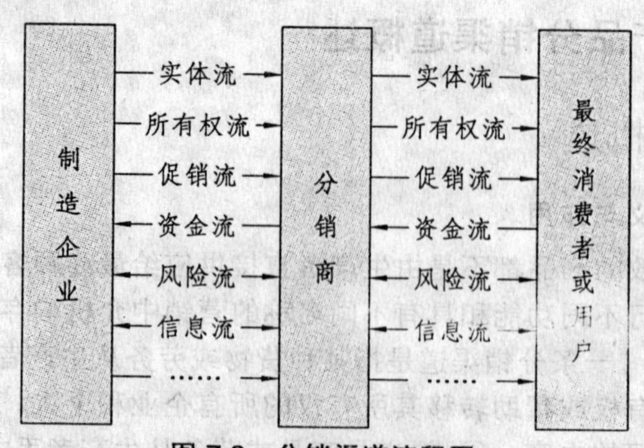


**图 7.2 分销渠道流程图**

分销渠道虽然极其复杂，但是由于它具有强有力的执行能力，能够帮助企业把商品转移到消费者的手中，填补产品、服务与其使用者之间的缺口。因此，渠道对所有的企业来说是不可缺少的。

**3. 分销渠道的功能**

在发达的商品经济条件下，生产者与消费者是分离的，这种分离涉及时间、空间、信息和服务等方面，作为连接生产与消费的分销渠道，应当发挥以下基本功能：

（1）信息收集与传递功能

信息传递是双向的，即渠道成员既要在各自的位置上，把自己的信息传递给目标市场，又要有意识地发现、收集消费者或用户及下一级渠道成员对产品的需求反馈，使企业按照市场需求来生产。

（2）产品整理功能

由于社会化大生产条件下生产与消费的联系越来越紧密，为方便消费者与用户购买，分销渠道就必须配备对产品的分类、分等、集合及组合等功能。

（3）所有权转移功能

分销渠道作为产品流动的载体，承担的最本质功能就是完成产品或服务从生产到消费的所有权转移，企业通过这一过程完成产品的价值补偿。

（4）促销功能

一般而言，企业的促销要通过分销商才能有效作用到终端市场。每一条分销渠道均有自己稳定的客源、广泛的市场联系、训练有素的营销队伍以及专业的促销手段。借助分销渠道的优势，企业可获得分工协作中的好处，提高销售效率。

（5）产品定位功能

由于不同渠道的规模、实力、信誉不同，在消费者心目中的“品味”也有高低之分，所以企业可以借此定位自己的产品。这就是“名品进名店”的理由所在。

（6）实现资金流动功能

资金流动的功能主要包括付款、信用、融资三个方面的内容。在付款方面，贷款以各种形式流向企业，渠道成员使用的付款形式更加灵活多样；渠道成员之间可以相互提升自己的信用能力，扩大商品流通的资金来源，便于产品更有效分销。

除上述功能外，根据企业所处的行业的不同，分销渠道还具有服务、表达企业文化等功能，它完成了对产品或服务的补充，满足消费者的需求。因此，企业要用心加以完善，使之充分发挥作用。

## 7.1.2 物流服务产品分销渠道

物流服务产品作为一种商品，其分销渠道也具有实物产品分销渠道的一般特点。但是，根据前面的介绍，我们知道在对传统的工业品与消费品分销渠道的定义中，辅助商即一些配送、仓储、流通加工等服务的提供者不包括在分销渠道中，而物流企业则主要提供这些服务，所以实体的分销渠道对于物流企业来说并不完全适合。所谓物流服务产品的分销渠道是指促使消费者能够以快捷、方便的方式取得物流服务的营销系统。

任何一条分销渠道都包括若干成员，通过成员间的合作完成产品的传递过程，而成员之间的关系状况就形成了分销渠道的形态或渠道系统。同工业品与消费品的营销渠道一样，物流分销渠道总体上分两大类：直接分销渠道和间接分销渠道，如图 7.3 所示。

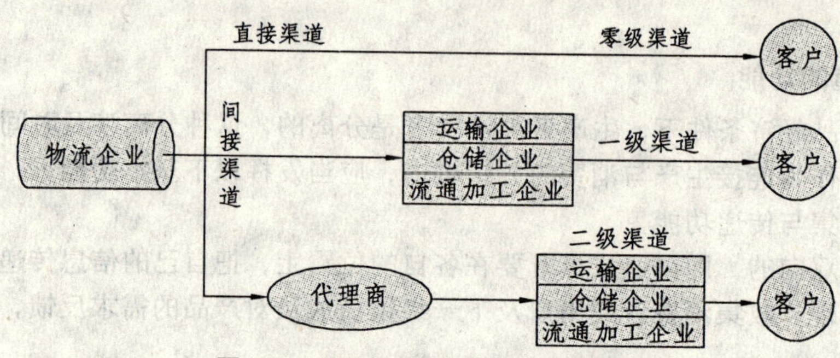


**图 7.3 物流企业分销渠道的类型**

**1. 直接分销渠道**

直接分销渠道也叫零层分销渠道，是指物流企业直接面对客户，为客户提供服务，没有任何中间商的介入。直接分销渠道是目前市场上物流服务产品的主要分销渠道。例如在集装箱班轮运输巨头马士基的分销渠道中，直销比例已达到 70% 以上。作为直接面向客户的服务产品分销渠道，直接渠道有较大的优势：

(1) 能有效控制服务产品的质量

中间商用何种方式提供物流服务，完成的情况怎样，是否会影响物流企业的形象，这些对于物流企业来说都很难控制，而直接的分销渠道则能对其进行有效控制。

(2) 能有效控制物流服务产品价格

由于这种方式下，物流企业直接面对客户，不存在中间商通过提升价格来获取利益的情况，可以使产品在价格上获得竞争优势。

(3) 能有效了解客户需求

直接面向客户，能及时了解客户的需求变化，并能针对客户的特殊要求提供针对性的个性化服务产品组合。

**【案例】** 中远集运：直销渠道助其远航

中国远洋集装箱运输有限公司（以下简称中远集运），是中国远洋运输集团（中远集团）所属专门从事海上集装箱运输的核心企业。针对集装箱运输行业供大于求的特点，中远集运在全球设立自己的办事处，大力拓展直销渠道，直接与货主接触，拜访客户，了解客户需求，直销渠道的比例由 1997 年的 5% 扩大到了 2000 年的 50%，揽货能力大大增强，加强了市场竞争力。

作为国内首屈一指的班轮公司，中远集运在国内依托上海、深圳、香港、厦门、青岛、广州、大连、天津、武汉、北京等沿海及内陆口岸，组建有货运机构近 300 个，无论客户是在本地还是在异地组织货源，都可以轻易找到中远，找到出海口，找到梦寐以求的广阔市场，中远集运驻足全球的 400 多个办事处和分支机构可以为客户保证货畅其流。

作为在海内外享有盛誉的全球承运人，中远集运世界级的船舶、跨越五大洲的航线网络、覆盖全球的销售及服务网络，结合全球各市场的地区经验，可以直接为客户提供航运价值链内的综合和高质量服务。截至 2009 年 4 月，中远集运 140 多艘各型现代化全集装箱船舶，可以提供超过 52 万标准箱的运力，一年四季都能保证客户的顺利出货。中远集运经营着 80 条国际航线，及 21 条国内航线，船舶在全球超过 53 个国家和地区及 155 个港口挂靠，可以直接帮助客户开辟海内外市场，实现跨国经营。1998 年以来，各线航线的综合准班率一直保持在 95% 以上。其中中国—美国航线、中国—澳大利亚航线的准班率一直保持在 100%，真正做到了全方位、全天候"无障碍"服务。国际同行与客户对此有口皆碑。这无疑是对中远集运服务质量最大的肯定。

除此之外，中远集运拥有成熟的咨讯科技系统和电子商务系统，透过公司的全球电子商务平台和全球电子数据交换中心，可以与客户及供应商进行业务数据交换，充分共享信息资源。这使得中远集运能够准确把握客户需求，为客户提供定制化的服务，大大提高了市场竞争力。

（资料来源：http://www.coscon.com/ourservice/service.do?selectI=1&locale=zh.）

**2. 间接分销渠道**

物流服务产品的间接分销渠道是指物流企业通过一层或者一层以上的中间商向客户提供物流服务。在间接分销渠道中存在多级营销渠道，渠道的级数由其经过的中间商的数量决定，这里的中间商包括站场组织、联运公司、货代企业、仓储企业等。一级渠道含有一个中间机构，二级渠道含有两个中间机构，以此类推。

在间接渠道中，根据转手中间商的层次可分为一级渠道和多级渠道，层次的多少被称为渠道的长度，分销渠道中每个层次的同类中间商的数目的多少被称为渠道的宽度。一般来说，分销渠道的长度和宽度越大，越难于控制。但是中间商的存在也有利于物流企业的经营。例如在某一特定领域具有一定实力和知名度的中间商，即能帮助物流企业扩大市场覆盖面，也能在一定程度上减少物流企业对大量零散客户的管理。

在这条分销渠道中，处于各个中间层次之间的是物流服务，所以不存在产品所有权的转移，这就形成了物流服务产品分销渠道独有的流程，如图 7.4 所示。服务流取代了实物流与所有权流在各级物流企业间与客户之间流动，各个流的方向也有所改变。例如资金流在工业品与消费品流程中，流动的方向是正向的，在物流服务产品分销渠道中，客户可以直接付款给最初的物流企业，然后由物流企业付款给被委托企业；也可以直接付款给被委托的物流企业，物流企业将获得的一部分利润以委托费用的形式付给最初的物流企业。

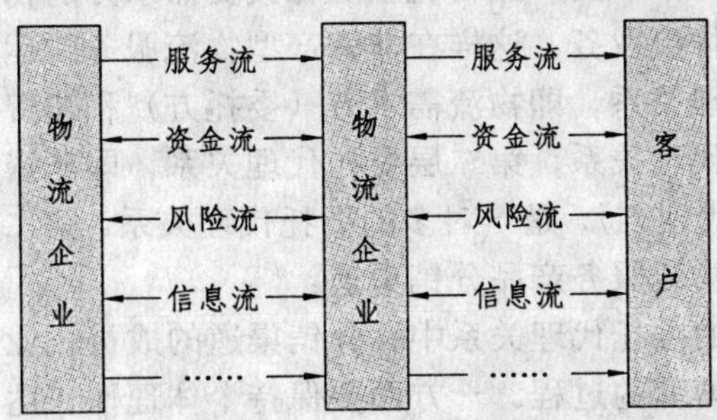

**图 7.4　物流服务产品分销渠道流程图**

**3. 中间商**

中间商是在物流分销渠道中联结物流企业和客户的重要纽带，他们在一定程度上拉近了企业和客户之间的距离。需要注意的是，物流服务产品作为一种服务产品，提供服务时需要物流企业和客户的直接互动，而中间商不能实现物流服务这种产品的地点转移，因而物流服务产品的渠道中间商并不能解决产品交易的全部环节，然而，分销渠道所具有的实现产品价值及提高交易效率和效益的功能、增强企业竞争优势的功能，多数都是在中间商的积极参与下完成的。企业的分销渠道实际上是一个较为松散的组织，物流企业无法对整个分销渠道进行全面的管理，再加上各中间商的能力和资源参差不齐，与企业合作意愿的强度也有高有低，因而物流企业选择合格的中间商的选择问题上应该十分谨慎。物流企业在选择中间商时，应当把握以下几点原则：

（1）到达目标市场原则

中间商的主要作用就是把企业的产品通过最快捷、最方便的渠道销售给更多的客户，因而企业应该选择与客户接触最紧密的中间商，这些中间商应该有广泛的销售渠道与成熟的销售技巧。这是物流企业选择中间商的基本原则。

（2）分工明确原则

分工明确就是要求企业在选择中间商的时候要对中间商的销售范围、与企业之间的权责关系等有清晰的界定。这是物流企业与中间商分工的准则，保证了双方稳定有序的合作。

（3）共同愿望原则

共同愿望原则要求中间商要与物流企业有着共同的营销利益和目标。分销渠道作为一个整体，渠道中的各个组织是否有共同的合作意愿和目标决定了分销渠道运行的效率高低。因此，在选择中间商时，要分析中间商参与有关商品分销的意愿以及与其他渠道成员合作态度等。

**4. 物流服务产品分销渠道中的委托代理关系**

与工业品和消费品的分销渠道不同，在物流服务产品的传递过程中，产生了物流服务的委托代理关系。现代意义的委托代理的概念最早是由罗斯（Ross. S）1973 年提出的："如果当事人双方，其中代理人一方代表委托人一方的利益行使某些决策权，则代理关系就随之产生了。"在营销中讨论的委托代理关系，不包括客户将所需的服务委托给物流企业，在这里，我们强调的是物流企业将全部或部分已从客户处获得的物流服务需求委托给其他功能型和非功能型的物流企业，由这些企业直接对客户进行服务。

如图 7.5 所示，对于一个非资产型物流企业在接受需求方的物流业务后，往往要委托多家功能型物流公司来完成物流业务。这样在非资产型物流服务的运作过程中，往往存在两层代理关系。第一次委托代理关系，即物流需求方（委托方）和非资产型物流企业（代理方），往往表现为一对一的委托代理关系；第二层委托代理关系，即非资产型物流企业（委托方）和多家功能型物流企业（代理方），是一对多的委托代理关系。第二层委托代理关系形成的流通渠道即为我们所考虑的物流服务产品分销渠道。

在非资产型物流企业的委托代理关系中，分销渠道的成员企业是不同利益的主体，其关于合约的谈判过程是一个博弈的过程。一方面要保持个体理性，达到个体收益最优；另一方面要体现集体理性，反映出集体利益最大化，各个伙伴之间是组织内的竞争与合作共存关系。所以，如何协调好各个成员之间的关系，对处于核心地位的非资产型物流企业来说非常关键。应尽量避免由于非资产型物流企业不能辨别功能型物流企业服务质量的高低，而错选合作伙伴，给企业和客户带来损失，形成所谓的逆向选择的情况。在这个分销渠道中，达到信息的高度共享，也是非常重要的[1]。

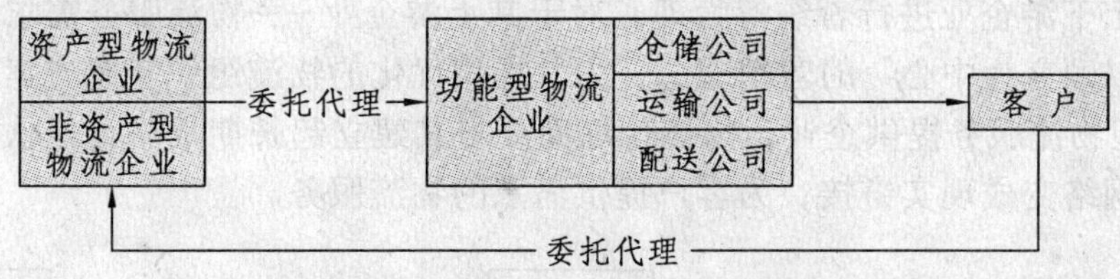


**图 7.5　物流服务产品分销渠道中的委托代理关系**

资产型物流企业拥有自己的资源，可以直接给客户提供物流服务。但是，一个企业的资源是有限的，不能无止境的满足所有的物流需求。在企业规划时，几乎不可能按照最高的物流需求量来购置设备、配备人员。这种情况下，在服务需求的高峰期，物流企业可以把部分业务外包给其他企业，以减少企业的压力，同时，也防止了市场的流失；也可以将本企业不擅长的业务委托给专业性比较强的企业，提高物流服务产品组合的质量，使企业本身专注于自己具有优势的领域，提高自己的核心竞争力。

不管对于哪种物流企业来说，委托代理关系的处理关系到物流服务产品分销渠道能否顺利运营。因此，正确处理产品分销渠道中的委托代理关系，对管理物流服务产品的分销渠道具有重要的意义。

### 5. 基于 Internet 的综合物流代理模式

综合物流代理企业是指由若干物流企业联盟组成的综合化物流代理公司（见图 7.6)，该企业并不进行大规模的固定资产投入，而是以物流应用服务提供者角色进入供应链。同时，利用先进的计算机通信技术管理企业联盟，将功能性的物流服务工作委托功能型的物流联合伙伴处理，并注重建立自己的客户营销网络和加强联盟内物流管理的系统化、网络化，提高自身的物流综合管理素质。功能型物流企业是自己业务联盟的战略伙伴，公司经营的核心就是综合物流代理业务的协调、组织、控制等管理工作，并且注重业务流程再造和组织创新。

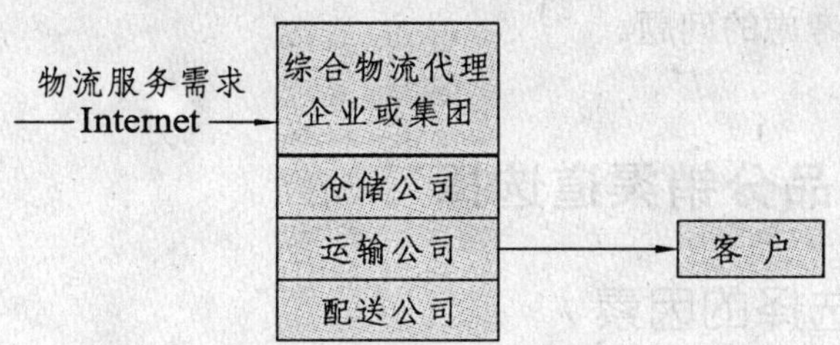


**图 7.6　综合物流代理模式下的分销渠道**

这种全新的物流代理形成物流服务产品的间接分销渠道。在图 7.7 中，我们可以看到，该系统建立了一个基于互联网的电子市场（e- marketing），在这个虚拟市场中，主要产品是物流服务，客户（电子商务的交易双方）与综合物流代理商以多对多的方式进行物流服务的交易活动。综合物流代理商作为分销渠道的重要一环，根据物流一体化原则，对客户、运输企业、配送中心、仓储企业等进行统一的调配管理。在图中我们可以看到，分销渠道并不是

1　孙冰娇. 电子商务时代综合物流代理研究—基于委托代理理论[D]. 天津师范大学硕士论文，2008, 3: 15-18.

一条线，整个分销系统中有众多的物流代理商、物流服务供给企业和众多的用户（物流服务的需求企业），实际上组成了一个“供应网络”。物流代理商作为分销渠道中极为重要的中间环节，对其上下游企业进行着统筹管理。对于其上游企业——物流服务需求企业，物流代理商要建立“以顾客为中心”的营销理念，为其提供优化的物流组织实施方案；对于其下游企业——功能型物流服务提供企业，物流代理商要与其建立起长期战略合作伙伴关系，必要时将虚拟供应网络变成现实链接，为客户提供满意的物流服务。

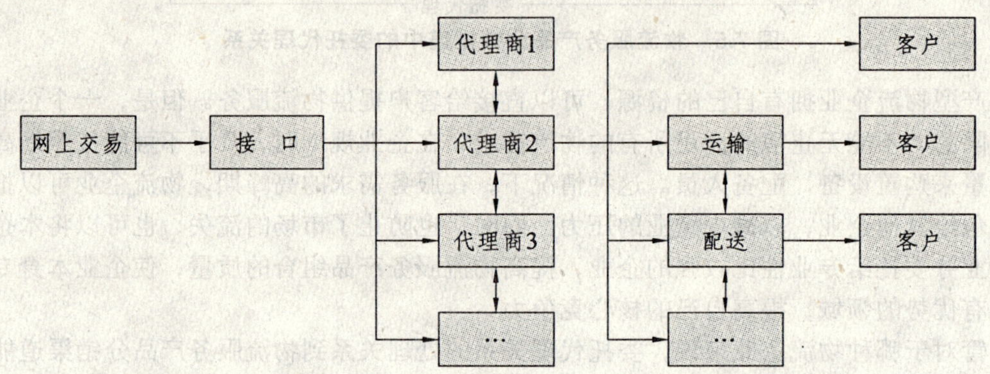


**图 7.7　基于 Internet 的综合物流代理分销渠道流程图**

目前，在我国从事综合代理业务的主要是一些大型的物流企业，如中国储运公司、中国对外贸易运输（集团）总公司、天地快运、EMS 等。各个公司的营业范围涉及全国配送、国际物流服务、多式联运和邮件快递，这些公司在不同程度上都进行了综合物流代理运作的探索实践。

开展综合物流代理的销售、采购、协调管理和组织设计的方法与经验，注重业务流程创新和组织机制的创新方针，是物流企业的经营核心，也是物流企业的经营不断产生新的增长点的内在推动力。但由于这种委托代理关系中存在着各种不确定性，特别是在我国市场体系不成熟、物流业发展处于起步阶段的情况下，风险问题不容忽视。因此，制定相应的风险防范策略，也是企业必须考虑的问题。

## 7.2　物流服务产品分销渠道选择

### 7.2.1　影响企业选择的因素

#### 1. 物流企业自身因素

(1) 企业的实力与品牌知名度

如果企业的服务质量好，品牌知名度高，资金雄厚，又有经营管理销售业务的经验和能力，这种大企业就有可能随心所欲地挑选最合适的分销渠道和中间商，甚至建立自己的销售力量，自己推销产品，而不通过任何中间商，这种分销渠道是“短而窄”的；反之，如果企业财力薄弱，或者缺乏经营管理销售业务的经验和能力，一般只能通过若干中间商推销其产品，这种分销渠道是“长而宽”的。

（2）企业对分销渠道的控制需求

如果物流企业为了实现其战略目标，在策略上需要控制产品价格，需要控制分销渠道，就要加强销售力量，从事直接销售，使用较短的分销渠道。这样企业就要花费大量的人力、财力、物力来建立自己的销售网络，这种方式适合于实力雄厚的物流企业。

**2. 物流市场因素**

（1）客户分布因素

物流企业的分销渠道是否能够满足大部分目标客户群体的需求是判断渠道方案好坏的首要标准。客户分布情况即目标客户群分布的范围，一般来说，物流企业的客户群分布面广，市场范围大，在某些地区客户的分布较为集中。对于市场规模大且分布集中的地区就适合直接渠道，相反就适合间接渠道。

（2）销售量因素

客户购买物流服务产品数量的多少，购买量大的重要客户在产品价格等方面有别于零散客户，有时需要物流企业提供定制的服务，因而适合直接渠道。零散客户具有数量大，单个客户需求量小的特点，由中间商来进行面向该客户群的销售能够缓解物流企业在管理上的负担。

（3）中间商因素

中间商因素主要是指在分销渠道中物流企业与中间商的集中程度，如果中间商与物流企业、中间商与中间商之间能够进行紧密有效的积极合作，就能有效提高分销渠道的运作效率，也免去了物流企业许多额外的管理压力。否则就需要物流企业费时费力对分销渠道进行管理控制，提高了物流企业的分销成本。

（4）竞争因素

除了在产品上进行创新吸引客户之外，在销售渠道上也可以进行创新，通过设计对客户来说更为方便快捷的销售渠道来获得客户的青睐，这也是行之有效的营销手段。

影响物流企业渠道选择的因素除了企业及市场两个主要因素外，还有社会的政治、经济、科技等宏观环境因素，物流企业应综合分析本企业面临的实际情况来选择渠道模式，在竞争激烈的物流服务市场中占据一席之地。

## 7.2.2　物流服务产品分销渠道策略

企业在分销渠道策略的选择上，应当根据企业自身因素与市场因素，选择最方便客户也最有利于企业的分销渠道，不仅要保证为客户提供准确及时的物流服务，而且还要考虑所选择的分销渠道销售效率高、费用少，能为企业带来最佳的经济效益。

**1. 确定分销渠道的模式**

分销渠道的模式就是指企业是选择采用直销渠道还是选择采用间接销售渠道，如果选择间接销售渠道，还要确定销售渠道的长度和宽度。这种对销售渠道模式的考虑应该是建立在对企业实力、市场状况以及其他外部因素权衡的基础上。

**2. 中间商的选择**

企业如果选择通过间接销售渠道进行物流服务产品的销售，那么中间商的选择至关重要，根据中间商的销售能力以及物流企业对目标市场覆盖面的要求，中间商选择的策略有以下三种：

（1）广泛分销策略

广泛分销策略又叫密集分销策略，是指企业同时选择众多的中间商来推销自己的产品。采用这种宽分销策略可以充分利用中间商的销售渠道，最大化地扩展企业产品的市场覆盖面，赢得更多的潜在客户，同时也有良好的广告效果。但是这种策略的缺点就是中间商过多，有些中间商的效率较低使得企业的分销成本可能上升；中间商之间的盲目竞争甚至可能出现互相抢占市场的局面，难以有效控制。

（2）选择性分销策略

选择性分销策略是指选择在某一地区范围有一定实力和知名度的中间商销售其产品。采用这种分销策略能够有效保证分销渠道的运作效率，降低企业营销成本，提高利润，同时能加强企业与中间商的合作关系，提高企业对分销渠道的控制力。

（3）独家分销策略

独家分销策略是一种窄分销策略，是指物流企业在某一地区只选择一家中间商进行产品的独家销售，要求中间商的营销能力能有效满足该地区的市场需求，有充足的营销经验和市场知名度。这种分销策略更体现了物流企业与中间商密切的合作关系，两者通过签订合同确定双方之间的权利义务，物流企业对渠道的控制力最强，中间商的销售积极性较高。

除了数量外，质量更是选择中间商的重要参考因素，下面列举一些不同学者建立的中间商选择指标体系，如表 7.1 所示。

**表 7.1　不同学者认为企业对中间商的选择指标体系**[1]

| 路易斯·斯特恩等人的研究成果 | 伯特·罗森布罗姆的研究成果 | 劳伦斯·G·弗里德曼等人的研究成果 |
|---|---|---|
| 销售绩效 | 销售业绩 | 销售量/销售增长率 |
| 财务绩效 | 库存保持 | 经营利润 |
| 竞争能力 | 销售能力 | 市场份额/本产品的份额 |
| 遵守合约 | 态　度 | 销售完成额 |
| 适时调整 | 持有的竞争产品 | 潜在客户达成交易率 |
| 发展规模 | 增长的潜力 | 存货定量 |
| 顾客满意 | | 客户满意/客户抱怨 |

通过表 7.1 可以发现，学者们提出的企业对中间商的选择指标体系大体是相同的，主要包括销售业绩、财务绩效、竞争能力（销售能力、市场占有率）、应变能力（态度、适时调整）、本产品竞争力（持有竞争品或本产品份额）和服务水平（顾客满意或抱怨）等。

### 3. 分销渠道成员的权利与义务

物流企业在与中间商建立合作关系的时候需要确定两者在产品销售过程中各自的权利和义务，这种权责关系一般是通过合同的形式确定下来，一般来说，物流企业与中间商之间的权责关系主要包括以下几点：

---

1　崔秀梅，张茂忠. 分销渠道中间商选择研究[J]. 科技管理研究，2006，6：106.

（1）双方的利润分配

在合同中确定中间商通过销售产品所能获得的佣金，对于不同的中间商、不同的产品可以给予不同的佣金比率。

（2）中间商的经营范围

确定允许中间商进行物流服务产品经营活动的地区范围，中间商在该地区享有一定的经营自主权，同时也应当确定中间商在范围外地区的经营权限，这也防止了不同地区中间商之间抢占市场的情况出现。

（3）其他权利与义务

物流企业与中间商可以根据业务需求，制订一些在其他方面的权责关系。例如，中间商可以享受的折扣条件以及在宣传、人员培训等方面的权利和责任。

**4. 分销渠道方案选择原则**

分销渠道管理人员在选择具体的分销渠道模式时，无论出于何种考虑，从何处着手，一般都要遵循以下原则：

（1）畅通高效的原则

畅通高效原则是渠道选择的首要原则，这是由企业建立分销渠道的主要目的决定的。物流服务产品的分销渠道应该以客户的需求为导向，保证目标市场的客户能通过最快速、最便捷的渠道取得所需的服务，同时还应在畅通高效的前提下努力提高分销渠道的效率，降低分销成本，以获得最大的经济效益，赢得竞争的时间和价格优势。

（2）覆盖适度的原则

物流企业在建立其产品分销渠道之前首先应该确定其目标市场的位置和范围，特别是物流服务产品的特性要求企业建立分布相当广泛的渠道覆盖面，而部分偏远地区由于对物流服务产品的需求量较小，物流企业可以考虑不在这些地区开通业务以降低成本。这就需要物流企业进行全面的权衡考虑，既要避免渠道覆盖面不足导致市场流失、销售量不足，也应当避免分布范围过宽过广造成沟通和服务的困难，导致无法控制和管理目标市场。

（3）稳定可控的原则

物流企业建立分销渠道往往需要耗费大量的人力、物力、财力，整个过程也是复杂而缓慢的，分销渠道内任何环节的突变都会影响到整条渠道的运作，进而影响物流企业的产品销售，因而分销渠道的稳定性至关重要。此外，分销渠道也不是一成不变的，随着内外部环境的变化，物流企业需要对产品的分销渠道进行一定的调整以适应新的环境，保持渠道的适应力和生命力，这也需要物流企业始终保持对渠道的控制力，使渠道始终都在可控制的范围内保持基本的稳定状态。

（4）协调平衡的原则

分销渠道内的成员共同组成了一个有序的销售系统，然而渠道成员间的利益关系并不是完全统一的。有时物流企业希望能以高价出售物流服务产品，然后价格过高又会影响到经销商的销量和收入。不同的经销商之间有时候也会产生冲突，这些就是我们后面将提到的渠道冲突。物流企业面对这些状况，就必须对分销渠道成员间的利益进行合理的分配，不应从片面的利益角度出发而忽略了其他渠道成员的利益。同时还要对渠道成员之间的矛盾进行协调、控制，才能保证分销渠道的效率。

(5) 发挥优势的原则

企业在选择分销渠道模式时为了争取在竞争中处于优势地位，要注意发挥自己各个方面的优势，将分销渠道模式的设计与企业的产品策略、价格策略、促销策略结合起来，增强营销组合的整体优势。

## 7.3 物流服务产品分销渠道管理

物流企业在确定其分销渠道策略之后，就开始实施渠道方案。在渠道方案的实施过程中，企业的重点应是对渠道的管理，包括渠道方案的调整以及渠道成员（主要是中间商）的评价、沟通与激励等。

### 7.3.1 对中间商的管理

**1. 评 价**

在分销渠道的运行中，中间商并不是不变的，有些中间商在与物流企业的合作中能充分发挥中间商的作用，提高产品销量，为企业带来效益，而有些则不然。因而企业对中间商的选择应该有一个既定的衡量标准，并在长期的营销中对中间商的绩效进行评价，加强与优秀中间商的合作，更换不能满足企业销售要求的中间商。评价的标准是：经销商的营销理念和合作意愿、市场覆盖范围、声誉、历史经验、产品组合情况、财务状况、促销能力和对其业务员的管理能力。一般来说，衡量中间商绩效有两种方法：

① 物流企业根据不同地区的需求潜力进行产品需求量的预测，并给负责该地区产品销售的中间商规定一个销售定额，这个定额是衡量中间商绩效的一个主要标准。

② 将中间商的绩效与上一期的进行比较，评定的标准就是企业整体销售的变动情况，看看中间商销售量的增长率是否高于整体销售量的增长率，即使由于市场等外部因素造成销售量降低，其降低的比率也不能高于整体水平。

**2. 沟 通**

中间商掌握着物流企业产品销售这一重要环节，物流企业与中间商的沟通是否顺畅是关系着两者合作紧密与否的重要方面。在物流企业与中间商的沟通中，有信息沟通和人际沟通两个方面。① 信息沟通主要是一些营销过程中业务信息的共享，能够帮助双方进行业务上的决策，包括销量、价格、折扣等信息，这种信息的交流主要通过两者之间建立专门的信息共享机制，例如信息系统等来实现，信息流通越及时、越准确就越有利于分销渠道的顺畅。② 人际沟通主要是针对前面提到的信息共享机制在某些方面无法解决的沟通问题，物流企业与中间商是赢利组织，都不可避免地会站在自己的利益角度上考虑问题，即使两者是合作关系，也会在合作过程中产生冲突，这就需要双方进行沟通，增强相互间的理解和信赖，保持合作的稳定和渠道的畅通。

**3. 激 励**

激励是对中间商管理的重要一环，其目的是为了让中间商不断积极提高经营水平，建立良好的合作伙伴关系。对中间商的激励可以分为直接激励和间接激励。直接激励包括制定严格的返利政策，价格折扣和开展促销活动；间接激励包括培训中间商和向中间商提供营销支持。不同的中间商在不同的情况下都有不同的需求，这就需要物流企业首先要了解激励对象的需求，然后予以满足。如果不分析中间商的需求情况盲目地采取激励手段，其激励效果可能不会很好，有时甚至起负面效果。还应指出的是物流企业对中间商的激励毕竟是需要付出成本的，因此物流企业要确定一个合理的激励水平，以免付出许多不必要的激励成本。

此外，在进行激励时，要注意采用多元手段，因为中间商与生产企业如果仅仅只有利益关系，在市场不稳定，出现利润下降甚至没有利润时，中间商就可能流失。而如果相互之间的纽带多元化，就可以化解很多危机。如现有些企业在自身发展的同时，扶持起一大批一流经销商，企业不惜花费较多的时间指导中间商的经营工作，从提供商品发展为提供管理、培训人员，合作领域扩大，接触面扩大，企业对中间商的影响力也随之扩大。

有学者认为，在服务产品渠道中，中间商的赢利手段主要是范围经济而非普通产品的规模经济，中间商的自我激励是渠道激励的主要类型[1]。举例来说，假设某票务代理同时代销航空公司 A、B 的机票，价格同为 900 元，不同的是航空公司 A、B 给予票务代理的渠道激励分别是 200 元与 100 元，如图 7.8 所示。而对于乘客来说，同为 900 元的机票价格是没有差别的，因而航空公司 A 多加的 100 元渠道激励实际上得不到乘客的回应；即便乘客除了价格外还会考虑航空公司的服务水平，这 100 元的渠道激励仍然不会有效果。

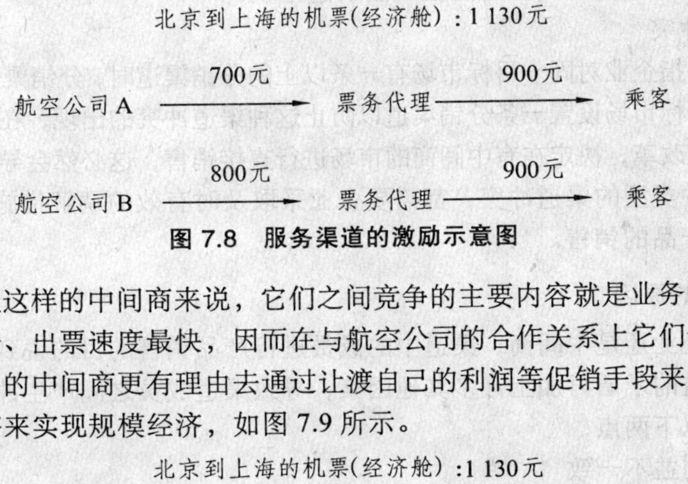

北京到上海的机票(经济舱)：1 130元

航空公司A —700元→ 票务代理 —900元→ 乘客

航空公司B —800元→ 票务代理 —900元→ 乘客

**图 7.8　服务渠道的激励示意图**

对于票务代理这样的中间商来说，它们之间竞争的主要内容就是业务的范围和速度，即谁出售的机票最全、出票速度最快，因而在与航空公司的合作关系上它们会去主动巩固，并且比普通有形产品的中间商更有理由去通过让渡自己的利润等促销手段来赢取客户，通过范围经济和速度经济来实现规模经济，如图 7.9 所示。

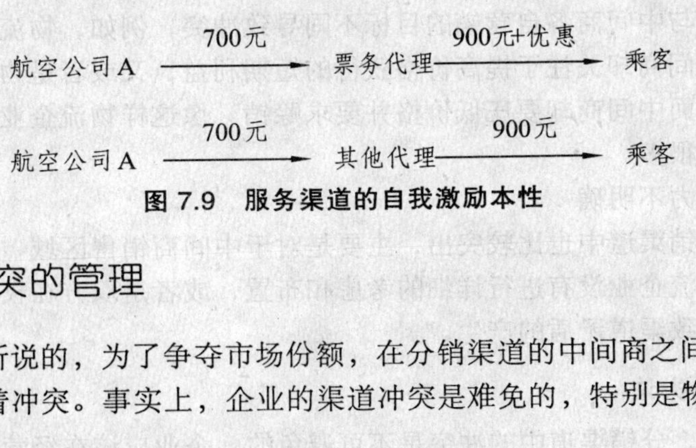

北京到上海的机票(经济舱)：1 130元

航空公司A —700元→ 票务代理 —900元+优惠→ 乘客

航空公司A —700元→ 其他代理 —900元→ 乘客

**图 7.9　服务渠道的自我激励本性**

### 7.3.2　渠道冲突的管理

正如我们前面所说的，为了争夺市场份额，在分销渠道的中间商之间，甚至物流企业与中间商之间都存在着冲突。事实上，企业的渠道冲突是难免的，特别是物流企业面对的市场

1　徐建中. 渠道中间商的自我激励和他我激励 [J]. 江苏商论，2007，7：22.

范围广，如果营销体系中没有渠道冲突发生，反而说明企业的市场覆盖面可能出现了盲区。可是如果渠道冲突过于严重则会极大影响渠道成员的合作，分散渠道成员的精力和资源，需要企业给予重视和协调。

**1. 渠道冲突的类型**

(1) 水平渠道冲突

水平渠道冲突是指分销渠道中同一层次的中间商之间的冲突。产生这种冲突大多是因为企业没有对各个中间商的销售区域进行明确的划分，导致中间商之间出现抢占市场的局面。对于这种冲突，企业应当及时采取有效措施缓和中间商之间的矛盾，否则会影响到渠道内部成员的合作。当然最重要的还是企业在进行中间商分工时要对销售区域进行明确合理的分配，尽量在源头上避免冲突的出现。

(2) 垂直渠道冲突

垂直渠道冲突也叫做上下游渠道冲突，是指在一条分销渠道中不同层次中间商之间的冲突。导致这种冲突的原因有很多，例如，上游的中间商直接面向客户销售，导致下游中间商的不满，或者下游中间商由于实力增强，希望在渠道系统中有更大的权利，向上游渠道发起了挑战等。由于在物流服务产品的销售中，多层渠道应用很少，因而这种冲突也比较少见，但是利用多层销售渠道进行销售的企业应当引起重视。

(3) 多渠道冲突

多渠道冲突是指企业对同一目标市场有一条以上的分销渠道时，分销渠道之间的冲突。企业应当尽力在一个目标市场设置一条分销渠道以防止这种渠道冲突的出现，在某些情况下，例如，企业进行分销渠道改革，决定在有中间商的市场进行直接销售，这必然会导致中间商的不满。

不论面对何种类型的渠道冲突，都需要企业采取及时有效的调解措施，防止渠道冲突进一步影响到企业产品的销售。

**2. 渠道冲突的原因**

不论是物流企业还是中间商，渠道中的成员进行产品销售的目的说到底都是从自身的利益角度出发，利益的矛盾再加上许多其他因素，导致渠道成员之间产生冲突的原因有很多，其中最主要的是以下两点:

(1) 目标和利益不一致

由于物流企业与中间商各自营销的目标不同导致冲突，例如，物流企业希望通过低价策略抢占市场，而中间商却关注于提高价格获得的短期利益；又或者是物流企业希望高价销售并要求现金交易，而中间商却要压低价格并要求赊销。像这样物流企业与中间商之间的目标不一致的冲突还有很多。

(2) 任务与权力不明确

这种问题在分销渠道中也比较突出，主要是对于中间商销售区域、任务、权力等划分不够明确。可能是物流企业没有进行详细的考虑和布置，或者是双方在权责关系的认知上存在差异，这些都会导致渠道矛盾的产生。

**3. 解决冲突的办法**

对于企业来说，分销渠道中的冲突是不可避免的，企业应该在经营活动中时刻关注渠道成员的合作状况，总结积累解决和预防渠道冲突的好办法。渠道冲突的解决方法主要有以下几点：

(1) 超级目标法

所谓超级目标，是指通过渠道成员的共同协作努力，达到单个成员无法达到的目标。这也是我们常说的，系统效用大于系统中个体效用之和，只是这种效用必须要在系统成员协调合作的前提下才能发挥出来。从根本上讲，超级目标是单个企业不能承担，只能通过合作实现的目标。一般只有当渠道受到威胁时，共同实现超级目标才会有助于冲突的解决，才有建立超级目标的必要。

(2) 协商谈判

冲突的双方能够进行积极的协商是解决问题的好办法，但要注意的是，通过协商谈判并不能解决导致冲突的根本原因，只是通过双方的妥协来缓解当前的矛盾。协商谈判可以说是双方讨价还价的过程，在谈判过程中，每个成员会放弃一些东西，从而避免冲突发生，利用谈判或劝说还是要看成员的沟通能力。

(3) 法律战略

当企业的领导力不起作用，冲突十分严重而通过协调、谈判无法解决的时候，可能会需要利用法律手段来解决渠道成员的冲突。事实上，这种方法只会加剧冲突，对于分销渠道来说毫无益处，非到必要时候不建议使用这种方法，渠道成员也应注意预防，防止相互间出现过于严重的冲突。

(4) 退　出

退出是指离开分销渠道系统。虽然我们前面说过分销渠道的稳定性十分重要，然而事实上退出分销渠道系统是解决渠道冲突的普遍方法。很多时候当渠道的水平、垂直或渠道间冲突无法调和解决的时候，果断地退出是一个可取的办法，前提是退出造成的损失不能大于渠道冲突给企业带来的损失。毕竟退出后渠道的特定环节会发生脱节，又需要企业和中间商费时费力重新进行渠道环节的完善，因而在退出之前一定要慎重考虑。

**【案例】**　格力与国美的渠道冲突

1. 国美 VS 格力纷争回放（2004 年）

2 月 24 日，某市国美擅自降价，格力空调停止供货。

3 月 9 日，国内家电连锁老大国美向各地分公司下发了一份“关于清理格力空调库存的紧急通知”，要求各地分公司将格力空调的库存及业务清理完毕。格力总部则反击称：如果国美不按照格力的游戏规则办事，格力将把国美清除出自己的销售体系，斗争升级。

3 月 11 日，国美在全国卖场清理格力空调。

在此之前，当国美与格力出现纷争的时候，几乎没有人认为这将演变成一场毫无合作前景的关于渠道理念的拉锯战，习惯认为：总会有一方抛出橄榄枝握手言和。

然而几个月过去了，尽管双方都厌倦了口水战，但仍旧固执地各执一词。“我坚信我们的模式是成功的，我们在全国的发展和 2004 年预计 260 亿的销售额充分证明了这一点。”国美总部某人士如是说。而对此格力反驳道：“凭什么说格力模式就是落后的？我们同家电连锁渠道并没有冲突。”

国美与格力的纷争就此恶化，最终导致僵局形成。

2. 国美：继续低价神话

"我们代表了流通渠道的先进生产力"，国美电器总部某人士对《环球企业家》说，"坚持直供模式，这是国美价格上最终有优势的主要原因。国美在全国有150家店的庞大网络，有强大的吸纳能力，所以我们希望能够同主流品牌或知名厂家签订直供条约，取消中间环节，最直接的意义就是降低流通成本，加快周转速度。"的确，国美模式应该有其骄傲的资本，从1987年北京珠市口大街路边一间几十平米的小店，到今天坐拥150余家连锁商城；从2000年30.2亿元的销售额，到2003年的178亿元，年均增长速度大于50%。国美的高速发展创造了连锁神话，而这个神话直接源于国美薄利多销的低价战略。

但格力认为，国美利用渠道终端的霸权，企图压榨上游厂商从而达到牟取暴利的目的。凭什么国美要比格力其他的经销商获取更多的优惠，而压出来的中间利润哪去了？

对此，国美有自己的逻辑。国美认为所谓把中间环节的利润打压下来独吞是不成立的，国美的利润率很低，平均只有1.5%～2%。其实中间环节并非是利润的概念，而是不该发生的成本，国美把不该发生的成本减去，消费者、厂家、商家三者都受益了。首先是消费者买到了物美价廉的商品。其次由于价格低，商家扩大了销量，尽管利润率低，但规模上去了，利润额还是增加了，推广了厂家的品牌，厂家也是受益的。

国美方面认为，国美并没有企图压榨上游厂家，与格力的矛盾主要还是因为渠道模式的冲突。具体而言，格力在全国有上万个代理商，那么国美要想跟其合作的话就要和每个区域的代理商谈判，不仅有大量重复的劳动和成本，而且每个代理商对国美提供的服务也不一致，所以对于国美这样一个全国连锁企业来说是不太愿意与其合作的。

就在国美宣布"清理"格力之际，格力大中的高层通过两番会面已达成合作协议，同时格力也加强了同其他家电销售商的合作。国美对格力的这些举措回应说："作为家电流通行业的代表，国美背负着责任坚持这个行业的模式，其他的家电流通商也许为了即时性战略的需要放弃了行业的责任，但是我们作为行业的龙头要有长远的战略思考。"

3. 格力：坚持多元无罪

与国美主动"挑衅"的姿态不同，格力从来没有承认卷入了这场纷争，格力总经理多次表示："作为格力负责营销的领导，我并不知道事情的原委，也没有得到国美的什么消息，直到目前，我没有与国美就此事件进行过商谈，事情由国美开始，也应该由国美结束。"显然，国美电器的"清场令"并没有得到格力的回应。

格力新闻中心发言人对《环球企业家》说，他不认为国美不与格力合作是源于渠道模式的冲突，"我们走的是多元化的渠道模式，这与家电连锁渠道并没有冲突。江苏苏宁、北京大中、上海永乐、武汉工贸、深圳顺电等合作得都很愉快，并不是格力的模式不行，而是有些企业有自己的考虑。"

格力坚持多元化的渠道，只要适应市场，对格力有利，对消费者有利，格力都欢迎加入其销售渠道中，但前提是厂商共赢，平等互利。同时格力将一种诚信的文化融入经营过程中，对经销商讲诚信。这是一种能够适应中国市场的比较健康的模式。

尽管格力模式确实有着让人不可小视的战绩，从当初2万台的年销售量发展到如今500万台100亿元的销售额，连续九年销量第一。但是许多渠道专家们仍然对其提出了质疑，认为中间代理商的存在最终使格力失去了竞争优势。但格力方面表示："我们的销售公司其实就相当于一个办事处，海尔、TCL在各地也有办事处，他们是服务机构，服务当地的经销商。况且我们的模式也在不断地完善和改进。”

【案例点评】

渠道冲突是企业在进行产品营销过程当中不得不面对的问题。渠道冲突产生的原因多种多样，本案例中格力与国美在渠道模式上的矛盾是产生渠道冲突的直接原因，在渠道冲突不可调和的时候，格力只能选择退出国美卖场以维护自己及其分销渠道的利益。同样的，物流企业也需要对自身营销渠道成员的合作进行有效的维护和控制，在出现渠道冲突时，选择合适的对策来解决冲突，将损失降到最低。

（资料来源：郑宽明．市场营销案例．西安：西北大学出版社，2005.）

## 7.3.3　分销渠道的调整

对分销渠道中的供应商进行管理是分销渠道管理中十分重要的一环，同时还要站在市场的角度审查整条分销渠道是否合适、是否需要调整，因为市场需求与企业的目标并不是不变的，企业要根据内外部环境的变化适时调整自己的分销渠道。调整的方式主要有：

**1. 增减某一种分销渠道**

当企业设计的分销渠道在某些地区的销售额不够理想，并且经过考察渠道确实不适合物流服务产品的销售，或者该地区的需求量并没有达到企业的预测，继续该渠道的销售只会增加企业的分销成本而不能带来收益，这时企业就可以考虑在该区域撤销分销渠道，必要时增设更为合适的分销渠道。此外，当企业已有的分销渠道不适合企业推出的新产品的销售时，企业也可以设计新的营销渠道进行新产品的销售。

**2. 调整整个分销渠道**

当企业的分销渠道在市场或企业自身的长期变化中已经严重滞后，影响到了企业产品的销售时，就需要对整个分销渠道进行调整。一般来说，企业分销渠道也是随着市场及企业的变化而逐渐变化，这种调整方式波及面广、投入大、风险高，仅适合在企业出现大变革或者市场突发变化的时候进行。

## 7.3.4　分销渠道的控制

在物流服务产品的分销渠道中，各渠道成员都是按照自身利益最大化的目标，而非渠道整体利益最大化的原则展开营销活动的，然而正如我们前面所说，渠道成员的利益在很多情况下都不相一致，这是物流企业在进行分销渠道管理时不得不面对的问题。因而物流企业必须加强对渠道的有效控制。渠道控制主要从以下几个方面进行：

(1) 渠道长度控制

尽可能地减少中间环节，必要时可采取直销形式，提高渠道效率。

(2) 成本控制

对渠道进行成本效益分析，尽可能减少渠道费用，提高渠道的经济效益。

(3) 人员控制

不管采用什么样的渠道，对销售人员的素质要有一定的要求，对销售人员的招聘、培训、考核、激励、监督等管理工作都是渠道控制的主要内容。

（4）区域控制

不少企业在选择分销渠道时，对区域控制采取顺其自然的态度，有的在分销协议中不作明确的规定，有的虽然有明确规定但执行力度不够，出现经销商跨地区销售，引起渠道冲突，这些问题如不能及时处理，就会导致中间商队伍涣散，与企业合作减少，整个销售网络处于极不稳定的状况，区域控制要求被选择的中间商严格遵守分销条款，出现跨地区分销现象及时处理。

（5）价格控制

中间商为了争夺市场，往往采取低价竞争的方式，这种以低价为特征的恶性竞争的结果是使中间商元气大伤，最终脱离原来的业务，所以对中间商价格的监控是渠道控制的主要内容之一。

此外，还要指出的就是一体化营销，一体化营销是物流企业与中间商合作的最优方式，所谓一体化营销，就是物流企业和中间商组成一个联合的统一体，针对产品营销的突破口，统一沟通、计划、行动，从而提高营销渠道的整体运作效率和竞争力，也能消除渠道的内耗，使资源应用最大化。这种方式类似于一个战略联盟，需要双方都具有一定的实力和利益与共的意愿。事实上它在国内的企业中应用的比较少，但是物流企业还是应当以此为目标，尽量加强与中间商的合作。

## 小 结

对于企业来说，分销渠道是重要的外部资源。要建立一个完善的分销渠道网络需要企业在长期的产品营销活动中耗费大量的时间和精力。分销渠道能为企业节约资源、收集信息、促进销售和承担风险。中间商作为分销渠道中的产品中转者，是分销渠道的重要组成部分，企业在中间商的选择上应予以足够的重视。

物流服务产品在分销渠道中经过的中间商数量被称为渠道的层次，按照分销渠道的层次可以把分销渠道分为不经过中间商的直接渠道和经过中间商的间接渠道。企业分销渠道的数量叫做分销渠道的宽度，每条分销渠道的层次也被称为渠道的长度。企业利用直接渠道进行产品销售更有利于企业对渠道的直接控制；使用间接渠道能利用中间商的资源和能力开拓市场，然而渠道如果过长过宽，就会加大企业对渠道的控制难度。

物流企业应从内外部的实际条件出发选择适合自身的分销渠道策略，要考虑的内部因素包括企业的实力以及对渠道的控制需求等；外部因素包括客户的分布、销售量、中间商、市场竞争、政府政策等。根据中间商数量的多少，可以把分销渠道策略分为广泛分销策略、选择性分销策略和独家分销策略。广泛的分销策略可以极大地扩大物流企业的市场覆盖面，但却要求物流企业花费更多的时间和精力进行控制管理，因而建议物流企业在中间商的选择上应以质量为主，数量为辅。此外物流企业还应与中间商制定明确的权责关系，以保证合作的顺利进行。

物流企业在建立和完善分销渠道的同时还应对分销渠道进行有效的管理。其中对于中间商的评价、沟通和激励仍为主要的环节。另外就是对渠道冲突的管理，分销渠道中的成员都是从自身的利益角度出发从事经营活动，由于目标和利益不一致或者任务权利不明确，相互之间产生冲突是在所难免的，重要的是需要企业发挥其领导力，采取有效措施对渠道冲突进行预防和解决。解决渠道冲突的办法有超级目标法、协商谈判、法律战略以及退出。

## 复习思考题

**一、单项选择题**（在下列每小题中，选择一个最合适的答案。）

1. 分销渠道的每个层次使用同种类型中间商数目的多少，被称为分销渠道的______。
   A. 宽度　　B. 长度
   C. 深度　　D. 关联度
2. 生产消费品中的便利品的企业通常采取______的策略。
   A. 密集分销　　B. 独家分销
   C. 选择分销　　D. 直销
3. 当目标顾客人数众多时，生产者倾向于利用______。
   A. 长而宽的渠道　　B. 短渠道
   C. 窄渠道　　D. 直接渠道
4. 物流分销渠道成员不包括______。
   A. 物流企业　　B. 客户
   C. 中间商　　D. 辅助商

**二、多项选择题**（下列各小题中正确的答案不少于两个，请准确选出全部正确答案。）

1. 物流分销渠道包括______。
   A. 物流企业　　B. 商人中间商
   C. 代理商　　D. 供应商　　E. 消费者
2. 影响分销渠道设计的因素有______。
   A. 顾客　　B. 中间商
   C. 竞争　　D. 企业　　E. 销售量
3. 中间商选择的策略主要有______。
   A. 广泛分销策略　　B. 选择性分销策略
   C. 独家分销策略　　D. 高端分销策略
   E. 畅通分销策略
4. 解决渠道冲突的方法有______。
   A. 超级目标法　　B. 协商谈判
   C. 法律战略　　D. 退出　　E. 解除关系

**三、名词解释**

市场营销渠道；分销渠道；直接分销渠道。

**四、判断题**（判断下列各题是否正确，正确的在题后的括号内打“√”，错误的打“×”。）

1. 确定企业所要达到的目标市场是渠道有效设计的起点。（　）
2. 判断一个渠道方案的好坏首要标准是其能否导致较高的销售额和较低的成本。（　）

3. 渠道冲突是完全可以避免的。 ( )
4. 使用法律战略更为公平公正，应当提倡使用这种方法来解决渠道冲突。 ( )
5. 物流企业应当努力加强自身对分销渠道的控制力。 ( )

## 五、简答题

1. 物流分销渠道的功能有哪些？
2. 请简述分销渠道方案选择的原则。
3. 解决渠道冲突的办法有哪些？

## 六、论述题

渠道冲突的类型有哪些？请结合物流服务产品分销渠道实际举例说明。

## 七、案例分析

### 物流企业的渠道拓展策略——特许加盟

你想投资中国的快递行业吗？你想成为世界五百强企业的成员吗？现在这个梦想可以实现了。著名的全球快递和物流供应商TNT集团经过一年多的悉心筹备，正式推出了快递特许加盟项目，给国内的投资者提供了难得的机遇。

在上交会现场，TNT的展台前人满为患，工作人员不断在向观众解释相关的问题。TNT为世界五百强物流企业首次在中国推出特许加盟计划，为了保证集团的品牌形象，所以要求加盟者必须有良好的个人或公司信誉，能保证运营的充足资金，具备一定的经营管理能力和客户开拓能力，最好能有相关行业运作的经验。其中投资预算分为加盟金10万元人民币，保证金10万元人民币，特许权使用费为营业额的6%，如果包括TNT计算机系统和初期购置车辆预算，整个的投资预计50万元～100万元人民币。符合以上条件的加盟者，TNT会有特许加盟部人员对其进行详细的评估，如果一切顺利的话，在1～3个月的评估期后，就可以签订加盟合同，正式成为世界五百强企业TNT中国网络的成员了。

此后，加盟者可以获得五年TNT品牌的授权，TNT快递的经营和运作模式，TNT全球跟踪查询系统，TNT国际和国内运输网络的互相支持，市场营销活动的指导和大客户的协助开拓，其中最重要的是可以参与TNT大学的培训机会，包括营运、销售、客户服务、计算机系统、财务管理等一系列的培训与指导。国外四大物流巨头UPS、DHL、FedEx、TNT纷纷抢滩中国，但国内地区的网点建设一直是他们心中的痛，相比和国内物流企业合资或直接花重金收购具备成熟网络的物流企业来说，TNT的特许加盟无疑是最聪明的举措，通过加盟商的进入而扩大集团公司的物流网点布局。

**思考题：**

（1）物流企业自建网络需要相当的资金实力，同时还会花费较多的时间，在管理上难度也会很大。通过加盟的方式无疑是明智的选择，请考虑一下物流加盟应注意什么问题。该如何操作，查阅相关资料解决之。

（2）物流企业渠道建设除了加盟之外，还有收购、共建等方式，请思考一下，还有其他方式吗？

（3）物流企业的核心终端渠道建设的利与弊分析。

# 第 8 章　物流企业促销策略

本章重点

- ✧ 物流企业促销的概念及作用
- ✧ 物流企业促销的主要方式
- ✧ 物流企业四种主要的促销方式各自的优点和缺点
- ✧ 物流服务有形展示的概念及作用
- ✧ 物流服务有形展示的含义与内容

本章难点

- ✧ 推式策略和拉式策略的不同
- ✧ 物流企业四种主要的促销方式各自的优点和缺点
- ✧ 物流服务有形展示的含义

必备技能

- ✧ 能够综合考虑各种因素，选择合适的促销组合策略
- ✧ 把握物流企业四种主要的促销方式以及各自适用的条件
- ✧ 根据物流企业的特点及所处的环境，适当选择促销方式，有机结合，达到最佳效果
- ✧ 针对物流企业的情况，进行基本的物流服务有形展示

物流企业要想市场营销活动成功，必须进行灵活多样的促销活动。物流企业促销活动是企业和消费者之间的一种沟通活动，它可以刺激消费者的需求，扩大产品的销量，提高市场占有率。因此，物流市场营销是企业实现经营目标的重要手段，对物流企业有着重要作用。

## 8.1　物流企业促销与促销组合

### 8.1.1　物流企业促销概述

#### 1. 物流企业促销的含义

促销（promotion）是指企业通过各种方法和手段把企业的产品和服务的信息通过各种方式传递给消费者，沟通企业与消费者之间的信息，引发、刺激消费者的消费欲望和兴趣，使其产生购买行为的活动。促销实质上是企业与消费者之间的信息沟通，具体来说，它具有以下两层含义：

（1）促销工作的核心是信息沟通

企业与消费者之间达成交易的基本条件是信息沟通。如果企业没有将其生产的产品或服务的有关信息传递给消费者，那么，消费者对此则一无所知，自然谈不上认购。只有企业主动地把其产品或服务的信息传递给消费者，才可能使消费者引起注意，并有可能产生购买欲望。

（2）促销的目的是引发、刺激消费者产生购买行为

消费者是否产生购买行为在很大程度上取决于消费者的购买欲望，而消费者购买欲望又与外界的刺激密不可分。促销正是针对这一特点，通过各种传播方式把产品或服务的有关信息传递给消费者，以激发其购买欲望，使其产生购买行为。

对于现代的物流企业，物流服务促销是指物流企业在经营的过程当中，利用各种方式和手段把本企业所能提供服务的相关信息，如服务的内容、方式、特色等，传递给消费者，进而促进销售的经营活动。通过物流企业的促销活动，客户可以对物流企业有一定的认识，进而才可能购买企业提供的服务。因此，物流服务促销是物流企业与客户沟通的重要方式，它影响着物流企业的运营效益，所以进行服务促销非常必要。

**2. 物流服务促销的特点**

（1）产品的无形化

现代物流企业通过一系列的物流活动，一方面向客户提供产品运输、仓储、配送等传统服务；另一方面向客户提供更为重要的增值服务。这些物流服务都具有一个非常鲜明的特点，即无形化。因为物流服务的无形化特征，物流企业在进行促销活动中，促销的手段和措施一定要注重把无形化的物流服务尽量有形地展示出来，这样才能让物流服务的需求者更好地了解企业的产品，也才能更好地勾起他们购买产品的欲望。

（2）促销过程的长期性

正是由于物流企业提供的服务不像其他产品那样容易被客户所感知，这就使得服务产品的促销需要一个长期的过程，也只有这样才能使产品的理念更加深入人心。同时，也需要物流企业在促销过程中做长期的积累和不断的努力，才能取得成功促销服务产品的效果。

**3. 物流企业促销的作用**

物流服务是一种无形的服务产品，如何使需求者真正感觉到本企业所提供的物流服务，是物流服务促销的主要任务。因此，物流服务促销是企业营销活动中的重要组成部分，对物流企业具有重要作用：

（1）通过促销活动可以沟通信息

销售产品是市场营销活动的中心任务，信息传递是产品顺利销售的保证。信息沟通包括两方面，一方面是企业为消费者提供服务产品的相关信息，介绍有关企业现状、产品特点、价格及服务方式和内容等信息，以此来诱导消费者对产品或服务产生需求欲望并采取购买行为；另一方面是企业收集客户对本企业及产品的相关信息，如客户对产品的看法、态度、建议等，使企业能更好地满足客户的需求，并为日后的促销活动提供基础。

（2）通过促销活动可以刺激需求

物流企业的促销活动不仅可以诱导需求，而且能在一定条件下创造需求。物流企业通过促销活动，突出本企业产品的特点，侧重宣传其从订单处理、仓储保管、运输配送、装卸到包装、流通加工、信息反馈等一连串作业活动，创造商品的附加值，为客户提供增值服务，

使消费者认识到购买本企业产品所带来的利益，激发消费者的需求欲望，变潜在需求为现实需求。

（3）通过促销活动可以突出特色

在市场竞争激烈的情况下，同类商品很多，消费者在购买的时候有众多的选择。在这种环境下，物流企业要生存和发展，就必须有自身的特色。物流企业服务的领域十分广阔，不同企业提供服务的差别往往不易被客户了解。因此，在促销活动中，物流企业要突出自身产品的特色，重点强调其能给客户带来的特殊利益，这样才能使客户增强对企业的了解，从而吸引更多客户。

（4）通过促销活动可以稳定客户关系

在激烈的市场竞争中，企业产品的市场地位经常不稳定，致使有些企业的产品销售波动较大。物流企业运用适当的促销方式，开展促销活动，可使较多的消费者对本企业的产品产生偏爱，加深企业和客户之间的感情，与客户建立长期、稳定的合作关系，进而稳住已经占领的市场，达到稳定销售的目的。

**4. 物流企业促销的主要方式**

物流企业在促销中可以使用的方式有很多，按照信息传递的载体划分，可以把促销分为人员促销和非人员促销两大类，具体包括人员推销、广告宣传、公共关系、营业推广四种主要方式。

（1）人员推销

人员推销是指企业通过推销人员与消费者面对面地交谈来传递信息，说服消费者购买的一种营销活动。这种促销方式的最大优点是能够实现信息的双向传递。一方面，推销人员可以直接向消费者演示和说明物流服务的信息，以增进顾客对产品的了解，从而促进销售；另一方面，又可以直接了解到顾客的意见和要求，以便及时改进产品和经营。因此，人员推销对于那些单位产品价值高、市场比较集中、无足够资金推行完善的宣传的企业显得非常有效。但是，人员推销的成本比较昂贵。

（2）广告宣传

广告宣传是指通过一定的媒介，以付费的方式向消费者展示和推销产品或服务的一种促销方式。广告宣传的最大优点是传播速度快、宣传面广、形象生动、节省人力。物流企业的广告促销通过综合运用文字、声音、图像等手段，增强信息的表现力，使客户易于接受。同时，由于广告具有公众性，在树立企业产品的长期形象方面有比较好的效果。对于那些产品市场很大、需求量增长快、产品具有特色或隐藏性质，需要向消费者说明的企业，广告宣传是十分有用的。但是，广告单向传播信息，往往不能促成立即成交，而且广告的费用也比较昂贵。

（3）公共关系

公共关系是指通过协调企业与公众之间的关系，以争取公众对企业的理解、认可和合作，达到扩大企业产品推销目的的推销方式。公共关系的核心是沟通信息，促进相互了解，宣传企业，提高企业的知名度，为企业创造一个良好的发展环境。公共关系主要通过新闻报道以及企业参加的各种社会活动来传播企业和产品的信息。由于传播的信息带有新闻性，因而消费者一般会感觉广告信息是有权威的、公正可靠的，比较容易相信和接受。但这种方式不如其他方式见效快，而且信息发布权握在公共媒体手中，企业也不容易进行控制。

(4) 营业推广

营业推广是指一种短期促销的方式，是在短期内采取一些刺激性的手段来鼓励消费者购买的一种营销活动。营业推广主要通过优惠、有奖销售等形式进行宣传，使消费者产生强烈的、即时的反应，促成立即购买，从而提高产品的销售量。但这种方式通常只在短期内有效，如果时间过长或过于频繁，很容易引起消费者的疑虑和不信任。

## 8.1.2 物流企业促销策略

### 1. 促销组合策略

物流企业的促销方式有人员推销、广告、公共关系和营业推广四种。由于各种促销方式都有其优点和缺点，因此，企业在促销过程中，就要根据产品的特点和营销目标，综合各种影响因素，在四种促销方式中合理选择、有机搭配，以取得最佳的促销效果。

根据物流企业对各种促销方式的选择及在组合中侧重使用的促销方式，可以把物流企业的促销组合策略分为以下三种:

(1) 推式策略

推式策略是指企业运用人员推销等方式，把产品推向市场，即从生产企业推向中间商，再由中间商推给消费者。推式策略一般适合于单位价值较高、性能复杂、需要做示范的产品；根据用户需求特点设计的产品；流通环节较少、流通渠道较短的产品；市场比较集中的产品等。推式策略的优点是风险小、推销周期短、资金回收快。推式策略具体如图 8.1 所示。

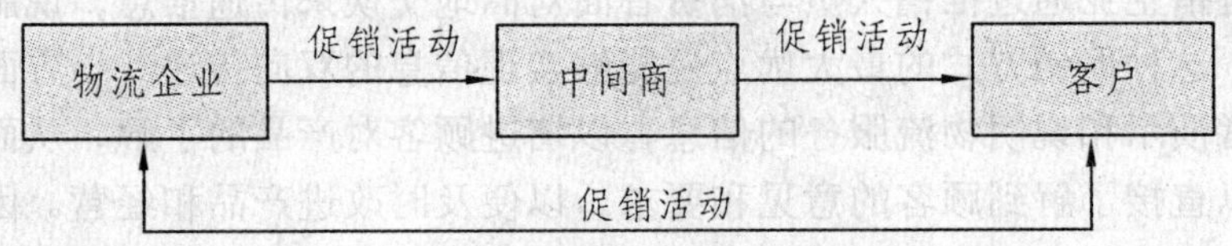


**图 8.1 物流企业的推式策略示意图**

物流企业采用推式策略，常用的方法主要有：人员推销、营业推广等。例如，大家熟悉的一种保健品脑白金，其公司就经常进行营业推广活动以促销产品。

(2) 拉式策略

拉式策略是指企业针对客户展开广告攻势，使其对本企业的产品产生购买欲望，形成市场需求，以扩大销售。对单位价值较低的日常用品；流通环节较多、流通渠道较长的产品；市场范围较广、市场需求较大的产品，通常采用拉式策略。拉式策略具体运作如图 8.2 所示。

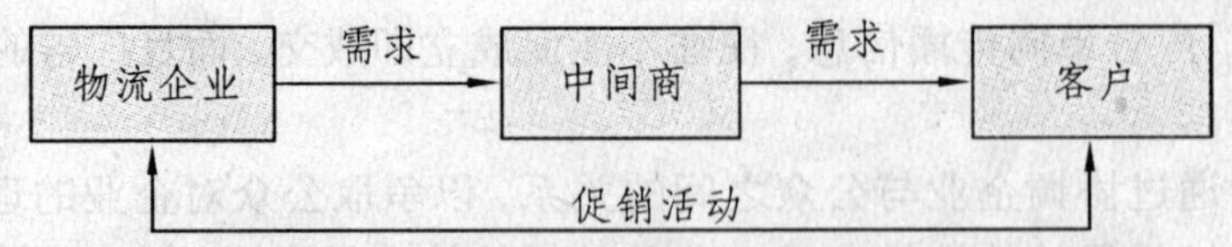


**图 8.2 物流企业的拉式策略示意图**

物流企业采用拉式策略，常用的方式主要有：价格促销、广告、代销等。脑白金产品的广告是大家所熟知的，其广告使许多潜在客户都产生了购买的欲望与冲动，那句广告词“今年过年不收礼，收礼只收脑白金”更是为人熟知。正是由于成功运用了广告促销策略，脑白金在短时间内成为了一种非常大众化的产品，每年的销量惊人，为公司赚得巨额利润。

(3) 推拉结合策略

在通常情况下，物流企业可以把上述两种策略结合起来运用，在向中间商进行大力促销的同时，通过广告刺激市场需求。

在“推式”促销的同时进行“拉式”促销，用双向的促销努力把服务产品推向市场，这比单独的利用推式策略或拉式策略更为有效。推拉策略具体运作如图 8.3 所示。

**图 8.3　物流企业的推拉结合策略示意图**

**2. 选择促销组合策略时应考虑的因素**

由于四种促销方式均有自己的优缺点，企业要选择何种方式，往往要受到促销目标、市场特点、产品性质、产品生命周期等因素的影响。具体来说有以下因素:

(1) 促销目标

企业在不同时期及面对不同的市场状况时，均会有不同的促销目标。某一时期内，其营销目标是在某一市场迅速增加销售量，扩大企业的市场份额。而在另一时期或另一市场，营销目标是树立企业形象，占领有利的市场竞争地位。两种促销目标所对应的促销方式是不同的，前者主要运用广告和营业推广，而后者往往要通过宣传报道、建立广泛的公共关系等手段来完成。即使使用同一手段，在内容等方面也有很大差异。

(2) 市场状况

一般来讲，如果目标市场地域分布广，应多采用广告进行促销，反之，则可以人员推销为主；如果目标市场消费者文化水平较高，经济状况比较宽裕，应较多地运用广告和公共关系，反之，则应多用营业推广和人员推销。例如，在某些文化水平较低的市场上，目标顾客对媒介的接收能力较差，就应更多地使用营业推广等促销方式。

(3) 产品特点

物流企业为满足各类客户的需求，应提供不同类型的物流服务产品，对不同特点的产品，应采取不同的促销策略。一般来说，比较基本的物流服务，如传统的运输服务、配送服务、仓储服务等，由于存在的时间较长，而且运作起来也有一定的基础，因此对于这类服务可以采用推式的促销策略。而对于一些可以突出自己企业运营特点的服务形式，如一些个性化的创新式服务、通过数据库和咨询服务提供的以管理为基础的物流服务、物流战略计划服务等，物流企业则要更多地利用拉式促销策略，以使物流服务更能满足客户的需求。

(4) 产品生命周期

物流服务产品在生命周期的不同阶段，有不同的促销目标，因此，相应地要制订不同的促销组合，实施不同的促销决策。

在产品的投入期，由于商品初上市，促销的目标就是让购买者认识和了解商品，因此需要大量做广告，进行广泛宣传。同时，要配合人员推销来选择中间商，使产品尽快打入市场；在产品成长期，产品销量有较大增长，这时的促销目标是进一步引起消费者的购买兴趣，增加其对产品的偏爱。这时的促销方式仍是以广告为主，广告的内容应从宣传产品新特性为主转变为以宣传质量和服务为主，同时配合公共关系来树立产品、企业形象；在产品成熟期，虽然产品销售增长率不大，但销售的绝对量已经很大，这时的购买者大多数是老主顾。因此，这时的促销目标主要是增加购买者的信任感，促销方式主要是广告，由于产品已经成熟，此时尽可能多运用公共关系宣传，来扩大和巩固产品和企业在消费者心中的地位。各种宣传的重点主要在于让大家不放弃对该产品的消费；在产品衰退期，销量下降。因此，这时的促销目标主要是使一些老客户继续信任和使用自己的产品，维持对产品的偏爱。这时，则往往以营业推广为主要促销方式，并辅之以提示性广告。

（5）物流企业运用促销方式的能力和经验

物流企业运用促销方式的能力和经验是有区别的，有的喜欢用“推”的销售策略，有的人则擅长用“拉”的策略。喜欢用推的策略者以人员推销为主，广告和其他形式为辅；擅长用拉的策略者则以广告为主，人员推销和其他形式为辅。

（6）促销费用

企业在制订、选择促销策略时，还应考虑促销费用的因素。任何一种促销方式或促销组合都要支付一定的费用，促销费用常常制约着促销策略的制订，由于各种促销策略的费用不尽相同，不同促销策略所需费用往往相差很大。费用少时，广告效果不好，公共关系活动也难以开展；而费用多时，可以充分地利用各种促销手段的优点，制订较强的促销组合。从理论上讲，应使边际促销成本等于边际促销收益。在促销费用一定的情况下，要把资金分配到最有效的促销工具上。

## 8.2 物流企业人员推销策略

### 8.2.1 物流企业人员推销的含义及特点

#### 1. 物流企业人员推销的含义

人员推销是指企业派出推销人员直接与顾客接触，宣传产品，提供服务，以达到促进销售目的的活动过程。

人员推销是一种古老的销售方式，由于物流服务产品的专业性和定制性的特点，人员推销具有其他推销方式不可替代的作用，是物流企业促销组合中不可缺少的促销方式，在现代物流企业市场营销中占有重要的位置。

#### 2. 物流企业人员推销的特点

与其他的促销方式相比，物流企业人员推销有着独特的特点：

（1）灵活性

推销人员在与顾客面对面地直接交往当中，能够对产品进行详细的讲解和演示，可以根据不同的顾客，采取不同的讲解方式及推荐不同的产品，随时灵活机动地处理问题，解答顾客的疑问，化解反对意见，协商解决有争议的情况，满足顾客的需要。推销人员能有针对性地调整自己的推销策略和方法，做到具体问题具体分析，具体问题具体对待。

（2）信息沟通的双向性

推销人员通过与客户联系、接触洽谈，一方面向客户传递有关物流企业及其提供服务的信息；另一方面，推销人员广泛接触顾客，能及时收集顾客对产品的意见、要求，以及优劣评价等，并将这些信息及时反馈给企业，促使企业的经营更适合市场消费者的需要。因此，在推销人员与客户之间存在着双向的信息沟通。

(3) 有针对性说服，促成及时购买

人员推销可以使物流服务的沟通对象更具有针对性。推销人员往往选择有可能成为客户的潜在顾客，事先对其做一番调查研究，拟订具体的推销方案、推销目标和推销策略等，有重点地进行推销，提高推销成功率。推销人员可在客户流露出购买动机的时刻，抓住时机，促成立即购买。

(4) 促销过程的情感性

推销人员通过与客户面对面的交流，能够增进了解，消除顾客的疑虑，取得客户的信任，与顾客建立起友谊关系，这样有利于长期合作。

(5) 费用昂贵，对推销人员的素质要求较高

人员推销也存在着不足。一方面，人员推销的面不是很宽，因为推销员只是面对个别客户。正因为如此，人员推销的费用比较昂贵，比其他促销方式的费用都大，这样会增加产品成本，使价格提高，在激烈的市场竞争中，会影响企业的市场占有率和市场竞争力；另一方面，人员推销对推销人员的素质要求较高。推销人员的素质直接影响顾客对企业和产品的印象，并且不同的顾客对推销人员的评价又不一致，推销员若无较强的素质，就不可能使顾客产生信任。

### 8.2.2 人员推销的任务

人员推销的主体是物流企业的推销人员，在不同的营销观念指导下，人员推销的任务应有所不同，但在现代市场营销观念指导下，物流企业人员推销的基本任务有以下几点：

(1) 寻找顾客，开辟新市场

推销人员不仅要维持与已有客户的业务联系，更重要的是寻找和发现潜在顾客，吸引新的顾客，开拓新的市场，提高市场占有率。

(2) 传递信息

物流企业的推销人员要善于向企业现实的和潜在的顾客传递本企业服务产品的信息，努力提高企业及其产品在客户中的“知晓度”。

(3) 推销产品

推销人员在与客户接触过程中，分析客户现实和潜在的需求，并通过运用各种推销策略和技巧，满足客户的需求，诱导客户做出购买决策，实现购买行为。

(4) 收集信息

推销人员在推销产品的同时，要担负一定的市场调研工作。物流企业经营所需要的信息有很大一部分源于客户。推销人员是联系企业与客户的桥梁与纽带，是企业收集信息的重要渠道之一。推销人员直接接触顾客，能及时收集消费者的意见、要求，以及竞争对手的情况和市场的新动向。推销人员要及时将收集到的情报和信息向企业的决策者做出报告。

(5) 提供服务

推销人员在推销过程中向客户提供各种服务，如咨询服务、解决技术问题、向客户提供相关信息等。

### 8.2.3 物流企业人员推销的过程

(1) 寻找并识别目标客户

物流企业在进行人员推销时，第一步就是要寻找产品的购买者，包括有支付能力的现实购买者和潜在购买者，以减少推销的盲目性，提高推销的成功率。寻找客户的方法有很多，既可以向现有客户了解，也可以利用老客户介绍或通过社会团体与推销员之间协作等间接寻找。推销员寻找到潜在客户以后，再通过查看他们的经济实力、交易额、特殊需求、地理位置及发展前景等找出适合发展业务关系的潜在客户。

(2) 推销前的准备

在正式接见客户前，推销员必须做好推销前的准备工作。推销员要首先收集该客户的有关资料，包括客户的经营范围、经济实力、可能对物流服务产生需求的业务项目、拥有购买服务决策权的人员等，在此基础上选择相应的有关服务信息、说服方式、推销方案等，以使推销活动更积极主动，效率更高。

(3) 约见客户

在做好了充分准备以后，推销人员就要按计划约见客户。在接触客户时，推销人员应注重礼节、保持自信，争取给对方一个良好的第一印象。

(4) 推销洽谈

推销洽谈是运用各种推销技巧说服客户购买的过程。在这一步，推销人员要针对客户的需求，结合企业自身的特色，向客户介绍产品及其能给客户带来的好处，帮助客户做出购买决策。

(5) 应付异议

真正的销售往往是从拒绝开始的。市场上有各种各样不同层次的客户，他们对事物的看法肯定是不同的，所以推销人员要有随时应付不同意见的思想准备。一个训练有素的推销人员应当具有与不同意见客户洽谈的技巧，要有应付反对意见的措词，有巧妙的语言能力并提供有说服力的论据，消除顾客的疑虑和困惑，达到预期的销售目标。

(6) 缔结合约

推销员成功地消除了客户的疑虑后，应抓住时机，促成客户达成购买行为。推销人员与客户达成口头协议后，为防止发生变故，应尽快与客户签订合同，确立彼此的权利义务。

(7) 售后服务

双方达成交易，并不意味着推销过程的终止。跟踪售后服务能加深顾客对企业和服务的信赖，促使客户重复购买，同时也可获得各种反馈信息，为企业决策提供依据。

### 8.2.4 物流企业人员推销的管理

人员推销的管理是指企业对推销人员的活动进行分析、计划、实施和控制的过程。它包括筹划人员推销的组织结构以及对推销人员的选聘、培训、激励与评估等机制。企业只有通过一系列的管理和控制活动，才能把推销人员融入其整个经营管理过程当中，使之为实现企业目标而努力。

(1) 物流企业人员推销的组织结构

推销人员要形成合力才有力量、有效率，所以企业对推销人员的组织需要动脑子、花气力。根据物流服务市场的特点，物流企业人员推销的组织结构主要有下列四种：

① 地区型结构，即每一个推销员分管一个地区，负责在该地区推销企业所有产品。这种结构可以使推销员明确责任，对所管地区销售额的增加或者减少负责；推销人员活动区域稳定，有利于与当地各界建立联系，加强合作；由于每一个推销人员所辖客户相对集中，活动范围小，可以节省一部分费用。

② 业务型结构，即每个推销员负责一类或者几类产品在各地的推销。当物流企业提供的服务种类繁多，包括仓储、运输与配送、流通加工、物流咨询等服务，采用业务型结构比较合适。这种类型的优点是推销员对该产品比较熟悉，对产品的供求情况、竞争形式都比较了解，可以较准确地把握这种产品的销售情况；推销员对产品很熟悉，可以更好地为客户服务，解决客户的疑难问题。其缺点是推销工作缺乏整体观念，易产生多头领导和部门冲突。

③ 客户型结构，即按照客户类别来组织推销队伍。顾客有不同的情况和不同的层次，处于不同的行业，规模不同，企业可以根据不同的顾客情况来安排不同经验的推销员。这种结构的主要优点是：推销员可以熟悉和了解自己的客户群，能够更加有的放矢地做好推销工作，针对性强，效率高，推销员与特定客户经常来往，有利于增进彼此之间的感情，建立稳定的合作关系。其缺点是：往往每一个推销人员所负责的客户都比较分散，这样工作起来会带来一些额外的费用。

④ 复合型结构，即把上面几种方式组合起来使用，这样可以集各种方式的优点。特别是当企业产品种类繁多、客户类型不一、销售区域比较广的时候，比较适合使用这种结构。但是，这种结构方式比较复杂，一般适合于大型的物流企业。

(2) 物流企业推销人员的素质

现代企业的推销人员是开拓市场的先锋。推销人员工作的出发点是满足顾客的需求，寻找交易双方共同的利益。推销人员既是企业的代表，又是消费者的顾问。企业的推销工作要出色，其前提是要有一批高素质的推销人员。有调查表明，企业中 27% 的推销人员创造了 52% 的销售额，这说明推销人员的效率差别很大。因此，挑选合适的推销人员是企业管理中的重要环节。一名合格的推销人员，应该在服务精神、工作作风、业务知识、推销技巧等方面具备一定的条件。具体地说，推销人员应具备以下素质：

① 品德优良，具有责任感。推销人员必须具有较高的修养和良好的品德。对待客户要诚恳、热情、谦恭有礼和有全心全意服务的精神；诚实守信，言必行，行必果，不能有让顾客“上一次当”的想法或陶醉于“一锤子买卖”的做法；有高度的责任心和使命感，热爱本职工作，不辞辛苦，任劳任怨，敢于探索，积极进取。

② 心理素质良好，善于沟通。推销人员的基本任务是说服顾客购买自己所推销的产品或服务。为实现促销目标，推销人员必须对各种变化反应灵敏，并有娴熟的推销技巧，在变化万千的市场环境中处变不惊，采取恰当的推销技巧，完成推销任务。因此，一个优秀的推销人员必须具有良好的心理素质，包括有容忍度、有坚强的毅力、有上进心等。同时，推销人员要与各种各样的人打交道，所以必须具备高超的社交能力。要学会说服，善于倾听，能够与各种性格的人友好相处。

③ 求知欲强，知识面广。推销人员要能在工作中做到主动、灵活，必须有丰富的知识面。优秀的推销员应具有市场知识，掌握市场的供求原则，了解潜在和现实购买者的情况，掌握消费者消费心理、购买习惯、购买条件等；要具有企业管理知识，能把本企业的发展战略、

经营目标和推销工作结合起来；推销人员还要有丰富的法律知识，熟知经济合同法、税法、外贸法等，否则，可能给企业造成经济损失。

(3) 物流企业推销人员的甄选与培训

由于推销人员素质高低直接关系到企业促销活动的成功与否，所以，推销人员的甄选与培训十分重要。

物流企业在甄选推销人员时，应从推销人员的基本素质着手，综合考核，择优录用。甄选推销人员，要对未从事推销工作的人员进行甄选，使优秀的员工进入推销人员的行列，淘汰那些不适合推销工作的推销人员。

推销人员主要来自两方面：① 来自企业内部，即把本企业内德才兼备、热爱并适合推销工作的人选拔到推销部门工作；② 从企业外部招聘，即企业从大专院校的应届毕业生、其他企业或单位等群体中物色合格人选。无论哪种来源，都应经过严格的考核，择优录取。

为提高推销人员的工作能力，物流企业一般还应该对推销人员进行严格系统的培训。对当选的推销人员，需要经过培训才能上岗，使他们学习和掌握相关知识与技能。对在岗推销人员，每隔一段时间进行培训，使其了解企业的新产品、新的经营计划和新的市场营销策略，进一步提高素质。培训内容主要包括以下几点：

① 企业情况介绍，使推销员了解企业经营方针、企业策略、未来发展构思、企业内部组织机构、人事管理和劳动报酬等；

② 产品情况介绍，使推销员了解企业产品的性能、特点以及竞争产品的情况；

③ 市场情况介绍，使推销员了解顾客类型、地区分布、购买动机和潜在顾客等；

④ 推销技术介绍，使推销员了解推销的方法和步骤、推销技巧和顾客心理等；

⑤ 工作流程介绍，使推销员了解推销工作的规则和程序，如签订合同、填写单据、发货和退货等手续。

(4) 推销人员的考核及评价

对推销人员进行科学的考评及合理的评价是物流企业对推销人员进行管理的一项重要工作。它不仅是分配报酬的依据，而且还是企业调整市场战略、促使推销人员更好地为企业服务的基础。

对推销人员进行考核，要收集和分析有关推销人员的信息，这主要包括推销人员的销售记录、客户及社会公众的评价、企业内部员工的意见等。对推销人员进行评价时，应该先制订一个科学、公平的评价指标体系。评价的指标主要有销售量、利润、平均订单数、销售费用等。评价的方法有以下几种：

① 横向评估。指在推销人员之间进行比较，进行排序。

② 纵向评估。对销售人员现在和过去的工作情况进行比较，分析其业绩的增减原因。

③ 工作评价。包括对企业、产品、顾客、竞争者、本身职责的了解程度，也包括推销人员的言谈举止、修养的个性特征等方面进行评价。

**【案例】** 雅芳公司与“访问推销法”

在美国有一家高级化妆品厂家——雅芳公司，创办较早，到 1966 年，它的营业额已猛增到 4.08 亿美元，一下子跃居美国最大的化妆品公司。雅芳公司成长如此之迅速，发展如此之快，得力于运用了一种行之有效的推销法——“访问推销法”。

雅芳公司的创始人叫麦肯尼尔，“访问推销法”就是他最初运用的。他本来是做书报推销工作的，在推销书报中，他除了接受预订书报以外，更多的是沿街逐门逐户去推销。久而久之，他产生了一个念头，在推销书报的同时，何不也推销其他商品？打定主意之后，他便选择了推销香水。

后来，在推销活动中，香水的销售额远比书报的大，赚钱也要多。于是，他就决定放弃推销书报，干脆专推销化妆品。随着营业额的增大，他自己创办了一家香水公司，公司取名为利福尼亚香水公司。

麦肯尼尔不可能再像以往那样，亲自去沿街做推销工作了，就想了一个办法：聘请许多家庭主妇为推销员，在各条街道上帮他进行访问推销工作。访问推销，不只是麦肯尼尔采用过，其他人同样采用过，但是只有麦氏运用得最好最有效。这是因为，有些推销员在访问推销过程中，常常把一些质量差、价钱高的东西硬卖给人家，使人们吃亏上当，再不肯买第二次。麦肯尼尔则不然，他确定了两条原则：一是被雇用的访问推销员只能在自己居住的街道进行，用户可随时找到她。二是质量差的物品可以找推销员包换。可见，麦氏的原则是对用户负责，不使用户吃亏。这样，远近的消费者就能放心地购买他的香水。很快他的公司成长起来了，推销员达万人，香水覆盖面由加州扩展到其他各州。

1925 年，美国进入经济衰退。不景气反而使麦氏公司名声大噪。麦氏在雅芳河岸边买了一处环境静谧而优美的地皮，在这里又建成一家规模很大的香水工厂，并把公司的名称正式改为雅芳公司。

麦肯尼尔之后，雅芳公司的管理者仍然继承他的做法，坚持“访问推销法”。如今，雅芳公司聘请的主妇——“访问推销员”(包括美国国民和国外的)，已多达 30 万人。比如，哪条街道建起了一座高档住宅，“雅芳”就在这座公寓里找到一位适合的主妇担任“访问推销员”，挨门挨户地去推销雅芳香水。人们说，雅芳公司的诀窍是将推销做到普通人中间去，做好产品与人相结合的工作。

雅芳公司的“访问推销员”分布在美国和世界各地，她们都是兼职的推销员，年龄、文化程度、社会地位都不相同。95% 以上是妇女，75% 以上有孩子，一半以上是没有推销经验的新手。

雅芳公司的 30 万推销队伍按照一定的组织形式构成一座“金字塔”。一个推销员负责该地区 300 户人家的访问推销。每 100 到 200 名推销员之上有一位代理经理，负责对这些推销员的训练和监督，地区经理由雅芳公司的正式职员担任，直接由董事长管理。雅芳公司就是通过这种组织形式，访问推销到各家各户，锻炼出成千上万的推销能手。

有一条原则使主妇们愿意充当雅芳公司的推销员，并发挥其最大力量去做好各自的推销工作，那就是：把利润的 40%分给主妇推销员，作为她们的报酬，使她们与公司共存共荣。雅芳公司之所以越来越繁荣，是与这条原则的贯彻执行有关的。人们赞扬说：“雅芳就像是一个和睦而有组织的大家族”、“雅芳充满着绅士精神”。

每个季度，雅芳公司把货物按推销员报来的订货单送到她们家中，货物销出后，推销员可以留下利润的 40%。如果某个推销员想要多拿钱，就只有通过自己的努力，扩大推销量，来挣足这笔钱。公司还规定，对那些成绩卓著的推销员给予奖励，提供到欧洲、夏威夷或美国全国旅游一次，或是奖给实物等。这些措施使推销员的积极性得到最大发挥，她们经常自动加班加点和延长工作时间，或主动安排好家务挤出时间大搞推销。访问推销是一种很平常的方法，但在雅芳公司却运用得很自如。

雅芳公司在进行“访问推销”的同时，还不断开发新产品，提高产品质量。

到现在，雅芳所访问过的家庭只不过占美国家庭的30%，还有70%是未开拓的市场，而且国外的市场更可观。雅芳公司现在正逐步迈入国际市场。雅芳进军海外是20世纪50年代开始的，最先从委内瑞拉、波多黎各开始，然后扩展到墨西哥、巴西、德国、英国、比利时等。

【案例点评】

雅芳公司从诞生到发展壮大，都是与“访问推销法”紧密联系在一起的。设立雅芳公司的意图，源于麦肯尼尔在访问推销中受到的启发，公司的快速成长，靠的是“访问推销法”的鸣锣开道。雅芳公司的成功，在于对“访问推销法”运用得最为成功，在于通过“访问推销法”把推销做到普通人中间去。访问推销员只在自己的居住地推销，就使得顾客较为放心，“金字塔”式的组织方式，实现了分散与集中的最佳耦合，40%的利润奖励制度为广大推销员提供了有效的激励……所有这一切，促成了雅芳公司的快速成长和成功的经营。

**思考题：**

（1）结合本案例谈谈企业应该如何选择推销员。

（2）雅芳公司是怎样利用物质因素激励员工的工作热情的？

（资料来源：曹刚. 国内外市场营销案例集[M]. 武汉：武汉大学出版社，2002.）

## 8.3 物流企业广告策略

### 8.3.1 物流企业广告的含义及作用

#### 1. 物流企业广告的含义

广告一词，源于拉丁语，有“注意”、“诱导”之意。在汉语中，顾名思义，即广而告之。广告通过大众传播媒体，向目标购买者及公众传达产品或服务的存在、特征和顾客所能得到的利益，激发消费者的注意和兴趣，以达到促销的目的。广告的概念有广义和狭义之分。广义的广告是指借用一切媒体形式向公众传播信息的活动。狭义的广告是指经济广告，也叫商业广告，即以广告主的名义，交付一定费用，通过大众传播媒介向公众传递关于产品的性能、特征和购买所能得到的利益。

据此，我们可以界定物流企业广告的内涵：所谓物流企业广告是指物流企业通过各种传播媒介，以付费的形式，将本企业的产品和服务等信息传递给客户的一种以促进销售为目的的非人员推销方式。

#### 2. 物流企业广告的作用

由于广告的特殊功能，它已经渗透到社会经济的各个角落。消费者在生活中每天都在接受各种各样的广告信息。在现代社会中，广告已经成为人们生活的一部分。广告对物流企业来说发挥着难以估量的作用。

（1）传播信息，介绍产品

传播信息是广告最基本的功能，经济愈发达，社会愈进步，这一功能愈清晰。物流企业通过各种广告活动，把服务产品的信息传递给消费者，消费者可以根据广告宣传了解物流产品的性能、质量、特点、使用方法等。

(2) 刺激需求，促进销售

促进销售是广告的最终目的。由于消费者很多需求都是处于潜在状态，物流企业通过广告的方式，造成浓烈的购买气氛，会使消费者的潜在需求被激发，产生购买行为。

(3) 引导消费

随着科学技术的进步，新产品不断涌现，如果不借助广告，这些新产品就会长期鲜为人知，消费者也就无法购买。广告宣传不仅能指导消费者去购买老产品，而且能指导他们去购买新产品，引导公众的消费。

(4) 树立企业形象，提高企业知名度

哪里有产品生产，哪里就有竞争。物流企业通过广告把自己产品的性能、特点、质量、适用范围以及企业经营方针公之于众，接受消费者的评判，这样有利于树立良好的企业形象，提高企业的知名度，从而间接促进销售。

### 8.3.2 物流企业广告策略

物流企业广告策略主要有以下两种：

(1) 广告的目标市场策略

目标市场是指企业选择一定范围的消费者作为自己的市场，以满足部分消费者的需求为宗旨。目标市场策略有以下几种：

① 无差别市场广告策略。即面对整个市场，通过各种媒介做同一主题内容的广告宣传。一般地，物流企业在投入期或成长期的初期，或其产品供不应求时，或者目标市场不够明确的状况下常用此策略。

② 差别市场广告策略。把市场进行细分，对不同的市场采用不同主题的广告。

③ 集中市场广告策略。即把已经细分了的市场再作细分，即再分为若干个子市场，企业以其中一个或几个子市场作为自己的目标市场。

(2) 广告产品的定位策略

定位是指确立产品在市场中的位置。其理论基本观点是：做广告不在于怎样规划广告，而在于做广告的产品处在什么位置。因此，定位即使自己的产品获得个性，或是具有独特性。定位原则无外乎两条：一是突出宣传产品的特点和价值，二是强调这种特点与价值给消费者带来的利益。物流企业的定位策略又可分为四种：

① 功效定位。对物流服务产品在功能效用上的独特之处进行宣传。

② 市场定位。即把自己的产品放在什么市场位置上。

③ 价格定位。突出自己产品的价格位置，针对有相应价格接受能力的企业进行促销。

④ 区别定位。将自己产品与类似的其他产品相区分，显示自己的特性。

### 8.3.3 广告媒体的选择及广告预算

广告媒体也叫广告媒介，是广告主与广告接受者之间沟通广告信息的必不可少的物质条件。不同的媒介有不同的特点，不同的广告目标要选择不同的媒介。

### 1. 广告媒体的选择

广告媒体的种类繁多，凡是可以传播广告信息的物体都可以作为广告媒体，但主要的媒体有以下几种：

（1）报　纸

报纸是传播广告信息的重要手段。由于各类报纸的读者对象不同，发行数量和范围不同，其广告效果也不同。因此，企业必须有选择地登载广告。报纸广告的优点是：发行量大，影响广泛；传播速度快；制作简便，费用较低；便于消费者存查；可信度较高。缺点是：内容杂，不易引人注意；不精美，吸引力不大；时效性不高。

（2）杂　志

杂志是一种比较受欢迎的读物，读者众多。不同杂志有不同的特点、不同的读者和不同的发行范围。杂志的优点是：宣传对象明确，针对性强；消费者可以反复查看；有较大的发行面；能引人注意，有较大的吸引力。缺点是：发行周期长，传播不及时；灵活性不高；读者范围小。

（3）电　视

电视广告是声像两用媒介，优点是：形象生动，感染力强；传播面广，影响面大。缺点是：不易存查；制作复杂；费用较高。

（4）广　播

广播也是传递广告信息最迅速的工具之一。广播的优点是：传播快；制作简单，费用较低；有较高的灵活性；受众广泛。缺点是：时间短，不便于记忆；印象不深，不便存查。

（5）网　络

近年来，因特网在广告促销中的作用日益突出，已经被人们称为第五大广告媒体。网络的优点是：不受时间限制；速度快；信息容量大；传播范围广；可检索，可复查；交互性强；成本低廉；针对性强；受众数量可准确统计。缺点是：受网络用户限制；传播面有限。

广告媒体的选择是广告决策的重要内容，媒体选择的科学合理与否直接影响到广告费用开支与广告效果。物流企业在选择广告媒体时，应考虑以下因素：

（1）产品的性质

对不同的物流服务产品宜采用不同的媒体，如需要展示的、有特色的产品，应选择电视、电影或印刷品做媒体，以增加美感和吸引力。技术性较强的产品宜选择报纸和杂志做媒体。

（2）消费者习惯

企业必须研究目标市场的消费者经常接触什么广告媒体，对不同的人群宜采用不同的能适应其特点的媒体。

（3）媒体的传播范围

不同媒体传播范围有大有小，能接近的人有多有少。企业要根据目标市场情况对媒体进行选择，全国性的市场宜采用全国性的媒体，地方性的市场宜采用地方性的媒体。

（4）媒体的费用

广告宣传应考虑费用与效果的关系，不同的媒体费用不同，企业要考虑其实力，既要使广告达到理想的效果，又要考虑企业的负担能力，应尽量争取以较低的成本达到最大的宣传效果。

### 2. 广告预算

广告预算是物流企业根据广告计划在一定时间内对开展广告活动的费用估算，是企业进行广告宣传活动投入资金的使用计划。物流企业究竟该投入多少广告费用才是适当的，要考虑多方面的因素，主要有：

① 产品生命周期。对于生命周期不同阶段的产品，广告预算应该是不同的。如投入期的产品需要较高的广告预算，而成熟期的产品广告预算应该按照销售比例有计划地缩减。

② 市场份额。市场份额比较大的产品广告预算应该比较高，市场份额比较小的产品广告预算也应该低一些。此外，物流企业要想扩大其产品的市场份额，其广告预算当然要比仅仅保持目前市场份额的产品广告预算高。

③ 竞争的程度。在一个激烈竞争的市场，广告预算要高一些，因为竞争对手很多，物流企业只有加大宣传力度，才能引起消费者的注意。

④ 产品的差别性。如果物流企业的产品与同类产品极为相似，就需要比较高的广告预算，这样才能突出自身的特色，在消费者的心中树立起形象。如果产品具有比较独特的性能，广告预算就相对可以少些。

目前，常见的确定广告预算的方法有以下几种：

(1) 量力而行法

量力而行法是指根据企业的资金实力来决定广告预算。物流企业要考虑自身在运营过程中的成本以及对客户的收费价格等因素，再确定企业可用于广告的费用比例。

(2) 销售额百分比法

销售额百分比法是指依销售额的一定百分比制订广告预算。这种方法使广告费用与销售收入挂起钩来，简便易行。但销售额百分比法忽视了广告促销作用，颠倒了二者的关系，忽视了未来市场的环境变化，并且二者比例系数很难确定。

(3) 与竞争者相平法

与竞争者相平法是指广告预算费用与竞争者大体相同。这种方法有助于避免广告战的白热化，但它忽视了竞争对手广告费用不一定合理以及竞争对手与本企业各种情况的差异等问题。

(4) 目标任务法

目标任务法是指根据企业营销的目标和任务确定广告预算。这是一种较科学的方法，但它也会有主观性，因此，也需要采用上述某些方法对其加以修正。

### 3. 广告效果评价

企业广告决策的最后一个步骤是评价广告效果，它是完整的广告活动中不可缺少的重要内容。广告效果的评价和衡量可以使企业更好地进行广告的计划和控制，进而更好地发挥广告在营销中的作用。一般来说，广告效果包括两个方面，一是传播效果，二是销售效果。

(1) 广告传播效果的评价

广告传播效果是指物流企业广告对于客户知晓、认知和偏好的影响。它是以客户对物流企业认知程度的变化情况或客户接受广告的反应等间接促销因素为根据来评价效果。这种测定应在广告推出之前和推出之后分别实施以评价其效果，通常可以采用测试评价法和试验评价法。

(2) 广告销售效果评价

广告销售效果评价是评估物流企业推出广告后使销售额增长了多少。这种评估比较困难，因为销售额的增长取决于多种因素，除了广告之外，产品价格、产品特色、竞争情况变化等因素都会影响销售额。有的企业采用试验方法来测量广告效果，看在哪个地区通过广告后销售量增长了，也可采用不同地区、不同的广告方式来试验，经过一个时期后，检查各地区销售额的增长情况，分析哪种媒体对促进销售额有效。目前对销售效果评价，常用的方法有历史比较法和实验法两种。

**【案例】** UPS的北京奥运广告

2007年，UPS在中国市场面对DHL和FedEx两大劲敌的竞争压力，利用自己作为北京2008年奥运物流和快递赞助商的黄金机会，开展了奥运广告活动，建立了与目标消费群的情感沟通，提升了品牌知名度，降低了客户流失率，在维护老客户的基础上获得了更多新客户。

1. 物流市场上演“三国演义”

UPS虽然在百年发展中历史辉煌，但其在中国的发展面临着严峻的挑战。由于迅速增长的国内生产总值和贸易额，中国成为国际物流和快递服务企业争夺的主要战场，竞争日益激烈。

UPS发展中的主要竞争者当数另外两大跨国物流公司：DHL和FedEx。他们分别有着庞大的物流和快递服务覆盖网络、分支组织机构、服务多样化和高品牌知名度等竞争优势。

1984年进入中国市场以来，联邦快递就一直不断扩大服务网络和运用创新科技，逐渐完善自身的服务体系，以满足中国用户对国际快递日益增长的需求。经过20多年的努力，联邦快递在中国不仅建立了高效的企业管理架构，铺设的网点遍布中国，业务也更上一层楼。面对强劲的对手，UPS在国际物流和快递服务行业中位居第三位。与DHL和FedEx相比，其具有“三低”的特点，即低市场份额、低品牌知名度和低可信度。如何提升品牌知名度和可信度，降低客户流失率，在维护老客户的基础上获得更多新客户，提高市场份额是UPS的主要市场目标。

2. UPS把握“奥运”良机

面对市场挑战，UPS要想实现品牌和市场份额的突破，必须明确自己的目标市场，同时利用情感方面的机会，建立与客户的情感连接，准确找到消费者的诉求点。首先，UPS通过市场细分，将中小制造企业定为主要目标市场，并把这些企业的部门经理、企业主和物流专员等作为主要目标消费群，这些人是决策人或是能影响到选择快递和供应链解决方案供应商的人。同时，UPS利用作为北京2008年奥运物流和快递赞助商的黄金机会来建立与这些目标消费群的情感沟通。通过分析中小制造企业主的心理，UPS把他们定义为“有挑战性且具有能动性的企业家”。这些中国企业家富有能动精神，他们希望找到真诚的合作伙伴，帮助他们更好地控制全球业务的拓展。UPS作为北京2008年奥运赞助商，帮助北京奥组委为北京奥运提供各种供应链级别和层次的物流和快递服务。UPS能为北京奥组委做到这一切，UPS一定能轻松地为中国的企业完成任务。UPS成功地找出了消费者的诉求点，承诺“UPS帮助北京奥组委传递更多，同样也能为您传递更多”，把自己的品牌定位为帮助企业获得成功的伙伴。通过市场细分和品牌的特色定位，UPS找到了准确的目标市场，建立了与消费者的情感沟通。

3. 广告营销“1+1”

找到目标市场后，下一步就是利用强势的营销手段，提升品牌的知名度。

UPS 奥运广告活动是营销的重头戏，分为三个阶段。第一阶段（2006 年），宣布并介绍UPS和北京奥组委的合作关系，建立UPS作为北京奥运会赞助商的品牌知晓度。第二阶段（2007—2008 年），运用在奥运前期、奥运期间的一些实例，表明 UPS 如何将北京奥运送达成功的终点，同样也能为 UPS 的所有客户传递更多。第三阶段（即奥运后 2008—2009 年），推动销售，将建立品牌知名度转为促进销售。

广告营销“1+1”指的是 UPS 的广告创意别出心裁，包括“全球速递”和“奥运物流中心”广告活动两部分：UPS “全球速递”广告活动包括电视广告《百发百中篇》与平面、户外、网络广告《排球篇》和《马术篇》，以及广播广告《9 点篇》、《12 点篇》和《18 点篇》。电视与平面、户外、网络广告结合奥运体育项目和中国成语“百发百中”、“弹无虚发”与“马到成功”，强调“速度”和“准确”，意指 UPS 在全球速递任务的限时服务中，确保货物在精确的时间能准时到达。UPS“奥运物流中心”电视广告《弹跳篇》，通过“化繁为简”来表现 UPS 能轻松调配繁多复杂的奥运物资，将一切变得简单。UPS “奥运物流中心”的平面、户外广告《鸟巢篇》和《跳水板篇》，分别结合中国成语“鼎力相助”和“举重若轻”，表现 UPS 正全力协助北京奥运，同样也会鼎立协助您，以及 UPS 在北京奥运的物流和快递工作中扮演的重要角色。同时，UPS 利用电视栏目赞助，电子媒体等形式，如 CCTV 电视栏目，搜狐网站来加强 UPS 的奥运赞助信息，吸引媒体的关注度。

4. UPS 喜获佳绩

结果表明，UPS 以广告为重心的多媒体营销策略取得了可喜的成绩。2007 年 UPS 在中国的货物运送件数和营业收入都有很大程度的增长，UPS 提升了自己在物流行业中的地位，取得了不错的销售业绩。正如广告中所描述的，UPS 利用作为北京 2008 年奥运物流和快递赞助商的黄金机会，使自己在市场目标上也实现了“马到成功”。

【案例点评】

UPS 奥运广告活动的成功主要归结于以下三方面：一是准确的市场细分与定位。UPS 通过市场细分，将中小制造企业定为主要目标市场，找到了巨大的潜在客户群。二是成功的品牌定位。UPS 成功找出了消费者的诉求点，把自己的品牌形象定位为能为其客户和客户的业务带来竞争优势的物流和快递伙伴。三是创意的广告策略。UPS 的广告包括“全球速递”和“奥运物流中心”两部分，运用耳熟能详的成语“百发百中”等强调 UPS 服务的“速度”和“准确”，以及“化繁为简”表现 UPS 能轻松调配繁多复杂的奥运物资，将一切变得简单的能力，充分、全面地表现了 UPS 的竞争优势。

（资料来源：http://www.w8818.com/xhits.aspx?id=2252.）

## 8.4 公共关系

### 8.4.1 公共关系的含义及作用

公共关系是指企业在营销活动中，通过一定的方法和手段，努力改善与社会公众的关系，获取公众的信任和支持，树立良好的企业形象，从而促进产品销售而进行的活动。它是通过企业与社会公众之间的经常性沟通，积极建设企业在公众中的良好形象，建立起对企业生存与发展的有利环境，实现企业与公众的共同利益和目标的管理活动。

因此，物流企业的公共关系是指企业为改善与社会公众的关系，促进公众对企业的认识、理解和支持，树立良好的企业形象，提高企业的知名度而进行的一系列活动。

在现代社会中，企业能否获取公众的信任和支持，在公众中拥有良好的企业形象，对其销售有着显著的影响，因此，物流企业的公共关系在其营销活动中占有重要地位，对物流企业的发展有着重要作用。

**1. 加强与社会公众的联系，树立企业良好的形象**

企业总是在一定的社会环境中存在的，它的行为必须与周围的社会环境相协调。与社会大众的良好关系是物流企业促进产品销售的重要条件。物流企业通过参与、赞助各种公益活动，取得与社会公众的沟通，使企业在社会中逐渐建立起良好的公众形象，赢得公众的信任与支持，从而走上良性循环的发展轨道。

**2. 提升企业美誉度和产品知名度**

一个企业及其产品在市场上影响有多大，这种影响是如何形成的，应该说存在各种各样的因素。其中一个重要的因素，就是通过大量的宣传，人为地造成很大的影响。企业可以通过公共关系活动来扩大企业在公众中的影响力，树立企业的正面形象，创造和谐的舆论氛围，提升企业美誉度和产品知名度，最终提高产品销售量。

**3. 为企业的决策提供咨询意见**

公共关系工作的主要内容是处理企业的内外部各种关系，为企业营造有利的发展环境。企业在处理各种关系的过程中，可以搜集企业内外部信息，监测经营环境的变化，发现企业面临的机遇和威胁、经营劣势和优势，及时、准确地向企业决策者进行咨询，提出合理而可行的建议。

**4. 内求团结，外求发展**

公共关系能通过对内部各部门和员工之间的关系的正确处理，取得团结协作的内部发展环境。同时，公共关系可通过与外部各个部门和单位的联系，同他们建立广泛的合作关系，求得和谐的外部发展环境。

**5. 处理企业危机**

企业在经营过程中有时会遇到各种各样的突发事件，可能损害企业的形象，不利于企业的发展，使企业产生危机。这种危机的产生可能由于企业自身的失误造成，可能是公众的误解所导致，也可能是竞争对手采取不正当的竞争手段造成的。如果企业的危机得不到及时化解和处理，就可能给企业带来极大的、长期的损失。通过公共关系，企业可以澄清事实真相，防止谣言扩散，或者对企业的过失进行赔礼道歉，以得到公众的理解和原谅，从而可以化解危机，赢得公众的信任和支持。

## 8.4.2　物流企业公共关系的方式及特点

### 1. 物流企业公共关系的方式

物流企业公共关系的方式是指以企业一定的公关目标和任务为核心，将若干种公关媒介与方法有机地结合起来，形成一套具有特定公关职能的工作方法系统。

按照公共关系的功能不同，物流企业公共关系的活动方式可分为五种：

（1）主题活动

企业可以围绕一个主题，通过一些特殊的事件来吸引公众对企业的注意。例如，在重大事件或者纪念日，物流企业可以组织或举办新闻发布会、展览会、联谊会、庆典、比赛等专题公共活动，介绍企业及产品的情况，加强与公众的信息沟通和情感联络，扩大宣传，树立企业形象。在上述的活动过程中，公众能够感受到企业的状况，因此具有较强的感染力。

（2）公益活动

企业作为社会经济的主体，在追求自身发展的同时，也承担着一份社会责任。物流企业可以通过赞助和支持教育事业、体育事业、环境保护、社会福利等，使公众感觉企业不但是一个经济体，而且承担社会责任，关心社会的和谐和长远福利。这样，物流企业可以赢得公众的好评和称赞，大大地提高其在公众中的美誉度。

（3）媒体报道

物流企业应争取尽可能多的机会与新闻媒体建立良好的关系，运用报纸、杂志、广播、电视等传播媒介，以一定的形式，如新闻、专题报道、现场采访、记事等，向公众介绍企业及产品。由于媒体报道具有较高的权威性、真实性和知识性，因此在推广企业形象方面的宣传效果要好于广告。

（4）外联活动

物流企业与社团公众、媒体公众、政府公众、相关企业保持稳定的联系十分重要，因此，企业应和他们建立广泛的联系，向他们介绍企业的情况，展示企业的实力，争取他们的理解和支持。

（5）加强内部员工的联系

物流企业可以向本企业的职工宣传企业的经营方针、产品和服务等，使企业内部职工对企业的发展有良好的愿景，培养员工的集体意识，增强企业的凝聚力，并且可以通过企业员工向社会公众作有利于企业形象塑造的宣传。

### 2. 物流企业公共关系的特点

和其他的促销方式相比，物流企业的公共关系有以下一些特点：

（1）公共关系注重长期效应

物流企业公共关系的主要目标是树立企业良好的形象，创造良好的社会关系环境。这一目标的达成不是一朝一夕能实现的，需要企业坚持不懈地运用各种公共关系策略，不断努力，长期积累。

（2）公共关系注重双向沟通

物流企业公共关系的对象是各种社会关系，有企业内部的和外部的，包括客户公众、媒体公众、政府公众等。物流企业在进行公共关系活动时，一方面要把产品和企业的各种信息及时、准确地传达给公众，争取公众的理解和信任，树立良好的企业形象；另一方面，物流企业还要从广大公众中搜集各种信息，包括产品信息、价格信息、竞争对手信息等，为企业今后的公共关系活动以及企业其他方面战略的制订提供支持。

(3) 公共关系注重间接促销

公共关系的传播手段不是直接宣传产品信息，而是通过积极参与各种社会活动，宣传企业的经营宗旨，扩大企业的知名度，树立企业形象，加深社会公众对企业的了解和信任，从而达到促进销售的目的。

**【案例】** 联邦快递积极参与汶川地震灾区救援工作

美国联邦快递公司是全球最大的速递公司，成立于1973年，经过30年的发展，已覆盖全球214个国家，雇员逾144 000人，服务机构365个，堪称世界运输业的领头羊。联邦快递在中国近期的增长率更是为人瞩目，它于1984年进入中国，20多年来，联邦快递发展迅速，一年一个台阶，取得了骄人的业绩，创造了诸多世界之最：当初的每周两次航班变为现在每周有 11 个班机进出中国，是拥有直飞中国航班数目最多的国际快递公司；快递服务城市1996年只有60个，现在发展到220个城市；1999年，联邦快递与天津大田集团在北京成立合资企业——大田——联邦快递有限公司，双方合作顺利，配合密切，进一步推动了中国快递业务的发展。

在如此短的时间里，联邦快递是如何能够让中国接受的呢？用其自己的话说，就是“知己知彼，以情动人”。联邦快递自进入中国以来，做了许多增进同中国人民感情的义举。

联邦快递多次赞助中国的受灾地区，运送医疗设备和物资。在2001年5月，联邦快递为中国2000年特奥世纪项目捐款50万元人民币。同年，从中国运送两只大熊猫到美国华盛顿的 Smithsonian 国家动物园，后来又将两只大熊猫由中国运送到美国田纳西州孟菲斯动物园，成就了熊猫作为“外交大使”的名气。在2001年12月，联邦快递从北京保利博物馆运送150多件国宝到中国台湾参展。2002年10月，联邦快递为上海艺术节捐赠3万美元，并为上海6所大学的1 000多名优秀生提供免费门票。2003年，联邦快递积极支持中国政府抗击非典，协助香港红十字会运送一批非典防护医疗物资至7个城市。

2008年汶川地震发生后，联邦快递第一时间参与了灾后救援工作。地震发生后，联邦快递的员工积极响应“员工之家”组织的捐款行动，纷纷慷慨解囊。在短短的几天时间内，中国区员工自发捐款金额达到了一百多万元人民币。这些善款与公司的捐赠统一捐献给了中国红十字会。

与此同时，公司的团队在日常工作中为社会各界的赈灾物资运输提供各项支持，确保物资迅速、安全抵达灾区。联邦快递还与公益合作伙伴紧密合作，在第一时间向四川灾区提供现金捐赠和无偿运输救灾物资。

5月13日，联邦快递向红十字会和救世军机构捐赠5万美元现金，用以支持中国和缅甸灾区的初步救援工作。同时决定为“心连心”国际救援组织免费提供一架包机航班，从美国向中国四川灾区运送280个卡盘，价值500多万美元的救援物资。

5月15日，联邦快递与国内限时服务合作伙伴奥凯航空合作，使用货运包机从杭州向成都运送14吨救灾物资。

5 月 16 日，联邦快递总部决定向红十字会捐赠 200 万元人民币，支援中国的救灾工作。5 月 19 日，联邦快递在美国的“亚洲网络”员工组织开始为中国地震灾区筹款。

5 月 21 日，联邦快递再次与奥凯航空合作，使用货运包机从北京向四川绵阳运送 12.7 吨救灾物资。

5 月 22 日，联邦快递与香港医管局合作，开始将香港各大医院和医管局总部的医疗物资运往成都，并且还帮助香港医管局协调关于陆地运输、清关和货运包机等事宜。

5 月 22 日，联邦快递再次与奥凯航空合作，使用货运包机从北京向四川绵阳运送救灾物资。

……

联邦快递积极参加各项抗震救灾活动，在艰难时刻体现了其公司“使命必达”的精神，增强了联邦快递的亲和力，让重情义的中国人民很快就接纳了这个原本很陌生的洋公司。

（资料来源：http://jntv.blog.163.com/blog/static/63517278200842783952236/.）

### 8.4.3　公关关系的对象

在物流企业的各种促销方式当中，公共关系属于非人员推销，是企业的一项长期投资。一般而言，物流企业公共关系活动的对象涉及以下几个：

(1) 客　户

物流企业在经营过程中，一条重要的宗旨就是一切活动的出发点是满足客户的需要。要做到这一点，物流企业除了为客户提供优质服务之外，还必须与客户进行有效的沟通，树立企业在客户中的良好形象，以良好的企业形象和声誉吸引客户。而如何艺术地和客户进行沟通，这就需要通过公共关系的方式。

(2) 社　区

物流企业总是处在一定的社区里面的，要与社区里的其他组织打交道，包括机关、学校、医院、工会、消费者协会、公益事业单位以及其他企业等，社区关系的好坏，影响着企业的经营活动。因此，社区是物流企业公关活动的重要对象之一。物流企业应该与社区携手，为社区经济与文化建设出力，同时得到社区的大力支持与帮助。

(3) 媒体公众

媒体公众是指报纸、杂志、电台、电视、互联网等信息传播的中介机构、部门以及从属于这些机构和部门的工作人员。物流企业的公共关系活动一般都要通过媒介来进行，媒体公众可以影响社会舆论、改变人们的价值观念、引导消费需求的发展变化。因此，物流企业要重视与媒体公众建立友好关系，争取媒体公众的信任和支持，借助媒体公众的权威性和说服力来引导其他公众对企业形象的评价。

(4) 政府公众

政府公众是政策、法律、法规的制定者和执行者，是市场经济的宏观调控者。物流企业的每一步发展，都是与政府的各种政策和管理分不开的。政府的财政政策、货币政策、税率政策、产业政策等都会影响物流企业的经营和发展。同时，政府具有很高的权威性，政府公众的政策及态度会对其他公众对企业的看法产生影响。因此，企业必须与政府有关部门进行及时沟通，与政府保持良好的关系，了解各种相关的政策与法规及其变化，取得政府有关部门的理解和支持。

（5）其他相关企业

物流企业的公共关系对象还包括一些其他的相关企业，如竞争对手、中介机构、合作者等，这些企业与物流企业的经营活动密切相关。因此，物流企业要与他们进行有效沟通，争取他们的理解与支持，促进企业营销活动的顺利开展。

### 8.4.4 物流企业公共关系的过程

（1）调　研

物流企业进行公共关系活动的第一步是调研，收集信息。它是有效实施公共关系的起点。企业通过调查才能了解和掌握社会公众对企业决策与行为的意见。只有了解到这些情况，企业才能为检测外部环境确立参照，为企业制订合理决策提供依据。

（2）建立公关活动目标

在调查的基础上对问题进行分析，进而根据企业的要求和分析的结果，确定明确的公共关系目标。只有目标清楚，才可能有的放矢地采取一定的手段。物流企业公共关系的目标主要是赢得公众的理解与信任，影响和改变公众的态度和行为，建立良好的企业形象，唤起消费者的欲望和需求。

（3）界定目标群体

利用合适的工具把相关信息传播给目标群体，这对于公共关系的成功非常关键。有效的公关活动组织者会非常仔细地识别他们希望影响到的群体，然后研究这一群体，并最终确定目标群体。

（4）选择公关媒介与方式

确定了公共关系的目标以后，还要选择达到目标的公共关系的内容和方式。公关媒介应依据公共关系工作的目标、要求、对象和传播内容以及经济条件来选择。企业可以对产品性能、成分进行科学论证，宣传产品特色或者经营特色，甚至介绍企业的发展史以及发展前景。公关人员应随时都准备着为产品创造有趣的新闻报道。在必要的情况下，企业可以举行报告会、纪念会，展览会等活动。

（5）实施公关计划

公共关系活动的具体实施是公共关系活动的最重要内容。企业主要是利用各种传播渠道，把有关的信息传达给公众，力图影响他们的态度和行为，创造有利于组织生存与发展的环境。在实施计划中应注意坚持计划所规定的公共关系目标及实现目标的要求，克服可能会遇到的困难，必要时及时修改计划的具体内容，争取最佳的公关效果。

（6）评价公共关系效果

公共关系效果评估是公共关系工作程序的最后一步。对公共关系工作的实施成绩和效果进行评价，可从定性与定量两方面进行。定性主要看消费者态度是否改变，是否理解信息内容。定量方面，可以统计宣传报道在媒体上显露的次数和时间等。实施评价，可以为今后开展公共关系活动提供资料，同时也为企业决策提供成功的经验和失败的教训。

## 8.5 营业推广

### 8.5.1 营业推广的概念及特点

物流企业营业推广是指物流企业在特定目标市场中，为迅速刺激需求和鼓励购买而采取的非经常发生的推销活动。营业推广是除人员推销、广告和公共关系之外的一项基本促销手段，一般用于短期的和额外的促销工作，其着眼点往往在于解决一些具体的促销问题。其最大的作用就是通过某种营销刺激，以极强的诱惑力，使消费者迅速做出购买决策，产生即时购买效应。因此，营业推广是一种物流企业不经常采用的、无规则的促销方式。

物流企业的营业推广具有以下一些特点：

(1) 刺激效果显著

在开展营业推广活动中，可选用的方式多种多样。一般来说，只要能选择合理的营业推广方式，对消费者和用户是具有相当的吸引力的，会很快地收到明显的促销效果。营业推广向消费者提供了一个特殊的购买机会，使消费者有一种机不可失的紧迫感，促使消费者马上购买。因此，营业推广的效果是立竿见影的，而不像广告和公共关系那样需要一个较长的时期才能见效。

(2) 营业推广是一种辅助性促销方式

人员推销、广告和公共关系都是常规性的促销方式，而营业推广方式则是非经常性的，只起到一种辅助的作用。所以物流企业在开展促销活动时，一般不会单独使用营业推广手段，而是配合其他促销方式使用，这样才能使营业推广更好地发挥作用。

(3) 营业推广有贬低产品之意

采用营业推广方式促销，使顾客产生“机不可失、时不再来”之感，但同时也让消费者感觉企业是想急于出售产品，若频繁使用或使用不当，会使顾客怀疑产品或服务的质量有问题，或价格定得不合理等。因此，企业在开展营业推广活动时，要注意选择恰当的方式和时机。

### 8.5.2 营业推广的形式

营业推广的形式很多，一个企业不可能全部都使用，对于物流企业来说，大致可以分为两类：第一类是对消费者的营业推广；第二类是对推销人员的营业推广。

#### 1. 对消费者的营业推广

(1) 赠送附加服务

赠送附加服务是指物流企业在为客户提供物流服务的时候，可以根据客户所购买服务的数量、类别的情况，免费地为客户提供一些附加的增值服务。这样可以让消费者感觉到实惠，同时让他们感觉企业在真诚地为他们着想，有利于提高物流企业在客户心目中的形象，吸引更多的客户。

(2) 赠送优惠券

赠送优惠券是指物流企业可以通过多种方式将优惠券发到消费者手中，有此优惠券的消费者在购买本企业的物流服务时可以得到一定的价格折扣。一般来说，优惠券的持有者通常是对企业有直接或间接贡献的消费者，或者是影响较大、与企业业务关系密切的长期客户，也有一部分是企业要争取的新顾客。这种优惠券的形式，有利于刺激消费者使用老产品，也可以鼓励消费者认购新产品。

(3) 退费优待

退费优待是指物流企业可以根据客户所购买服务的数量和价值情况，给予客户一定的退费。如果客户购买的物流服务数量很多，就可以享受一定的退费，购买数量越大，折扣越多。这样可以鼓励客户在日后更多的购买物流企业的服务产品，把企业更多的物流业务外包给物流企业。

(4) 折价优待

折价优待是指物流企业可以根据市场竞争情况的变化、消费者的心理变化以及自身企业的经营情况，在一定时期调低特定服务产品的售价，减少自身利润以回馈消费者。折价优待可以有效地与竞争者相抗衡，增加市场份额，从长期来看，也扩大了利润。

(5) 展　销

展销是指通过展销会的形式，使消费者了解商品，增加销售的机会。物流企业在参展时，可以突出企业的产品特色，吸引消费者的注意力。可以说，参展是难得的营业推广机会和有效的促销方式。

**2. 对推销人员的营业推广**

(1) 红利提成

红利提成是指给推销人员不变的固定工资，在一定时间内，根据推销人员的销售业绩，从其销售利润中提出一定比例的金额作为奖励发给推销人员。由于推销人员红利提成的多少直接取决于其销售业绩，销售利润越大，提成也就越多，因此，这种方法可以有效地激励推销人员大力推销。

(2) 推销竞赛

推销竞赛内容包括推销数额、推销费用、市场渗透、推销服务等，规定奖励的级别、比例与奖金的数额，用于鼓励推销人员。对成绩优异、贡献突出者，给予现金、旅游、奖品、休假、提级晋升、精神奖励等。

(3) 提供培训

提供培训是指物流企业可以根据推销人员的工作业绩，挑选优秀的推销人员进行免费的培训和技术指导，这样有利于促进推销人员的职业发展，自然就可以鼓励其努力推销。

## 8.5.3 物流企业进行营业推广时应考虑的因素

物流企业进行营业推广时应考虑的因素主要包括以下几个方面：

**1. 营业推广的目标**

营业推广必须有明确的目标，物流企业根据目标市场的特点和企业的整体营销策略来确定营业推广的目标，依据推广的目标制订周密的计划。

**2. 营业推广的对象**

营业推广针对不同的客户，作用也是不同的。物流企业营业推广的对象主要有客户、中间商、推销人员，企业在进行营业推广时，应根据推广对象的特点选择合适的推广方式。

**3. 营业推广的时机**

营业推广的时机选择对其效果是很重要的。物流企业应综合考虑产品的生命周期、市场竞争情况、客户及中间商的营业状况等来制订营业推广的实施方案。

**4. 营业推广的期限**

营业推广期限的选择必须符合企业市场营销的整体策略，并与其他经营活动相协调。时间太短会使一部分客户来不及购买，时间太长，又会使人产生变相降价的印象，从而影响企业的声誉。因此，推广期限的选择必须要恰到好处。

**5. 营业推广的费用**

营业推广作为物流企业促销的一种促销方式，它的执行是需要成本花费的。物流企业应该根据实际需要，确定营业推广的规模和程度，控制好营业推广的费用，力争用最少的投入取得最大的成果。

## 8.6 物流服务的有形展示

### 8.6.1 物流服务有形展示的含义及作用

由于服务产品具有“不可感知性”的特征，其本身是抽象的，顾客是在无法真正见到服务的条件下来理解它，而且要在做出购买决定前，知道自己应买什么、为什么买。因此，他们会对有关服务的有形线索如设施设备、服务环境、服务人员、价目表等方面格外关注，而这些线索是有形的、可以感知的。服务的有形化是指服务机构有策略地提供服务的有形线索，以帮助客户识别和了解服务，并由此促进服务营销。

物流企业出售的产品就是一种服务产品，物流服务的有形展示是指物流企业有目的地提供服务的有形线索，以帮助客户识别和了解服务，并由此促进物流服务销售的营销策略。

物流企业的有形展示是用有形的线索来展示其无形的服务，而客户对有形物体的感知及由此获得的印象，将直接影响到客户对物流企业服务产品质量及企业形象的认识和评价。对有形因素的操作，将影响物流企业的营销策略。有形展示在物流企业营销活动中可发挥重要作用。

(1) 使消费者形成初步印象

有形展示的好坏将直接影响到客户对企业服务的第一印象。经验丰富的消费者受有形展示的影响较少。然而，缺乏经验的消费者或从未接受过本企业服务的消费者却往往会根据各种有形展示，对本企业产生初步印象，判断企业的服务质量。物流企业应充分利用各种有形展示，使消费者形成良好的初步印象。

(2) 使消费者产生信任感

消费者很难在做出购买决策之前全面了解物流企业的服务质量，因此，物流企业必须首先使消费者产生信任感。为消费者提供各种有形展示，使消费者更多地了解本企业的服务情况，可增强消费者的信任感。

(3) 提高消费者感觉中的服务质量

在服务过程中，客户不仅会根据服务人员的行为，而且会根据各种有形展示来评价服务质量。有形展示像服务产品的包装一样，包装水平比较高，就能使客户对服务质量产生“优质”的感觉。与服务过程有关的每一个有形展示，如服务设施、服务设备、服务人员的仪态仪表，都会影响客户感觉中的服务质量。因此，物流企业应根据目标细分市场的需要和整体营销策略的要求，细致地做好每一项基本服务工作和有形展示管理工作，为消费者创造良好的消费环境，以便提高消费者感觉中的服务质量。

(4) 塑造本企业的市场形象

有形展示是服务产品的组成部分，但也是最能有形地、具体地传达企业形象的工具，企业形象或服务产品的形象也属于服务产品的构成部分。物流企业必须向消费者提供看得见、摸得着的有形展示，生动具体地宣传自己的市场形象。单纯依靠文字宣传，是无法使消费者相信服务企业的市场形象的。

(5) 为消费者提供美的享受

服务企业也可通过有形展示，为消费者提供美的享受。现在，不少服务企业非常重视建筑物艺术风格和建筑物内部装饰布置，给消费者某种独特的美感，从而吸引消费者来本企业消费。但是，建筑物外表和内部装饰只能向消费者传递初步信息，服务企业更应重视服务环境、服务体系、员工的仪表和服务态度，才能使消费者享受优质服务。

(6) 促使员工提供优质服务

做好有形展示管理，不仅可为客户创造良好的消费环境，而且可为员工创造良好的工作环境，使员工感到管理人员关心他们的工作条件，进而激励他们为客户提供优质服务。

## 8.6.2 物流企业有形展示的内容

物流企业有形展示的内容十分丰富，从外到内大致可以分为物质环境、信息沟通和价格展示三类。

**1. 物质环境**

(1) 设施因素

物流企业的设施因素包括运输配送服务中的车辆及网络分布、仓储服务中的仓库及装卸设备、物流系统的计算机设备等，这类要素通常被顾客认为是构成服务产品内涵的必要组成部分。它们的存在并不会使顾客感到格外的兴奋和惊喜，但是如果失去这些要素或者这些要素达不到顾客的期望，就会削弱顾客对服务的信心。如果服务环境中缺乏消费者需要的某种设施因素，他们可能会觉得不舒服，会意识到服务环境中的问题。

(2) 设计因素

物流企业的设计因素是物流企业用以刺激客户视觉的环境因素。设计因素可被用于改善物流服务产品的包装，使得客户可以更好地认识物流服务产品。如集散中心的设计、物流线路的规划等便属于此类因素。设计因素可以对客户产生人为的、主动的刺激，有助于培养客户积极的感觉，激发客户的购买欲望，有很大的竞争潜力。

(3) 社会因素

物流企业的社会因素是指物流服务环境中的顾客和服务人员。服务环境中的顾客和服务人员的人数、外表和行为都会影响消费者的购买决策。

**2. 信息沟通**

信息沟通也是一种重要的有形展示的内容。客户对物流服务产品的良好评价、新闻媒体正面性的报道等，这些信息都可以传递出物流服务的有形线索，使服务产品更加具体、形象。

物流企业通过信息沟通进行服务展示管理的方法有两种：① 物流服务有形化，为了使物流服务显得更加实在、具体，物流企业可以在信息交流过程中强调与服务相联系的有形物，把与服务相联系的有形物推至信息沟通策略的前沿；② 信息有形化，信息有形化的一种方法是创造对企业有利的口头传播，客户的口头传播具有可信度高的特点，能比广告和新闻报道更让客户信服，对树立物流企业良好的形象具有重要的作用。

**3. 价格展示**

对于物流企业来说，价格是企业获得营业收入的唯一因素，其他所有因素都会使企业产生费用。因此，物流企业管理人员必须重视定价策略。一个正确的定价对物流企业特别重要，因为服务是无形的，服务的不可见性使可见性因素对于顾客做出购买决定起重要作用。价格是对服务水平和质量的可见性展示。

消费者往往会根据服务的价格，判断服务档次和服务质量。因此，对物流企业来说确定合理的价格尤为重要。价格过低，会使消费者怀疑物流企业的专业性和技能，降低消费者感觉中的服务价值。价格过高，会使消费者怀疑服务的价值，认为企业“宰客”，不关心客户。可见，制定过高或过低的价格，都会损害物流企业的市场形象。

## 8.6.3　物流企业有形展示的管理

物流企业市场营销活动成功的关键是管理与无形服务相关的有形因素。顾客总是在设施环境、信息沟通和价格中寻找服务的展示物，用来指导其购买选择。加强对有形展示的管理，努力借助这些有形元素来改善服务质量，树立独特的服务企业形象，对物流企业成功开展市场营销活动非常重要。

实施有形展示管理策略主要遵循两项原则：

(1) 使服务有形化

使服务有形化是指使服务的内涵尽可能地附着在某些实物上，正如一句广告词所描写的那样：“好吃看得见”。服务有形化的典型例子是银行信用卡。虽然信用卡本身没有什么价值，但它显然代表着银行为顾客所提供的各种服务，以至于只要“一卡在手，便可世界通行”。然而卡代表着不同的银行，这就使银行从实物的角度塑造出了自身的形象。

(2) 使服务在心理上较容易把握

除了使服务有形化之外，物流企业还应考虑如何使服务更容易地被顾客所把握。通常有两个原则需要遵循：

① 把服务同易于让顾客接受的有形物体联系起来。由于服务产品的本质是通过有形展示表现出来的。所以，有形展示越容易理解，则服务就越容易为顾客所接受。运用此种方式时

要注意：第一，使用的有形物体必须是顾客视为很重要的，并且也是他们在此服务中所寻求的一部分。如果所用的各种实物都是顾客不重视的，则往往产生适得其反的效果。第二，必须确保这些有形实物所暗示的承诺，在服务被使用的时候，一定要兑现，也就是说各种产品的质量，必须与承诺中所载明的名实相符。

② 把重点放在发展和维护企业同顾客的关系上。使用有形展示的最终目的是建立企业同顾客之间的长久关系。物流企业的顾客，在接受服务的过程中，通常会认同企业中的某一个人或某一群人，而不只是认同于服务本身。因此，服务提供者的作用很重要，他们直接与顾客打交道，不仅其衣着打扮、言谈举止影响着顾客对服务质量的认知和评价，他们之间的关系也将直接决定顾客同整个企业关系的融洽程度。

## 小 结

物流服务促销是指物流企业在经营的过程当中，利用各种方式和手段把本企业所能提供服务的相关信息，诸如服务的内容、方式、特色等，传递给消费者，进而促进销售的经营活动。

物流企业的促销方式有人员推销、广告、公共关系和营业推广四种。企业在促销过程中，要根据产品的特点和营销目标，综合各种影响因素，在四种促销方式中合理选择、有机搭配，以取得最佳的促销效果。根据物流企业对各种促销方式的选择及在组合中侧重使用的促销方式，可以把物流企业的促销组合策略分为三种：推式策略、拉式策略、推拉结合策略。

由于四种促销方式均有自己的优缺点，企业在决定选择何种方式时，要考虑多种因素，主要有促销目标、市场特点、产品性质、产品生命周期等。

人员推销是指企业派出推销人员直接与顾客接触，宣传产品，提供服务，以达到促进销售目的的活动过程。人员推销有灵活性、双向性、针对性、情感性等特点，对物流企业的经营有着重要作用。

物流企业广告是指物流企业通过各种传播媒介，以付费的形式，将本企业的产品和服务等信息传递给客户的一种以促进销售为目的的非人员推销方式。

物流企业广告策略主要有两种：广告的目标市场策略、广告产品的定位策略。

广告媒体也叫广告媒介，是广告主与广告接受者之间沟通广告信息必不可少的物质条件。不同的媒介有不同的特点，不同的广告目标要选择不同的媒介。

物流企业的公共关系是指企业为改善与社会公众的关系，促进公众对企业的认识、理解和支持，树立良好的企业形象，提高企业的知名度而进行的一系列活动。

物流企业公共关系活动的对象主要是客户、社区、媒体公众、政府公众和其他相关企业。

物流企业营业推广是指物流企业在特定目标市场中，为迅速刺激需求和鼓励购买而采取的非经常发生的推销活动。物流企业的营业推广形式大致可以分为对消费者的营业推广和对推销人员的营业推广。

物流企业的有形展示是用有形的线索来展示其无形的服务，而客户对有形物体的感知及由此获得的印象，将直接影响到客户对物流企业服务产品质量及企业形象的认识和评价。

物流企业有形展示的内容十分丰富，从外到内大致可以分为物质环境、信息沟通和价格展示三类。

# 复习思考题

## 一、单项选择题（在下列每小题中，选择一个最合适的答案。）

1. 促销的目的是引发刺激消费者产生______。

A. 购买行为　　B. 购买兴趣

C. 购买决定　　D. 购买倾向

2. 对单位价值高、性能复杂、需要做示范的产品，通常采用______策略。

A. 广告　　B. 公共关系

C. 推式　　D. 拉式

3. 公共关系是一项______的促销方式。

A. 一次性　　B. 偶然

C. 短期　　D. 长期

4. 按照推销对象来划分，人员推销不包括______。

A. 向消费者推销　　B. 向制造商用户推销

C. 向中间商购买者推销　　D. 向企业推销

5. 物流企业的各种促销方式中，最直接的促销方式是______。

A. 人员推销　　B. 广告

C. 营业推广　　D. 公共关系

6. 促销策略组合中，物流企业利用推销人员与中间商促销，将产品推向客户的策略是______。

A. 拉式策略　　B. 推式策略

C. 推拉结合策略　　D. 都不是

7. 物流企业人员推销活动的主体是______。

A. 推销市场　　B. 推销品

C. 推销人员　　D. 推销条件

8. 从公关手段上看，公关活动注重______。

A. 直接促销　　B. 间接促销

C. 推式促销　　D. 拉式促销

9. 对于规模小而相对集中的市场，适合于选择______。

A. 人员推销　　B. 营业推广

C. 广告　　D. 公共关系

10. 公共关系是______。

A. 一种短期促销战略　　B. 直接推销产品

C. 树立企业形象　　D. 需要大量的费用

## 二、多项选择题（下列各小题中正确的答案不少于两个，请准确选出全部正确答案。）

1. 物流企业促销的具体方式包括______。

A. 市场细分　　B. 人员推销

C. 广告　　D. 公共关系

2. 物流企业促销组合和促销策略的制订其影响因素较多，主要应考虑的因素有______。
A. 消费者状况
B. 促销目标
C. 产品因素
D. 市场条件
E. 促销预算
3. 人员推销活动中的三个基本要素为______。
A. 需求
B. 购买力
C. 推销人员
D. 推销对象
E. 推销品
4. 人员推销的基本形式包括______。
A. 上门推销
B. 柜台推销
C. 会议推销
D. 洽谈推销
E. 约见推销
5. 广告最常用的媒体包括______。
A. 报纸
B. 杂志
C. 广播
D. 电影
E. 电视
6. 物流企业有形展示的物质环境包括______。
A. 价格展示
B. 设施因素
C. 设计因素
D. 社会因素
E. 信息沟通
7. 物流企业人员推销的主要任务有______。
A. 寻找客户
B. 传递信息
C. 推销物流服务产品
D. 搜集信息
E. 提供服务
8. 物流企业广告策略的内容包括______。
A. 确定广告目标
B. 选择广告媒体
C. 决定广告预算
D. 进行广告效果评价
E. 确定目标群体
9. 物流企业公共关系活动的方式有______。
A. 利用新闻媒介扩大企业宣传
B. 支持公益活动
C. 组织专题公关活动
D. 与地方政府建立良好的关系

## 三、名词解释

物流企业促销；促销策略组合；推式策略；人员推销；物流企业公共关系；物流企业营业推广；物流服务有形展示；服务的有形化。

## 四、判断题（判断下列各题是否正确，正确的在题后的括号内打“√”，错误的打“×”。）

1. 物流企业在其促销活动中，在方式的选用上只能在人员促销和非人员促销中选择其中一种加以应用。 （ ）
2. 人员推销的双重目的是相互联系，相辅相成的。 （ ）

3. 由于人员推销是一个推进商品交换的过程，所以买卖双方建立友谊、密切关系是公共关系而不是推销活动要考虑的内容。 (　　)

4. 推式策略风险小、推销周期短、资金回收快。 (　　)

5. 因为促销是有自身统一规律性的，所以不同企业的促销组合和促销策略也应该是相同的。 (　　)

6. 推销员除了要负责为企业推销产品外，还应该成为顾客的顾问。 (　　)

7. 广告的生命在于真实。 (　　)

8. 非人员促销是在无法使用人员促销时的被迫选择。 (　　)

9. 在选择广告媒体的时候，影响力越大越好。 (　　)

**五、简答题**

1. 简述物流企业促销的作用。
2. 简述物流企业人员推销的策略。
3. 简述物流企业广告目标。
4. 如何理解公共关系的含义？
5. 营业推广的特点有哪些？

**六、案例分析**

FedEx 在 2003 年 4 月将两只大熊猫由中国运送到美国田纳西州孟菲斯动物园，成就了其“熊猫大使”的形象。6 月，它又协助中国香港红十字会运送非典防护医疗物资至中国 7 个城市，积极配合中国政府抗击非典的工作。这些“以情动人”的促销策略，为 FedEx 树立了良好的企业形象，更为其赢得了多数中国顾客的认可。

**思考题：**

请分析 FedEx 所使用的是什么促销策略。

# 第9章 物流企业品牌运营策略

**本章重点**

- ✧ 物流企业品牌营销战略的定义及特征
- ✧ 物流企业品牌营销战略构成要素
- ✧ 物流企业三种品牌营销战略：统一品牌战略、组合品牌战略、复合品牌战略的特点和适用条件
- ✧ 品牌生命周期四个阶段：介绍期、成长期、成熟期与衰退期的特点
- ✧ 物流企业采用的四种品牌资本运营策略

**本章难点**

- ✧ 物流企业三种品牌营销战略的比较
- ✧ 在品牌生命周期四个阶段采取的不同营销策略
- ✧ 物流企业四种主要的品牌资本运营策略：品牌广告策略、品牌延伸策略、品牌保护策略以及品牌危机管理策略的含义和特征

**必备技能**

- ✧ 能够结合品牌营销战略构成的四要素：品牌定位、品牌推广、品牌维护、品牌创新，对企业品牌营销战略进行分析
- ✧ 能够识别具体企业目前采用的品牌营销战略：统一品牌战略、组合品牌战略、复合品牌战略，并能对其进行分析
- ✧ 能够结合企业以及品牌的具体情况，选择合适的品牌资本运营策略：品牌广告策略、品牌延伸策略、品牌保护策略、品牌危机管理策略，并能对所选策略和其他策略进行比较分析

## 9.1 品牌与品牌资本概述

### 9.1.1 品牌与物流企业品牌

#### 1. 品牌与物流企业品牌的概念

美国著名营销学专家菲利普·科特勒将品牌定义为：“一个名字、名词、符号或设计，或是上述的总和，其目的就是要使自己的产品或服务有别于其他竞争者。”品牌通常是一个集合的概念，一个品牌能够表达的意思包括：品牌属性、品牌利益、品牌价值、品牌文化、品牌

个性、品牌使用者。物流企业品牌是物流企业向客户展示的区别于其他竞争企业的形象，起到了宣传企业文化形象、展示产品质量和价值以及获得竞争优势的作用。物流企业品牌的本质就是客户对物流企业所提供的服务价值以及企业形象的一种认知。

对于品牌的界定，可以从法律角度、市场角度、资产角度三方面进行解释，如图9.1所示。

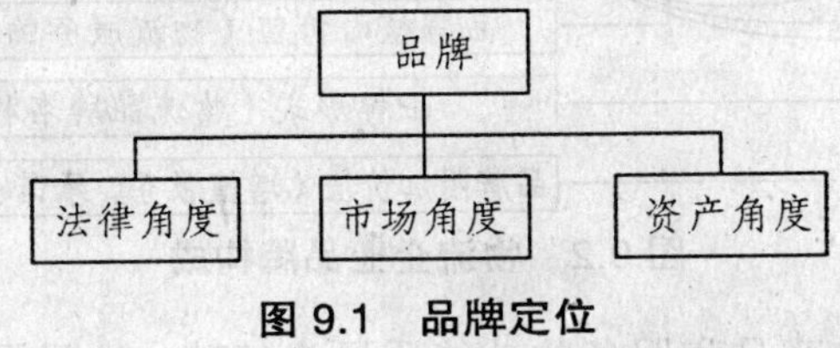


**图9.1 品牌定位**

(1) 法律角度

从法律角度，品牌是一种具有产权意义的注册商标，其目的是能够将自然人、法人或者其他组织的商品与他人的商品区别开来，识别出一个制造商、销售者或一组制造商、销售者的产品与服务，区分他们的产品与其竞争对手的产品。同时品牌也是向政府注册并受法律保护其专用权的。

(2) 市场角度

从市场角度，品牌是商品的信息标志。品牌通过一系列整合的营销活动向消费者传递有关产品特色、利益和服务以及品牌本身所代表的市场定位、文化内涵。随着我国物流市场化程度的提高，物流企业间的竞争直接表现为品牌间的竞争。物流企业想要占据市场、获得高利润，则必须向目标消费群提供高质量的物流服务。高质量物流服务的核心在于专业、安全、快捷，主要体现在“5R”方面，即正确的时间、正确的地点、正确的数量、正确的质量、正确的价格。由于各物流企业所提供的物流服务种类差异化程度不大，物流服务的质量必然会影响到消费者对物流企业品牌的选择。

(3) 资产角度

从资产角度，品牌是物流企业一项重要的战略资产。品牌作为一种特殊的资产，不仅在于它是无形资源，还因为它的真实价值不能在企业财务状况表中反映出来。作为一种无形资产，在现代市场经济条件下，品牌的价值已经远远超过了厂房、设备产品、管理者等许多有形资产。一般来说，品牌资产越高，企业的道德力量和市场认知度就越好。卓越的品牌资产可以为公司带来有力的竞争优势，吸引大量的人才，保持较快的发展速度，构筑更高层次的发展空间。

物流企业属于服务型企业，物流企业提供的产品具有无形性、可替代性、风险性等特点，这些特点决定了建立物流品牌的必要性。品牌是客户选择物流承运商的重要依据，对于物流客户来说，他们更愿意与具有知名品牌的物流企业合作，因为它们拥有丰富的经验，跟其合作可以增加客户的信赖感。另外，因为不同物流企业提供的物流服务相似性较高，而树立独特的品牌可以使原本同质化的物流服务差异化。通过提供高水平的服务赢得客户的信任，使客户建立起对企业品牌的忠诚度，同时也可以降低客户对价格的敏感性，避开其他竞争对手的正面竞争。鉴于客户企业对企业品牌的忠诚，他们不愿意支付交换物流服务商的交换成本以及耗费讨价还价的能力，从而提高了物流企业的市场份额。

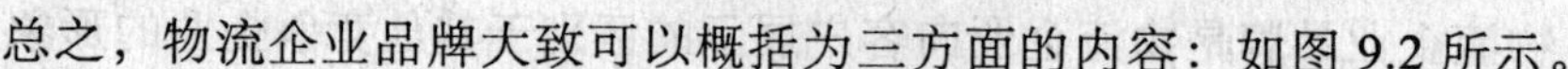

总之，物流企业品牌大致可以概括为三方面的内容：如图 9.2 所示。

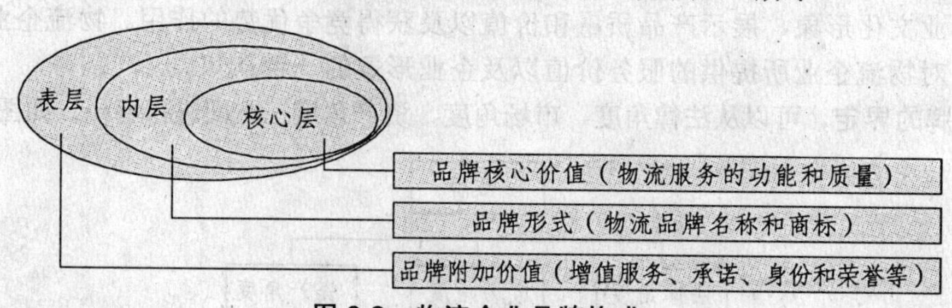


**图 9.2　物流企业品牌构成**

（1）物流品牌以一定的产品和服务的功能质量为基础，这是品牌的核心价值所在。

（2）物流品牌具有特定的名称、文字、符号、图案和语言特征。主要包括品牌名称和品牌标志两部分，这是开展品牌营运，建立强势品牌的基础。

（3）物流品牌应该能带来额外的情感满足，即附加价值。如增值服务、承诺、身份和荣誉等，它既有利于增强企业员工的向心力，又有利于强化消费者对商品的印象。

**2. 品牌的特征**

（1）专有性特征

品牌的专有性，也就是排他性，产品一旦被企业注册或申请专利后，就享有了品牌的专有权。对于产品而言，企业的竞争者可以通过模仿，制造出相同规格、式样的产品，但是品牌对于企业来说是独一无二的，任何企业或个人都不能随便模仿或仿造。专有性增强了品牌竞争力，品牌竞争力是物流企业综合实力的表现。如“Fedex”、“DHL”等品牌，既是世界品牌，也是这些物流企业实力的象征。

（2）价值性特征

品牌是有价值的，作为企业的一种外化资源，能够独立于产品而存在。品牌可以给企业带来财富，人们对不同品牌的认知度不同，同样的产品贴上不同的品牌标签，就可以卖出不同的价格，这种由品牌带来的超值利益是品牌的价值体现。如“nike”、“adidas”企业自身专注于研发创新，而将产品的制造工作外包给劳动力成本低的国家，然后在产成品上贴上自己的商标，此时的产品价格已经增长了好几倍。品牌形成了一种可以买卖的无形资产，其本身就能产生价值，但也正因为如此，品牌的收益具有不确定性。物流企业若不关注市场的变化，及时地调整品牌产品结构，就可能使品牌贬值。

（3）识别性特征

品牌是企业的无形资产，是消费者认识产品、了解产品的一个媒介。对于品牌来说，其直接载体主要是文字、图案和符号，间接载体主要有产品质量、产品服务、知名度、市场占有率等。企业可以通过设计品牌的名称、符号，使产品具有明显的外部特征，帮助消费者区分或识别产品。以全球第一包裹快递商 UPS 为例，2003 年 UPS 沿用 40 多年的“盾牌”标志正式变脸。新标志取消了盾牌上方带蝴蝶结的包裹图案，增加了标志的空间感以表示 UPS 当今诸多的业务项目，并且新标志的颜色分布也更为醒目，使“UPS”字样更加突出。UPS 形象的改变不仅仅体现在标志的视觉感受上，在其货运飞机及递送车的设计图案中还增添了“实现全球商业同步化”的词句，新的广告词中也增加了“实现同步化商业”的主题，以提醒客户，UPS 是一个提供广泛经营项目的公司。又例如“可口可乐”外包装的红色图案给人们强烈的视觉冲击，获得独特的视觉效果，必然能够吸引人们的注意。

(4) 扩张性特征

品牌的扩张性是指企业将某一知名品牌扩展到与成名产品或原产品完全不同的产品上，以借助现有成功品牌推出新产品的过程。产品进入市场后，通过消费者对产品的了解和使用，获得忠诚客户，使产品的品牌具有知名度。此时，品牌不仅代表了产品本身，还代表了企业。物流企业可以利用品牌在消费者中的影响力，发挥对市场的开拓能力。

**【案例】** UPS 的品牌之路

1. 信差起家到全球供应链管理

1907 年夏，一个年轻的创业者，19 岁的吉姆·凯西（Jim Casey）用借来的 100 美元与他的合作伙伴在西雅图市用 20 美元租用了一间狭小的办公室，开创了一家用自行车送货的信差服务公司。

创立之始，吉姆就在公司树立了客户至上的理念和准则至今仍对 UPS 具有极深的影响。例如，吉姆认为递送员的外表很重要。所以他要求公司的每位员工在派送货件时，必须穿着整洁的制服，皮鞋一定要擦亮，头发要梳理整齐，指甲要保持清洁……今天，你依然可以在 UPS 全球任何一间办公室里看到一个细则多达十几项的着装要求范例。诸如此类的提高用户信任度的服务准则，UPS 公司一直沿用至今并成为 UPS 决胜于快递之林的不败法宝。

坚定的信心、客户至上的理念和优质的服务，使 UPS 获得了客户的信任，并由此得到了丰厚的市场回报，公司获得了飞速的发展，最终成长为今天具有近百年历史的全球最大的包裹运送公司和全球供应链管理的领导者。

2. 棕色快运巨头奔向中国

20 世纪初是零售业的时代，包裹业务成为 UPS 业务多元化的开端。1919 年，UPS 在美国加州的奥克兰开设了新办公室。同时，棕色成为了公司的标志色。1946 年，UPS 历史性地运送了 10 亿个包裹。

1989 年高速奔跑的 UPS 快车驶入中国与拥有 40 多年运输经验的中外运集团签订了代理业务合作协议，开始在中国提供服务。到 1996 年 5 月，基于多年良好的合作基础。UPS 与中方合作伙伴中外运集团共同在北京成立了 UPS 在中国的合资企业。在接下来的几年里，UPS 在中国发展迅速，成为家喻户晓的棕色快运巨头。2001 年 4 月，UPS 开通每周六班，中美间直航专机更是成为了里程碑式的事件。至此，UPS 在中国进入了全新的发展阶段。直航中国一年后，UPS 启用了设在菲律宾克拉克机场的泛亚航空转运中心，进一步提升了中国的服务。2002 年以来，UPS 大力加强在中国的服务和运营，在全国的重要城市增设 8 个代表处。同年 9 月，UPS 在中国举办了首次海外董事会。2003 年 1 月，UPS 与扬子江快运航空有限公司签订协议，提供中国多个主要城市与 UPS 上海浦东航空口岸的连接，加强 UPS 公司在中国国内段的货物运输。同月，UPS 公司将中国区总部从香港搬至上海。

3. 第四个标志时代

2003 年 3 月 25 日 UPS 宣布启用新的企业标志，正式跨入公司历史上第四个标志时代。除继续秉承传统高品质，可信赖及锐意创新的传统理念外，UPS 新标志的诞生更象征了 UPS 前瞻 21 世纪的无穷潜力与决心。

在最新公布的 2003 年第四季度的业绩报告中，国际业务利润攀升 50% 以上；美国业务量大幅上涨；中国业务更呈现 50% 以上的增长。

2004 年 1 月 20 日，UPS 董事长兼首席执行官迈克·埃斯丘先生当选为美中贸易全国委员会主席。

2004 年 2 月 19 日，一个受到美国公众广泛重视的民意调查机构——“哈里斯互动式企业信誉调查机构”公布了 2003 年的调查报告，结果显示在美国最受公众关注的 60 家公司中，UPS 的综合信誉得分名列第二位。

随着实力的持续增长，UPS 的运输网络也在不断强大。但是，UPS 未来的实力将远远超过了过去所写下的历史。正如 UPS 的 CEO 迈克尔·埃斯丘（Miehael Eskew）所说：“我们每天都在挑战过去没有做过的事情。”

（资料来源：http：//www.tradetree.cn/jidan/200403/swfw66.htm.）

## 9.1.2 品牌资本与物流企业品牌资本

### 1. 品牌资本与物流企业品牌资本的概念

品牌资本是指能参与经营为其产权所有者或合法使用者提供权益或优势并带来剩余价值的价值，是品牌资产的价值转化形态，是能从市场获取垄断超额利润的价值。这里从三个方面对品牌资本进行分析：① 从价值角度，并非所有的品牌资产都能成为品牌资本，只有通过实际投入市场经营与资本循环形成增值效应的品牌资产，即将品牌资产作为生产要素投入经营的才称之为品牌资本。② 品牌资产是指能为企业所控制的、能给企业带来未来经济利益的资产，而品牌资本强调的是能在企业经营中发挥长期作用的特殊性资本，就是说它不强调是否为企业控制。③ 品牌资本是种有别于其他无形资本的新型资本，它以名牌、强势品牌、领导品牌等品牌资产为表现形式，依靠“关系交易”中关系资本，即消费者的品牌忠诚，通过不完全竞争市场从市场获取垄断超额利润的新型资本。物流企业品牌资本是物流企业的无形资产，物流企业凭借销售、宣传等渠道，提高企业品牌在消费者间的认知度，获取持续的竞争优势和差异化，使消费者建立对企业品牌的忠诚度，在提供物流服务的过程中为消费者带来附加值，同时企业获得利润。

### 2. 品牌资本的功能

品牌资本作为资本的一种形态，属于资本的范畴，具备了资本的一般功能：① 联结生产要素，形成现实的生产力，推动价值的增值和积累。在市场经济条件下，生产资料、劳动力及各类生产要素处于某种分离状态，它们只有通过资本购买，并且成为品牌才能转化为现实的生产力。② 联结流通要素，促进商品流通和货币流通，实现剩余价值和分配价值。品牌要素从价值上看，就是流通资本的存在形式。只有流通资本的投入才能实现流通要素的结合，品牌资本的根本职能在于通过促进商品流通和货币流通，完成剩余价值的实现和分配。③ 资源配置的职能。品牌资本为了追求高利润率的投资场所，就会不断地从利润率低的部门转出，转入高利润率的部门，这必然带动资源从低利润率的部门转到高利润率的部门，从而优化资源的配置。④ 激励和约束的职能。为了追求超额利润，各企业必然努力改进技术，改善管理，降低个别成本，这也是品牌资本追求超额利润的激励功能。品牌资本要取得较高的利润率，就要尽可能减少预付资本的投入和固定资本的占用，尽可能发挥现有资本的作用，提高资本的利润率，就要尽可能节约不变成本的支出，消除原材料方面的浪费和机器的闲置。

品牌资本还具有有别于有形资本的营销、财务、扩张的功能：

（1）品牌资本的营销功能

品牌作为产品信息的标志，其营销功能表现在以下三方面：① 区分功能。品牌的区分功能不仅有利于消费者识别商品，简化商品购买的复杂程度，还便于消费者识别和记忆商品。② 质量承诺和保证功能。企业为自己的产品确定品牌后，不仅表明了企业对顾客、消费者的质量承诺和责任，还向消费者和社会传递产品的质量性能和企业的市场信誉。③ 消费的导向功能。品牌不仅作为企业和产品的象征，还向消费者广而告之直接或间接的商品信息及其特点。

（2）品牌资本的财务功能

品牌资本的财务功能表现在以下三方面：① 品牌的资本功能。品牌作为企业的无形资本可以进行交易，知名品牌的认知度高、产品质量好、性能可靠，能够赢得客户、赢得市场，使市场占有率不断提高，进而使品牌本身的价值不断升值。② 品牌的超额获利功能。首先表现在品牌产品的溢价销售，其价格一般比非品牌商品的价格高 15%～30%，有的甚至高出几十倍、上百倍，这在服装行业并不罕见。其次表现在出售品牌资产时拥有的高附加值。③ 品牌的竞争功能。品牌所具有的市场影响力、竞争优势价值会被扩散到品牌所延伸的产品组合上，使这些产品具有品牌同等的竞争力。

（3）品牌资本的扩张功能

品牌资本的扩张功能表现在以下两方面：① 品牌的延伸功能。品牌延伸是指采用现有产品品牌，将它应用到新产品上或新市场上的活动过程（将在后文详细论述）。② 品牌的经济链功能。品牌经济链是品牌产品、品牌服务、品牌企业、品牌产业以及品牌市场、品牌管理、品牌营销等相互联系和相互作用所形成的链条。以国美电器的运作模式为例，国美与前端家电供应商，后端客户，以及负责物流活动的物流企业形成了一个链条，链条上的各个主体相互合作，共同推动品牌产品和品牌企业的发展与持续创新。

## 9.2　物流企业品牌营销战略

### 9.2.1　物流企业品牌营销战略的内涵

物流品牌营销的关键是物流企业如何采取行动来培育、利用和扩大品牌资本。目前物流市场已经进入了品牌竞争时代，品牌的命运维系着企业的存亡，物流企业围绕品牌进行业务流程重组和资源重新配置已经成为了一种趋势。创建并发展物流品牌，实施合理的品牌战略是物流企业重要的管理活动。品牌营销策略是物流企业经营发展战略的重要组成部分。

1. **物流企业品牌营销战略的定义**

物流企业品牌营销战略是物流企业在对产品、消费者、市场规模和前景，以及竞争对手等情况有了充分了解的基础上，为了满足市场需求，提高物流企业自身的竞争能力，实现物流企业品牌长期稳定发展的需要，以物流产品和服务品牌为核心制订的总体的、长远的、纲领性的品牌发展规划。物流企业制订品牌营销战略的目的是为了通过品牌的塑造，形成品牌优势。在消费者主导的市场里，只有实施品牌营销战略才能够占领市场。另外，也创造了品牌的附加值，这使消费者获得比产品本身更大的价值。

2. **物流企业品牌营销战略的特征**

(1) 全局性

物流企业品牌营销战略的制定是为了创造、培育、利用和扩大品牌资本，提高品牌的价值、获得更广的知名度而采取的各种措施。这必须站在全局的角度，对物流企业所处的内、外部环境进行详细分析，对其他方面的因素及关系加以综合考虑，同时必须要注重物流企业总体的协调和平衡发展。

(2) 长期性

物流企业品牌营销战略不是着眼于当前，而是中长期的发展规划，即 3～5 年。营销战略实施的效果也不是短期就能表现出来的。由于从消费者接触到物流企业品牌、了解品牌到信任品牌需要较长的时间，所以品牌营销战略主要是为物流企业品牌的长期稳定生存进行的谋划。

(3) 导向性

由于物流企业品牌营销战略是站在物流企业全局的高度上制订的宏观总体规划，所以对各种具体的营销决策和活动具有导向作用。在战略规划实施期内开展的所有活动必须与所制订的总体战略相一致，否则物流企业的品牌营销目标就无法实现。

(4) 系统性

物流企业品牌营销战略包括了品牌的定位、识别、推广、延伸、维护等一系列环节，是一个系统。同时，物流企业品牌营销与物流活动的各个环节也是相互联系和影响的。

## 9.2.2 品牌营销战略构成要素

从构成上来说，品牌营销战略包含四个部分，即品牌定位、品牌推广、品牌维护和品牌创新，如图 9.3 所示。

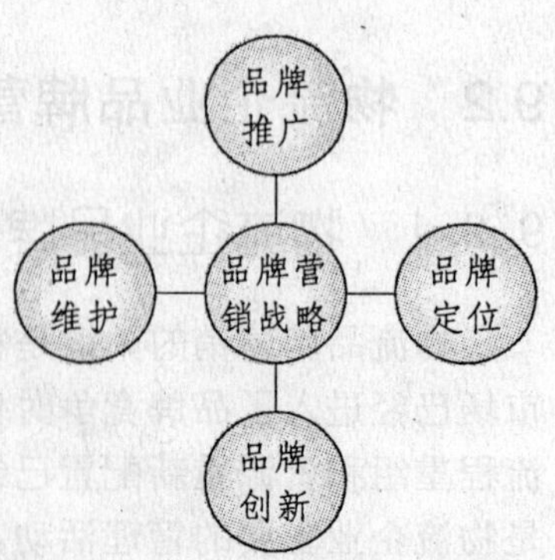

**图 9.3 企业品牌营销战略**

1. **品牌定位**

市场竞争日益激烈，如何使物流企业的品牌具有独特的个性和良好的形象，获得消费者的喜爱，成为关系到物流企业营销战略成败的关键。品牌定位是企业品牌营销战略的第一步，成功的品牌定位对企业进入市场、拓展市场起到了导航作用。品牌定位的过程就是将形象、市场、情感、价值等转化为竞争力的过程，是利用特定的品牌形象吸引特定的目标群体，使产品得到人们认可，同时又与竞争对手相区别的过程。只有首先确定了品牌定位，才能进一步确定品牌个性，满足消费者的个性化需求，从而实现企业的营销目标。物流企业的品牌定位就是锁定目标消费者，在消费者心目中确立一个与众不同的差异竞争优势和位置的过程。从企业的性质来看，物流企业可以把自身定位在提供专业化服务的领域或是综合性服务领域内。以海尔为例，海尔就是在满足自身物流需求的同时，也充当了第三方物流企业，为其他生产制造企业、电子商务企业提供物流代理服务。

**2. 品牌推广**

品牌推广就是通过品牌营销传播活动影响目标客户的过程，是消费者认知企业品牌的主要渠道，也是建立和维系品牌的重要元素。例如在物流快递行业中，联邦快递是第一家能够提供保证服务的快递公司，如果因为联邦快递的缘故使快递的物品迟于规定时间送到客户手中，公司会将投递费用原数奉还。公司通过这种推广方式，让消费者明确地识别并记住品牌的个性和价值，使服务和品牌在消费者心目中占有无法替代的特定位置，从而扩大品牌知名度。品牌推广的方式有很多，如人员推销、促销、广告和公共宣传等。其中广告是最为常用的一种方法，因为广告的宣传范围比较广，可以接触到庞大的消费群，是现代商战克敌制胜的法宝。

**【案例】** DHL 全新品牌推广计划登陆中国

新的推广计划将以“一路成就所托”（“All the Way”）为主题，突出展现 DHL 的独特竞争优势，以及人性化和进取型的服务精神。公司希望通过此次品牌推广计划更广泛地传播 DHL 作为快递服务出色供应商和全球贸易积极推动者的企业形象，进一步推动业务发展，巩固行业领导者地位。

全新的品牌推广活动是于 2007 年的第一季度在整个亚太地区启动。在中国，从 2007 年 3 月 12 日开始，DHL 的全新电视广告 CEO 篇将亮相于央视以覆盖全国所有城市，以及北京、上海、广州、苏州等主要城市的地方电视台，并通过楼宇电视和户外广告等形式将 DHL“一路成就所托”的品牌承诺传递给更多的消费者。广告中两个画面交替进行，一边是一位 CEO 有条不紊地在家中开始新的一天，另一边则是 DHL 团队在龙卷风来袭的恶劣条件中处理快件的情景。故事展现了 DHL 独一无二的高质量服务，如在亚太区 DHL 的质量控制中心（QCC）能全天 24 小时监控所有的客户快件，通过预见潜在问题，确保全部快件的顺利送达。

DHL 快递亚太区商务高级副总裁 Dan McHugh 表示：“对于我们而言，‘一路成就所托’意味着 DHL 真正地从客户的最佳利益出发。为了成为客户快递和物流服务的首选合作伙伴，我们会力争在各个方面都做得更好 。”

在全球，DHL 于 2006 年 3 月推出了“客户首选”计划（“First Choice”），旨在从网络设施到作业服务的每个环节体现对客户需求的关注，以高品质的产品和服务，成为全球客户的首选合作伙伴。作为企业发展的核心战略之一，“客户首选”计划包含商业案例创新、客户分析、客户沟通和员工绩效激励等一系列具体项目。

作为 DHL 全球事业最重要的市场之一，2006 年，DHL 在中国成功实施了“中国优先”战略，在网络基础设施、产品和服务创新、人才培养和发展等方面成绩斐然。“一路成就所托”品牌承诺则显示了 DHL 成为中国客户首选的坚定信心。

（资料来源：http：//hi.baidu.com/%B1%B1%C9%CF%C9%BD%C8%CB.）

### 3. 品牌维护

品牌维护是指企业在品牌运营过程中所采取的维护品牌形象和市场地位的活动。不同的品牌面临的企业内外环境有差异，对于品牌本身而言，其属性和价值也有所不同，所以企业采取的维护方式也不尽相同。由于品牌营销活动是在不断变化的环境中进行的，所以受环境影响比较大，品牌营销活动的成败取决于企业对环境的适应能力。当然，在开展品牌营销活动过程中，要避免品牌危机的发生，以免对品牌整体形象造成不良影响。当今世界著名的跨国物流企业，它们之所以能够在激烈的竞争中立于不败之地，关键是在长期的经营过程中建立了良好的信誉，在消费市场上建立了良好的形象。

### 4. 品牌创新

品牌创新是指企业针对市场的变化，运用新的技术，采用科学的生产和服务方式，创造、延伸新品牌或是对品牌重新定位，实施新的品牌营销战略等。品牌创新的目的是提供比竞争对手更为完善的服务，满足消费者更高的需求来赢得市场竞争。品牌并不是一个静止的形象，在巨大的市场竞争压力、复杂的市场环境下，品牌及其所代表的产品都必须不断地创新，用创新来赢得市场竞争的动态优势。

## 9.2.3 物流企业品牌营销战略的选择

物流企业品牌营销战略主要有三种：统一品牌战略、组合品牌战略、复合品牌战略，每种战略具有不同的特点和适用条件。

### 1. 统一品牌战略

统一品牌战略是指企业生产经营的所有产品都使用同一个品牌，企业将以创建的品牌延伸到新开发产品上的一种策略，例如飞利浦公司旗下的照明产品、家庭电器以及医疗系统等都使用了“Philips”品牌。再如，美国通用电气公司对其生产的所有产品包括医疗设备、航空产品、机电产品、能源设施等都统一使用了“GE”品牌。物流企业采用统一品牌策略可以提升企业知名度，增强消费者对企业产品、服务的识别。集中力量开发一个品牌可以使企业优势资源集聚，节约品牌设计、开发的费用。消费者使用企业产品，建立起对品牌的信赖，此时企业实行统一品牌战略，给新产品赋予老品牌，消费者就能很快接受新产品，为新产品进入市场打开销路。

任何战略的实施都存在着“效益背反”，统一品牌战略也不例外。一方面，企业是以老品牌在消费群中的知名度为基础，推出新产品。从这点来看，统一品牌战略为企业节约了资源，从一定程度上减少了品牌开发费用。另一方面，该战略也会产生某些负面效应。主要表现在：① 企业要承担更大的风险，因为企业所有的产品都冠以同样的品牌，产品间的差异性不能直观地表达给消费者，一旦其中某一产品在质量或售后服务等方面出现问题，则会对其他种类的产品销售产生影响。② 不利于消费者区分产品的档次，不同的消费群体对于产品有不同的偏好，所追求的满意度也不一样。采用统一品牌战略，就不能很好地满足不同购买者的需求，从而对销售量产生影响。

### 2. 品牌组合战略

品牌组合战略，又称多品牌战略。是企业对同一种类的产品，根据细分市场和消费者偏好的不同，结合所推出产品的特征，使用两个或两个以上品牌的战略。如宝洁公司旗下的“飘柔”、“潘婷”、“海飞丝”等，就是面对不同的客户需求开创的品牌。与统一品牌战略相比，多品牌战略能够降低企业的运营风险。因为品牌组合战略中各个品牌面向的是不同的消费需求，品牌间的关联度就比较低，即使某一品牌产品出现了问题，对其他品牌也没有多大影响。另外，市场需求是由不同消费偏好、不同收入水平、不同文化背景的消费者需求组成的，如果企业只推出一种品牌，只能满足部分消费者的需求，企业将会流失更多的客户。根据不同的需求和期望，推出相应的产品，就能赢得更多的客户支持，获得更多的市场份额。此外，不同品牌也有利于突出产品的特征，消费者通过品牌的差别就能直观地对产品进行区分，从而有针对性地选择产品。

品牌组合战略也存在一定的局限性:① 在多品牌开发前期必须对细分市场和客户需求进行详细分析，需要耗费大量的资金，而且所需时间也较长，在品牌创建和维护阶段需要投入大量的研发成本和管理费用。另外，由于品牌数目、种类增多，品牌管理的复杂程度增加，企业必然要投入更多的人力和财力。对于企业来说，以上几个方面都大幅度增加了其经营成本。② 如果品牌间的差异性不大，或者品牌服务的消费群体范围有交叉，可能引起品牌间的竞争，也就是企业内部的竞争，从而造成了企业资源的浪费。

### 3. 复合品牌战略

复合品牌战略，又称主副品牌战略，是企业对其生产经营的各种产品在使用了同一个主品牌，一般是企业品牌，同时又根据产品的不同特性使用不同的副品牌的策略。副品牌的引入是因为多品牌和单一品牌不能适应企业的具体情况。实行复合品牌战略的关键是主品牌已获得了较高的支持，有较好的声誉，而副品牌产品在性能方面有明显的特点，便于不同需求的消费者选择符合其要求的产品。复合品牌战略是利用企业主品牌的高声誉，推出副品牌，副品牌处于从属地位。企业在推广副品牌的过程中必须最大限度地利用已有品牌的形象资源，否则就相当于重新打造一个品牌，这对企业人力、物力、财力各方面来说都是很大的浪费。

复合品牌战略不仅具有统一品牌战略的优点也具有多品牌战略的优势。如果企业的主要品牌已经深入人心，拥有副品牌的各种产品就可以享受到良好的声誉，消费者也容易接受企业其他种类的产品。复合品牌战略也为企业推出新产品、扩大市场份额留了更大的空间。

**【案例】**　宝洁公司的多品牌策略

宝洁公司是一家美国的企业。它的经营特点：一是种类多，从香皂、牙膏、漱口水、洗发精、护发素、柔软剂、洗涤剂，到咖啡、橙汁、烘焙油、蛋糕粉、土豆片，到卫生纸、化妆纸、卫生棉，到感冒药、胃药，横跨了清洁用品、食品、纸制品、药品等多种行业。二是许多产品大都是一种产品多个牌子。以洗衣粉为例，他们推出的牌子就有汰渍、洗好、奥克多等近十种品牌。在中国市场上，香皂用的是舒肤佳，牙膏用的是佳洁士，卫生巾用的是护舒宝，仅洗发水就有飘柔、潘婷、海飞丝三种品牌。

1. 寻找差异

宝洁公司经营的多种品牌策略不是把一种产品简单地贴上几种商标，而是追求同类产品不同品牌之间的差异，包括功能、包装、宣传等方面，从而形成每个品牌的鲜明个性。这样每个品牌都有自己的发展空间，市场就不会重叠。以洗衣粉为例，宝洁公司设计了九种不同的洗衣粉：汰渍（Tide）、洗好（Cheer）、格尼（Gain）、诗达（Dash）、波特（Bold）、卓夫特（Dreft）、象牙雪（Ivory Snow）、奥克多（Oxydol）和时代（Era）。他们认为，不同的顾客会从产品中获得不同的利益组合，如有些人认为洗涤和漂洗能力最重要；有些人认为使织物柔软最重要；还有人希望洗衣粉具有气味芬芳、碱性温和的特点……于是就利用洗衣粉的九个细分市场，设计了九种不同的品牌。

2. 制造卖点

宝洁公司的多品牌策略如果从市场细分上寻找差距的话，那么从营销组合的另一个角度看是找准了“卖点”。以宝洁公司在中国推出的洗发水为例，“海飞丝”的个性在于去头屑，“潘婷”的个性在于对头发的营养保健，而“飘柔”的个性则是使头发光滑柔顺。宝洁公司多品牌策略的成功之处，不仅在于在一般人认为没有缝隙的产品市场上寻找到差异，生产出个性鲜明的商品，更值得称道的是能成功地运用营销组合的理论，将这种差异推销给消费者，并取得他们的认同。

3. 能攻易守

传统的营销理念认为，单一品牌延伸策略便于企业形象的统一，减少营销成本，易于被顾客接受。但从另一个角度来看，单一品牌并非万全之策。因为一种品牌树立之后，容易在消费者心中形成固定的印象，从而产生顾客的心理定势，不利于产品的延伸，尤其是像宝洁这样横跨多种行业，拥有多种产品的企业更是如此。宝洁公司最早是以生产“象牙牌”香皂起家的，假如它一直沿用“象牙牌”这一单一品牌，恐怕很难成长为在日用品领域称霸的跨国公司。宝洁公司用一品多牌的策略顺利克服了顾客的“心理定势”这一障碍，从而在人们心目中树立起的宝洁公司不仅是一个生产“象牙牌”香皂的公司，还是生产妇女用品、儿童用品以至于药品、食品的厂家。

从防御角度看，宝洁公司这种多品牌策略是打击对手、保护自己最锐利的武器。

（1）从顾客方面讲，宝洁公司利用多品牌策略频频出击，使公司在顾客心目中树立实力雄厚的形象；利用一品多牌，从功能、价格、包装等各方面划分出多个市场，能满足不同层次、不同需求的各类顾客的需求，从而培养消费者对本企业的品牌偏好，提高忠诚度。

（2）对竞争对手来讲，宝洁公司的多品牌策略，尤其是像洗衣粉、洗发水这种“一品多牌”的市场，宝洁公司的品牌摆满了货架，就等于从销售渠道减少了对手进攻的可能；从功能、价格诸方面对市场的细分，更是令竞争者难以插足，这种较高的进入壁垒无疑大大提高了对方的进攻成本，对自己来说就是一块抵御对手的盾牌。

（资料来源：孙全治，徐汉文. 市场营销案例分析[M]. 南京：东南大学出版社，2004.）

## 9.3 物流企业品牌资本运营策略

物流企业要想提高竞争力，就一定要注意提升自身的服务质量尤其是增值服务能力和现有品牌资本的运营效果，根据市场需求不断细分市场、形成品牌优势、拓展业务范围，用专业化服务满足个性化需求，提高服务质量，获取服务效益。物流企业品牌资本运营的终极目标是实现物流品牌资本的最大化增值。品牌资本运营是一个庞大、复杂的系统工程。在品牌资本运营中主要运用的策略有品牌广告策略、品牌延伸策略、品牌保护策略以及品牌危机管理策略。

### 9.3.1 品牌广告策略

广告作为市场营销的重要手段之一，在建立品牌过程中起着非常重要的作用。合理的广告投入，可迅速提高品牌的知名度，拉动产品的市场需求，促进品牌快速成长。在品牌成长过程中，物流企业应根据营销目标的要求，结合品牌成长不同阶段的特点，科学地确定品牌的广告策略。

品牌生命周期分为四个阶段，即介绍期、成长期、成熟期与衰退期，各阶段有不同的特点，如表 9.1 所示。物流企业应该具体分析各阶段特点，制订不同的品牌推广策略。

**表 9.1 生命周期各阶段品牌特征**

| 生命周期 | 特征 |
|---|---|
| 介绍期 | 企业品牌的知名度较低，大多数消费者对于物流企业提供的产品持观望态度 |
| 成长期 | 物流企业的产品逐渐被市场接受，产品的需求逐渐增长，品牌知名度逐渐上升 |
| 成熟期 | 销售量达到顶峰，销售增长速度趋缓，市场占有率也趋稳定，需求很少或增长较为缓慢直至趋于稳定，利润趋于稳定甚至出现缓慢下降的情况 |
| 衰退期 | 品牌产品的需求下降，产品销量下降甚至产生滞销的现象，市场增长率也下降，利润也越来越小 |

**1. 品牌介绍期**

在产品进入市场的初期，产品前期广告以及各种促销手段都是为了介绍产品，更好地宣传产品的功能特性。物流企业主要是宣传所提供物流服务的差异化，以及所提供的增值服务，吸引消费者试用或购买。由于介绍期的产品品牌尚处于被消费者认识和接受的阶段，市场占有率不高，介绍期的目标是使消费者认同物流企业所提供的产品，企业应把宣传的注意力放在那些最有可能产生物流需求的消费者身上，如开展电子商务的企业、生产制造型企业等。

**2. 品牌成长期**

在品牌成长期，物流企业的营销目标是快速建立起消费者群体。成长期的广告是为吸引顾客，使其形成品牌偏好，以扩大市场占有率。此时应进一步加强广告宣传，广告的内容要突出畅销商品的特性和使用价值。此时产品的需求量在逐渐增大，人们已对产品有一定的认识，宣传应着重突出本产品的优势，使消费者在诸多同类产品中选择自己的产品。但广告宣传应以突出品牌形象为主，而不必过多注意产品本身，因为产品是可变的，而品牌则是比较稳定的。

### 3. 品牌成熟期

当产品进入成熟期时，市场基本上已经达到饱和状态，品牌的知名度和美誉度达到了一个稳定的水平。在此阶段的广告策略，一方面应以突出产品尤其是品牌的差异性为主，如相对于其他品牌的竞争优势何在；另一方面要突出地宣传企业的整体形象。

### 4. 品牌衰退期

在品牌的衰退期，品牌影响力逐步降低直至从消费者的心目中消失，消费者的目光被其他新产品所吸引。对于企业而言，在此阶段一方面要尽量地把品牌的潜力利用尽，另一方面要有目的、有步骤地撤退。企业可以重新设计广告或是进行新一轮的营销及公关活动，若效果不明显，就应该考虑塑造新的品牌、推出新的产品了。

品牌的创建不是一劳永逸的事情，作为产品或服务的载体，品牌有着自己的生命周期，但只要企业重视品牌产品的更新换代，品牌的生命周期是可以延长的，甚至是可以永存的。一般来说，企业应在第一代产品进入成熟期时，第二代产品就应进入小批量生产；在第一代产品进入衰退期时，第二代产品也自然地进入了成长期，代替老产品，占领市场。同样，在第二代产品进入成长期时又要研制第三代产品。在这样一个过程中，使得品牌可以不断的延伸、扩大，使其知名度不断提高，如图 9.4 所示[1]。

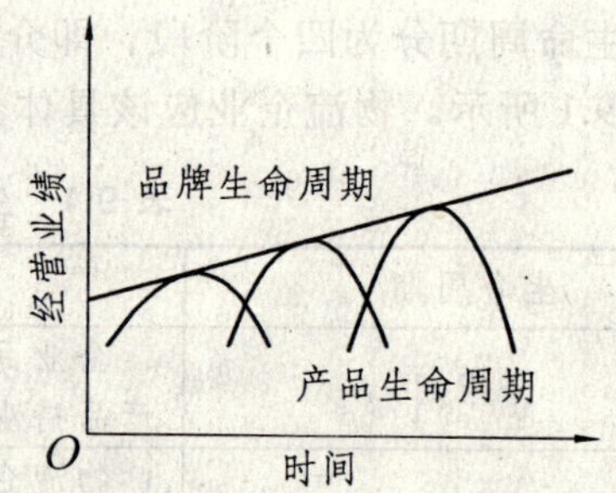


图 9.4 品牌生命周期与产品生命周期的关系

## 9.3.2 品牌延伸策略

菲利普 · 科特勒对品牌延伸的定义是：把一个现有的品牌名称使用到一个新类别的产品上。品牌延伸并不是简单地借用表面上的品牌名称，而是对整个品牌资本的策略性运用。由于品牌延伸是企业对已实现的某个品牌资源的充分开发和利用，使品牌生命不断得以延长，品牌资本价值得以增值，品牌的市场份额不断扩大。因此，品牌延伸已经成为各公司战略性发展的核心。

### 1. 品牌延伸的作用

（1）规模经济

发展规模经济，可以使企业降低成本、扩大生产能力，实现低成本扩张。品牌延伸在某种程度上就是发挥核心产品的品牌形象价值，提高品牌的整体投资效益，使得企业产销达到理想的规模，实现收益最大化。

1 颜泳红，刘安民.中国企业品牌运营现状的分析[J]. 改革与战略，2008（7）：132-135.

（2）品牌忠诚

消费者往往具有对特定品牌的忠诚心理，即在购买商品时，多次表现出对某一品牌的偏向性行为反应。这种忠诚心理保证了该品牌的基础市场占有率。因此，当该企业开发的新产品以同一品牌投放市场时，就可以利用消费者对其品牌的忠诚心理，以较少的投入成本迅速进入市场，提高新产品开发的成功度。

（3）强化品牌

品牌的生命力就在于其鲜明的个性特征，品牌定位的目的在于创造和渲染企业及产品的个性化特征。因此，在品牌延伸中进行准确的市场细分和再细分，可以界定品牌的适用范围。海尔集团“技术领先、品质可靠、服务一流”的口号，使其在竞争激烈的家电行业占据了一席之地，以多种产品强化了其品牌特点。

（4）价值增值

对于一个企业，无形资产有时候比有形资产还重要，其价值有时候也远远大于有形资产。企业进行品牌延伸不仅能最大限度地提高品牌资本利用率，同时由于品牌延伸是品牌资本价值转换的重要途径之一，通过这一过程还能实现品牌资本价值的进一步积累和增值。

**2. 品牌延伸成功的基础和步骤**

（1）品牌延伸成功的基础

品牌延伸成功的基础包括：① 品牌的知名度、美誉度基础。品牌延伸的一大优势就是借助原品牌的声誉和影响迅速扩张市场，要求该品牌具有较高的知名度、美誉度及强势的市场地位。② 品牌核心价值的适应性基础。品牌的核心价值指的是一个品牌永恒的本性、精髓和灵魂，它是品牌内涵中最深层次的内容，一般不会因品牌延伸至其他产品领域而改变。新产品加入某一品牌名下，必须符合或强化它的品牌内涵，适应品牌的核心价值。③ 品牌资本的可转移性基础。品牌延伸并非只是借用初始产品的表面上的品牌名称，而是对整个品牌资本的艺术运用。如果初始品牌积累的良好资本不能或者较难向延伸产品转移，那么光有品牌名称的借用，品牌延伸的益处就不大。④ 延伸产品和原产品的关联性基础。原产品整体质量优良，企业推出与原产品具有相关性的延伸产品，消费者对延伸产品的品质的可信度和评价会大为提高。

（2）品牌延伸成功的步骤

品牌延伸成功的步骤包括：① 品牌定位阶段。这一阶段对企业及其产品开拓市场具有十分重要的意义。在现代社会，同一市场上相同种类的产品日益增多，要使自己的产品在众多产品中得到顾客的认可，企业必须通过各种方式培养和塑造自身的产品特色，以符合顾客的欲望和需求。② 品牌形象调查阶段。任务是研究存在于公众头脑中与品牌有关的所有联想，调查哪些产品能够符合品牌的价值。弄清楚品牌的特点是什么，可借助于定量和定性的方法进行研究，然后科学地选择品牌的延伸领域。③ 测试新产品阶段。这一阶段不但要识别适合品牌延伸的相关产品，确定延伸是否与品牌保持一致，而且也要确定产品是否被认为是超越它的竞争对手，即延伸是否创造了一种市场欲望。

【案例】 ELLE的品牌延伸

通常人们至少要成功地推销出第一件商品后，才会有顾客找上门来，但是对于女性时尚杂志《ELLE》来说，这个惯例不适用。恰恰相反，她的读者令她意外地跨入商品制造行业。

20世纪80年代初，杂志社为了吸引新的订户，推出了一些带有ELLE标志的特制礼品，结果出人意料地受欢迎。“许多女读者打电话来问，在哪里可以买到ELLE的各式礼品”，亚洲区的执行董事玛莉安妮·古亚尼尔瑞介绍说，“为了得到这些赠品，她们已经订阅很多份《ELLE》杂志了。她们希望可以单独购买这些东西”。

杂志社因此委托日本当地一家服饰制造商小批量生产ELLE的T恤、手袋和鞋子，由日本分社的职员监管。开始的时候销售规模还很小，到了20世纪80年代末，在口碑流传之下，需求迅速增长。ELLE公司于是成立了独立的特许专卖部门。1991年，ELLE品牌在亚洲其他地区也开始流行起来。“亚洲人非常崇尚品牌，连袖子上的标签也舍不得拆掉。他们恨不得连牙齿都用品牌武装起来。”奥美公司海外客户部副总裁简米·皮瑞托惊叹。

如今，ELLE已成为日本第四大特许经营品牌，年销售额约为5亿美元。在亚洲其他地区，ELLE产品的销售额也达到4.5亿美元，收益非常可观；如今标有ELLE标签的产品种类繁多，你可以从头到脚都穿戴ELLE牌服饰，睡ELLE牌床单，用ELLE牌杯子喝水，甚至可以用ELLE牌橡皮奶嘴安抚你的小宝贝。

1. 从亚洲延伸

市场营销学把这种现象称为“品牌延伸”：某种特定产品的商标延伸运用到完全不同种类的产品上。

Ralph Lauren是最早实行“延伸”的品牌之一。从20世纪80年代起，5 000美元的晚礼服和50美元的香水都贴上了Ralph Lauren标签。众多流行品牌也不甘示弱，YSL雪茄、Mont Blanc手表之类产品纷纷出笼。

名牌延伸并不局限于时尚流行商品，还涉足其他行业。专业营销代理公司G2的区域执行董事西蒙霍特认为，随着产品的商业化程度加深，越来越多品牌将会在不同行业间跳跃延伸。“清洁剂也好，电脑也好，几乎所有品牌越来越有个性色彩。当品牌树立起自己的独立个性的时候，它们就不再依附于某种产品，而可以轻易地延伸到各类产品中。”

理查德·布兰森所创建的Virgin品牌就是典型。它始于一种音乐标记，现在则覆盖了从空运航线到汽水饮料的各个行业。尽管Virgin在亚洲还不算很有名气，但许多营销专才认为它的品牌延伸仍然具有巨大潜力。

品牌延伸的风险极大，因为产品范围过广，容易使品牌失去原有的特性。20世纪80年代经济繁荣时期，许多欧洲名牌在日本就遇到过这种问题，例如法国名牌皮尔卡丹。当时，廉价丝袜、劣质毛巾、仿皮钱夹等都膏药般地贴着Pierre Cardin的商标，使皮尔卡丹成为同行的反面教材。

2. 成功的亚洲ELLE模式

与大多数品牌特许经营企业不同的是，ELLE在宣传方面非常主动，经常开展广告活动，甚至设计、装修店面和柜台。同时，ELLE常与特许专卖的受许人共同开发新产品。设在巴黎的ELLE设计工作室，每个季节一开始就推出本季的流行主题、流行色彩和款式潮流。随后，各国分支机构根据这些设计意念和本土市场特色，生产出区域产品。

但对于企业的核心产品，《ELLE》始终坚持是时尚杂志。《ELLE》创刊于 1945 年，由历史悠久的法国出版业巨头 Hachette Filipacchi 所拥有，如今在 36 个国家发行不同的版本，年销量超过 6 000 万本。1988 年，《ELLE》登陆中国，成为中国乃至亚洲最流行的国际时尚月刊之一。"无论特许商品销量多大，都只是《ELLE》的附属产业，永远不可能达到与杂志相同的水平。我们所做的一切，都是为了使《ELLE》杂志更好地发展。"古亚尼尔瑞强调。

事实上，为了保护杂志社的出版利益，ELLE 特许专卖部只进入《ELLE》已站稳脚跟的市场，并且不销售杂志广告上的同类产品，例如香水、化妆品等，以避免与广告客户发生冲突。以杂志为重心的原则，从一开始就决定了 ELLE 产品销售必须走向特许专卖方式。"我们既不是制造商，也不是零售商，我们是出版商。这就是我们一贯的定位。"

ELLE 很清楚自己的消费群是年轻时尚的职业女性。在进行品牌延伸时，ELLE 产品一直表达这样一个信念：ELLE 是属于年轻、时尚、国际化女性的品牌。"我们所做的一切都以年轻时尚的职业女性为中心。"

**3. 利润是硬道理**

杂志出版商的主要利润来源是广告。美国市场调研公司 Veronis Suhler & Associates 的调查结果显示，广告收益在杂志所有收益中的比重，将会从 1995 年的 50% 上升到 2005 年的 62%。如果经济一旦急剧下降，企业商业广告投入同步缩减，杂志出版商将面临危机。

因此，许多杂志社必须开拓多种收入来源。出租品牌就是方法之一。玛莎斯图尔特已在美国市场先行一步，将居家杂志《Martha Stewart Living》扩张成以亿美元计的商品流通王国。英国前卫设计杂志《Wallpaper》将品牌租借给一家房屋设计公司。国际特许经营协会总裁查理斯·瑞欧托认为："这绝对催生了一个新兴品种……杂志正寻找一种可以口耳相传的载体。"ELLE 的附属产业使她安然度过了全球经济恶劣的 2001 年。特许专卖产品为 ELLE 带来了可观的利润。尽管 ELLE 拒绝透露具体数字，但同行预测其特许专卖费是零售价格的 7%～12%。古亚尼尔瑞说："正是这些收益，明显缓和了广告业务锐减给公司总收益带来的冲击。"——ELLE 特许专卖产品销售在亚洲的增长率超过 10%，冲销业务收益增长率的下降绰绰有余。

如今，ELLE 正把亚洲分部的成功商业模式推向世界其他市场。

（资料来源：http：//bbs.wswire.com/frame.php?frameon = yes&referer = http%3A//bbs.wswire.com/viewthread. php%3 Ftid%3D966.）

### 9.3.3 品牌保护策略

品牌保护是指企业在具体经营活动中所采取的一系列综合的保护品牌市场地位的活动统称。它的着眼点是：巩固并提高品牌的竞争力与市场影响；延长其市场寿命，铸就百年品牌；维持品牌与消费者的长期忠诚联系，使品牌资本不断增值。它包括受到商标法保护的商标名称、图形及其组合以及没有在商标管理部门登记注册的品牌名称和品牌标志。

结合品牌现阶段所面临的实际状况，参照国内外企业对品牌保护的成功办法，企业进行品牌保护的基本策略可概括为：品牌的司法保护和品牌经营管理保护。

**1. 品牌的司法保护**

品牌的司法保护是品牌保护的最主要途径，因为法律保护具有权威性、强制性和外部性。它包括：

（1）商标注册保护

为了获得法律的保护，商标必须依法注册，通过注册获得商标权，特别是商标专用权是寻求法律保护的前提和基本保证。同时，企业还必须注意到商标的时效性，商标权一旦超出法律规定的有效期限，就不再受法律的保护。

（2）商标权保护

物流企业的商标要采取不易仿制的防伪标志、使用防伪编码等手段，同时主动向社会和消费者介绍辨认真假商标标识的知识，这样不仅为自己的品牌产品加了一道防伪保护伞，也为行政执法部门打击假冒伪劣提供了有效的手段。

（3）争创驰名商标

**2. 品牌经营管理保护**

品牌经营管理保护包括：品牌的企业组织保护、品牌的创新保护、品牌的管理保护、品牌的形象保护与品牌的延伸保护等。这里主要介绍品牌的创新保护策略、管理保护策略和形象保护策略。

（1）品牌的创新保护策略

创新保护是品牌保护的核心策略。品牌的生命力在于创新，只有创新才能维持品牌个性，提高品牌的技术水平，强化品牌的核心价值，维系品牌与消费者之间的持久联系，稳定与提升企业的品牌形象。品牌的创新保护策略包括以下几个方面：① 发现产品的新用途。在产品同质化严重的情况下，发现与利用品牌所覆盖的产品的新功能、新用途，能使品牌不断延长自己的寿命，保持自己的个性，散发出新的活力。② 进军新市场。将处于成熟期的某品牌产品引入一个全新的市场，从而赋予品牌更丰富的内容。③ 增加新服务。在品牌竞争日益激烈的背景下，通过不断增加消费者所看重的服务，可以突出与对手的差别，在较高程度上满足消费者的欲望，提高顾客满意度与品牌忠诚度，增强顾客的品牌依赖度。④ 锐意创新，不断强化对核心能力的控制。核心能力是品牌保持长期竞争优势的源泉。企业要注重通过创新去发展新的品牌核心能力，对新老核心能力进行有效的整合，适时实现品牌核心能力的跃升，并不断扩大核心能力的内涵与外延，有效保护品牌的市场地位。

（2）品牌的管理保护策略

因为品牌的形象保护、延伸保护、创新保护与法律保护均需要通过有效的品牌管理才能实现，管理保护是指通过加强对品牌的管理来保护品牌的市场地位，其中也包括品牌管理的创新。品牌的管理保护策略包括以下几个方面：① 必须设立专门的品牌管理保护机构，健全其跟踪、收集与提供信息、联络外部品牌专业权威机构、培训内部品牌运营人才等功能，确定其权利、职责以及义务，负责和促进企业品牌保护工作的全面开展。② 要加强对品牌运营状况与生态环境的监控，搞好品牌的自我保护，尽力减少品牌运营中的问题与漏洞。企业应建立一套完整的品牌运营监控系统，全面监控品牌的运营情况，特别是企业与顾客之间的关系状况、合作者的品牌运营状况以及企业与合作者之间的协作状况，等等。③ 要加强对商标与专利的管理。④ 应注意跟踪国内外品牌保护的管理手段与理论的发展，结合企业实际，及时进行品牌保护的管理创新。

（3）品牌的形象保护

品牌的形象保护是品牌保护的灵魂，是指通过对品牌形象的维护与提升来实施品牌保护。

品牌形象蕴涵着品牌的个性、价值、文化等因素，是企业重要的无形资产，也是品牌竞争力的综合体现。品牌的形象保护包括以下几个方面：① 不断改善品牌的传播方式，永远使其跟上时代的步伐。要借助整合营销传播的方法，协调各种传媒资源，以独特的表现形式、时尚多变的广告语言，强化消费者对品牌个性的认同，维持品牌在消费者心中的地位。② 通过 CIS 与顾客满意工程对原有的品牌形象进行重新整合。③ 持续进行对品牌文化资源的培育、保护与传播，使品牌文化能够不断创新，并具有时代精神。④ 应借助超前使用者的形象与消费倾向以及合作者的品牌魅力，扩大对目标顾客的影响面。此外，应积极参与公益宣传活动，传播品牌文化，努力丰富品牌的形象。

## 9.3.4　品牌危机管理策略

### 1. 品牌危机管理的内涵

品牌危机有两层含义：一是指危及或损害企业品牌形象或声誉的潜在或显在的破坏性事件；二是品牌形象或声誉受到破坏，将会或已经陷入某种极其不利的灾难性格局。品牌危机具有突发性、蔓延性、危害性、被动性四个特征。品牌危机管理就是企业预测、监控潜在品牌危机、控制已经发生的品牌危机，使企业品牌形象或声誉得以维护或恢复的一系列策划与管理活动的总称。

品牌，特别是成功的品牌，都是企业投入了大量的物化劳动和活化劳动，精心培育出来的代表企业或产品信号的一种集视觉、情感和文化的标识，是企业参与市场竞争的锐利武器，是企业生存和发展的基础，是企业重要的无形资产。然而，在市场竞争日趋激烈的今天，危机无时无刻地威胁着我们企业的品牌。2008 年 9 月，三鹿奶粉事件震惊了整个奶粉行业，随着一家家乳品企业相继被检测出三聚氰胺超标，全国上下顿时陷入了“奶”恐慌。面对随时可能出现的品牌危机，如果企业处理不好，就可能像“多米诺骨牌”一样，使灾难在与该企业相关的各领域出现连锁反应，从而摧垮企业。残酷的现实告诫我们：品牌的危机管理必须引起企业的高度重视。虽然不同的品牌在不同时段可能面临的危机不同，但实施品牌危机管理方法应是相似的。

### 2. 品牌危机的管理

品牌危机的管理包括品牌危机前的预警防范、品牌危机中的应急公关处理、品牌危机后的重振提升等，如图 9.5 所示。

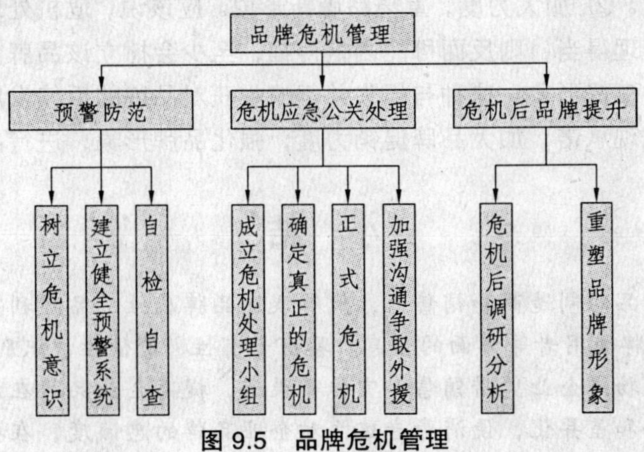


图 9.5　品牌危机管理

(1) 品牌危机前的预警防范

品牌危机前的预警防范包括：① 树立危机意识。在激烈的市场竞争中，一个企业如果在经营红火时缺乏忧患意识，在顺境时无身陷逆境的准备，那就意味着困难和危机即将出现。因此企业的决策者和全体员工要树立危机意识，及早防范危机，将其消灭在萌芽状态。② 建立健全危机预警防范系统。除不可抗力的因素外，危机往往是有征兆的。因此，危机预警系统的建立必不可少，在这个系统中，我们完全可以设想一下品牌可能会发生什么样的危机，并预先做好预防准备。有了这个计划，企业才能对突如其来的危机有条不紊地拿出自己的应对之策。③ 积极开展自检自查，自我诊断。定期或不定期地开展企业自我检查、自我诊断，分析企业品牌运营状况，客观评价品牌形象和企业信誉，找出薄弱环节，以便及时采取纠正措施，也是防范危机的重要举措。

(2) 品牌危机中的应急处理

危机一旦来临，便会迅速破坏品牌形象，如何及时、果断地做出科学而有效的决策，引导舆论，抑制危机事件蔓延，缓解紧急情况，是企业品牌危机管理中的一项重要任务。具体包括：① 迅速成立危机处理小组，调查情况、对危机的影响做出评估，以制定相应计划控制事态的发展。② 确定真正的危机。由于危机处理的紧迫性，必须做到有的放矢，对危机根源进行处理。要对危机的真正来源进行调研，及时准确地分析原因，确定各种来源中处理的重点。③ 正视危机。坦诚处理，开诚布公地向顾客及公众做出解释和说明，以尽快赢得顾客与公众的谅解与信任。④ 加强沟通，争取外援。品牌危机发生后，除了应该把危机真相尽快告诉最关心此事的人以外，还应加强与有关各方的沟通，争取外援。

(3) 品牌危机后的重振提升

企业在妥善地平息了品牌危机后，似乎危机管理工作已经宣告结束。其实不然，危机的应急处理只是解了燃眉之急，而危机管理工作则并没有结束。还应加强危机后的处理工作，化“危”为“机”，进一步强化和提升品牌。① 做好危机后品牌形象的调研、分析和评价。一方面要了解危机给企业品牌形象造成了多大的影响，品牌美誉度及忠诚度的受损程度及恢复情况如何，研究企业应该重新树立一个怎样的品牌形象；另一方面要把危机来源和危机处理过程加以总结归纳，强化这方面的工作，必要时通过制度建设堵住危机发生的漏洞，使企业今后不再重蹈覆辙。② 加大力度，重塑品牌新形象。应该说，危机处理对品牌存在一定的负面效应，但如果处理得当，则反而可能因祸得福，至少会树立该品牌负责任、关注社会公众利益、讲求信誉的良好形象。这种与损失并行的收获对品牌的后续发展极有好处。常用的措施有：切实落实兑现承诺；加大品牌促销力度；强化品牌形象；进行品牌更新等。

## 小 结

品牌用来识别产品的制造商和销售商，能够表达品牌属性、品牌利益、品牌价值、品牌文化、品牌个性、品牌使用者等方面的信息，具有专有性、价值性、识别性和扩张性的特征。物流企业品牌资本是物流企业凭借销售、宣传等渠道，提高企业品牌在消费者间的认知度，获取持续的竞争优势和差异化，使消费者建立对企业品牌的忠诚度，在提供物流服务的过程中为消费者带来附加值，同时企业获得利润。物流企业品牌营销战略就是物流企业在对产品、消费者、市场规模和前景，以及竞争对手等情况有了充分了解的基础上，为了满足市场需求，提高物流企业自身的竞争能力，实现物流企业品牌长期稳定发展的需要，以物流产品和服务品牌为核心制定的总体的、长远的、纲领性的品牌发展规划。从构成上来说，品牌营销战略包含四个部分，即品牌定位、品牌推广、品牌维护和品牌创新。物流企业品牌营销战略的选择主要有三种：统一品牌战略、组合品牌战略、复合品牌战略，每种战略具有不同的特点和适用条件，物流企业要根据具体情况进行选择。

物流企业品牌资本运营的终极目的是实现品牌资本的最大化增值。品牌资本运营是一个庞大、复杂的系统工程，保证了品牌资本运营的顺利实施，提升了品牌资本价值，常用的策略主要包括品牌资本运营中品牌广告策略、品牌延伸策略、品牌保护策略以及品牌危机管理策略。

## 复习思考题

**一、单项选择题**（在下列每小题中，选择一个最合适的答案。）

1. 下列哪种品牌战略最能满足消费者需求______。
   A. 统一品牌战略　　B. 品牌组合战略
   C. 符合品牌战略　　D. 品牌差异战略
2. 在品牌成长期，广告宣传最应体现下列哪点______。
   A. 品牌形象　　B. 产品质量
   C. 产品种类　　D. 售后服务
3. 下列哪项不属于品牌延伸的步骤______。
   A. 品牌定位　　B. 品牌调查
   C. 品牌宣传　　D. 测试新产品
4. 下列哪项属于品牌司法保护______。
   A. 商标权保护　　B. 组织保护
   C. 创新保护　　D. 管理保护
5. 下列哪点能使企业以较低成本迅速提高新产品成功度______。
   A. 品牌宣传　　B. 品牌忠诚
   C. 强化品牌　　D. 强化售后服务

**二、多项选择题**（下列各小题中正确的答案不少于两个，请准确选出全部正确答案。）

1. 品牌包含以下哪些内容______。
   A. 名称　　B. 术语　　C. 标记　　D. 符号
   E. 图案　　F. 它们的组合
2. 品牌生命周期包括以下哪几个阶段______。
   A. 介绍期　　B. 成长期　　C. 成熟期
   D. 衰退期　　E. 稳定期
3. 品牌延伸的作用包括______。
   A. 规模经济　　B. 品牌忠诚　　C. 强化品牌　　D. 价值增值
4. 品牌营销战略的构成要素包括以下哪些选项______。

A. 品牌定位　　B. 品牌推广　　C. 品牌维护
D. 品牌创新　　E. 品牌保护

## 三、名词解释

统一品牌战略；组合品牌战略；复合品牌战略；品牌保护策略。

## 四、判断题（判断下列各题是否正确，正确的在题后的括号内打“√”，错误的打“×”。）

1. 品牌是向政府注册的受法律保护其专用权的品牌，任何品牌都受法律保护。（　）
2. 品牌组合战略不利于区分产品档次，因而不能很好地满足消费者需求。（　）
3. 物流企业品牌资本运营的终极目的是实现利润最大化。（　）
4. 品牌延伸只是简单地借用表面上的品牌名称，而不是对整个品牌资本的策略性运用。（　）
5. 在产品成长期的广告策略，不仅要突出品牌的差异性，而且要突出地宣传企业的整体形象。（　）
6. 品牌的司法保护是品牌保护的最主要途径。（　）
7. 品牌延伸是指将现有品牌使用到新产品上，其中并不涉及品牌增值。（　）

## 五、简答题

1. 什么是品牌？它有哪些特征？
2. 品牌的生命周期分为哪几个阶段？分别是什么？
3. 品牌延伸策略成功的基础和步骤分别是什么？

## 六、案例分析

### 美的集团的新产品品牌策略

美的集团是广东美的集团有限公司的简称。1980 年，它还只是广东省顺德县一个小镇的小作坊。“美的”创业之初，其条件并不是很好。在全国几千家电风扇厂中，论设备和技术，美的是小弟弟；论生产风扇的历史，美的是较短的。但是，美的人并不因此而裹足不前，相反他们敢于开拓，敢为人先。该公司在全国电风扇大战中，率先采用塑料外壳代替金属外壳，大大降低成本，使其在激烈的竞争中杀出一条生路。此时，美的人在市场风浪的搏击中逐渐意识到市场需求不断发生变化，电扇产品不应是公司的唯一产品。随着人们生活水平的提高，空调必将是其替代品，应该及早开发和生产自己的空调产品。空调是高科技产品，是高层次享受的象征，自己原来的形象显然过于落后，应当树立一个全新的形象。于是 1984 年公司开始全面实施它的品牌战略。首先从企业的名称“美的”入手。“美的”美在其真善美，美在巧妙。它作为企业、产品、商标“三位一体”的统一名称，用于表述产品质量优和企业形象美恰如其分，定能博得市场大众的认可。美的决策人还充分考虑到这个名称足以涵盖各种产品、各行各业、国内国际市场。它是一种“美的事业”，它的形象给社会公众和消费者以亲切感、优美感、愉悦感，并使人产生无尽的联想。其次，美的集团在沟通策略上，提高了广告和促销活动的档次，突出品位高、质量高，目标是造就名牌和名流企业形象。它除了在全国主要报刊和中央电视台做广告外还推出巩俐电视广告片，其核心是突出“美的”是以“创造完美”作为企业精神，经营理念的。美的人把创造美渗透到每一空间，贯穿全员行动，见诸一切媒体，同其他企业文化水乳交融。该集团的建筑文化广告文化、销售文化、车间班组文化均其特色。美的 CIS 中的标准色为蓝、白二色，犹如蓝天白云。美的工业城的现代建筑群、写字间、标牌、名片、办公用具、事务用品、运输工具、包装设计、食堂餐具、洗手间等，皆是一体的蓝白相间的色调，同其生产的“美的风扇”、“美的空调”等产品色泽相协调，给人赏心悦目、清凉优雅的感觉。这样精心的设计对于消费者来说，不能不产生一种挡不住的诱惑，从而对该企业及其产品油然产生一种好感。

（资料来源：http：//marketing.jpkc.gdcc.edu.cn/show.aspx?page = 6&id = 13&cid = 18.）

**思考题：**

（1）“美的”品牌名称有何特色？

（2）由“美的风扇”到“美的空调”，采用的是哪种品牌策略？这种策略有何优缺点？

# 第 10 章 物流服务质量与客户关系管理

**本章重点**

- ✧ 物流服务质量管理
- ✧ LSQ 卡诺模型*
- ✧ 物流客户关系管理的方法
- ✧ 物流客户关系管理的实施

**本章难点**

- ✧ LSQ 卡诺模型*
- ✧ 物流客户关系管理的方法

**必备技能**

- ✧ 掌握 LSQ 卡诺模型的应用*
- ✧ 掌握物流客户关系管理的方法

对于专业的物流企业，物流服务从含义上来讲，包括两个方面的内容：一方面是物流企业向客户提供的产品——物流服务产品（物流商品）；另一方面是为支持企业的核心物流服务而提供的附加服务——物流客户服务。

从某种意义上说“服务”是物流的性质，而一流的客户服务已成为高水平的物流服务企业的标志。客户服务不仅决定了现有的客户是否会继续维持下去，而且也决定了有多少潜在的客户会成为现实的客户。

## 10.1 物流服务质量管理

物流服务质量（LSQ，Logistics Service Quality）是指物流服务提供商（包括第三方物流企业和企业物流服务部门）提供的物流服务所固有的、可区分的特征满足顾客要求的程度。物流服务固有的、可区分的特征称为物流服务的质量属性或物流服务质量的影响因素。

通过富有成效的工作，保持或不断提高顾客对本企业服务的满意程度，是物流服务营销工作的核心，也是物流企业的经营得以不断发展的重要前提。实施高效率的质量管理，则是提高顾客满意度的手段。在物流服务营销过程中，要能提供优质服务，能让顾客得到更好的满足，必须加强质量管理。而进行有效的质量管理的首要条件是物流服务营销企业必须要有强烈的质量意识。

### 10.1.1 物流服务营销质量缺口模型

与有形产品不同，物流服务具有无形性。不仅物流服务的质量难以把握，而且由于其无形性，容易产生一种误解，即服务质量问题是容易解决的，服务营销过程中质量问题所引起的消极后果比较容易补救。事实上，这种误解的后果是非常严重的。有关研究表明，服务质量的高低与企业能否在消费者中建立良好的口碑、能否建立消费者对服务品牌和企业的忠诚有很大的关系，进而会对企业的生存和发展产生重大影响。著名营销学家科特勒在他的著作《营销管理》中援引了一项研究成果，其中的数据说明了服务质量与企业发展之间的关系，如表 10.1 所示。

**表 10.1　服务质量与企业相关指标间的关系**

| 服务质量程度 | 服务质量最优的三家企业 | 服务质量最差的三家企业 |
|---|---|---|
| 相对（竞争者）价格水平 | 7% | －2% |
| 年市场份额变化 | 6% | －2% |
| 年销售增长 | 17% | 8% |
| 销售利润率 | 12% | 1% |

上述数据表明，物流服务质量越高，物流企业的定价空间越大。由于高质量的物流服务能为企业赢得良好的口碑，从而也就能带来销售额和市场份额的较快增长。而较高的价格和大规模的经营则意味着较强的赢利能力。依据这些数据和分析，可以进一步得出，物流服务质量高低不仅仅关系到市场份额的高低、赢利能力的高低，更关系到物流企业的生死存亡。质量是企业的生命，在物流服务营销中也同样如此。要做好物流服务营销，企业上下，从最高领导层到一线员工，都必须要有强烈的质量意识。

**1. 从顾客角度衡量物流服务质量优劣**

要做好物流服务营销过程中的质量管理，在全体员工中建立强烈的质量意识，不仅要使其认识到质量的重要性，还必须要确立从顾客角度来衡量物流服务质量的高低的意识。顾客对物流服务质量的评价与其对有形产品的评价存在着一定的差异。在购买有形产品，如服装、食品等的过程中，顾客往往可以通过比较，基于自己的经验，根据有关的客观标准得出质量优劣的结论。对于物流服务来说，物流服务质量的好坏主要取决于顾客的主观感受；对许多技术、知识含量较高的物流服务来说，人们有时只有在使用后才能对其质量的高低做出评价，有时甚至在使用之后仍然无法对服务质量做出准确的评价。由于物流服务评价的这些特性，顾客在做出消费决策时，风险大小往往成为其考虑的一个重要因素。

顾客认定的决定物流服务质量的因素主要有五项。① 可靠性，即物流企业准确而可靠地履行其服务承诺的能力；② 责任感，即物流企业是否愿意帮助顾客并提供快速的物流服务；③ 可信度，即员工是否具备赢得顾客信任所必需的知识、能力和礼貌态度；④ 同情心，即物流企业是否真正介意顾客的需求，并能针对不同顾客的情况有针对性地提供不同的物流服务；⑤ 有形环境，包括物流服务场所的物流设施、服务人员的外在因素及企业所提供的各种宣传资料的质量等。有鉴于此，在物流服务营销的过程中，物流企业就不能简单地采用有形物品生产和以有形物品为主的营销过程中的质量管理方法，而必须根据顾客需求的特点，设计质量管理的侧重点和程序。否则，物流营销过程就不可能很好地满足消费者的需求特点，从而不可能取得理想的效果。

具体而言，物流服务营销质量管理应当注意把握以下几个方面：

① 通过对物流营销过程中有形因素（包括物流设施、员工着装等）的合理设计和管理，降低本企业的目标客户群体消费本企业服务的风险感。

② 依靠一流的员工提供一流质量的物流服务。理想的物质环境当然是重要的，但更重要的是高素质的员工。在消费者认定的五项决定服务质量的主要因素中，前四项都与员工的素质和能力有很大的关系。企业是否能够给顾客留下良好印象的一个很重要的方面，是员工能否给顾客留下良好的印象。可靠的服务要靠员工来提供，而责任感、可信度、同情心等则主要靠员工与顾客接触时的行为来体现。因此提高服务质量的关键在于提高员工的服务质量，激发其做好服务工作的热情。

③ 标准化和灵活性相结合。为提高物流服务质量，便于管理，物流服务营销过程中同样应当引入标准化管理，规定必要的服务程序，建立明确的服务标准。但是，物流服务市场上顾客之间需求的差异性很大，由于各种条件的不同，其对服务的感受也存在着很大的差异。这就要求在强调服务质量管理标准化的同时，具备一定的灵活性，以便根据不同顾客的情况，有针对性地提供服务。

**2. 消除物流服务质量缺口**

强化物流服务质量概念，强调从顾客角度而不是企业角度去衡量服务质量，最终就是要通过高效的质量管理，提供能够符合顾客需要、满足乃至超出其期望的服务，从而建立顾客忠诚。与有形产品的营销一样，在物流服务营销的过程中，从最初根据顾客需要开发一个服务品种，到最终成功地为顾客提供服务、满足其期望，是一个十分复杂的过程。有效的质量管理是对物流服务营销全过程的管理。这一过程中任何一个环节的失误，都可能导致顾客满意度和忠诚度的下降。Zeithaml 等提出了服务营销缺口模型[1, 2]，揭示了这一过程中可能存在的问题。根据这一模型，加强服务提供过程中各个环节的工作，消除各种缺口，对最终实现物流企业的营销目标有着重要的意义，如图 10.1 所示。

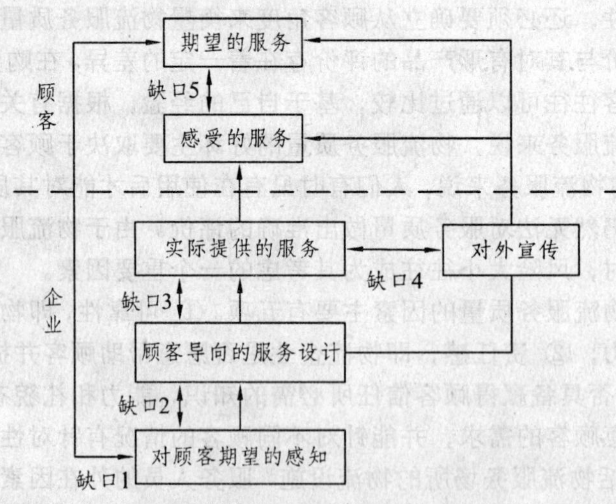


**图 10.1 服务营销质量缺口模型**

1 A Paroasuraman, Valerie Zeithaml, Leonard L Berry. A Conceptual Model of Service Quality and Its Implication for Future Research. Report. No. 84-106. Cambridge, MA: Marketing Science Institute, 1984.

2 晁钢令. 市场营销学[M]. 上海：上海财经大学出版社，2003: 262-268.

从图 10.1 中可以看出，物流企业提供服务和最终使顾客满意是一个系统的动态过程。这一过程中，由于物流企业外部的原因，各种各样缺口的存在可能使物流企业在进行了大量的付出后，顾客满意仍处在很低的水平，经营效益不是很理想。要使物流企业的服务达到有较高的质量水平，所提供的服务能够真正满足顾客的需要，能使顾客满足达到较高的程度，就必须在服务提供的过程中努力消除以下几个缺口：

(1) 认知缺口

认知缺口是指顾客的实际需求与物流企业对这种需求的认知之间的差异。它是提供高质量服务、提高顾客满意度的巨大障碍。

(2) 设计缺口

设计缺口是指物流企业在理解了顾客的期望之后，在服务品种及其所设定的服务标准方面却并不一定能很好地满足顾客的服务期望。如果物流企业只是注重对市场的调研，而不根据调研的结果去组织实施整个经营活动，市场研究部门和开发设计部门之间不能很好协调，设计缺口就会十分明显。例如，在对生鲜产品的配送过程中，除了时间因素外，对费用往往也有很高的要求，如果忽略了这一因素，就不能满足顾客的期望。

(3) 服务生产与交付缺口

服务生产与交付缺口是指物流企业在对顾客的服务需求进行分析研究的基础上，根据顾客导向进行物流服务品种设计后，后续的经营活动过程就是物流服务的生产和交付过程。其中，生产与交付是同一过程的。但是，由于多种原因，依照这一设计所生产和提供的物流服务却不能很好地满足顾客的需要。这种情况就意味着存在服务生产与交付缺口。由于组织生产和交付过程中的某些偏差，如服务现场管理不善，员工素质差等，实际提供给顾客的服务与根据先前设计应当提供的服务之间存在着一定的差距。

(4) 沟通缺口

沟通缺口是指企业所提供的服务与其促销宣传承诺之间不一致的情形。夸大其词与错误的宣传会败坏企业在顾客心目中的形象；而宣传不力，则不能激发顾客选择本企业的物流服务。

(5) 期望-感受缺口

这是服务营销质量缺口中的最后一个缺口，是指顾客实际感受到的服务与其对服务期望之间的差异。这个差异既可能是正向的（顾客实际感受到的满足要大于期望的），也可能是负向的（顾客实际感受到的服务小于期望）。相等或者正向时就可以获得顾客对企业的忠诚，也可能会形成良好的口碑；反之，就必然导致顾客对企业的物流服务失望，重复消费的可能性下降。

在物流服务营销的过程中，上述缺口是相互关联的。期望-感受缺口是最终的表现，同时也是检验是否存在其他缺口的重要指标。这个缺口大，就表明在物流企业的经营过程中存在着其他一种或几种缺口。因此，一定要注意本企业的缺口管理。

### 10.1.2　物流服务质量管理的卡诺模型*

由于物流企业的服务质量与顾客满意之间不是简单的线性关系。因此，物流企业需要对这些影响因素进行细分，以识别哪些因素的改进能显著地提高顾客满意度，哪些因素的改进对顾客满意度的提高影响不大等。

### 1. 影响物流服务质量的因素

对物流服务质量进行管理，首先要了解影响物流服务质量的因素有哪些。影响物流服务质量的因素主要有以下几个方面：

（1）人员沟通质量

人员沟通质量是指物流服务人员是否为客户提供了良好的沟通服务，这里的良好是指服务人员是否有良好的礼貌和态度以及处理事情的能力。

（2）订单完成质量

订单完成质量主要包括订单完成率、货品可得性和准确率。

（3）信息质量

信息质量是指物流企业从客户角度出发提供的相关信息的多少、信息的及时性和准确性。这些信息包括货物在途信息、库存信息、客户收货信息，意外情况的反馈信息（货物出险、延迟、破损等），货物回单签收信息，报表以及相关的文件等。

（4）订购过程质量

订购过程质量是指物流企业在接受顾客订单、处理订购过程时的效率和准确率以及达成率。

（5）货品准确率

货品准确率是指实际配送的商品和订单描述的商品相一致的程度，包括货物种类、型号规格及数量的准确等。

（6）货品完好程度

货品完好程度是指货品在配送过程中受损的数量和受损的程度。物流企业在提供物流服务时，需要保证货物的原本质量不受到损坏。

（7）误差处理质量

误差处理质量是指订单执行出现错误后的处理情况，包括处理的速度与质量。

（8）时间质量

时间质量是指货物是否如期到达指定地点。

（9）个性化服务

个性化服务是指物流企业提供的服务是否充分满足了客户的个性化需求。

### 2. 卡诺（Kano）模型

由于物流服务质量与客户满意之间不是简单的线性关系，物流企业为了能够在激烈的竞争中立于不败之地，不能等同对待所有的客户，也需要在物流服务质量与物流服务成本之间寻求一种平衡状态。

卡诺（Kano）模型[1]是由东京理科大学的纳瑞克·卡诺博士于1984年在其论文《魅力属性创造》中提出的，他将影响顾客满意度的质量因素分为基本质量、一元质量和魅力质量三类。基本质量指产品和服务应具备的质量因素，对顾客满意度提高没有多大影响，但若缺少，顾客会极大不满；一元质量指那些顾客所熟知的、易于评价的技术质量因素，与顾客满意度基本上是线性关系；魅力质量指顾客购买后对其产生积极影响、但事先意想不到的质量因素，

1 李凤廷，高大鹏，韩超. 顾客导向的物流服务质量模型构建及其启示[J]. 价值工程，2008，6: 70-72.

它的缺失不会带来顾客不满，但若具备会使顾客出乎意料地惊喜和兴奋，将增加顾客满意度，并有利于培养顾客忠诚度。

如表 10.2 所示，在九个物流服务的影响因素中，人员沟通质量和时间质量为基本质量因素，订单释放数量、信息质量、订购过程质量、货品精确率、货品完好程度和误差处理质量为一元质量因素，个性化服务为魅力质量因素。

**表 10.2　物流服务的影响因素**

| 编号 | 影响因素 | 具体内含 |
|---|---|---|
| 1 | 人员沟通质量 | 负责沟通的物流服务人员是否提供了良好的沟通服务 |
| 2 | 订单释放数量 | 物流企业会按实际情况释放（减少）部分订单的订量（出于供货、存货或其他原因） |
| 3 | 信息质量 | 物流企业从顾客角度出发提供产品相关信息的多少 |
| 4 | 订购过程质量 | 物流企业在接受顾客订单、处理订购过程时的效率和成功率 |
| 5 | 货品精确率 | 实际配送的商品和订单描述的商品相一致的程度 |
| 6 | 货品完好程度 | 货品在配送过程中受损的程度 |
| 7 | 误差处理质量 | 订单执行出现错误后的处理 |
| 8 | 时间质量 | 货品是否如期到达指定地点 |
| 9 | 个性化服务 | 物流企业提供的服务是否充分满足了顾客的个性化需求 |

物流服务质量影响因素的卡诺调查是以物流企业的顾客需求为导向的。物流企业为了能够在激烈的竞争中立于不败之地，不可能也没有必要对所有顾客等同对待，需要在物流服务质量与物流服务成本之间寻求一种动态平衡。而脱离顾客导向，将会付出较大物流服务成本，因此对顾客细分以满足不同层次顾客需求非常必要。

基于卡诺模型的顾客细分是在对传统市场细分研究基础上进行更深入的研究，一般从顾客、企业以及两者相结合这三个角度展开，将物流企业的顾客细分为两类：

（1）交易型顾客

交易型客户是指仅看重本次交易的客户群体，这类客户在物流企业的客户群体中占有很大比例，可以直接决定企业的短期收益；他们对物流服务的购买具有随机性，购买决策受价格因素的影响较大，要求更多的是价格、信息质量、订购过程质量、货物精准率、货品完好程度与误差处理等一元质量因素，但对个性化的物流服务需求较少。

（2）关系型顾客

关系型顾客是指那些将本次购买看成是将来一系列购买中一部分的顾客群体。与交易型顾客相比，这类顾客数量较少；他们通常与物流企业之间建立一种“伙伴关系”或“战略联盟”，是企业稳定的利润源；对于物流服务购买过程，基本质量和一元质量远远不能满足他们需求，他们更关注物流服务个性化。

### 3. 卡诺模型分析

物流服务质量是物流企业与顾客通过一系列交互过程而形成的。这种交互过程体现了物流企业内部的运作与外部的顾客服务体验的统一是一组将输入转化为输出的相互关系。对顾客来说，在卡诺分析中，物流服务管理形成过程可分为订货过程、收货过程和测评过程三个阶段。

(1) 订货过程

订货过程是顾客与物流企业就物流服务价格、货品数量、订购信息与程序等进行双向沟通的过程；相关的物流服务质量管理影响因素主要有人员沟通质量、订单释放数量、信息质量和订购过程质量等。

(2) 收货过程

收货过程是在订单履行后，顾客对货品接收与检验以及出现问题后与物流企业协调的过程。货品接收时间是否准时、货品完好程度与一致性、问题的处理情况等，成为影响物流服务质量的主要因素。

(3) 测评过程

顾客对物流服务质量的测评是顾客期望与顾客感知综合比较的结果。尽管顾客对物流服务质量的感知可能起始于订购过程之前，也可能在订购过程与收货过程之中，但顾客对物流服务质量形成系统、客观和综合的评价却是在亲自体验物流服务之后。与前两个过程的影响因素相比，测评过程影响因素更具主观性，随顾客个人性格、情绪和经历等变化而变化。但在大量采集不同层次顾客的感知水平并进行科学的统计处理后，测评结果将趋于客观性。

因市场由不同需求的顾客群体组成，LSQ 模型的构建必须体现不同顾客需求。基于卡诺模型的 LSQ 影响因素分类与基于过程的 LSQ 形成分析，为顾客导向的 LSQ 模型构建奠定了基础；由此可将 LSQ 模型一分为二，分别为交易型顾客的 LSQ 模型和关系型顾客的 LSQ 模型，如图 10.2、10.3 所示。

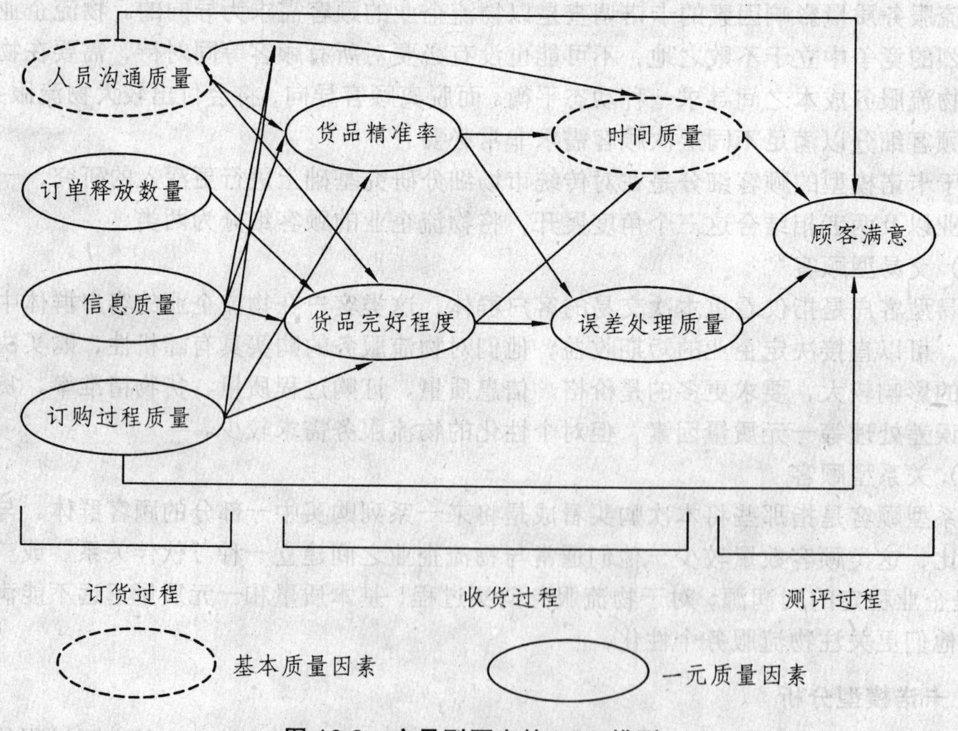


图 10.2 交易型顾客的 LSQ 模型

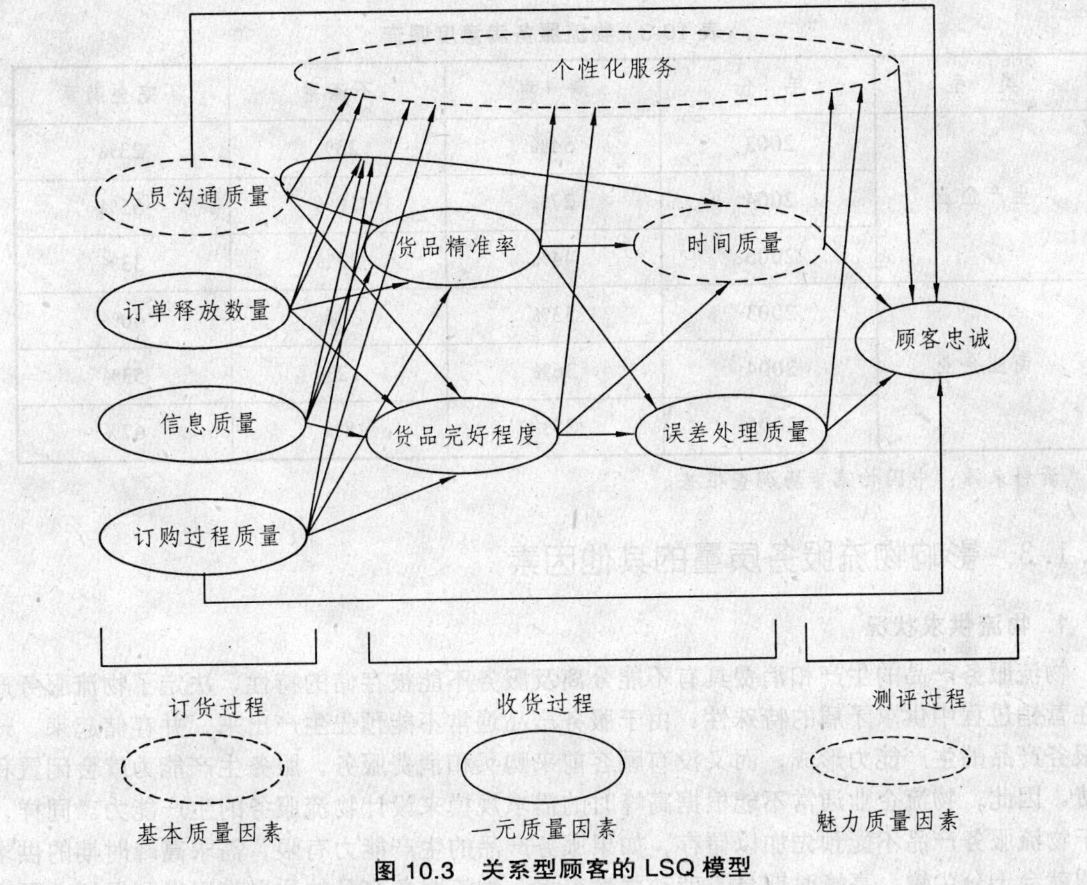


图 10.3　关系型顾客的 LSQ 模型

对于交易型顾客，物流企业必须以规范设计和严格控制物流服务过程为中心，确保提供的一元服务质量在适当服务与理想服务的范围内以获得顾客满意；而对于关系型顾客，则应在提供规范 LSQ 的基础上，将个性化服务充满于一元质量因素，致力于不断提供高水平的魅力质量以维系伙伴关系、获得顾客忠诚。

根据卡诺模型，可以了解顾客对服务属性的需求，了解到哪些属性对服务质量的影响最大，可以知道企业若想提高物流服务质量，增强企业竞争力，要将主要精力放在哪些方面。

目前，我国很多物流企业在提高物流服务质量水平与加强顾客关系管理方面还存在不少误区，如不能准确定位顾客的需求与期望、对所有顾客等同对待、花费大量成本而物流服务质量却几乎不变等。卡诺模型将为我国物流企业分析物流服务质量影响因素提供一个良好的方法与工具。

表 10.3 所示是近年来我国物流服务满意度的调查表，这些数据表明，一方面物流服务有很大的市场潜力，如果能提供高质量的物流服务，将有更多的企业选择物流外包；另一方面企业对外包方物流服务质量的要求越来越高，同时第三方物流服务质量还有很大的改进空间。因此，在物流行业发展的过程中，无论是物流服务需求方还是物流企业都认为物流服务质量是服务效果的集中反映，是物流企业的生命，是物流企业参与市场竞争的法宝，是企业树立品牌形象的基本条件之一，对物流企业的服务质量进行研究具有很现实的意义。

表 10.3　物流服务满意度调查

| 类　型 | 年　份 | 满　意 | 不满意 | 不完全满意 |
| --- | --- | --- | --- | --- |
| 生产企业 | 2003 | 54% | 23% | 23% |
|  | 2004 | 27% | 18% | 55% |
|  | 2005 | 44% | 22% | 33% |
| 商业企业 | 2003 | 53% | 7% | 40% |
|  | 2004 | 36% | 12% | 53% |
|  | 2005 | 25% | 8% | 67% |

资料来源：中国物流市场调查报告。

### 10.1.3　影响物流服务质量的其他因素

**1. 物流供求状况**

物流服务产品的生产和消费具有不能分离及服务不能被存储的特性，决定了物流服务产品在营销过程中供求矛盾的特殊性。由于服务产品通常不能预先生产出来，并存储起来，一旦服务产品的生产能力形成，而又没有顾客前来购买和消费服务，服务生产能力就会闲置和浪费。因此，物流企业通常不能根据高峰时的需求规模来设计物流服务的生产能力。同样，由于物流服务产品不能预先加以储存，如果服务产品的生产能力有限，需求高峰时期的供求矛盾就会十分尖锐。高峰时期员工劳动强度很大，物流服务产品的质量难以得到保证，顾客不满意的可能性也随之增大，从而对本企业形象产生极为不利的影响。

从表面上看，物流服务产品营销中的供求矛盾是物流企业提供服务的能力与顾客需求之间的矛盾。究其本质，则是物流企业经济效益优化与顾客消费利益之间的矛盾。解决这一矛盾，需要通过采取合适的措施，在尽可能降低顾客的消费成本，扩大其所获得价值的同时，实现企业短期和长期利益的优化。而解决这一矛盾，就必须同时从供和求两方面采取措施。

从供的方面来说，各种调节措施主要以扩大高峰时期的供应能力为基本目的，为此可以采取的措施包括：在需求高峰时期，可以雇佣临时工作人员、租用物流设备以扩大服务产品的供给能力，或者是将部分物流外包；适当改变物流服务产品组合的内容，在高峰期简化服务项目；根据需求预测，适当增加物流设施投入；改进物流企业的技术，预先准备好提供物流服务的过程中所需要的各种有形产品或分解服务工作；开发各种高峰时期替代性或补充性的物流服务产品的品种，缩短顾客等候服务的时间等。

从求的方面来说，可以采取的措施包括：利用差别定价，将部分原计划在高峰时期的物流需求诱致到非高峰时期实现，如长途电话管理部门采用差别定价的目的即在于此；利用各种措施，扩大非高峰期的物流需求；采用电话预订的方式，根据预订信息，对未来的物流需求进行管理；对未来服务需求进行科学预测，通过促销、宣传等手段引导物流服务的需求等。

【案例】　传统储运向现代物流转变，提高物流服务水平

中国物资储运总公司是一个具有 40 年历史的大型国有专业物流企业，是国家经贸委现代物流工作重点联系企业，是中国诚通集团成员。伴随中国经济体制的变化和一大批国有企业共同成长起来的中储总公司，拥有 140 个企业，200 多个业务网点，54 个大中型物流中心分布在全国各主要城市和沿海地区。占地面积 1 100 万平方米，库房面积 157 万平方米；铁路专用线 129 条，总长 114 公里，形成了以分布在全国主要中心城市为依托，以铁路、公路、水路、航空等运输方式为纽带，覆盖全国、辐射海内外的综合物流服务网络和全天候、全方位、全过程综合配套的多维立体服务体系。2002 年底，中储被确定为“中国物流实验基地”。

近年，中储提出了从传统储运向现代物流转变的战略目标，在现代物流实践上进行了一系列有益的探索，初步完成了从计划到市场，从传统到现代，从单一到综合，从内向到外向的转变，精心打造“优质、高效、便捷、周到”的中储品牌；取得了一定成效。

1. 拓展增值服务，把基础物流做深、做细

计划经济时期，中储是单一的仓储服务提供商，仓库是一个个封闭、动态的据点。经过多年的发展，顺应市场需求的变化，中储的大部分仓库已变成开放、动态的，集商流、物流、信息流于一体的综合物流中心，成为提供专业化物流服务的公共物流平台。除了提供仓储、运输、装卸等基础物流服务以外，增值服务水平也不断提高。

① 开发客户商源，物流中心变市场。

目前，许多物流园区虽然是精心规划，现代化程度很高，但建成后冷冷清清，无货可流。与此形成鲜明对比的是，中储的大部分物流中心车水马龙，商家云集，因为商流是物流的源头。中储从 20 世纪 90 年代初，开办第一个生产资料市场以来，目前已建成金属材料、建筑材料、汽车、木材、塑料、闲置设备、农副产品、化肥、日用百货等市场近 30 个，其中大型金属材料市场 11 个，年交易额 500 多亿元。中储为市场的客户提供仓储、货代、配送、销售、加工、信息、物流方案设计、金融服务等综合物流服务。

② 利用中储的商誉，开展金融服务。

在当前全社会信用体系还不完备，信用危机频频出现的情况下，物流中心协助银行控制金融风险的价值开始显现。目前，中储的南京、上海、成都、天津、沈阳、无锡等十几家物流中心与多家商业银行合作，为有存货又急需资金的客户提供质押融资服务。利用物流中心的信誉和现代化信息手段，为银行降低金融风险，为客户融资，受信额度已达 10 亿元，质押产品涉及黑色金属、有色金属、家电、纸张、化工等五大类，实现了银行、客户与物流中心“三赢”。

③ 分析货物商情，提供采购、销售服务。

仓库有贴近用户的特点，生产企业为了加速其产品走向市场，增强核心竞争力，已将物流企业纳入其分销渠道。中储目前已成为众多钢厂、汽车厂、纸品厂的代理分销商和大型工程的材料供应商，将传统意义的物流功能向上下游延伸，形成了供应物流和分销物流模式。2002 年中储总公司系统共销售钢材 55 万吨。

④ 降低客户成本，开展加工配送服务。

物流中心开展加工业务，可满足客户小批量、多批次的需求，大大降低物流成本。近年，中储的加工业务每年以 40% 以上的速度增长，主要服务有金属材料的剪切、拉直及产

成品的分类包装等。为减少货物返程空载，中储在网站上建立了货物信息交流平台，城市配送网络体系已初步形成。采取门到门、店到店、多点式配送和少批量配送及大批量多车次配送等不同的配送形式，满足了客户的不同层次的需求。

2. 整合内外资源，提供一体化的物流服务

依托全国物流中心网络平台，整合社会资源，中储形成了独特的全程物流服务模式。

① 商贸物流。

以总部或区域物流中心为主，高尔夫球进出口代理、金属材料和汽车分销等商流活动与仓储、加工、配送等物流活动相结合的运营模式。如南京分公司为南京地铁、扬子石化等大工程提供工程建设不同材料的采购、配送的一条龙服务。

② 项目物流。

以中储货代公司为龙头，以国家重点工程项目为主要服务对象，利用系统的物流配送网络和社会资源，在全球范围内开展跨国的多次联运业务、货运代理业务、报关等业务。目前已成功地为小浪底水利枢纽工程、宜宾电厂、首都国际机场改扩建工程等进行全过程货运代理服务。

③ 全程物流。

以中储总部为龙头，以一地生产、全国销售的知名品牌的家电、服装、日用消费品生产企业为服务对象，提供一票到底的全程物流服务。利用中储品牌的影响力，目前已与遍布全国各省市的近百个物流企业建立了战略伙伴关系，可支配社会车辆已有三千多辆，为蓝天、柯达、陶氏化工、芬欧汇川、雀巢等大批国内外客户提供全过程物流解决方案并组织实施。

3. 调整战略结构，改造和建设一批现代化的物流中心

为适应中国加入 WTO 后，与国外物流企业竞争的需要，中储不断创造条件，提升硬件设施水平。利用中储股份上市，募集社会资金，在青岛黄岛、天津新港、上海、南京、无锡改造建设了一批高标准的物流中心；通过盘活存量资源，在成都、石家庄、上海浦东新建现代化的物流中心；吸收外资提升物流设施和管理水平，中储与天津天保控股有限公司、日本冈谷钢机株式会社三方组建厂合资物流公司，首期已建成 3.3 万平方米大型现代化物流中心。三方通过优势互补，利用天律保税区的区位优势和良好的国际物流环境，借助中储全国的物流网络资源和管理经验，引进外方现代管理技术和产业运营经验，共同找寻国际物流平台，这些物流中心的改造和新建及信息化系统的应用，不仅使物流技术和设施水平大幅提高，也推动了企业物流业务的全面创新。目前，中储的许多企业成为当地的物流示范企业，并纳入城市整体物流规划。如中储股份青岛物流中心被青岛列为国际物流园的“启动项目”。

4. 加强信息化、标准化建设，提升供应链管理水平

为全面实施信息化，中储对物流中心业务流程进行全面再造，建立了标准化的业务流程。在全系统推行 ISO9000 系列质量认证，确立了物流质量管理的关键要素，不断提升服务质量。在此基础上开发的数码仓库应用系统管理软件已在中储的 20 多个仓库推行。该管理系统的全面应用，将解决客户对物流全过程的适时、可控管理；也为中储系统开展跨区域物流业务，与客户建立供应链上的战略伙伴关系提供技术保障。

作为具有多年从业经验的专业物流公司，中储积极参与国家物流标准的制定。受中国

物流与采购联合会委托，由中储制定的国家标准《数码仓库应用系统规范》、《大宗商品电子交易规范》已被国家技术监督局核准正式颁布实施。《物流业仓储业务服务规范》、《物资银行业务服务标准》正在制定中。

5. 培养物流人才，提高资源整合的能力

现代物流业的发展关键是人才和信息技术。中储近几年举办多期物流高级培训班，聘请高校知名专家授课，主要培养金融、外贸、保障、运输等多方面的复合型人才和操作型人才。近年总共有五百多名中层骨干得到专业培训，其中 100 多人参加国外培训，一些年轻干部已充实到领导岗位，为中储开拓全程物流组织等业务起到了重要作用。

为了实现成为具有竞争力、国际知名的物流企业的战略目标，中储将在今后 5 年内，进一步深化企业改革，推进科学管理，优化资源配置，以现有物流节点为依托，拓展功能，夯实基础，加速建成一批适应现代物流需求的物流中心，建立一支团结、精干的经营者和员工队伍，树立诚信、高效的中储物流品牌形象。利用国内外两个市场资源，开展广泛的合作、结盟与购并，实施整合与扩张，构建覆盖全国、布局全球、统一运营的物流网络。以世界领先物流企业为标杆，在巩固基于资产的物流实体运营能力及优势的基础上，探索基于现代物流技术与管理能力的路子，逐步形成为主导行业及重点客户提供多功能、一体化、综合性物流服务的业务运营模式和赢利模式，激发现有网络资源潜能，培育公司核心业务和竞争优势，实现从资产物流提供商向综合物流服务商的转变。

**思考题：**

1. 中国物资储运总公司从资产物流提供商到综合物流服务商的转变过程中做了哪些努力？

2. 结合案例简单描述综合物流服务商的特征。

3. 思考中国物资储运总公司，精心打造“优质、高效、便捷、周到”的中储品牌，对于公司综合物流服务能力有何影响？

（资料来源：沈墨. 现代物流案例分析[M]. 南京：东南大学出版社，2006.）

## 10.2　物流客户关系管理

在现代商业社会，市场竞争愈演愈烈，依靠产品的差异和价格战来求得企业赢利效果越来越不明显，核心产品的竞争优势已经不能对客户产生决定性的影响。目前的竞争是外延产品的竞争，这才是物流企业获得竞争优势，赢得市场的关键。物流客户服务的影响是物流企业外延服务产品中的重要方面，发挥物流客户服务的优势才能在竞争中取胜。

20 世纪 90 年代，客户关系管理（CRM，Customer Relationship Management）的出现引起了企业的广泛关注。它涉及的顾客范围主要是消费者、机构顾客和分销商。

### 10.2.1　客户关系管理

**1. CRM 的含义**

客户关系管理（CRM）是企业以提高核心竞争力为直接目的，确立以客户为导向的发展战略，并在此基础上展开的包括评估、选择、开发、发展和保持客户关系的整个商业过程。

它意味着企业经营以客户关系为重点，通过开展全面的客户研究，优化企业组织体系和业务流程，以提高客户满意度和忠诚度为目的，最终实现企业效率和效益的双重提高。在客户关系管理的过程中需要借助先进的信息技术、数字化硬件，以及优化管理方法，CRM概念同时也是指这些设备、技术和方法。

这个概念是一个综合性的概念，反映了人们在三个不同层面对CRM的理解：

（1）CRM是一种战略

CRM首先是一种战略理念。作为一种战略，CRM并非直接以提高利润为目的，而是以提高企业的核心竞争力为目的，遵循以客户为导向的原则，主张对客户信息进行系统化的分析和管理，通过改进提供给客户的产品、服务及其品质，同时与客户建立起个别化的关系，提高客户的满意度，从而提高他们的忠诚度，最终实现企业长期利润得以增长的目的。这种角度来理解CRM是实施CRM的基础，它在理念的层面建立起了导向和原则，主张摒弃以利润为直接目的的做法，将利润视为顾客高度忠诚的自然结果。

（2）CRM是一种经营管理模式

CRM意味着管理模式和经营机制的改革。作为一种旨在改善企业与客户之间关系的新型管理机制，它的实施要跨部门进行，这些部门包括营销、销售、生产（制造）、服务与技术支持等部门。CRM的成功推进也是各部门合作的结果，并非一个项目小组就能推进。在整个CRM流程中，营销部需要对客户的需求进行测量，对客户进行评估和选择，并且对分类后的客户的喜好和购买习惯进行深入的研究。这些信息都将与销售部、制造部、服务与技术支持部等部门共享。CRM管理模式的一个重要突破是在于其所创造的客户价值最大化的决策和分析能力，管理者可以通过管理流程和决策模型来管理企业，及时了解业务信息并调整业务计划。CRM系统主要集中在业务操作管理、客户合作管理、数据分析管理和信息技术管理四个方面，它使客户数据得以全面储存和分析，并消除了信息交流和共享的障碍与消耗。该系统实现了以客户价值对客户的优先级进行划分，并根据客户的满意度和重购情况分析来确定其忠诚度，还能与客户进行深入的交流以发现企业的问题。重要的是这个管理模式强调在以上信息的基础上提供即时的业务分析和建议，反馈给管理层和各职能部门，保证决策的全面性和及时性。

（3）CRM是一种应用系统、方法和手段的综合

在操作层面上，CRM是一个信息产业的术语，它是先进的信息技术、数字化硬件以及优化管理方法等设备、技术和方法的总和，这个应用系统通过整合企业资源、实时沟通和电子化、自动化业务流程，不断改进企业与客户的关系，从而为企业创造利润。

**2. CRM项目的实施步骤**

CRM的成功实施必须有一些前提和基础。首先，最重要的是必须得到高层领导的理解和支持。一般情况下企业的销售副总、营销副总经理或总经理本人应该是项目的支持者，他为CRM项目设立明确的目标，并为项目提供达到目标所需的时间、资金和其他资源的支持，而且在项目进行中，特别是遇到困难和问题时，要坚持对项目小组的激励和支持。

其次，CRM的实施队伍应该是一个组织精良的团队。这个团队的成员不仅要对企业的业务流程充分了解，对技术解决方案充分了解，而且要善于将技术与需要改进的特定问题联系起来，根据问题来选择合适的技术，而不是一味的调节流程来适应技术的要求。

最后，CRM 是一个全员项目。企业全体员工都要认识到企业客户关系管理系统的价值，身体力行，全力配合，才能使 CRM 项目得以成功推进。

在这三个前提的基础上，CRM 项目实施的基本步骤如下：

(1) 确定业务计划

企业要清楚地认识到自身对 CRM 系统的需求，以及 CRM 系统将如何影响自己的商业活动。在准确把握和描述企业应用需求的基础上，企业应该制订一份最高级别的业务计划，力争实现合理的技术解决方案与企业资源的有机结合。

(2) 建立 CRM 团队

企业在 CRM 项目建立之后，应当及时组建一支团队。团队可以从每个拟使用 CRM 系统的部门中抽选出得力代表组建。为保证团队的工作能力，应当进行计划的早期培训和 CRM 概念的推广。

(3) 分析客户需求，开展信息系统初建

CRM 项目团队必须深入了解不同客户的不同需求或服务要求，了解企业和客户之间的交互作用有哪些，以及人们希望它如何工作。客户信息的收集工作和系统的初步建设就是建立客户信息文件，一般包括客户原始记录、统计分析资料和企业投入记录。企业应该根据自身管理决策的需要、客户特征和收集信息的能力，选择确定不同的客户档案内容，以保证档案的经济性和实用性。

(4) 评估销售、服务过程，明确企业应用需求

在清楚了解客户需求的情况下，对企业原有业务处理流程进行分析、评估和重构，制订规范合理的新业务处理流程。在这个过程中，应该广泛地征求员工的意见，了解他们对销售、服务过程的理解和需求，并确保企业管理人员的参与。重构流程后，应该从各部门应用的角度出发，确定其所需各种模块的功能，并让最终使用者寻找出对其有益的及其所希望使用的功能。

(5) 选择合适方案，投入资源全面开发，分段推进

企业在考虑软件供应商对自己所要解决的问题是否有充分的理解和解决的把握，并全面关注其方案可以提供的功能的前提下，选择应用软件和实施的服务商。然后，投入相应的资源推进软件在企业内的安装、调试和系统集成，组织软件实施。

(6) 组织培训

企业应该针对 CRM 方案实施相应的培训，培训对象主要包括销售人员、服务人员以及管理人员，培训目的主要是使系统的使用对象掌握使用方法，了解方案实现后的管理与维护方面的需要，以使 CRM 系统成功运行。在实行 CRM 的方案时，应该以循序渐进的方式进行，循序渐进是指分段地实施方案，当需要更多的功能时，再不断向系统添加，这样可以避免系统出现混乱。

(7) 使用、维护、评估和改进

企业通过新的系统，如通过衡量管理绩效的数据监控体系等对企业经营状况进行分析。在实施过程中，企业要与系统供应商一起对系统应用的有效度进行评估，在使用中发现问题，对不同模块进行修正，不断提高其适用程度。

对于物流企业来说，加强客户关系管理尤为重要。这不仅是一种技术、一种方法，更是一种管理的理念，只有将现代科技手段与客户管理方法充分结合起来，才能真正与关键客户、高端客户保持长期的、和谐的合作关系，才能做到多赢。

## 10.2.2 物流客户关系管理

物流客户关系管理[1]，就是把物流的各个环节作为一个整体，从整体的角度进行系统化的客户关系梳理，在物流企业的层面选择企业的客户，不断优化客户群，并为之提供精细的服务。

### 1. 物流企业客户关系的特征

物流企业与制造业企业、商业企业相比，有其独特的客户关系特征，与其他的服务性企业相比，也表现出不同的客户关系特征。

（1）具有客户连带性

同时为生产和生活提供运输、装卸、仓储、整理、加工、配送、代理等一体化服务的现代物流企业，其业务流程涉及供应链上的各个成员单位。如图 10.4 所示，一项物流业务可能是由制造业企业（M）发动的，同时会连带到供应商（S）或分销商（D）或终端消费者（C），或四者同时连带到；该物流业务也可能是由分销商发动的，同时会连带到供应商或终端消费者等。这就是说，当物流企业获得“连带链”中的某一客户时，同时也就获得了该“连带链”中的其他客户，或一个，或两个，或三个。同样，当物流企业失去了某一客户时，同时也就失去了该“连带链”中的其他客户。

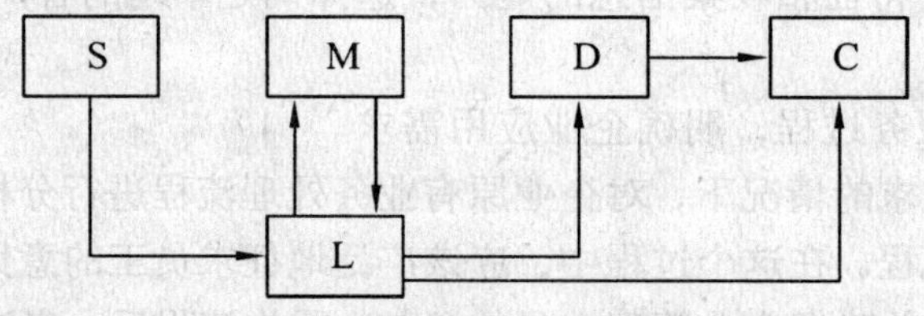


**图 10.4 物流企业在供应链中所处地位及面对的客户**

（2）衡量“企业-客户”关系价值的角度和标准不一样

如表 10.4 所示，在“企业-消费者”的关系中，企业方衡量的标准是客户终身价值，消费者衡量的标准是客户让渡价值，两者经常会发生矛盾。而在“物流服务供应企业-物流服务需求企业”的关系中，供应方关注的不仅是客户终身价值，还有社会形象等因素，需求方不仅要考虑成本，还有效率、服务等因素。只有在双方追求的目标没有矛盾时，物流企业才更容易实施 CRM。

**表 10.4 物流企业 CRM 与其他企业 CRM 的差异比较**

| 企业类型 | “企业-客户”关系的类型 | 关系价值的衡量标准 | 对改善关系的重视程度 |
|---|---|---|---|
| 制造企业<br>商业企业 | 企业-消费者 | 客户终身价值；<br>客户让渡价值 | 企业重视，<br>消费者不在乎 |
| 物流企业 | 物流服务供应企业-物流服务需求企业 | 客户终身价值、生存、社会形象；<br>成本、效率、服务 | 双方企业均重视 |

（3）关系双方对“关系”建立、维系、发展的重视程度不一样

物流企业与客户实施深层次的交流与合作，双方都是关系的积极推动者。在制造业企业和商业企业的“企业-消费者”的 CRM 中，推动关系的主动方一般只有一个，即企业。

1 胡理增. 面向供应链管理的物流企业客户关系管理研究[D]. 南京理工大学博士学位论文，2007，119-123.

(4) 对物流管理的要求高且多样化

由于物流可外包，制造业、商业企业对自身物流管理的要求可以很低。而物流企业有完整且复杂的“物流、资金流、信息流”，对物流管理的要求特别严格。更为重要的是，物流需求企业对物流服务的需求因自身条件、经营目标、产品或服务特征、市场范围、物流意识的不同而表现各异，物流企业要应对多样化的要求。如有些要求帮助其管理整个供应链，包括供货信息、仓储、运输、包装、货代、通关、集中、分拆、退货、现场信息反馈等；有些特别关注物品在整个供应链的位置，以便对市场随时做出反应，实现生产和流通的“零库存”、“零运营成本”；有些因生产和服务涉足全球，希望能得到全球物流服务等。

### 2. 物流企业客户关系管理的特点

客户关系的特性，决定了物流企业客户关系管理有如下四大特点：

(1) 对物流企业的生存和发展具有重要意义

客户连带性使得物流企业实施客户关系管理活动变得更为重要。即一旦未能满足双重客户中的任何一方，将会失去网络上的其他客户。由于每个客户都有相关联的企业，于是，通过客户信息的传递，物流企业将会失去其他企业的忠诚，导致大量客户流失。反之，将会以较大速率获得客户的忠诚。

(2) 客户关系管理工作容易得到客户的配合

由于双方都是关系的积极推动者，客户关系管理工作容易得到客户的配合。物流企业比较容易与客户建立起战略合作伙伴关系，包括信息系统整合和信息共享、业务流程统一优化、物流业务全权委托、管理方法和管理制度统一优化、风险共担、利益共享等。

(3) 面对不同行业的多层次的物流客户

如图 10.4 所示，物流企业必须面对分属不同行业的客户。原材料供应商、制造企业、批发商、零售商、终端消费者等，他们对物流服务的需求差异很大。而这是物流企业客户关系管理工作必须面对的，这就给物流企业客户关系管理工作提出了很高的要求。

(4) 具有供应链整体性

客户的物流活动虽然交由物流企业完成，但是，商品所有权仍然属于物流需求方，物流活动的状况直接影响到物流需求方的经营状况。这一特殊关系从本质上就要求物流企业业务管理信息系统与客户的采购、仓储、生产、销售、售后服务等信息管理系统实施集成，以便实现协同商务和高效安全的管理。与传统物流企业不同的是，现代物流企业广泛运用 EDI、卫星跟踪系统等技术，与供应链各个节点保持密切的联系，通过区域性的物流平台与社会各部门建立实时的联系，而新近出现的电子商务物流则是信息化、自动化、网络化、智能化、柔性化的结合。

此外，在服务目标方面，与传统物流企业不同的是，现代物流企业要在供应链整体范围内、物流活动的全过程中追求最小的综合成本，最快捷和多样化的服务。所以，从管理技术和服务目标上讲，物流企业实施客户关系管理具有供应链整体性，而这在其他服务性企业则是很少见的。

### 3. 物流企业实施 CRM 的要求

客户关系的特征及其管理的特点，对物流企业实施客户关系管理活动提出了如下要求：

(1) 提供个性化服务

因为物流企业客户具有多行业性和多层次性，他们对物流管理的要求高且具有多样性，所以，提供个性化服务是物流企业实施客户关系管理的第一要求。那些能够提供更多和更具个性化服务的物流企业，其赢利能力更强，在保持老客户方面也会有更多的机会和优势。

(2) 发挥供应链运行协调者的作用

从供应链的角度来看，由物流企业实施供应链关系优化的工作最为合适。物流客户关系的特殊性也显示了物流企业实施 CRM 具有供应链整体性，尤其是物流客户对物流企业信息系统的整合要求较高。另外，对于提供增值服务与供应链信息系统整合和优化服务方面也存在一定的要求。

**【案例】** 联邦快递企业的客户关系管理

联邦快递公司是目前世界上，能在 200 多个国家和地区有网络并能作业的 6 家快递公司之一。联邦快速是典型的美国公司，靠国内快递起家，美国的国内快件，80% 以上由该公司运作。现在它兼营国际快件。业务重点在亚洲和美洲之间。联邦快递公司曾荣获有 CARGONEWS ASIA 发起的在新加坡举行的第 16 届亚洲货运业颁发的四项大奖：北美洲最佳航空货运公司、最佳货运公司、亚洲最佳公路运输公司和最佳物流管理公司。

在联邦快递，CRM 被称之为 ECRM（企业客户关系管理）。这种说法初听起来有点语言游戏的感觉，对联邦快递中国区市场总监的采访就是从对这个名称的疑问开始的。

“我们之所以称之为 ECRM，是强调客户关系管理不仅仅是客户服务部门专用的方法，也不仅仅是简单的跨部门小组（CFT）协作，而是依靠公司的整体合作来服务客户的一种方法”。总监认为客户关系管理是涉及公司整体战略层面的从上而下的一种策略。

联邦快递实施 CRM 的五项方针是员工、客户、流程、技术和项目。和 Great China CRM 提出的实施 CRM 的立项方针客户、策略、人、流程和技术相比，人的位置被放在了第一位，而且少了策略方针，多了项目方针。这种不同反映了联邦快递的经营哲学和实施 CRM 的特点：“在联邦快递的经营哲学里面，员工是第一位的。而策略则是我们贯穿所有 CRM 实施过程中的一项原则，它超乎其他几项方针之上。”

**1. 员工第一，客户第二**

只有优秀的员工才会为客户提供优秀的服务，针对不同的客户需求提供不同的客户服务，可以看做联邦快递客户关系管理的两条主线。

“在联邦快递，员工（People）、服务（Service）和利润（Profit）是三位一体的，这也是联邦快递自 1973 年创立时就确定的经营哲学，我们称之为 PSP 理念。”陆文娟说。

员工、服务和利润这三个要素彼此推动，构成了一个封闭的循环圈，这也是联邦快递实施客户关系管理的指导方针。公司关注并善待自己的员工，他们就会依照客户的要求提供完美的服务，客户满意度的提升就会为公司带来利润，而利润是维持工作正常运作的命脉，员工工资福利的增长和工作环境的改善都依赖利润的改善。

在实施 CRM 项目上，联邦快递在人员选取、人员发展和人员激励方面也是毫不含糊。尤其在员工培训方面，联邦快递投入了很多资源。每个员工不论级别高低，每年都有 2 500 美元的预算用于培训，公司鼓励员工进修并辅助员工进行职业规划。

公司还制订了各种奖励制度，以激励员工更好地为顾客服务，并积极参与社会公益活动。

2003 年 9 月，联邦快递开始了“真心大使”计划。这个计划借助客户对联邦快递服务所给予的意见，表扬有突出表现的一线员工，从而鼓励他们迈向更高的服务水平。这个计划不仅加强了一线员工和客户之间的联系，而且让员工得到一种受尊重的感觉，从而提供更出色的服务。

客户的每一次交易记录都会记录在客户关系管理系统中。联邦快递分析这些数据，并根据需求和行为方式对客户进行细分，对不同的客户采用不同的营销方式，向不同的客户群体提供不同的服务。

2. 客户关系管理与流程

作为一个服务性的企业，从客户开始和联邦快递接触的那一刻起，客户服务管理就体现出来了。

当客户打电话给联邦快递的时候，只要报出发件人的姓名和公司的名称，该客户的一些基本资料和以往的交易记录就会显示出来。当客户提出寄送某种类型的物品时，联邦快递会根据物品性质向客户提醒寄达地海关的一些规定和要求，并提醒客户准备必要的文件。在售前阶段联邦快递就已经为客户提供了一些必要的支持，以减少服务过程中的障碍。

联邦快递的速递员上门收货时，采用手提追踪器（Super Tracker）扫描货件上的条形码，而这些条形码是从 FedEx Power Ship 自动化系统或 FedEx Ship 软件编制的，说明服务类别、送货时间及地点。所有包裹在物流管理的周期内，至少在货件分类点扫描 6 次，而每次扫描后的资料将传送到孟菲斯总部的中央主机系统。客户或客户服务人员可利用 FedEx Power Ship 自动化系统及 FedEx Ship 软件发出电子邮件或查看互联网上联邦快递的网页，及时得到有关货件的行踪资料。这项技术不仅方便公司的内部管理，而且大大提升客户满意度和忠诚度。

售后服务主要包括两部分，一方面解决客户遇到的问题，一方面调查客户的满意度，寻找内部改进的办法，“真心大使”就是生动的例子。值得指出的是，售前、售中、售后服务这三个阶段不是截然分开的，在对客户服务过程中，这三者是一个不断往复的环节。

3. 客户关系管理与部门

客户关系管理不仅贯穿到服务的每一个流程环节，而且也与公司内部的大多数部门有关，并体现在员工的绩效考核指标中。

在联邦快递，直接和客户打交道的人是快递员，但在整个服务过程中，还涉及客户服务人员和清关部文件人员。除此之外，销售部门和市场部门的活动也会在很大程度上影响客户的满意度。

“配合服务”是联邦快递内部协作的一条准则，每一个环节的工作人员都承担着了解并满足客户需求的任务，这种多渠道的客户关系管理策略被陆文娟称之为“无缝互动”。

当这一切都配合得非常完好的时候，在很大程度上来说，客户关系管理已经开始发挥效力。在此基础上的客户关系管理软件不过是在技术上使得大规模的客户关系管理高效运行。

相应的，联邦快递的大多数部门的绩效考核指标都分为两类：一个是反映运行效率的内部指标，一个是反映客户满意度的外部指标。以陆文娟所在的市场部门为例，与客户满意度有关的指标在绩效考核中间的比重超过了 50%。

可以说，联邦快递的客户关系管理已经体现在它的组织制度和人力资源政策方面。正是依靠公司的整体协作，使得客户关系管理能够成功实施并获得期望的效果。

联邦快递的客户关系管理提升了客户的满意度和忠诚度，并给公司带来了丰厚的利润。此外，客户关系管理对于公司的品牌推广也起到了积极的推动作用。

**思考题：**

1. 如何理解“员工第一，客户第二”这句话？

2. 结合案例分析物流客户服务有哪些环节，需要解决哪些问题？

3. 如何理解“在联邦快递，员工（People）、服务（Service）和利润（Profit）是三位一体的？这也是联邦快递自1973年创立时就确定的经营哲学，我们称之为PSP理念”。

（资料来源：沈墨. 现代物流案例分析[M]. 南京：东南大学出版社，2006.）

# 小结

服务在现代经济生活中具有重要的意义。服务产品是能够满足人们某种需要的行为、过程与表现。服务具有无形性、不可分离性、差异性及不可储存性等特征。

服务在“物流”中具有两个方面的含义，一是物流企业向客户提供的物流服务产品，二是为保证提供优良的物流服务而向客户提供的附加性服务。物流客户服务质量在物流企业中占有非常重要的地位，良好的物流客户服务质量是协助企业增强核心竞争力的重要保证。

在物流服务产品的营销过程中，通过加强质量管理意识，建立合理的质量评估体系，消除质量缺口，建立顾客忠诚是非常重要的。其中协调处理好供求矛盾也是物流客户服务质量管理的重要方面。

物流客户关系管理（CRM）是企业以提高核心竞争力为直接目的，确立以客户为导向的发展战略，并在此基础上展开的包括评估、选择、开发、发展和保持客户关系的整个商业过程；它意味着物流企业经营以客户关系为重点，通过开展全面的客户研究，优化企业组织体系和业务流程，以提高客户满意度和忠诚度为目的，最终实现企业效率和效益的双重提高；在物流客户关系管理的过程中，需要借助先进的技术及优化的管理方法，CRM概念同时也是指相关的设备、技术和方法。

物流企业在实施客户关系管理时，要根据物流行业本身的特点，循序渐进地推进整个计划的实施。

# 复习思考题

**一、单项选择题**（在下列每小题中，选择一个最合适的答案。）

1. 物流客户服务是物流企业和______之间的相互活动。

A. 企业内部　　B. 广告公司

C. 客户　　D. 上游企业

2. 物流企业确定客户服务水准的决定因素是______。

A. 利润最大化　　B. 成本最小化

C. 销售额最大化　　D. 客户数量最大化

3. 物流企业客户关系管理应遵循的模式是______。

A. 以产品为中心　B. 以客户为中心

C. 以成本为中心　D. 以生产能力为中心

4. 进行客户管理首先应进行______。

A. 客户信息资料搜集　B. 客户信息分析

C. 客户信息交流　D. 客户信息反馈

5. 物流服务多以数量多、不固定的客户为对象，他们的需求在数量和方式上都是多变的，这是物流服务的______。

A. 无形性　B. 需求的波动性

C. 及时性　D. 个性化

6. 物流客户服务水平和利润之间的关系是______。

A. 服务水平越高利润越高　B. 服务水平越高利润越低

C. 没有关系　D. 不一定，二者有一个平衡点

7. 客户服务水平的确定，不能只从供给方出发，应充分考虑需求方的要求，这体现了_____原则。

A. 开发对比性　B. 注重发展性

C. 以市场为导向　D. 制订多种服务

## 二、多项选择题（下列各小题中正确的答案不少于两个，请准确选出全部正确答案。）

1. 物流客户服务中，影响时间的因素有______。

A. 订单传递　B. 订单处理

C. 订单准备　D. 订单发送

2. 物流企业客户关系管理的基本准则有______。

A. 以市场为导向　B. 面向一般客户群体

C. 供应链一体化　D. 信息集成化

E. 注重客户服务的发展性

3. 仓库管理和操作的指标体系包括______。

A. 发货及时率　B. 库存准确率

C. 入库准确率　D. 订单处理率

E. 出库准确率

4. 物流企业客户关系管理应面向______。

A. 一般客户群体　B. 特殊客户群体

C. 大型客户群体　D. 主要客户群体

## 三、判断题（判断下列各题是否正确，正确的在题后的括号内打“√”，错误的打“×”。）

1. 物流服务是无形的，其提供服务的过程是一种消费的过程。（　）

2. 物流客户服务要无限地接受客户对物流的要求。（　）

3. 物流客户服务水平与经营成本呈反向关系。（　）

4. 物流客户服务只是面对客户的，对供应商没有作用。（　）

5. 物流客户服务的定性和定量方法作用是一样的，企业任选一种就可以完成对物流客户服务的评价。（　）

6. 客户关系管理可以提高客户满意度,从而促进销售。 ( )
7. 客户服务水平的确定要以市场为导向。 ( )
8. 客户关系管理是底层员工的事情,与高层领导关系不大。 ( )
9. 客户关系管理的内容不仅包括直接的客户,还包括竞争对手。 ( )
10. 客户信息搜集要花费时间,因此向咨询机构购买一定更好。 ( )

## 四、简答题

1. 为什么要强调物流服务营销过程中的供求管理?试举若干调节供求矛盾的方法。
2. 为什么要加强物流服务质量管理?如何加强物流服务质量管理?
3. 物流客户关系管理与一般的客户关系管理区别是什么?
4. 物流客户关系管理实施过程中,有什么具体的要求?

## 五、案例分析

### TNT 成功的物流服务管理

1. TNT 成为沟通惠普和供应商的桥梁

1999 年开始,TNT 物流公司成为惠普的第三方物流(3PL)管理商,负责管理零部件仓库和来自世界各地供应商货品的进口运输。随着惠普开始减少直接开支,允许低成本服务商接管原来由惠普自己的员工管理的一些事务,TNT 的势力逐步增长。

现在 TNT 做的所有工作,过去都是惠普自己做的;与使用惠普自己的员工相比,TNT 的开支要节省 40%,而且,TNT 更多使用临时工和兼职人员,这样可以根据订单的多少自如伸缩。

惠普在罗斯韦尔的物流合同是由具有 25 年物流经验的大卫·埃尔韦负责的。1994 年到 1999 年期间,埃尔韦代表 4 家 3PL 公司来管理惠普的物流业务,除了 TNT 物流公司另外 3 家分别是 Roadway 物流公司、Caliber 物流公司和联邦快递物流公司。这 3 家公司后来由于种种原因没能继续获得惠普的物流合同,其中最主要的一个原因是不能培育出与惠普公司合作的业务伙伴关系。尽管在外包合同中,减少成本、提高效率是最终目标,但另一方面,人际关系也是非常重要的。

TNT 管理着惠普的 11 座仓库,每年的营业额约 2 600 万美元,罗斯韦尔在其中占大部分。由于仓库和生产线是在同一处,所以这种经营又称为"同址"运营。目前在其他许多公司,零部件还需要在仓库和工厂间运来运去,既耗时又费钱。而在罗斯韦尔,配送零件通常只需一辆叉车跑一趟来回。接到要求提取某一零部件的提货单后,一名 TNT 员工就会在排满了 8 000 种库存产品的巨大货架上找到所要的零部件,然后更改库存记录,最后把零件送到组装线上。通常这只需要 30 分钟。但在过去,由于仓库和厂房遍布罗斯韦尔全城,运送一趟通常需要 2~3 个小时。节省的不仅是时间,而且减少产品的损耗和破坏。

TNT 物流公司除了管理上千万美元的库存,还从惠普员工手中接过了运输管理业务,这在惠普公司历史上尚属首次。在 TNT 管理运输之前,惠普产品的国际空运通常耗时 17 天,国内空运需要 7~8 天,供应商为了赶上配送时间,通常要加夜班。如今,TNT 保证在美国境内的运送时间是 1~4 天,国外的运送时间是 4 天,99% 的产品运送都能按时送达。如果中间出了问题,惠普将和 TNT 一起来解决,保证零部件按时送达。

TNT 的运输经理就像是沟通惠普采购经理和公司供应商的桥梁。TNT 从惠普手中拿到订单后，联系供应商，确保零部件能及时送到惠普的工厂，中间具体的运输过程就是承运商的事了。TNT 每周都对每一条产品线上的国内和国际运输费用开出清单，这在惠普历史上也是从未有过的。仅仅是在与惠普合作的头 6 个月，TNT 就通过减少加急运输，为惠普节省了 250 万美元。另外，TNT 还通过减少运输商的使用、改变运输方式，为惠普省下了 400 万美元。同时，TNT 还利用旧垫板，而不是像原来租用带垫板的面包车，这又为惠普在半年内省下了 50 万美元。过去，惠普要租赁大量飞机保证及时运输，但现在 TNT 只在为了保证生产线继续运转的紧急情况下才使用空运，其余情况下都通过公路运输。

2. 不断调整适应惠普的变革

惠普自身也在进行着变革。惠普与康柏合并之后，新公司使用的 3PL 供应商有 30 多家，遍布全球。新公司希望在近期把这一数目减至 15 家。合并后，公司对所有的 3PL 公司都进行合同评估，公司内部对于运营的集中化程度有一定分歧。过去惠普都是对每一地的物流单独管理，但现在人们对于本地化还是集中化持有不同的意见。对于 TNT 来说，必须让当地工厂经理和总部的决策者双方都满意。故 TNT 必须加倍努力以适应这一变革。

TNT 物流公司为康柏管理着 5 个卫星枢纽。这与惠普在罗所韦尔的情况大不相同。这 5 个仓库的库存由供应商管理，TNT 并不掌控库存。而在罗斯韦尔，惠普掌握着所有的库存。

惠普之所以最后选定 TNT，并不是因为价格，而是 TNT 的作风。由于经济下滑、高科技企业受挫，惠普必须紧缩开支。惠普邻近罗斯韦尔的仓库关闭，一些生产线转移到罗斯韦尔。实际产量比 3 年前增加 20%，但开支增幅只有 6%。

TNT 物流公司和惠普之间签订了一个颇具激励性的合同，TNT 必须在不提价的前提下，达到一系列指标。当 TNT 成功地把成本减少了 12% 时，其中的 4% 作为奖励给予 TNT 的员工。成本得以缩减，很大程度上得益于 TNT 在两百多名员工中进行的交叉培训。

TNT 公司重视物流服务与社会系统的吻合以及与其他相关经济个体的沟通和公关工作。1994 年到 1999 年期间，埃尔韦代表 4 家 3PL 公司来管理惠普的物流业务，除了 TNT 物流公司外，另外 3 家分别是 Roadway 物流公司、Caliber 物流公司和联邦快递物流公司。这 3 家公司后来由于种种原因没能继续获得惠普的物流合同，其中最主要的一个原因是不能培育出与惠普公司合作的业务伙伴关系。尽管在外包合同中，减少成本、提高效率是最终目标，但另一方面，人际关系也是非常重要的。物流服务不完全是一种企业独自的经营行为，还要考虑到达物流、企业内物流、销售物流等相关经济元素。根据西方国家的“蛋糕做大原理”，保持良好的商务交往关系对于改善企业发展环境，实现可持续发展都是大有裨益的。

**思考题：**

（1）简述该案例 TNT 公司物流运作中有哪些良好的经验。

（2）简答物流服务的内容和本质。

（3）简述物流服务管理的原则。

# 第 11 章 物流市场营销信息管理

本章重点

- ✧ 物流市场营销信息的内容与特征
- ✧ 物流营销信息系统的内容
- ✧ 物流营销信息系统的功能结构和层次结构
- ✧ 物流市场营销信息的处理过程
- ✧ 物流企业营销信息系统的设计与开发

本章难点

- ✧ 物流市场营销信息的特征
- ✧ 物流营销信息系统的功能结构和层次结构
- ✧ 结构化开发方法和原型法各自的优缺点

必备技能

- ✧ 掌握物流营销信息处理的过程
- ✧ 掌握物流营销信息系统的规划、设计和开发过程
- ✧ 掌握结构化开发方法和原型法的思想

随着计算机技术和通信技术的飞速发展，经济全球化不断推进，信息在经济活动中的作用越来越重要。市场营销信息是物流企业经营活动的基础，物流企业只有及时、准确地获取信息，并且能够有效地利用这些信息，才能在激烈的竞争中取得优势。因此，物流企业必须建立一套高效的市场营销信息系统，加强信息管理，使企业拥有快速反应能力，适应市场的变化。

## 11.1 物流企业营销信息系统的内容

### 11.1.1 物流企业营销信息的含义

信息是事物的一种存在形式，是在事物运动的过程中发生的综合反应，以语言、文字、数据、符号、图像等形式表达出来。现代物流企业建立基于计算机技术的市场营销信息系统，加强信息管理，提高信息处理效率，是企业能够及时发现营销机会、快速适应变化的保证。

信息不同于一般的资料和知识，它具有以下重要特征：

(1) 真实性

信息必须是的的确确存在的、真实的，是经过一系列加工和处理以后得出的、对事物的特点有一定描述意义的数据、符号、图像、文字和语言。错误虚假的信息没有任何价值。

(2) 价值性

信息的价值体现在人们通过对信息的收集、采纳、处理，并最终获得利益。信息的价值性必须在一定程度上或多或少得到体现，收集没有价值的信息毫无意义。

(3) 时效性

信息的时效性体现在信息只有在一定的时间内才能发挥作用。过时信息的作用和影响会减少，甚至毫无作用。

(4) 滞后性

从时间维度上看，信息的采集一定落后于事情的发生，只有事情发生了才可能获得其相关信息。所以，在信息的搜集、处理过程中，应该十分注意“及时”和“迅速”。

(5) 不完全性

由于人类认识事物的局限性，往往事物不能被人们完全透彻认识，信息搜集的不完全是经常出现的，为了使信息的不完全对我们的决策影响最小，在信息的搜集过程中应当尽可能做到更加完整和详尽。

从以上信息的一般含义来看，物流市场营销信息泛指与物流企业市场营销活动有关的各种内外环境的状态、特征以及发展变化的各种情况、资料和数据的总和，是对物流市场中各种经济关系和营销活动的客观真实描述和反映，涉及社会各个方面和物流企业本身的各个层面。

## 11.1.2 物流市场营销信息的内容与特征

### 1. 物流市场营销信息的内容

(1) 物流商品供求及其变化信息

商品供求信息是市场的一种先导性预测信息，集中预示潜在市场供应与需求双方未来的发展动态。对于物流企业来说，它包括物流服务的供应和需求两方面信息。供应信息主要指物流服务的供应商、供应时间、供应数量和质量、供应的结构、供应变化动态等。需求信息主要是指市场或物流各级客户需求的数量、质量、时间、购买位置、购买习惯、需求变化趋势、价值取向等信息。

(2) 物流产品价格及其变化信息

物流产品或服务的价格及变化信息是指物流中服务项目费用或价格现有水平情况、导致价格发生变化的主要原因、商业对手的价格水平、用户对于物流产品价格的认可程度、同类产品的价格水平等。

(3) 物流市场竞争情况和变化的势态

市场竞争是市场经济中必然存在的一种普遍现象。物流企业的营销活动必须加强对竞争信息的了解与竞争市场的参与。因此，物流企业必须了解竞争对手的信息和动态变化，然后对其很好地分析，进行处理，才能立于不败之地。

(4) 物流技术进步和新产品开发信息

这里主要是指因社会进步和科技发展所导致的一系列物流新产品、新材料、新工艺、新技术等各种相关信息。企业了解和掌握的技术进步信息主要包括市场上新科学技术的发展动态和趋势、学术单位和企业内部科学技术成果等。

(5) 国际物流市场及其变化信息

这些信息主要包括不同国家物流市场的需求数量、结构、层次、政策变化、国际组织的动态、国家影响因素及其变化趋势。国际市场信息既是企业制订规划和开拓国际市场决策的重要基础，也是企业开展市场营销活动的重要依据。

**2. 物流市场营销信息的特征**

物流市场营销信息除了具有信息的所有特征之外，还表现出以下一些特点：

① 物流市场营销信息量大、涉及面广，信息的产生、传播和加工在时间、地域上都有很大不同；

② 物流市场营销信息实时性高、动态性强、信息价值衰减速度快；

③ 物流市场营销信息种类多,不仅和本企业内部其他部门的关系密切,而且与企业生产、市场供需情况、客户要求等各个方面密切相关，使得信息的搜集、分类、筛选、研究工作的难度增加；

④ 物流市场营销信息具有双向流动性。

### 11.1.3 物流市场营销信息分类及处理

物流市场营销信息有不同的分类方法，主要分类方法如下：

(1) 按信息产生过程分类

按物流市场营销信息产生过程一般可分为原始信息和加工信息。原始信息是物流市场的最直接的反映，也是第一手的信息，是最具权威的凭证，直接影响以后数据处理最终结果的好坏。加工信息是对原始信息分类、汇总、整理、检索等处理后的信息。

(2) 按信息产生领域分类

按物流市场营销信息产生领域一般可分为内部信息和外部信息。内部信息一般是企业内部运作过程中所产生的信息，例如运输问题、工作流程、员工情况等信息。外部信息主要指物流企业自身之外的各种对于企业运作息息相关的信息，包括市场需求、各类环境方面的信息。

(3) 按信息作用分类

按信息作用一般可分为计划信息、控制及作业信息、统计信息和支持信息。计划信息是指进入计划中但未完全实现的信息，如年物流量计划、月货物吞吐量计划等。控制及作业信息是指企业的物流活动过程中发生的具有很高时效性的信息，如库存种类、库存量、交通运输工具状况、到站和离站时间、运费等。统计信息是指在整个物流活动过程中，对一系列信息进行收集记录所产生的信息，在时间上处于最后一段。

(4) 按信息发生的时间顺序分类

按物流市场营销信息发生的时间顺序一般可分为先导信息、实时信息、滞后信息等。

物流营销信息处理一般涉及物流市场营销信息的搜集、加工、存储、传递和输出等各项活动。因此，它必须具备几个相应的子系统，即信息搜集子系统、信息加工子系统、信息存储子系统、信息输出子系统和信息管理控制子系统。这些子系统在管理控制系统的协调组织下，共同配合完成营销信息系统的全部功能任务。

(1) 原始数据收集

原始数据收集是数据处理的第一步也是最重要的一步，这个步骤执行的好坏决定了以后步骤所产生的信息的真实性和质量的高低，并且在数据处理中，数据收集所消耗的人力、财力是相当大的。

(2) 信息加工

信息加工是信息处理的内容之一，是将数据进行逻辑或者数学运算的过程。一般包括转换、排序、核对、更新、选择、合并和分配等处理。

(3) 信息传输

信息传输是通过使用数据通讯的方式，把用户或者终端上的计算机与中央计算机或者局域网的用户之间进行数据、图像、文字等信息的交换，分享数据库主机中信息的过程。

(4) 信息储存

信息储存是把经过处理的信息，采用一定储存介质把它们保存起来，并在需要使用时可以再通过特定方法调用出来。

(5) 信息检索

数据库主机中储存着大量信息，要在其中迅速找到合适的信息，需要制订一系列科学合理的查找方法和手段，这种方法和手段叫信息的检索。

### 11.1.4　物流营销信息系统的内容

物流企业的市场营销活动要求以市场需求为核心，通过整体系统化的营销行为，达到要求的功效，满足客户的需求。由于每个企业的自身组织结构、管理方式、生产流程不尽相同。所以，开发设计出来的物流营销信息系统包含的内容和具有的功能也有所不同。通常上，典型的物流营销信息系统应该具有市场调研、订单处理、配送、客户服务、营销管理和决策支持等各种不同系统。

(1) 市场调研系统

市场调研系统是指企业为满足市场营销信息系统的建设，进行一系列数据的调研，可以采用问卷调查、电话调查等多种方式收集信息，进行数学模型整理，最终得出调查结果，生成调查报告从而反映市场真实情况的系统。

(2) 订单处理系统

订单处理系统一般包括两种作业过程，即客户查询报价和订单接受、确认、输入。

报价系统流程：客户需要在系统中输入客户相关信息、产品相关信息，然后在中央数据库中核准产品的库存、供应价等相关数据以及此用户以往交易记录、信用记录等信息，最后在网页中输出订单，进行客户确认交易，打印交易记录，经确认后，最终成为正式订单。

订单传送系统：依靠多种传送方式（邮寄、快递、人工收取、电话订购、网络订购等）把接收到的订单输入到系统以后，经过销售人员仔细核准，确认相关信息（单价、数量、交货日期、赔偿责任等)，确认无误方可出货，若操作过程中出现问题，则应按照相关程序及时处理。

(3) 配送系统

配送系统的工作包括：为各个营业点提供配送信息，发出配送指令，提出结算指令和发货通知，汇总和反馈信息。

(4) 营销管理系统

营销管理系统是营销活动中最为重要的系统之一，其作用在于监督企业是否按照营销计划与要求执行、市场环境是否发生变化、组织和管理是否按照计划进行等。主要功能包括定期从销售商搜集反馈数据、定期把新的销售战略反馈给伙伴等。

(5) 客户服务系统

客户是物流企业服务的对象，是物流企业所有活动的出发点和归宿，物流营销系统的优劣、效率的高低都取决于是否良好满足客户的需求。客户服务系统的功能主要包括客户信息登记、客户信息查询、个性化服务、客户投诉以及信息的反馈等。

(6) 决策支持系统

决策支持系统是为管理层提供的信息系统资源，其主要作用是为管理层决策提供数据支持，以提高决策效率和正确性，一般包括分析模型管理、市场预测、客户细分、解决方案等。

**【案例】** SAP 助海尔物流信息系统建设

为了与国际接轨，建立起高效、迅速的现代物流系统，海尔采用了 SAP 公司的 ERP 系统和 BBP 系统（原材料网上采购系统），对企业进行流程改造。经过近两年的实施，海尔的现代物流管理系统不仅很好地提高了物流效率，而且将海尔的电子商务平台扩展到了包含客户和供应商在内的整个供应链管理，极大地推动了海尔电子商务的发展。

需求分析：

海尔集团认为，现代企业运作的驱动力只有一个：订单。没有订单，现代企业就不可能运作。围绕订单而进行的采购、设计、制造、销售等一系列工作，最重要的一个流程就是物流。离开物流的支持，企业的采购与制造、销售等行为就会带有一定的盲目性和不可预知性。

建立高效、迅速的现代物流信息系统，才能建立企业最核心的竞争力。海尔需要这样的一套信息系统，使其能够在物流方面一只手抓住用户的需求，另一只手抓住可以满足用户需求的全球供应链。海尔实施信息化管理的目的主要有以下两个方面：

（1）现代物流区别于传统物流的主要特征是速度，而海尔物流信息化建设需要以订单信息流为中心，使供应链上的信息同步传递，能够实现以速度取胜。

（2）海尔物流需要以信息技术为基础，能够向客户提供竞争对手所不能给予的增值服务，使海尔顺利从企业物流向物流企业转变。

解决方案：

海尔采用了 SAP 公司提供的 ERP 和 BBP 系统，组建自己的物流管理系统。

系统构成：

1. ERP 系统

海尔物流的 ERP 系统共包括五大模块 MM（物料管理）、PP（制造与计划）、SD（销售与订单管理）、FI/CO（财务管理与成本管理）。

ERP 实施后，打破了原有的“信息孤岛”，使信息同步而集成，提高了信息的实时性与准确性，加快了对供应链的响应速度。如原来订单由客户下达传递到供应商需要 10 天以上的时间，而且准确率低，实施 ERP 后订单不但 1 天内完成“客户—工厂计划—仓库—采购—供应商”的过程，而且准确率极高。

另外，对于每笔收货，扫描系统能够自动检验采购订单，防止暗箱收货，而财务在收货的同时自动生成入库凭证，使财务人员从繁重的记账工作中解放出来，发挥出真正的财务管理与财务监督职能，而且效率与准确性大大提高。

2. BBP 系统

BBP 系统（原材料网上采购系统）主要是建立了与供应商之间基于因特网的业务和信息协同平台。该平台的主要功能：

（1）通过平台的业务协同功能，既可以通过因特网进行招投标，又可以通过因特网将所有与供应商相关的物流管理业务信息，如采购计划、采购订单、库存信息、供应商供货清单、配额以及采购价格和计划交货时间等发布给供应商，使供应商可以足不出户就全面了解与自己相关的物流管理信息（根据采购计划备货，根据采购订单送货等等）。

（2）对于非业务信息的协同，SAP 使用构架于 BBP 采购平台上的信息中心为海尔与供应商之间进行沟通和反馈提供了集成环境。信息中心利用浏览器和互联网作为中介整合了海尔过去通过纸张、传真、电话和电子邮件等手段才能完成的信息交互方式，实现了非业务数据的集中存储和网上发布。

“一流三网”：

实施和完善后的海尔物流管理系统，可以用“一流三网”来概括。这充分体现了现代物流的特征：“一流”是指以订单信息流为中心；“三网”分别是全球供应链资源网络、全球用户资源网络和计算机信息网络。“三网”围绕订单信息流这一中心，同时开始执行，同步运动，为订单信息流的增值提供支持。

经验总结：

（1）海尔选择了 SAP/R3 成熟的 ERP 系统，而不是请软件公司根据海尔物流的现状进行开发，主要目的是借助于成熟的先进流程提升自己的管理水平。

（2）实施“一把手”工程与全员参与，有效推进信息系统的执行。海尔物流所有信息化的建设均是基于流程的优化，提高对客户的响应速度来进行的，所以应用面涉及海尔物流内部与外部很多部门，有时打破旧的管理办法，推行新流程的阻力非常巨大。海尔物流的信息化建设一直是部门一把手亲自抓的工作，亲自抓，亲自在现场发现问题，亲自推动，保证了信息化实施的效果。如在 ERP 上线初期，BOM 与数据不准确是困扰系统正常运转的瓶颈，它牵扯到企业的基础管理工作与长期工作习惯的改变，物流推进本部部长发现问题后，亲自推动，制定出有效的管理模式，不但提高了系统的执行率，而且规范并提升了企业的基础管理（BOM 的准确率、现场管理），保证了信息系统的作用的发挥。

（3）培训工作同步进行，保证信息系统的实施效果。由于信息化工作的不断推进，原有的手工管理变为计算机操作，这对物流的基层工作者如保管员、司机、年纪较大的采购员均是挑战。在实施 ERP 信息系统时，海尔物流开展了全员培训，并对相关操作人员进行了严格的技能考试，考试通过后才能获得上岗证书。物流信息中心也开通了内部培训的网站，详细介绍系统的基础知识、业务操作指导书与对操作的问题进行答疑，这些均保证了信息化使用的效果。

该系统“通过业务流程的再造，建立现代物流”以及利用 MYSAP.COM 协同化电子商务解决方案，成功地将海尔的电子商务平台扩展到客户和供货商在内的整个供应链管理，有效地提高了采购效率，大大降低了供应链的成本。

该系统是为订单采购设计的，其结果使采购成本降低，库存资金周转从 30 天降低到 12 天，呆滞物资降低 73.8%，库存面积减少 50%，节约资金 7 亿元。整合了 2 336 家供货商，优化为 840 家，提高了国际化大集团组成的供货商的比例。

系统是在基于 SAP 系统基础上开发而成的，所开发的 ERP 和 BBP（基于协同电子商务解决方案）具有典型的企业标准化的特征，开发的系统覆盖了集团原材料的集中采购、库存和立体仓库的管理、19 个事业部的生产计划、事业部原料配送、成品下线的原料消耗倒冲以及物流本部零部件采购公司的财务等业务，建立了海尔集团的内部标准供应链。

目前海尔已实现了即时采购、即时配送和即时分拨物流的同步流程。100% 的采购订单由网上下达，提高了劳动效率，以信息代替库存商品。

海尔的物流系统不仅实现了“零库存”、“零距离”和“零营运资本”，而且整合了内部，协同了供货商，提高了企业效益和生产力，方便了使用者。

不足之处是，该案例介绍的流程分析和改造比较少。建议进一步将业务流程标准化，并在此基础上形成标准的供应链物流系统。

（资料来源：http：//www.examda.com/wuliu/anli/20060902/114050415.html.）

## 11.2 物流企业营销信息系统的设计

### 11.2.1 物流营销信息系统规划

建设物流营销信息系统的目的是要解决企业的实际问题，系统建设必然需要企业投入时间、资金、技术等。因此，企业必须从实际出发，确定适当的目标，对物流营销信息系统进行良好的规划，为后期的系统开发建设打下基础。

物流营销信息系统规划是要通过对企业的初步调查和客观分析，确定系统的总体目标和主要功能框架，分析系统建设的可行性，估计系统实现后的效果，制订计划，实施计划，为后继的开发工作打好基础。

#### 1. 物流营销信息系统的功能结构

从物流营销信息系统的功能角度看，它一般涉及的活动有物流市场营销信息的搜集、加工处理、储存、传输和输出等。因此，它具有几个相应的子系统，即信息搜集子系统、信息加工子系统、信息输出子系统和信息管理控制子系统。各个子系统在大的管理控制系统的协调组织下，共同完成营销信息系统的全部功能任务。物流营销信息系统的功能结构如图 11.1 所示[1]:

1 杨穗萍．物流营销实务[M]．北京：中国物资出版社，2006.

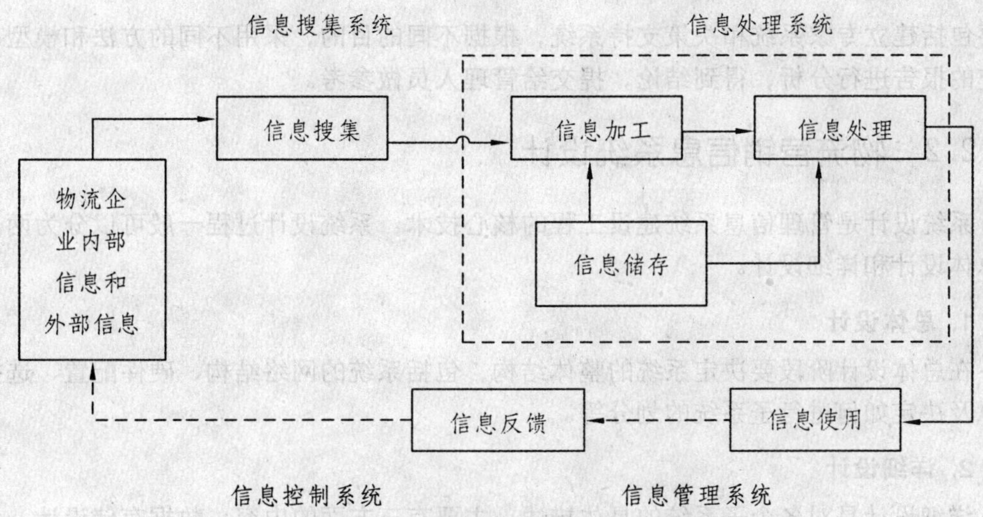


图 11.1 物流营销信息系统的层次结构

**2. 物流营销信息系统的层次结构**

物流营销信息系统的层次结构是塔形结构，一般可以分为业务层、管理层和分析决策层，如图 11.2 所示[1]。

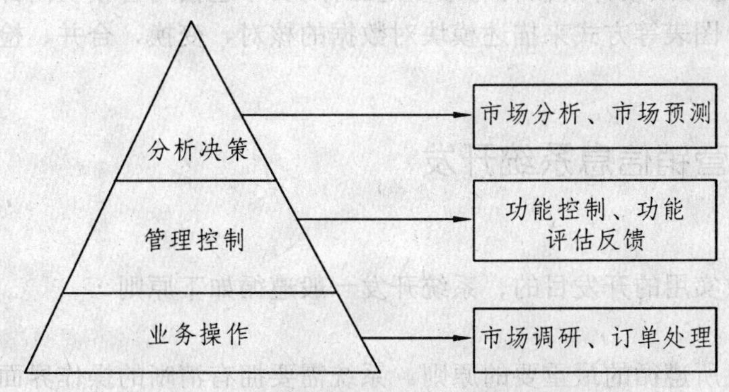


图 11.2 物流营销信息系统层次结构

(1) 业务操作层

业务操作层的主要任务是收集物流营销信息，对信息进行加工处理，并进行信息查询、报表处理等工作。这一步是后期工作的基础，为以后的工作提供了支撑。

(2) 管理控制层

管理控制层的主要任务是对信息进行处理和分析，使企业能够掌握市场营销的状况，了解市场供需情况和发展趋势，发现问题并提出解决方案，定期提交企业的营销报告，为企业的管理层决策提供信息。

(3) 分析决策层

分析决策层的主要任务是确定企业的营销管理目标，并针对该目标制订相应的战略计划，

1 杨穗萍. 物流营销实务[M]. 北京：中国物资出版社，2006.

主要包括建立专家系统和决策支持系统，根据不同的目的，采用不同的方法和模型对控制层提交的报告进行分析，得到结论，提交给管理人员做参考。

## 11.2.2 物流营销信息系统设计

系统设计是管理信息系统建设工程的核心技术。系统设计过程一般可以分为两个阶段，即总体设计和详细设计。

### 1. 总体设计

在总体设计阶段要决定系统的整体结构，包括系统的网络结构、硬件配置、选择操作系统以及决定如何进行子系统的划分等。

### 2. 详细设计

详细设计是对各个子系统的具体描述，主要有三方面的内容：数据存储设计、用户界面设计和处理设计。

① 数据存储设计是对数据库物理结构、存储结构、数据结构和信息流量等进行设计。

② 用户界面设计包括代码设计、输入/输出设计，主要是决定代码的结构类型，确定输入/输出的内容、方式和格式。

③ 处理设计是详细设计阶段耗时最多的工作，其中包括对各模块内部处理过程的详细描述，通常用文字、图表等方式来描述模块对数据的核对、变换、合并、检索和计算等具体的步骤。

## 11.2.3 物流营销信息系统开发

### 1. 开发原则

为了达到高效实用的开发目的，系统开发一般遵循如下原则：

(1) 实用性

实用性是开发所遵循的最重要的原则。系统需要拥有清晰的操作界面，灵活可变的功能模块，适宜的扩展模式，简便的操作和维护措施，从而满足用户使用上和管理上的需求，既保证系统功能的正确性，又方便实用。

(2) 系统性

物流营销信息系统是企业内部信息的管理软件，有着十分突出的整体性、层次性和目的性。系统各个子功能处理的数据既独立又相互关联，构成一个完整的共享数据体系。所以在系统开发的过程中要十分注重其在功能和数据上的整体性、系统性。

(3) 符合软件工程规范

系统开发应该按照软件工程的理论、规范和方法去组织和实施，值得注意的是，无论采用哪一种开发方法，都要注重文本资料的收集整理、阶段性评审、功能反馈调节和项目的管理作用。

### 2. 开发准备

合理高效的管理体制、完备的规章制度和科学严谨的管理方式是开发信息系统的基础，只有做到以上几点，系统才能充分地发挥其作用。

准备工作一般包括：切实做好基础数据管理工作，严格制订计量程序、计量手段、检测方法和技术数据统计分析方法等；数据、文件、报表等格式的统一化。

### 3. 开发方法

目前，管理信息系统的开发方法很多，如原型法、生成法、面向对象法等。下面将重点介绍两种方法。

(1) 结构化系统开发方法

这是目前应用最为广泛的一种开发方法。

结构化开发方法的基本思想是以用户至上为原则，按照系统的思想和系统工程的方法，以结构化、模块化的方式，“自上至下”对系统进行分析与设计。其中把信息系统开发过程按照时间维度划分为几个相对独立的阶段：系统规划、系统分析、系统设计、系统实施、系统运行与维护等。

① 系统规划。根据用户对系统功能的要求，进行初步调查，明确问题，确定系统目标和总体结构，确定实施进度计划表。该阶段的范围是整个业务系统，目的是从整个业务的角度出发确定系统的优先级。

② 系统分析。主要活动包括可行性分析和需求分析。其范围是列入开发计划的单个信息系统开发项目。系统分析的目的是分析业务上存在的问题，定义业务需求。

③ 系统设计。包括总体设计和详细设计。总体设计的主要任务是构造软件的总体结构；详细设计包括人机界面设计、数据库设计、程序设计等。系统设计的目的是设计一个以计算机为基础的技术解决方案以满足用户的业务需求。

④ 系统实施。这个阶段主要任务是编程和人员培训以及数据准备，然后把系统投入试运行。

⑤ 系统运行与维护。维护系统的正常运行、记录系统的运行情况、系统的软硬件维护、系统的分析与评价等，如果出现不可调和的问题，就可以进一步提出开发新系统的请求。

结构化开发方法方法适用于一些组织相对稳定、业务处理过程规范、需求明确且在一定时期内不会发生大的变化的大型复杂系统的开发，具有目标明确、阶段性明显、开发过程便于操控的优点。它是一种预先定义需求的方法，只适应于可以在早期阶段就完全确定用户需求的项目。然而在实际中要做到这一点往往是不现实的，用户很难准确地陈述其需求。因而该方法适宜同其他一些方法结合起来使用。另外结构化开发方法的开发周期太长、见效慢，风险相对较大。

(2) 原型法

原型法的基本思想是在获取一组基本需求之后，快速地构造出一个能够反映用户需求的初始系统原型，让用户看到未来系统概貌，以便判断哪些功能是符合要求的，哪些方面还需要改进，不断地对这些需求进一步补充、细化和修改，依此类推，反复进行，直到用户满意为止，并由此开发出完整的系统。

原型法的开发步骤如下：

① 确定系统的基本要求和功能。主要包括用户提出的系统基本要求和主要功能等方面要求，由开发人员对用户的需求进行总结和提炼，得到用户对系统的基本需求，通过对原型的

输入数据、功能和开发原型的成本等进行分析，形成一份简要的系统需求分析报告。

② 构造初始模型。开发初始原型系统的目的是建立一个交互式的初始系统来满足用户的基本要求，通常是快速构建一个基本模型。这个阶段中，"及时"是处理问题的关键，并且只要求满足用户的基本需求，不需要强调功能的完备。

③ 运行、评价、调整模型。使用户在原型系统的使用中得到的实际经验反馈到设计者手中，从而了解其需求的满足程度。在使用过程中不断调整需求，确认需求，并反复这个过程，直到需求的确定和功能实现的完备。

④ 修改并确定模型。开发人员根据上一步得出的结果，对模型系统进行最后修改，交付用户使用。用户在一定时期以内，不定时提出进一步修改意见至开发商，开发商进行修改，反复以上步骤直到满足用户需求为止。

原型法的主要优点在于它是一种支持用户的方法，使得用户在系统生存周期的设计阶段起到积极的作用，它能减少系统开发的风险，特别是在大型项目的开发中，由于对项目需求的分析难以一次完成，应用原型法效果更为明显。原型法的系统开发时间短，成本低，但缺点是，由于频繁修改导致技术难度加大、管理成本提高等。

从以上的内容可以看出，要实现一个物流营销信息系统，大概要经历的几个步骤如表11.1所示。

**表 11.1 物流营销信息系统的实现步骤**

| 阶段 | 任务 | 关键技术 | 阶段性成果 | 主持人 |
|---|---|---|---|---|
| 规划 | 可行性分析 | — | 可行性分析报告 | 系统分析员 |
| 分析 | 建逻辑模型 | 数据流分析<br>PDFD，DD | 逻辑模型 | 系统分析员 |
| 设计 | 建物理模型 | MSC，E-R 图，<br>关系规范化 | 物理模型 | 系统分析员 |
| 实现 | 6 项任务 | SP | 新系统 | 系统分析员 |
| 评审 | 评价新系统 | — | 评审报告 | 评审组 |
| 运维 | — | — | 运行记录<br>维护记录 | 系统管理员 |

**【案例】** 中远信息化航程：用鼠标尾随每一批货

1961 年的夏天，4 艘船舶寂寥地停靠在中远的码头，这是中远集团的前身——中国远洋运输公司成立时仅有的四艘货船。这一年，中远还只是一个 2.26 万载重吨的单一型航运企业。

2006 年，中远集团已拥有和经营着近 600 艘现代化商船，而它的航线遍及世界 160 多个国家和地区的 1 300 多个港口。自 1993 年中远集团成立以来，它已经形成了一个以北京为中心，以我国香港和日本、新加坡、美国、欧洲、澳大利亚、南非、西亚等 8 大区域为辐射点的全球航运业务网络，与这个有形网络相对应的，是中远集团遍布全球的计算机网络。正是这两个有形和无形的网络相互交织，托起了中远集团近 600 艘远洋之船。

1. 20 世纪 70 年代的辉煌

20 世纪 70 年代，中远集团几乎承担了我国全部的远洋运输工作，随着五大洲穿梭往来的船只，中远的领导发现国外同行有个好助手——计算机。于是 1980 年，中远集团迎来了第一批国产小型机，从此举起了中远集团信息化的大旗。1981 年到 1982 年间，中远集团引进了日本富士通公司的计算机设备，并与日本三菱、nrk 公司合作，开发了集团的第一代应用软件，其中包括财务处理系统和船舶调度系统。

20 世纪 80 年代，中远在信息化赛跑中与国内同行相比，应当说是遥遥领先好几个马身。但 1990 年前，中远集团的集装箱业务被分散在广州、大连、上海、青岛、天津等 5 个中远的二级远洋公司中，采取的是“多利润中心”的经营方式。这种分散经营给发展初期的中远带来了一定的利润，但 1990 年后，这种方式的薄弱环节日益突显：各港口“抢货现象”严重，业务拓展困难、IT 系统建设滞后。

2. 系统满足不了订单

进入 20 世纪 90 年代，全球集装箱运输迎来了飞速发展的“巅峰时刻”。当时，中远集团旗下中远集运的订单也随之剧增，面对全球大好的形势，因为系统的薄弱而丢单，中远真如同割肉一样心疼。于是 1992 年，中远集团开始实行“一个利润中心”的管理模式，此次整合原本旨在避免“抢货”这样的内部恶性竞争现象，然而整合后中远集团发现原属于各分公司的 IT 系统即使顺利实现集成，也依然无法满足业务发展的需要。

经过为期一年的调研，1995 年由英国公司 TTSI 实施的名为“Tradeware”的系统软件在中远集运上线了，但是试运行的结果却令人失望：原定的目标是建设一个能支持集装箱运输各方面的信息系统，而中远实现的仅仅是全球集装箱管理的一个信息系统，此时中远集运 IT 系统上的薄弱也在业务运作上造成了越来越大的冲击，其中最致命的是客户等级模糊和成本控制的缺乏。

3. 重新挂起信息化云帆

1998 年新总裁上任，无数双眼睛盯着这位中远的新“船长”。他在谈到信息化对于中远集团的重要意义时提到：“运作一个像中远这样的国际化企业，不能只依靠人力。我们不能只追求生存下来。为了向一个跨国公司转变，你必须拥有信息技术的支持，我们现在是世界上第二大航运企业，世界第二必须依靠信息技术。”

在商讨信息化建设的思路时，中远一位高层提供了一个新线索。“1999 年我们曾经去海外考察过东方海外、APL 和马士基等国际一流的航运公司，参观他们的信息系统建设，虽然其中有些可能适合我们，但是没有一家愿意出售。”这给了中远高层很大的启发，引进和创新都是可行之路，关键看谁的成本低和风险小。

2000 年 2 月，中远高层开始“密会”东方海外高层，几轮接触下来，中远高层看中了一套 IRIS2（全球集装箱运输信息集成系统）。这个系统很适合中远，而且其所有者东方海外现在愿意出售这套系统。2002 年 3 月，在集团的一次会议上，有关人士曾分析。“如果采用自主建设系统的方案，最大的优势在于量体裁衣，业务适合度是最高的，但创新风险较大。而采取引进的方案，实施风险较小，时间成本可以得到有效控制，但适合度可能会受到一定程度的限制，终止前一个项目合同的成本也应被考虑，而引进方式最重要的是对系统适合度的考察。”

这一分析结果在中远内部获得了认同。2000 年 4 月，中远派出了一支完全由业务精英和 IT 技术骨干组成的团队对东方海外的 IRIS2 系统进行全面考察。考察团的最终意见是："系统总体上是适合中远的，而且它的管理思路、经营理念，也是中远一直追求的。"

2000 年 11 月 11 日，COSCO 集团总裁与东方海外郑重签下了 10 亿元预算的 IRIS2 项目协议，由 HP 咨询提供整个项目的设计、规划与实施，历经磨难的集团信息化建设至此终于走上正轨。

4. 全速行驶

9 大区域、160 个国家。这两个数字见证了中远大规模的扩张，也代表了中远集团撒开的跨国经营大网。从 1993 年 2 月 16 日组建中国远洋运输集团以来，标有"COSCO"醒目标志的船舶和集装箱在世界 160 多个国家和地区的 1 300 多个港口来往穿梭。中远集团分布在广州、上海、天津、青岛、大连、厦门及中国香港等地的全资船公司经营管理着集装箱、散装、特种运输和油轮等各类型远洋运输船队。在境外，以欧洲、美洲、新加坡、日本、澳洲、南非、西亚和韩国等区域为辐射点，以船舶航线为纽带，形成遍及世界各主要地区的跨国经营网络。

全球航运业务网络和中远集团遍布全球的计算机网络这两个有形和无形的网络相互交织，托起了中远集团近 600 艘远洋之船。这一切都是信息化带来的。中远人进行了 20 年艰苦卓绝的信息化，未来，他们更要据此为中远集团打造百年老字号。

（资料来源：http://industry.ccidnet.com/art/20/20061026/933113_1.html.）

# 小　结

物流市场营销信息泛指与物流企业市场营销活动有关的各种内外环境的状态、特征以及发展变化的各种信息、情况、资料和数据的总称。

物流营销信息处理一般涉及物流市场营销信息的搜集、加工、存储、传递和输出等各项活动。它具备几个相应的子系统，即信息搜集子系统、信息加工子系统、信息存储子系统、信息输出子系统和信息管理控制子系统。

通常上，典型的物流营销信息系统应该具有市场调研、订单处理、配送、客户服务、营销管理和决策支持等各种不同系统。

物流营销信息系统规划是要通过对企业的初步调查和客观分析，确定系统的总体目标和主要功能框架，分析系统建设的可行性，估计系统实现后的效果，制订计划，实施计划，为后继的开发工作打好基础。

物流营销信息系统的生命周期包括开发阶段和运行阶段。系统设计是管理信息系统建设工程的核心技术。系统设计进程一般可以分为两个阶段，即总体设计和详细设计。

物流营销信息系统地开发要遵循实用性、系统性、符合软件工程规范的原则，开发方法很多，如原型法、生成法、面向对象发等。

## 复习思考题

**一、单项选择题**（在下列每小题中，选择一个最合适的答案。）

1. 下面哪一项不是信息所具有的特征______。

A. 真实性　　B. 价值性

C. 无序性　　D. 不完全性

2. 任何信息只有在一定的时间内才起作用，这体现了信息的______。

A. 时效性　　B. 滞后性

C. 价值性　　D. 无序性

3. 信息处理的第一步应是______。

A. 原始数据搜集　　B. 信息加工

C. 信息传输　　D. 信息储存

4. 在物流领域中用到的，利用太空的卫星对地面目标进行精确定位，并通过地面的信号接收器进行准确导航的通信技术是______。

A. GIS　　B. GPS

C. RF　　D. ERP

5. 下面哪一项不是物流营销信息系统的子系统______。

A. 信息搜集子系统　　B. 信息加工子系统

C. 信息存储子系统　　D. 客户管理子系统

6. ______以地理空间数据为基础，采用地理模型分析方法，适时提供准确、动态的地理信息，是一种为地理研究和地理决策服务的计算机技术。

A. GIS　　B. GPS

C. RF　　D. ERP

7. 物流营销系统设计的第一阶段是进行______。

A. 总体设计　　B. 详细设计

C. 结构设计　　D. 系统开发

**二、多项选择题**（下列各小题中正确的答案不少于两个，请准确选出全部正确答案。）

1. 结构化开发方法的优点有______。

A. 目标明确　　B. 阶段性强

C. 开发周期短　　D. 开发过程易于控制

2. 原型法的优点有______。

A. 开发时间短　　B. 成本低

C. 用户和开发人员密切配合　　D. 开发过程容易

3. 信息的特征有______。

A. 时效性　　B. 滞后性

C. 价值性　　D. 真实性

4. 物流营销信息系统层次结构分为______。

A. 业务操作层　　B. 管理控制层

C. 流程设计层　　D. 分析决策层

5. 物流营销信息系统的设计包括______。

A. 总体设计　　B. 业务设计

C. 详细设计　　D. 系统设计

6. 物流营销信息系统的开发原则有______。

A. 实用性原则　　B. 经济性原则

C. 系统性原则　　D. 符合软件工程规范的原则

7. 物流营销信息系统的内容有______。

A. 市场调研系统　　B. 订单处理系统

C. 配送系统　　D. 营销管理系统

## 三、名词解释

物流市场营销信息；物流营销信息系统；总体设计；系统规划；业务操作层。

## 四、判断题（判断下列各题是否正确，正确的在题后的括号内打“√”，错误的打“×”。）

1. 信息的重要性和信息的长度有关。（　）
2. 只有用数字表示的才是信息。（　）
3. 物流营销信息具有双向流动性。（　）
4. 物流营销信息实时性高、动态性强。（　）
5. 原型法具有目标明确，阶段性强，开发过程易于控制的优点。（　）
6. 总体设计阶段要对各个子系统进行具体描述。（　）
7. 系统开发前的准备工作包括基础准备和人员、组织准备两部分。（　）

## 五、简答题

1. 简述物流营销信息系统的策略。
2. 简述原型法流程（可用流程图表示）。

## 六、案例分析

宝供物流企业集团有限公司创建于 1994 年，总部设于广州，1999 年经国家工商总局批准，成为国内第一家以物流名称注册的企业集团。目前该企业以在全国 40 多个城市建立了 6 个分公司，形成了一个覆盖全国，并向美国、澳大利亚、泰国等国家和地区延伸的物流运作网络，拥有先进的物流信息平台，为全球 500 强中的 40 多家大型跨国企业及国内一批大型制造企业提供物流服务。

作为第三方物流公司，宝供的信息化系统的建设紧紧围绕着自身业务的拓展，并通过系统的建设，推进了公司业务的发展。其信息化进程分为三个阶段：

（1）1997—1998 年，建立基于互联网的物流信息系统；

（2）1999—2001 年，建立基于电子数据交换（EDI），与客户实现数据对接系统；

（3）2002—2003 年，建立基于电子商务，与客户结成供应链一体化合作伙伴。宝供真正腾飞在 1997 年。这一年，宝供已经发展成为一个在全国主要经济区域设有 10 个分公司和办事处的网络化物流公司。该公司面临的一个主要问题就是如何全面、及时跟踪全国各地的最新物流业务状况。经过调研与策划，宝供选择了第一家合作伙伴——北京英泰奈特科技发展有限公司，它为宝供开发了一套基于 Internet 的物流信息管理系统。1998 年，在内部全面完成运输信息系统推广的基础上，宝供通过将运输查询功能授权开放给客户，实现了运作信息与客户共享。

宝供的物流信息系统不仅为自身提高了竞争力，也为客户带来了巨大的经济利益，归纳为如下几点：

（1）快速反应，取得了竞争优势。客户在自己的系统（或宝供系统）中能实时看到全国各地仓库最新进出仓和库存数据，有利于控制和降低库存，并减少成本。

（2）提高效率，加快资金周转。财务根据系统动态结果及时开出发票，加速资金周转。

（3）优化流程，降低运作成本。EDI 电子对接实现订单无纸化处理，代替传统传真下单、手工开单。

**思考题：**

请分析宝供信息化过程的特点及信息化对宝供发展的作用。

# 第 12 章 物流企业营销的策划、评价与组织

本章重点

- ✧ 物流企业营销的策划
- ✧ 物流企业的营销组织
- ✧ 物流企业的整体营销
- ✧ 物流企业营销效果的评价*

本章难点

- ✧ 物流企业营销效果的评价*

必备技能

- ✧ 掌握物流企业营销效益等级评价的方法
- ✧ 掌握物流企业营销效果的评价方法*

企业的营销活动是从营销策划到营销目标实现的一个完整过程，其中包括对将开展的营销活动进行创造性的谋划；采取各种有效措施去协调各方面力量，努力实现目标；对企业实施的一系列营销行为进行检查、评价；密切注视环境的变动趋势，迅速而准确地反馈相关信息，根据事实进行判断，并随时采取措施进行调整，以保证最终营销目标的实现。因此，企业通过对营销组织和营销活动的管理与控制，尽可能地把握与推动营销活动状态，以发展和维持市场营销资源与目标的平衡，与变化多端的市场相适应，是企业营销活动成功与否的基本保证。

## 12.1 物流企业营销的策划

美国哈佛管理丛书编纂委员会认为：“策划是一种程序，在本质上是一种利用脑力的理性行为。策划是针对未来要发生的事情做出当前的决策。换言之，策划是找出事物的因果关系，衡量未来可采取的途径，作为当前决策的依据，亦即策划是预先决定做什么，如何做，何时做，谁来做。”

### 12.1.1 物流企业营销策划的含义

策划的定义可归纳为：通过收集客观事物的各种信息和预测发展变化趋势来确定目标，进行创造性的谋划，设计能产生最佳效果的资源配置与行动方式，为科学决策提供依据的复

杂的脑力劳动过程。由一般策划的含义我们可以得出，所谓物流企业的营销策划是指在营销原理的正确指导下，对将展开的物流营销活动进行创造性的谋划，并设计出营销活动方案的脑力劳动过程。

**1. 物流企业的营销策划是物流企业营销活动成功的基础**

商场如战场，竞争双方的成功与否并不完全取决于双方的实力差距，而取决于双方在营销战略策划上的智慧与胆略。从营销活动的全过程看，营销策划是处于营销调查研究之后和营销实务运行之前的关键环节，起着承上启下的核心作用。

① 营销调查是为物流营销策划服务的，调查分析所发现的问题以及所收集的相关信息为物流营销策划确立目标和策划方案所用，物流营销调查必须接受营销策划的指导，只有按照营销策划所确立的调查目的、范围和方法去进行，才能具有目的性、针对性和科学性。

② 营销策划围绕着物流企业的营销目标进行，物流企业的营销活动只有在营销策划的指导下开展才能有明确的方向和科学的方法，才能彼此配合、有条不紊地进行下去。

③ 物流企业的营销策划决定了营销活动的评估效果，它预先确定了检测物流企业的营销活动效果的标准、原则和方法，评估过程也只有在营销策划的指导下进行，才能客观公正地评价物流营销活动的成效，为下一轮营销活动的开展提供事实依据和有益的借鉴。

**2. 物流企业的营销策划是为物流企业的营销决策谋划**

物流企业的营销策划与营销决策既有联系又有区别：营销策划是为营销决策谋划，设计营销活动方案，重点在“谋”；营销决策是对营销方案进行选择和决断，重点在“断”。在决策科学化的现代社会，“谋”就成为专门的策划职能，而“断”则成为专门的决策职能。但两者共同发挥物流企业的营销决策的管理作用。

(1) 物流企业的营销决策是物流企业营销目标的确定

一般情况下，物流企业的决策活动包含着目标的确定、方案的选择和行为的调整，而策划则是在目标既定的情况下，对实现目标的行动方案的设计和规划，如图 12.1 所示。

物流企业的营销活动首先必须进行目标的选择，这是一种决策行为。在物流企业的营销战略活动中，决策可能是最为重要的。正确的决策可以使物流企业及时抓住市场机会，获得良好的市场地位和经济效益，并由此形成经营活动上的良性循环；错误的决策，则可能给物流企业带来巨大的经济损失。

(2) 物流企业的营销策划是物流企业营销目标的设计

在目标确定的情况下，对如何实现目标还要进行具体的设计和规划，这就是策划。一般在重要的营销目标或在环境因素比较复杂的情况下，策划的方案可能不止一个，此时就面临第二轮决策，即行动方案的选择。对于确定了的行动方案，如何具体实施，可能又会需要进行一些策略或方法的设计，这也属于策划的范畴，至于在方案执行过程中，出现偏离目标的行为或发生环境变化的情况，是否需要对行为进行调查，何时进行调整，调整的程度如何，这又会引发一系列的决策。

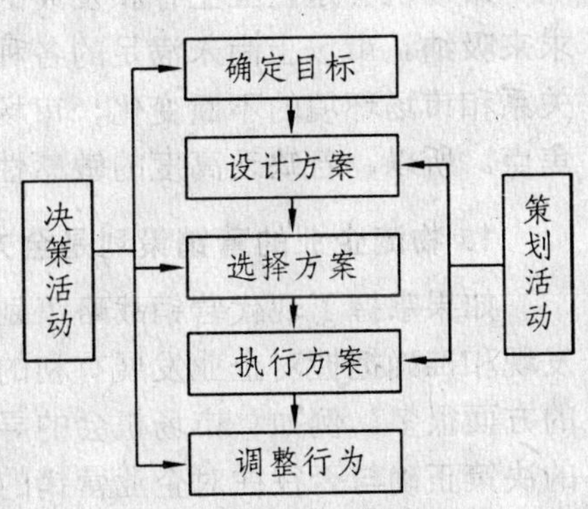

**图 12.1 决策与策划过程**

**3. 物流企业的营销策划是营销计划的依据**

在目标既定的情况下，策划的成功与否对于物流营销活动的成败和企业竞争能力的强弱有着至关重要的影响。有人把营销策划简单地理解为对营销活动的阶段和程序的计划与安排，这实际上并未真正认识策划的内涵。策划并不等同于我国传统意义上的计划工作，而是为实现某一既定目标而对行动方案进行全面设计，对行动步骤进行衔接协调，对行动结果进行预测应变的谋略活动。策划与计划是两个不同的概念，策划在前，计划在后。

(1) 物流企业的营销策划是其计划的依据

物流企业的策划与计划根本的不同在于：策划要求根据目标和环境变化不断地创新，以使行动能产生最佳的效果。在营销策划过程中，创意只是提出一种思路和想法，它还需要转化为具体营销方案的制订。

(2) 物流企业的营销计划是其策划的产物

物流企业的营销计划是根据被审定的营销方案的要求，对方案的实施作具体的安排。营销方案通常是由一系列相互连贯的营销活动的计划组合而成的。

物流企业的营销计划书是营销策划的书面表达形式，也是营销策划的具体成果。营销计划书编写的规范性有助于营销决策人员和组织实施人员最大限度地认识策划者的意图和策划思想，在充分理解的基础上选择和执行营销方案，使策划的效果尽可能得以实现。规范的物流企业的营销计划书应包括以下几个部分：

① 计划纲要，对营销方案的要点和特征进行提要式的说明。

② 环境分析，对营销方案产生的背景条件及影响因素进行分析和说明。

③ 目标描述，对营销方案所要达到的目标加以说明。

④ 战略说明，对营销策划的战略意图以及实现战略目标的各个阶段加以说明。

⑤ 行动方案，对设计的营销方案进行详细的描述和论证。

⑥ 效益分析，对营销方案的预期效益进行分析和说明。

⑦ 控制应变措施，对营销方案的实施风险进行预期，并对控制方法和应变措施加以说明。

## 12.1.2 物流企业营销策划的内容

市场机会是企业生存和发展的生命线。物流企业的全部经营活动都必须由一定的市场需求来吸纳。市场上尚未满足的各种需求便构成了物流企业发展的机会。然而，由于市场供求关系和市场环境的不断变化，市场机会往往是稍纵即逝的。而且它也是众多物流企业争夺的焦点。所以，若缺乏高度的敏感性和准确及时的战略策划，就很难把握住有利的市场机会。

**1. 物流企业的营销策划是全方位的谋略活动**

如果掌握了现代营销战略策划理论与方法，就能帮助企业在变幻莫测的市场风云中及时发现和准确把握对企业发展有利的市场机会。在物流企业的营销活动中，需要进行战略策划的方面很多。例如，市场机会的寻求和把握、产品决策与市场竞争策划等等，这些关键问题的决策正确与否往往对企业营销的成败产生重大的影响，具有重要的战略意义。

(1) 物流服务产品决策与市场开发的策划

现代的物流市场是一个服务产品日益丰富、竞争日益激烈的市场。往往是只要人们产生了某种需求兆头，很快就会有相应物流服务产品出现。而且，仿制、更新的服务就会接踵而至，从而又会使这一服务市场很快趋于饱和。在这种急剧变化、急剧更新的市场上，物流企业面临着不开发新的服务就没有生路，服务无特色就没有竞争优势的局面。因此，积极进行新服务和市场开发的决策与策划便显得尤为重要。把握物流服务产品开发的正确方向，同时在物流服务产品的市场进入、市场开发等方面进行认真的策划，是物流企业经营活动不可缺少的基本技能，也是物流企业获取市场竞争优势的首要环节。

(2) 物流服务产品的销售渠道决策与市场布局的策划

在现代化的大市场中，物流企业占领市场的另一重要因素就是销售渠道，这是物流企业同市场沟通的桥梁和纽带。销售渠道畅通与否，市场分布面的广阔或狭窄，对于物流企业的竞争能力和发展前景有着重要影响。同时物流企业对于销售渠道的选择策略，还会在一定程度上影响企业及其产品的声誉，所以必须在销售渠道的选择和布局上进行认真的决策和策划。

销售渠道的选择不是可有可无的事情，物流企业不仅要找到能够销售其服务产品的合适渠道，而且要对怎么样充分利用各种销售渠道促进物流服务产品的销售、维护和提高企业与产品的声誉，进行周密的策划。

(3) 物流企业的促销决策与市场扩展的策划

在激烈的市场竞争中要促进物流企业服务产品的销售和扩大物流企业的市场占有率，更需要进行认真的策划，在各种广告活动和促销手段层出不穷、铺天盖地的情况下，策划出具有强大吸引力和刺激的新颖促销活动，是扩展物流企业市场，增强竞争实力的重要方面。促销策划的创新意识是至关重要的，必须进行精心的设计和周密的策划，才可能取得一鸣惊人的效果，并能最大限度地防止负面效应的出现。

物流企业在遇到势均力敌的竞争对手，或面临命运攸关的市场争夺之时，其营销策划便显得更为重要，正确的决策与巧妙的策划可使自己的竞争实力得到大大的加强。

**2. 物流企业的营销策划必须遵循的原则**

(1) 物流企业的营销策划必须以全面信息为依据

物流企业的营销策划要求通过建立广泛的信息网络，尽可能全面地收集同决策与策划有关的各种资料，以增加决策与策划的准确性，减少其盲目性和风险度。

(2) 物流企业的营销策划必须以科学技术为手段

物流企业的营销策划要求不仅要充分运用同营销策划有关的各种学科的原理与方法，而且尽可能利用电子计算机等现代高科技手段来辅助营销的决策与策划，以充分提高其效率和准确性。

(3) 物流企业的营销策划必须以专家咨询为骨干

物流企业的营销策划要求尽可能地利用各方面的专家参与营销策划，或者是委托专业咨询机构进行营销策划，从而使经营者能集思广益，能对各种不同的营销策划方案进行评估和选择，以保证营销策划质量的最优化。

## 12.1.3 物流企业营销策划的组织

物流企业的营销策划是为物流企业的市场营销活动方案进行全面的设计，包括对营销步骤进行衔接安排，对行动可能出现的结果进行预测应变的谋略活动。这种为实施营销目标而对营销策略进行实际运用的活动，是营销管理全过程的重要组成部分。要使物流企业的营销策划充分发挥作用，其组织与管理是不容忽视的重要问题。

从微观角度来看，物流市场营销是物流企业通过市场媒介获取最大效益的各种活动，是一种有序的管理过程，如图 12.2 所示。

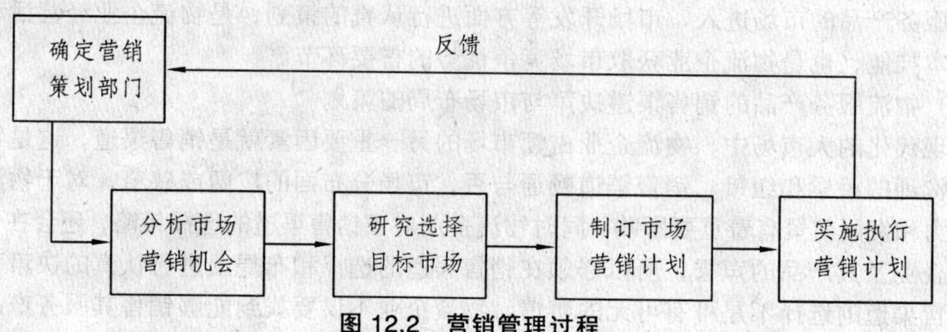


**图 12.2 营销管理过程**

承担物流企业营销策划的部门对企业营销活动的成败与否，具有举足轻重的作用。因为物流企业从分析市场营销机会开始，到选定自己的目标市场，确定具体的营销战略战术，以及落实整个营销计划的实施和将采取的各种保证措施等，整个有序的活动过程源于科学的营销策划。因而，确定具体进行营销策划行为的部门，是一件十分重要的事情。

从企业的实际营销活动来看，实施营销策划一般有三种状态。

**1. 单部门进行营销策划**

营销部门按企业决策层的意图，制定具体的营销方案，而后经过相关部门选择确定后执行，如图 12.3 所示。这是许多中小型物流企业所采用的一种营销策划形式。

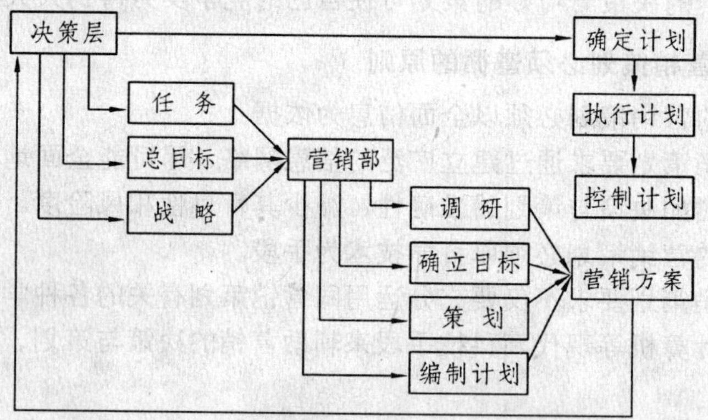


**图 12.3 单部门营销策划流程**

物流市场营销的基础是满足消费者的需求。要真正实现物流企业整体和长远的营销目标，必须通过详尽的市场调查与预测，进行营销策略的策划、营销计划的制订和控制等措施手段的综合运用。物流企业的营销部门，是其实施市场营销活动的主体，承担营销策划的任务是理所当然的。由营销部门单独进行的营销策划项目，一般属于企业市场营销活动中具体营销职能范围内，如广告策划、公关活动策划、促销策划及销售人员培训策划等。单部门营销策划的一般程序是：根据企业最高决策层规定的营销任务、总目标、战略方向，营销部门经过充分的调查、研究、分析后，制订出某项具体营销活动的计划方案，并提出该计划方案（可以同时提出几套方案）送交决策层审核。决策层可以批准这个方案，也可以提出新的指导原则后将计划退回，营销部门则重新按照策划过程进行修订，直至上下都满意的方案出现为止。修订方案的原因可能有两种情况：营销部门所策划的计划方案不符合企业总体营销目标的要求；营销部门所策划的方案使企业决策层改变了原先的初步设想和战略。

**2. 多部门进行营销策划**

由物流企业特设的战略计划部门，根据物流企业总体营销目标，并听取营销部门及企业其他各部门的意见后，策划与制订营销方案，经决策层选择确定后执行，如图 12.4 所示。

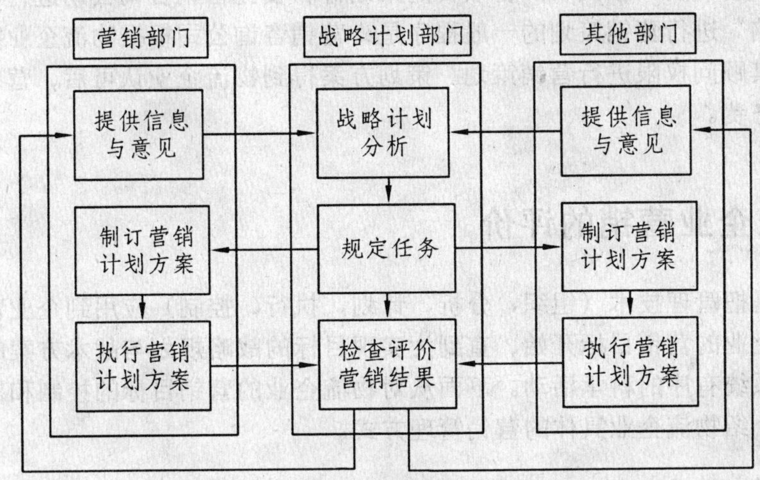


**图 12.4 多部门营销策划的相互关系**

物流企业的实际营销活动是一个复杂的系统工程，一个企业的正常运行机制并非单个营销部门独立构成，而是由各自承担着不同职能的多部门组织结构构成，尤其是大型企业，往往还会由若干个不同层次组成。很显然，物流企业营销目标能否实现，不仅仅依赖于营销部门的努力，同时还决定于物流企业中从事服务产品开发、财务、后勤以及行政等所有职能部门的通力协作。事实上，不同的职能部门有各自承担的任务，整个物流企业的营销总目标往往被分配成若干个专门化的目标，落实到各职能部门以及每个员工的身上。在许多情况下，物流企业营销方案的策划需要由企业的多部门来共同进行。必须使本企业的全体员工都明确：企业的各个职能部门都是企业组成所不可缺少的，各自所采取的每项行动都与实现企业总体营销目标密切相关。

多部门营销策划的一般程序是：① 物流企业设立代表决策层的战略计划部门，负责听取营销部门及其他职能部门的意见；② 对企业的市场营销活动进行战略计划分析，规定在企业总体营销策划中各部门的任务与必须达到的目标，并承担对企业营销策划实施的评价与控制；③ 营销部门和各职能部门则根据自己应该承担的任务和规定目标，制定各自具体的营销计划方案，经确定后执行并随时接受相关部门的评价与控制。

**3. 借用“外脑”进行营销策划**

由于高度发展的商品生产形成了错综复杂的社会关系，加上物流市场营销的特殊性，使物流企业在决策时必须考虑自己所处的环境。否则，就会受制于没有理顺的社会关系，或者由于对形式发展的估计错误而丧失社会适应能力。因此，物流企业在营销策划前就需要广泛收集信息，密切监察社会环境的变化、调查竞争者的状况、预测社会公众的需求，以及了解外部政治、经济等各种影响企业管理因素的情况。这显然并非易事，对一个物流企业而言，无论在精力和技巧方面，都会显得极其有限。同时，营销任务和营销策划是一种专业水准、实战能力要求都相当高的工作。物流企业营销方案的策划过程要考虑许多实质性的问题，营销策划不仅是对企业营销任务和营销目标的选择，而且还包括企业对实现目标的机会、威胁的分析，以及具体操作手段的确定。因此，一般大型的物流企业除组织自己的策划小组外，同时还聘请专业营销咨询公司的营销顾问协助。也有些物流企业将一些技术性较强的营销实务的策划，如市场调研、预测、广告项目的策划等，委托营销咨询公司进行。

借用“外脑”进行营销策划的一般程序是：营销咨询公司根据物流企业委托的咨询项目内容，或授予其顾问权限进行营销策划，策划方案得到物流企业认可后，营销咨询公司按规定收取咨询服务费。

## 12.2 物流企业营销的评价

营销管理是把管理技术（组织、分析、计划、执行、控制）应用到企业营销活动中去的过程，从规定企业的营销目标开始，直到为实现目标的战略规划与战术方案的实施、控制与评价，是一种系统有序的科学活动。下面从对物流企业的营销目标的控制和对营销效果的评价两个方面，介绍物流企业具体的营销管理方式。

### 12.2.1 物流企业营销目标的控制

现代营销活动的一般程序，即在分析企业面临的市场机会的基础上，确定营销的基本任务和战略目标，以战略目标的实现为目的，规划企业的营销战略，选择相应的营销策略加以有机组合，因此，物流企业的营销目标是物流企业进行营销活动的依据，是评价物流企业营销活动成效的标准，也是物流企业营销管理的重要内容。

**1. 形成终极目标、阶段目标、战术目标体系**

物流企业的营销活动是在彼此利益机制驱动下，通过市场竞争对社会生产总任务加以具体分工而形成的，各自有明确的营销目标。即使是同一个物流企业，在不同的时期也会因为承担不同营销任务而确定内容相异的营销目标。然而，物流企业无论选择何种营销目标，在营销管理过程中必须形成由终极目标—阶段目标—战术目标所构成的完整的营销目标体系。

(1) 终极目标

终极目标是对物流企业营销目标最高度的概括，集中反映了物流企业营销活动的重点和主攻方向，是物流企业在一定时期内营销活动总的指导思想和发展战略。

终极目标是物流企业营销方针的具体化，必须首先确定。它综合反映对物流企业完成营销任务有决定性影响的各种要求，贯穿于物流企业营销活动的全过程。物流企业终极目标是考核企业营销活动效率和成果的依据，可以用数量，如销售量、投诉率、资金周转天数、实现利润、销售利润率、社会效益及营销成本率等表示，并加以评估。

在物流企业终极目标确定的过程中，首先要明确企业的目标方向，这里的目标方向主要是指利润、财务、经营的方向（如针对大型的生产制造企业提供物流服务产品等），在此基础上确定各个方向的目标内容，最后确定每个目标内容所包含各项的目标值。

表 12.1 所示某物流企业 2006 年营销的终极目标，包括具体数量化指标和可评估的目标值。

**表 12.1　某物流企业营销终极目标（2006）**

| 目标方向 | 目标内容 | 目标值 |
|---|---|---|
| 大型生产制造企业 | 销售 | 1. 销售量 |
| | | 2. 销售额 |
| | | 3. 提供的物流服务种类 |
| 保十争八（利润指标） | 质量 | 4. 订单履行率 |
| | | 5. 投诉率 |
| | | 6. 优质品牌 |
| | 财务 | 7. 实现利润 |
| | | 8. 销售利润率 |
| 创“双佳”（利润佳、社会效益佳） | | 9. 全员劳动生产率 |
| | | 10. 资金周转天数 |
| | 福利 | 11. 营销成本率 |
| | 双佳 | 12. 为员工做实事 |
| | | 13. 社会效益 |

（2）阶段目标

阶段目标是有计划、有步骤地实现物流企业营销终极目标的切实保障，规定了物流企业的营销活动在具体时间阶段内必须完成的营销任务，便于考核营销终极目标的执行情况，掌握实现目标的现实程度。阶段目标能帮助物流企业发现问题，及时采取必要措施，以保证营销目标的实现。

以某物流企业 2006 年营销终极目标中销售部分为例，为保证物流服务产品的销售量，物流服务产品的销售额、服务的种类等营销目标实现，物流企业必须制订一整套阶段目标，如其中的促销宣传部分：

阶段目标方向——物流企业将利用一切可以利用的手段扩大知名度，宣传费用比 2004 年增加 20 万。

阶段目标内容——一季度：春节大型促销活动

二季度：电视宣传广告

三季度：报纸宣传广告

四季度：客户服务的系列活动

（3）战术目标

战术目标是以一定时期内物流企业预定的营销目标为中心，使物流企业各项工作都围绕如何保证实现这一目标的统筹运动。

物流企业的营销活动，就是使与实现营销目标相关的各种因素之间达到最佳运行状态。包括选择达到目标的方法、途径和各项资源配置在内的行动方案。战术目标把物流企业的营销目标分解成基本的操作目标，落实到每一个环节，甚至每个人将如何实现营销目标的具体对策和措施。

其阶段目标还必须化解为战术目标。例如，每一季度促销活动的战术目标必须包括：活动的内容、目标、时间、费用、操作程序等具体的执行方案。

**2. 明确目标责任**

物流企业营销目标的实现依赖于部门、班组、个人目标的完成，营销总目标分解为各个职能部门乃至每个员工的具体目标。每个分目标都是总体目标要求和考核的依据，同时也是各个环节对完成总目标的贡献。

要对物流企业营销目标实行控制，必须使责任指标化，从营销目标出发，规定目标责任在范围、内容、数量、质量、时间、程度等各方面的具体要求。要让每个部门、班组、员工都明确自己在实现企业营销目标过程中应尽的责任，明确要干什么、怎么干、干到什么程度、达到什么要求等。

**3. 监督目标实施**

在物流企业的实际操作过程中，营销目标体系形成后，并非一成不变，而是需要结合环境的变化随时做出必要的修正。物流企业营销活动受到诸多因素的影响，如政府的政策、社会观念更新、市场需求的变化及企业本身的营销能力、经营管理手段等都会对物流企业的营销活动产生影响作用。企业要随时跟踪掌握营销情况，对营销实绩和目标计划的偏离行为做出判断，采取措施改进实施方案或修正目标本身，以弥补目标与实际执行结果之间的差距。

营销目标或方案的修正主要包括两种情况：

① 由于客观环境发生重大变化，目标责任者无法实施原目标，要求修正目标。

② 目标责任者在实施目标过程中，发现原预测有误，遇到障碍，为保证原定目标的实现，需要采取一定的补救措施。

## 12.2.2 物流企业营销效果的评价*

不同物流企业有各自特定的营销目标，然而对营销活动而言，内部环境因素是动态的，经常会发生营销目标或企业营销行为无法适应形势发展的状态，企业必须定期对本身的营销活动绩效进行评价，从中发现问题，及时调整行为或计划，从而保证营销目标的实现。

**1. 目标达成率**[1]

营销目标是企业营销活动的努力方向，目标达成率是其内容的数量表现形式，通过评价具体的目标值，可以从最直观的角度说明企业营销目标的完成情况。

(1) 物流企业营销业绩目标达成

常用的目标项目值是：总资本利润率、销售利润率、资本保值率、销售增长率、利润增

1 晁钢令. 市场营销学[M]. 上海：上海财经大学出版社，2003: 460-476.

长率、资产增长率、市场占有率，企业物流服务品牌，企业形象知名度、美誉，资产负债率，流动资金比率，应收账款周转率、盈亏平衡点等。

（2）物流企业营销能力达成

常用的目标项目值是：战略决策能力、集团组织能力、企业文化、专利数量、技术创新能力、新服务比率、成本降低、物流服务质量水平、合同执行率、推销能力、市场开发能力、客户服务水平、职工安定率、职务安排合理性、资金效率、资金筹集能力等。

（3）物流企业环境适应目标达成

常用的目标项目值是：分红率、股票价格、股票收益性、战略测定能力、经营与组织能力、员工能力开发、工资水平、职工福利、凝聚力、提高物流服务质量、改善服务水平、业务往来条件、销售条件、利息水平、信用度、预贷款、公害防治程度、国际协作关系等。

一般而言，物流企业在制订营销目标时规定了什么内容，评价目标达成率时就依照这个内容。但是，由于物流企业营销活动过程会受到多方面因素的影响，营销情况会经常发生变化，所以需要实事求是地对某些目标值进行适当的调整。对目标达成率的评价标准，除了包括初期目标值以外，还应该包括物流企业在营销活动中新增加的目标值，同时扣除因为某种原因而减少的目标值。

例如，对市场占有率的目标达成进行评价。市场占有率越高，说明企业的市场地位越稳固。所以无论是何种企业，都希望最大可能地提高自己的市场占有率。确定企业的市场占有率目标值主要以过去的趋势为基础，然后制订稍高的目标值，再根据行业整体销售收入预测，求出新的企业市场占有率目标值。

$$\text{市场占有率目标值达成率}=\frac{\text{本企业销售收入}}{\text{行业全部销售收入}}\times 100\%$$

在对物流企业所有目标达成率进行评价时，对于那些无法定量的目标值，如战略决策能力、经营组织能力、国际协作关系等，可以采用问卷调查、意向调查以及同其他企业对比等方法进行综合评价。

**2. 效果递进率**[1]

在企业的实际营销活动中，营销效果的优劣表现不一定完全反映在一定时限的营销实绩上。例如，一个零售企业的某个销售部门，由于突然而至的机会，取得了短期的销售高增长率，然而并不代表这个部门已经具备了优质的营销管理水平。当然，如果该部门能够借此机会，进一步改善自身的营销活动质量的话，则完全有可能将部门已经取得的良好营销实绩，推向更高级的阶段。

营销效益等级评价，如表 12.2 所示，可以动态地观测物流企业营销的实绩，它是由营销导向的五种主要属性的不同程度所反映出来的：顾客宗旨、整体营销组织、充分的营销信息、战略导向和营销效率。每一种属性都是可以衡量的，而且通过对它们的具体分析，可以从中发现企业具体营销活动中取得的不同程度绩效的要素。这种效果递进率的评价，有助于物流企业纠正自身主要的营销缺点，从而保证营销目标的最终实现。

1　晁钢令. 市场营销学[M]. 上海：上海财经大学出版社，2003: 460-476.

**表 12.2　营销效益等级评量表**

| 第一部分：顾客宗旨 | |
|---|---|
| 得分 | A. 是否认识到根据目标需要确定企业营销计划的重要性？ |
| 0 | 营销重点是把现有的物流服务或新服务出售给任何愿意购买的人 |
| 1 | 考虑对范围广泛的市场和物流服务产品给予同等效率的服务 |
| 2 | 营销重点在经过慎重选择而定的目标市场 |
| | B. 是否认识到根据不同细分市场制定不同营销组合策略的重要性？ |
| 0 | 没有 |
| 1 | 做了一些工作 |
| 2 | 做得相当好 |
| | C. 是否认识到规划业务活动时着眼于整体营销系统观念（供应商、渠道、竞争者、客户）？ |
| 0 | 不是。只致力于向当前的客户出售和提供服务 |
| 1 | 有一点。致力于向当前的客户出售和提供服务，也从长远的观点考虑了它的渠道 |
| 2 | 是的。从整体营销系统观点出发，充分了解系统中每个部分变化可能对企业带来的影响 |
| 第二部分：整体营销组织 | |
| | D. 对于各个重要的营销功能是否有市场层次的营销控制？ |
| 0 | 没有。并由此产生一些非生产性的摩擦 |
| 1 | 有一点。但缺乏令人满意的合作协调 |
| 2 | 是。各重要部门被高度有效地控制在一起 |
| | E. 是否有效地和企业其他部门进行合作？ |
| 0 | 没有。其他部门对营销部门的要求觉得不合理 |
| 1 | 还可以。在各部门立足于维护本身利益的基础上，相互之间关系还是融洽的 |
| 2 | 是的。各部门都是从企业全局利益出发考虑问题，并进行有效的合作 |
| | F. 新物流服务产生过程是如何组织的？ |
| 0 | 制度未明确规定，管理不善 |
| 1 | 制度形式存在，但缺乏有经验的人员 |
| 2 | 制度结构完善，配备专业人员 |
| 第三部分：充分的营销信息 | |
| | G. 最近一次营销调研是在何时进行的？ |
| 0 | 若干年前 |
| 1 | 一二年前 |
| 2 | 最近 |
| | H. 在衡量不同营销支出的成本效益方面都采取了什么方法？ |
| 0 | 一无所知 |

续表 12.2

| | |
|---|---|
| 1 | 略有所知 |
| 2 | 了如指掌 |
| | I. 在衡量不同营销支出的成本效益方面采取了什么措施? |
| 0 | 很少或者没有措施 |
| 1 | 有一些措施 |
| 2 | 大量措施 |
| 第四部分：战略导向 | |
| | J. 正规营销计划的策划情况如何? |
| 0 | 很少或没有正规的营销计划工作 |
| 1 | 制订年度营销计划 |
| 2 | 制订详细的营销目标体系，并不断修正 |
| | K. 现有营销战略的质量如何? |
| 0 | 现有战略不明确 |
| 1 | 现有战略明确，但只代表传统战略 |
| 2 | 现有战略明确，富有创新性，根据充足，合情合理 |
| | L. 有关意外事件的考虑和计划做得如何? |
| 0 | 很少或不考虑意外事件 |
| 1 | 有一定考虑，但没有正式的应急计划 |
| 2 | 重视对意外事件的辨认，并制订应急计划 |
| 第五部分：营销效率 | |
| | M. 在传播和贯彻企业决策层的营销思想方面做得如何? |
| 0 | 很差 |
| 1 | 一般 |
| 2 | 很成功 |
| | N. 是否有效利用了各种营销资源? |
| 0 | 没有。相对于所要完成的工作而言，营销资源是不足的 |
| 1 | 做了一些。营销资源足够，但没有得到充分的利用 |
| 2 | 是的。对充分的营销资源进行了有效的部署 |
| | O. 是否具有对环境变化迅速有效的反应能力? |
| 0 | 没有。营销信息不及时，企业反应迟钝 |
| 1 | 有一点。一般能获得现实的营销信息 |
| 2 | 是的。企业有科学的营销信息系统，并能及时做出反应 |

总得分：________________

评　价：________________

说　明：对量表中的每一部分，总是选定一个适当的答案，然后把各题所得分数相加，不同分数表示不同水平的营销效益。

0～5＝无　6～10＝差　11～15＝普通　16～20＝良　21～25＝很好　26～30＝优秀

**3. 战略影响**

在物流企业的营销活动中，需要宏观地对物流企业营销活动产生的营销做出科学的评价。这种评价不需要十分精细，但要抓住相关的评价项目，由此评价出企业营销的优劣势所在，从而帮助物流企业研究如何从整体发展上考虑，在及时抓住外部环境的机会或避免外部环境威胁的同时，发挥本企业的优势，避开自身的不足之处，从而顺利达到营销目标。

(1) 对物流企业营销理念的评价

营销理念是团结企业全体成员的精神纽带，是涉及物流企业生死存亡的关键。评价的中心内容是：企业是干什么的？（过去干什么？现在干什么？将来干什么？为什么要这样干？）企业的营销理念是什么？是否正确？企业的现行营销业务状况如何？（目标公众需求是什么？规模有多大？）

(2) 对物流企业竞争能力的评价

这是建立在对物流企业市场营销宏观环境和行业环境分析的基础上，进一步对物流企业自身的营销竞争能力进行评价，不仅可以从整体上把握企业和服务产品的发展，而且可以从中发现对本企业真正有价值的战略机会。评价的中心内容是：企业的历史如何？（包括为何创设、获利能力、新服务产品开发能力、行业竞争能力等），企业管理水平如何？（包括领导层素质、企业管理体制对执行营销计划影响等），企业经营水平如何？（包括生产能力、技术能力、财务状况等），企业结构如何？（包括职工队伍状况、企业文化建设、人事管理、收入分配等）等等。

## 12.2.3 物流企业营销效果评价的具体方法*

物流企业的销售分析一般由中层经理具体负责，目的是检查和监督年度的销售和利润目标是否顺利完成，其中心是目标管理。主要任务是：分解年度计划指标，跟踪实施的情况，对出现的偏差进行分析，提出改进意见，必要时，可以根据客观变化情况修订目标。

**1. 销售分析**

销售分析是指对照销售目标，检查和评价营销绩效，判断各种因素对计划完成情况的影响。

**【例 12.1】** 某企业根据年度计划要求，第一季度销售额为 12 万元，而实际销售额仅为 7.5 万元，销售绩效差距 4.5 万元，比计划销售额减少了 37.5%。经过分析，找出其原因来自两个方面：销售量不足和售价下降。计划销售量为 4 万件，实际销售为 3 万件；计划每件售价为 3 元，实际每件售价为 2.5 元。通过计算可知这两种因素分别对销售差额的影响程度。

销售量不足造成的差额 $=3\times(4-3)=3$（万元）　　$3/4.5\times100\%=66.7\%$

售价下降造成的差额 $=(3-2.5)\times3=1.5$（万元）　　$1.5/4.5\times100\%=33.3\%$

由此可见，造成销售额下降，近 2/3 是由于销售量未达到目标所致，故该企业应密切注意它未达到预期销售量目标的原因。另外，对于该商品价格的调整效果也应该进行分析。

**2. 赢利性控制**

赢利性控制的主要环节是进行赢利能力分析。赢利能力分析就是通过对有关财务报表和数据处理，把所获利润分摊到产品、地区、渠道、顾客等方面，从而衡量出每一因素对企业最终获利的贡献的大小以及其获利能力的高低。营销管理者可考虑利用财务部门提供的报表和数据，重新编制各类营销损益表，并对该表进行分析，如表 12.3 所示。

**表 12.3 某企业分销渠道赢利分析** 元

| 项目 \ 渠道名称 | 百货商店 | 专业商店 | 便利商店 | 总额 |
|---|---|---|---|---|
| 销售收入 | 40 000 | 10 000 | 20 000 | 70 000 |
| 销售成本 | 29 500 | 29 500 | 7 500 | 14 000 |
| 销售毛利 | 10 500 | 2 500 | 6 000 | 19 000 |
| 营业费用 | | | | |
| 推销 | 4 000 | 1 300 | 400 | 5 700 |
| 广告 | 1 550 | 620 | 350 | 2 520 |
| 物流 | 3 500 | 1 380 | 900 | 5 780 |
| 费用总额 | 9 050 | 3 300 | 1 650 | 14 000 |
| 利润率 | 1 450 | − 800 | 4 350 | 5 000 |
| 销售收益率 | 3.6% | − 12.5% | 21.8% | 7.1% |

通过数据分析可以看到，尽管便利商店不如百货商品的销售额高，但其获利能力却远高于百货商店。而造成专业商店亏损 800 元的主要原因，是其营业费用过高，如果企业采取相应措施后还不能扭转亏损，就应该考虑对原来渠道结构的适当调整。

渠道损益分析可作为企业进行分销渠道决策的重要依据。同样，通过产品组合、细分市场等方面的损益性分析，可以帮助企业做出全面、正确的营销决策。

另外，在物流企业的营销效果的评价方面，可以考虑的因素还包括物流营销效率。物流企业的营销效率是一种营销实体活动，其中包含营销队伍效率、促销效率和分销效率等。从这几个方面着手，也可以进一步加强效果评价的准确度。

表 12.4 为物流市场营销效果评价的主要指标体系。

**表 12.4 市场营销效果评价指标体系**

| 评价要素 | 评价指标 |
|---|---|
| 财务效果 | 资产负债率、资产报酬率、股东权益报酬率、销售净利率 |
| 竞争效果 | 顾客渗透率、顾客选择性、顾客忠诚度、价格选择性 |
| 营销效率 | 市场扩大速度、营销费用对销售额比率 |
| 公众效果 | 社会贡献率、媒介注意度、竞争者仿效率、顾客满意度（%） |
| 服务效果 | 承诺履约率、用户投诉率、商品退换率（%） |
| 社会导向 | 消费者影响力、品牌形成率 |

注：以上评价指标只供参考，具体公司的指标可以从中选择或另外添加。

### 3. 模糊综合评价方法

由于物流企业营销效果评价指标较多，且难以量化，而其营销效果需要用多个指标来刻画其本质与特征，并且对目标的评价不是简单的好与不好，而是需要采用模糊语言分成不同程度的评语。因此，针对这类有模糊性的评价对象，结合模糊综合评价的优点与特性，可以选取模糊综合评价方法对物流企业营销效果进行评价。但是此种方法相对复杂，下面对该方法以实例的形式作简单的介绍。

设 20 个评价者对某企业进行评价，将评价等级分为四等，分别对应于很好、好、一般、较差。

（1）确定综合评价指标体系，即因素论域 $U$，亦即体系中一级评价指标的个数

设一级指标个数为 $m$，则可以得到指标集 $U=\{u_1, u_2, \cdots, u_m\}$，其中 $u_i$ 为第一级的第 $i$ 个指标集，$i$ 由第二级指标中的 $n$ 个指标决定，即 $U_i=\{u_{i1}, u_{i2}, \cdots, u_{in}\}$，当存在多层结构时，以此类推。

在物流企业的评价指标体系中，可以选取财务效果、竞争效果、营销效果、服务效果、公众效果、社会导向效果作为一级评价指标，对于财务效果而言，它由资产负债率、资产报酬率、股东权益报酬率、销售净利润决定，这四个方面即为决定财务效果的第二级指标。其他以此类推，也可以得到相应的二级指标。另外，在指标确定时，注意指标的相关性的检验，相关性较大的，即在评价中会重复起作用的指标，需要去掉，再结合本企业营销活动的特点，建立详尽的评价指标体系。

（2）确定评语等级集，即评价集

评价集是各专家对评价对象可能做出的各种评判的集合。若有 $P$ 个评价，则可得评价集为 $V=\{v_1, v_2, \cdots, v_p\}$，其中，$v_i(i=1, 2, \cdots, p)$ 为总评价集的第 $i$ 个可能结果。在物流企业营销效果评价中一般设有四个评语等级：

$$V=\{\text{很好，好，一般，较差}\}$$

（3）建立权重集

根据每一层次中各个因素的重要程度，分别给予相应的权重的数值，第一层因素，即一级指标的权重为 $\boldsymbol{A}=(a_1, a_2, \cdots, a_i, \cdots, a_m)$，其中 $a_i$ 是第一层的第 $i$ 个因素 $u_i$ 的权重数；第二层因素即第二级指标的权重为 $\boldsymbol{A}_i=(a_{i1}, a_{i2}, \cdots, a_{ij}, \cdots, a_{in})$，其中 $a_{ij}$ 是第二层中决定因素 $u_i$ 的第 $j$ 个因素的权重数。

在权重确定时，根据物流企业营销的具体特点，可以采用专家评分法、层次分析法等来确定，指标权重的确定是一件复杂的过程，在这里不做详细的介绍。

（4）确定模糊隶属度，建立评价隶属矩阵

评价对象按照因素集中的第 $j$ 个因素进行评判，对评价集中的第 $k$ 个元素 $v_k$ 的隶属度为 $r_{ijk}(i=1, 2, \cdots, m; j=1, 2, \cdots, n; k=1, 2, \cdots, p)$，则第 $i$ 个元素的评价隶属矩阵 $\boldsymbol{R}_i$ 为

$$\boldsymbol{R}_i=\begin{bmatrix} r_{i11} & r_{i12} & \cdots & r_{i1p} \\ r_{i21} & r_{i22} & \cdots & r_{i2p} \\ \vdots & & & \vdots \\ r_{im1} & r_{im2} & \cdots & r_{imp} \end{bmatrix}$$

在实际营销过程中，拟选取 20 位专家，对各个指标分别进行评价，模糊评价的评语分别对应于很好、好、一般、较差，如就“资产负债率”这一因子而言，认为是很好的有 8 人，好的 9 人，一般、较差的分别是 3、0 人，于是认为该因子分别属于这 4 个等级的隶属度为 8/20、9/20、3/20、0/20。这样，根据就可以得到各因子关于诸等级的隶属度，进而得到评价隶属矩阵。

(5) 综合模糊评判

① 一级模糊综合评价。一级模糊评判集 $\boldsymbol{B}_i = A_i \cdot R_i$，即

$$\boldsymbol{B}_i = (a_{i1},\ a_{i2},\ \cdots,\ a_{ij},\ \cdots,\ a_{in}) \begin{bmatrix} b_{i11} & b_{i12} & \cdots & b_{i1p} \\ b_{i21} & b_{i22} & \cdots & b_{i2p} \\ \vdots & & & \vdots \\ b_{in1} & b_{in2} & \cdots & b_{inp} \end{bmatrix} = (b_{i1},\ b_{i2},\ \cdots,\ b_{ip})$$

根据第二层指标的权重与模糊隶属矩阵做线性代数运算，得到一级模糊综合评价结果。

② 二级模糊综合评价。根据一级模糊综合评价的结果，以 $b_{ik}$ 为元素组成二级模糊综合评价矩阵：

$$\boldsymbol{R} = \begin{bmatrix} B_1 \\ B_2 \\ \vdots \\ B_m \end{bmatrix} = \begin{bmatrix} b_{11} & b_{12} & \cdots & b_{1p} \\ b_{21} & b_{22} & \cdots & b_{2p} \\ \vdots & & & \vdots \\ b_{m1} & b_{m2} & \cdots & b_{mp} \end{bmatrix}$$

二级模糊评判集 $\boldsymbol{B} = \boldsymbol{A} \bullet \boldsymbol{R}$，即

$$\boldsymbol{B} = (a_1,\ a_2,\ \cdots,\ a_i,\ \cdots,\ a_m) \bullet \begin{bmatrix} b_{11} & b_{12} & \cdots & b_{1p} \\ b_{21} & b_{22} & \cdots & b_{2p} \\ \vdots & \vdots & & \vdots \\ b_{m1} & b_{m2} & \cdots & b_{mp} \end{bmatrix} = (b_1,\ b_2,\ \cdots,\ b_p)$$

其中，$b_k$ 是综合考虑所有因素时，评判对象对评价集中第 $k$ 个元素的隶属度，此时，应运用模糊运算得到最终的结果。

(6) 最大隶属度法

根据最大隶属度法，取最大的评判指标 $\max(b_j)$ 相对应的评价集元素 $v_j$ 为评判结果

根据一级评价的结果，可以知道对于一个一级指标而言，组成它的相应的二级指标，数值最大的为最重要的，要进行严格的控制。根据相应的二级评价结果，可以知道该物流企业的营销效果的好坏，进而决定企业的营销活动是否需要改进。

## 12.3　物流企业的营销组织

从微观角度看，市场营销是企业通过市场的媒介获取最大效益的各种活动，包括从分析市场营销机会开始，到选定企业的目标市场，确定具体的营销战略、战术，以及落实整个营销计划的实施和将来采取的各种保证措施等，是一种有序的管理过程。显然，要完成这种科学管理过程，必须确定具体进行营销活动的部门。现代市场营销已经不是企业某个部门单独的行为，而是完善的市场营销组织的整体活动。

### 12.3.1 物流企业的整体营销

所谓物流企业营销组织是为了实现企业的营销目标，而对企业的全部营销活动从整体上进行平衡协调的有机结合体。它能集中所有的力量，对物流企业的营销战略进行具体的规划与控制，是物流企业充分利用营销力量的基础。

**1. 整体营销是物流企业营销成功的基础**

(1) 实现物流企业的营销目标不能靠单个部门的努力

一个物流企业的正常运行机制并非只是由单个营销部门独立构成，而是由各自承担着不同职能的多部门结构组成，尤其是大型物流企业，往往还会由若干个不同层次组成。物流企业营销目标能否实现，不仅仅依赖于营销部门的努力，同时还取决于物流企业中其他从事服务产品开发、生产、财务、后勤，以及行政等所有职能部门的通力协作。事实上，物流企业的营销目标体系最终必然形成若干个专门化的目标，落实到各职能部门以及每个员工的身上。

(2) 营销导向是物流企业的职能部门共同努力的方向

绝大部分企业内部各职能部门的管理人员和员工，都会十分注重本部门决策及具体实施的效果。而这种普遍把部门行为中心凝聚于本部门的目标行为，必然会导致疏于从全局角度考虑企业整体利益的不良效果。

例如，一个营销策划方案问世时，财务部门会为运用某种促销手段时必须合乎严格的信用标准而争议；运输部门会由新的运货方式造成成本上升而拒绝合作等等。一系列部门之间的矛盾，使方案具体的实施显得困难重重，或者完全可能由某一道环节的强力制约，而最终使该项营销策划方案流产。这种情况产生，是因为企业内各部门策划方案都倾向于更强调自身的重要性和本部门的利益。其中不可否认确实也会存在营销部门策划方案立足点片面性的原因。只有当物流企业各部门的行为建立在营销导向基础上时，才能真正使企业全体力量互相配合协调，最终形成以整体营销为核心内容的物流企业营销组织的有机结合体。

**2. 营销导向是物流企业的营销组织有机结合形成的途径**

只有将客户作为营销核心，把营销作为整体功能的情况下，企业的全部职能才能真正围绕使客户满意的宗旨而展开。这是通过物流企业营销部门把顾客需求传递给企业，并控制、协调企业的其他职能部门都为“客户服务”。

物流企业的整体营销文化的建立有以下一些途径：

(1) 引导物流企业的各级主管树立营销导向的经营观念

在物流企业的实际营销活动中，营销部门主管不可能直接要求其他部门把为客户提供服务作为他们的工作中心。只有在企业最高主管重视营销导向的基础上，给营销部门以发言和决策的权力，才能保证营销活动的顺利开展。总经理应在为顾客提供良好服务方面做出表率，并说服企业各级主管树立以营销为导向的经营观念。

(2) 明确物流企业的各级主管均对市场营销负有责任

从物流企业的最高主管到各职能部门主管都要了解市场需求，并参与制订企业营销目标体系，检查计划实施情况。物流企业内应该强调对完成战略目标的贡献，提倡部门之间尽可能多的相互了解和共同协作。要经常把各部门在完成企业总目标中所作的贡献通报全体，并定期对成绩优秀的部门和员工进行适当的奖励。

(3) 组建较为完善的营销工作小组

包括总经理、销售副总经理和负责研究与开发、采购、财务、人事等各个部门的副总经理，以及其他一些关键人物在内，形成较为完善的营销工作小组。聘用、提拔能力较强的人员作为营销部门主管，这个主管不仅能管理好本部门，而且还能影响物流企业的高层领导，并与其他职能部门保持良好关系。同时还可以寻求外部营销咨询专家的帮助，从而在物流企业内逐步贯彻、落实营销思想，建立企业的营销文化。

(4) 建立现代营销计划体制

这是培养物流企业各级主管接受营销导向思想的一个有效措施。现代营销计划体制要求主管们必须首先和经常考虑营销环境、营销机会、竞争优势以及其他营销问题，分析并了解本部门在企业总体营销目标中应该承担的任务和规定的目标。同时要结合具体情况，制订本部门的营销方案，经确定后严格执行并随时接受相关部门的评价与控制。

(5) 完善物流企业内部营销培训措施

物流企业要为包括各级主管、营销人员、制造人员、研究开发人员等在内的管理层和相关员工精心设计相应的营销培训措施。通过这些培训措施，不断向企业员工传播营销知识、营销技术和营销观念，逐渐在物流企业内树立营销导向的经营观念，从根本上改进企业各部门的行为方式。

总之，即使物流企业已经设置了所谓的现代营销部门，并不意味着它就是以营销导向运行的企业。只有在企业员工认识到了企业所有部门的任务都是为“客户服务”，以及“市场营销”不仅仅是物流企业的某部门的名称，而是整个物流企业经营运作的宗旨时，企业才真正形成了以整体营销为核心内容的企业营销组织。这是物流企业营销活动的合力体现。

## 12.3.2 物流企业营销部门的类型

企业营销部门是物流企业营销活动的主体，必须具有对企业营销总体战略的策划、实施、控制能力和具体业务管理能力，这样才能以市场为导向，与企业的其他部门共同努力，从而顺利实现企业营销目标。营销部门的结构要根据企业所处环境、企业营销目标及企业自身条件而定[1]。

**1. 职能分工型结构**

这是传统的也是比较普遍的组织形式。它是根据市场营销组织需要完成的工作或职能来设立机构，属于直线职能机制，根据职能设立部门，各部门的经理通常由一些专家担任，直接对营销副总经理报告，而营销副总经理主要负责协调职能部门之间的活动，如图 12.5 所示。

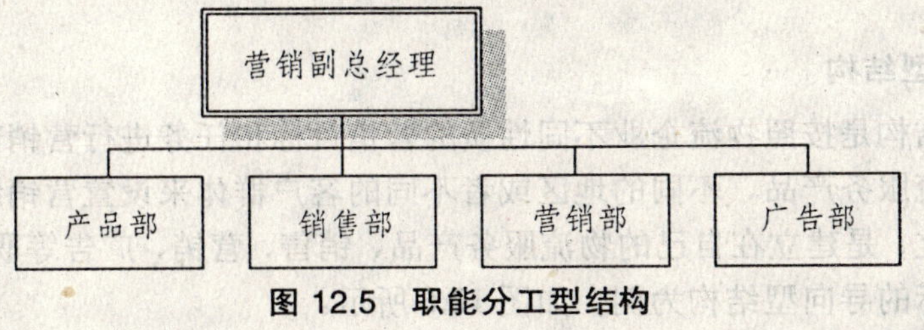


**图 12.5 职能分工型结构**

1 晁钢令. 市场营销学[M]. 上海：上海财经大学出版社，2003: 476-481.

(1) 产品部

其职能范围是使物流企业的服务构成顺应客户的需求及市场的动态变化，从而达到企业提高营销效益，实现营销目标的目的。

产品部的职能通过从购进相关设备开始到对市场供应，以及后期的客户服务的保障等一系列操作程序来体现，包括物流服务的设计、种类以及规范等。研究如何追求物流服务产品更廉价、更优质、效用性更强的全面发展，到重视新服务的开拓、用新服务引导客户的需求，全方位考虑企业的物流服务组合等。

(2) 销售部

其职能范围是与其他职能部门积极配合，在不断满足市场要求的服务过程中，实现物流企业的销售收入。

销售职能是物流企业营销的主要职能，现代营销的销售职能除了向客户推销物流服务、收款以外，还应包括以下内容：密切监察竞争者及其提供的物流服务状态；指导客户合理运用物流服务产品；解决在使用物流服务产品时发生的问题；担负“活广告”的责任；充当客户与企业之间的纽带；随时留意其他有关营销活动的问题，并主动协助解决，如向产品部门提供新的物流服务产品概念等。

(3) 营销部

其职能范围是组织、分析、策划、控制、改善其他营销职能部门的活动，同时对物流企业的营销活动实行日常性管理。

营销部应承担的具体职能包括：通过营销信息的收集，分析与评价在各种营销状态下所面临的市场机会与竞争威胁；制订能满足客户和企业两方面需求的物流服务产品的最佳计划；进行营销渠道的维持、管理和促销活动；承担对促销对象、促销目标、促销手段的选择、确定等多因素的管理；以及管理营销日常行政事务、营销预算、营销绩效、人员培训、运输库存等日常行为。

(4) 广告部

其职能范围是单独拟制或与专门广告策划公司合作完成物流企业的促销宣传广告。

广告部也是企业营销中的重要职能部门，具体承担广告内容、广告对象、广告目标、广告时限等的选择与确定；广告费用的预算；广告媒体的确定；广告行为的实施；广告的设计和制作；以及广告前期调查、广告方案执行、广告方案实施后的效果调查等任务。

职能分工型营销部门结构能提高工作效率，是专业化分工的产物，但是存在由于各部门人员只关心自己的业务，职能部门之间的协调比较困难的情况，没有一个部门对任何物流服务或市场负完全的责任。这种结构类型比较适合那些物流服务种类不多、市场相对集中的中小物流企业。

### 2. 目标导向型结构

目标导向型结构是按照物流企业不同性质的营销目标和任务进行营销部门结构安排。可以根据不同的物流服务产品、不同的地区或者不同的客户群体来设置营销组织，其中每一个分支部门相对独立，是建立在自己的物流服务产品、销售、营销、广告等职能部门基础上的。以某一地区为目标的导向型结构为例，如图 12.6 所示。

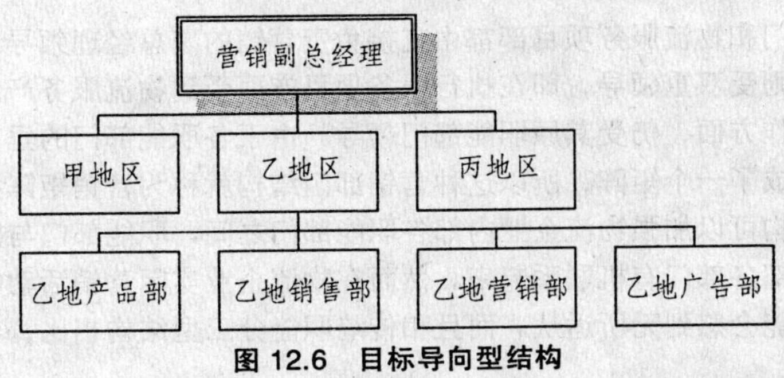


**图 12.6　目标导向型结构**

目标导向型结构的营销部门形成后，其每一个相对独立的分支部门的职责有四个方面的内容：

① 制订物流服务产品（品牌）或地区或目标群体的长期发展战略。

② 制订目标年度计划，如物流服务产品的年度销售计划，并做出销售预测。

③ 采取相应措施，管理好属下各职能部门。如激励销售人员推销服务产品的积极性等。

④ 认真协调与其他分支部门的关系，如共同研究广告设计、宣传活动；注意物流服务改进、新的物流服务产品的开发等。

目标导向型结构有专人负责某一产品、某一地区或某一客户群，本部门内能较好协调，有利于提高营销业绩。但同时由于重复设置各个职能部门，人员数增加，会造成费用开支的增加，从而提高物流企业的营销成本。这种结构一般适用于经营多种类的或多品牌或营销区域广泛且复杂的物流企业。

### 3. 营销矩阵型结构

营销矩阵型结构在职能分工管理的基础上，根据物流企业的具体情况，同时设置特需的各服务产品项目主管。各职能部门仍各司其职，由负责营销的副总经理统一领导协调各部门的活动，如图 12.7 所示。

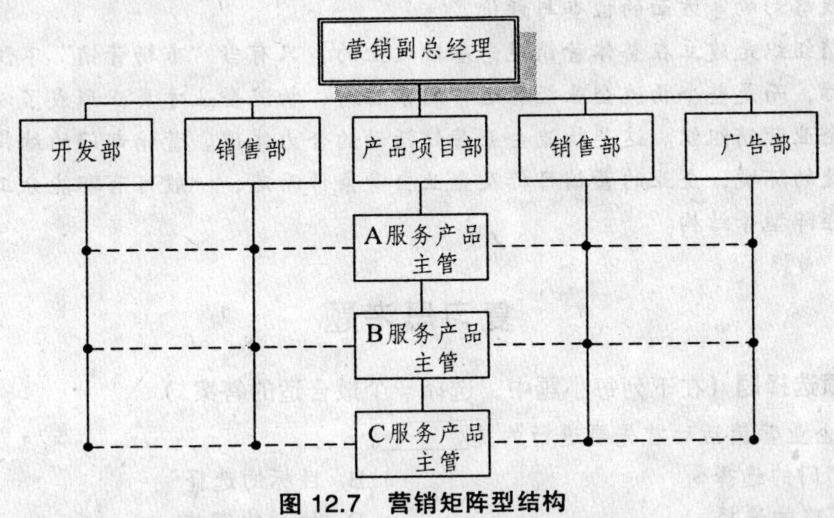


**图 12.7　营销矩阵型结构**

在营销矩阵型结构中，特设的物流服务产品项目对其所有服务项目负有完全的责任，其他职能部门则必须为各具体的服务产品项目配备必要的执行人员，协助该物流服务产品主管的工作。各职能部门和物流服务项目部都由直接负责营销的副总经理领导，职能部门配备的服务项目执行人员则受双重领导，即在执行服务项目方面受到物流服务产品项目部领导，而在执行其他日常工作方面，仍受其原职能部门领导。由于各职能部门的垂直系统和各服务产品项目水平系统组成了一个矩阵，所以这种营销部门结构就称为营销矩阵型结构。

营销矩阵型结构可以加强物流企业内部各职能部门之间、职能部门与产品项目之间的协作，将物流企业内部各部门有机联系起来。然而在物流企业实际营销活动中，由于员工须受双重领导，所以可能会感到无所适从。而且和传统职能分工型结构相比，各职能部门领导的绝对权威性较弱。

## 小　结

物流企业的营销策划，是指在营销原理的正确指导下，对将开展的营销活动进行创造性的谋划，并设计出营销活动方案的脑力劳动过程，物流企业的营销策划是物流企业营销活动成功的基础。物流企业的营销策划是全方位的谋略活动，包括：市场机会的寻求和把握，物流服务产品决策与市场开发的策划，渠道决策与市场布局的策划，促销决策与市场扩展的策划，竞争决策与市场竞争的策划等。从物流企业的实际营销活动来看，实施营销策划一般有单部门营销策划、多部门营销策划、借用“外脑”营销策划三种状态。

物流企业对营销活动的有效管理与控制，是物流企业能否实现营销目标的基本保证。营销管理是把管理的技术（组织、分析、计划、执行、控制）应用到企业营销活动中去的过程。从规定物流企业的营销目标开始，直到为实现目标的战略规划与战术方案的实施、控制预评价，是一种系统有序的科学活动。

物流企业营销目标的控制是营销管理的重要方面，包括建立目标体系，明确目标责任，监督目标实施。物流企业的营销效果评价也是营销管理的重要内容，包括对目标达成率、效果递进率和战略影响等方面的检查与评价。

现代营销组织是建立在整体营销观念基础之上的，只有当“市场营销”不仅仅是企业某个部门的名称，而是整个物流企业经营运作的宗旨时，物流企业才真正形成了以整体营销为核心内容的企业营销组织。这是物流企业营销活动的合力体现。营销部门的结构要根据物流企业本身所处的环境，企业的营销目标及企业自身条件而定，一般可有职能分工型、目标导向型和营销矩阵型等结构。

## 复习思考题

**一、单项选择题**（在下列每小题中，选择一个最合适的答案。）

1. 物流企业营销活动首先要进行的是________。

A. 部门的选择　　B. 目标的选择

C. 策略的选择　　D. 计划的实施

2. 营销计划的依据是________。

A. 客户的特点　　B. 营销的计划纲要

C. 营销策划　　D. 客户数量最大化

3. 物流企业的营销策划必须遵循以______为依据。

A. 全面信息　　B. 先进的管理方法

C. 科学技术　　D. 物流企业的资源

4. 被许多中小型物流企业所采用的一种营销策划形式是______。

A. 借用“外脑”进行营销策划　　B. 多个企业联合进行营销策划

C. 单部门进行营销策划　　D. 多部门进行营销策划

5. 企业必须定期对本身的营销活动的______进行评价，从中发现问题，及时调整行为或者计划，从而保证营销目标的实现。

A. 实绩　　B. 计划

C. 指标　　D. 个性化

6. 销售分析是指对照______，检查和评价营销实绩，判断各种因素对计划完成情况的影响。

A. 销售目标　　B. 实际收益

C. 营销目标　　D. 物流企业的整体目标

7. 赢利性控制的主要环节是______。

A. 物流企业的绩效评价　　B. 进行满足客户服务水平的能力分析

C. 成本分析　　D. 进行赢利能力分析

8. 物流企业营销成功的基础是______。

A. 单部门营销　　B. 整体营销

C. 以市场为导向　　D. 制订多种服务

**二、多项选择题**（下列各小题中正确的答案不少于两个，请准确选出全部正确答案。）

1. 物流企业营销部门的类型有______。

A. 职能分工型　　B. 目标导向型

C. 营销矩阵型　　D. 地区导向型

2. 一般情况下，物流企业的决策活动包含着______，而策划则是在目标既定的情况下，对实现目标的行动方案的设计和规划。

A. 目标的确定　　B. 方案的选择

C. 行为的调整　　D. 决策的评价

3. 既是物流企业经营活动不可缺少的基本技能，也是企业获取市场竞争优势的首要环节的有______。

A. 把握服务产品开发的正确方向　　B. 服务产品市场进入的策划

C. 市场开发的策划　　D. 信息集成化

4. 在职能分工型结构中包括的部门有______。

A. 营销部　　B. 广告部

C. 销售部　　D. 产品部

5. 下列属于目标导向型结构中的有______。

A. 专人负责某一产品

B. 专人负责某一地区

C. 专人负责某一客户群体

D. 负责营销的副总经理统一领导协调各部门的活动

6. 物流企业销售分析的中心是目标管理，其主要任务是______。

A. 分解年度计划指标　　B. 跟踪实施的情况

C. 对出现的偏差进行分析　　D. 提出改进意见

E. 可以根据客观变化情况修订目标

## 三、名词解释

物流企业营销组织；销售分析；营销矩阵型结构；目标导向型结构。

## 四、判断题（判断下列各题是否正确，正确的在题后的括号内打“√”，错误的打“×”。）

1. 物流企业的营销策划与计划是相同的概念，不存在差别。（ ）

2. 对市场占有率的目标达成评价时市场占有率越高，说明企业的市场地位越稳固。（ ）

3. 在企业的实际营销活动中，营销效果的优劣表现一定完全反映在一定时限的营销实绩上。（ ）

4. 物流企业的销售分析一般由中层经理具体负责，目的是检查和监督年度的销售和利润目标是否顺利完成。（ ）

5. 物流客户服务的定性和定量方法作用是一样的，企业任选一种就可以完成对物流客户服务的评价。（ ）

6. 营销部的职能范围是与其他职能部门积极配合，在不断满足市场要求的服务过程中，实现物流企业的销售收入。（ ）

7. 商场并不亚于战场，竞争双方的成功荣辱并不完全取决双方的实力差距，而取决于双方在营销战略策划上的智慧与胆略。（ ）

8. 物流企业的营销策划必须以专家咨询为手段。（ ）

9. 物流企业营销目标能否实现，仅仅依赖于营销部门与决策层。（ ）

10. 即使是同一个物流企业，在不同的时期也会因为承担不同营销任务而确定内容相异的营销目标。（ ）

## 五、简答题

1. 物流企业的营销策划必须遵循哪些原则？

2. 物流企业的营销策划与营销计划是否为统一概念？请说明理由。

3. 物流企业如何通过对营销目标的控制来进行具体的营销管理？

4. 不同的营销组织结构的特点是什么？都适用于哪种类型的物流企业？

# 参考文献

[1] 晁钢令. 市场营销学[M]. 上海：上海财经大学出版社，2003.
[2] 方虹. 物流企业管理[M]. 北京：高等教育出版社，2005.
[3] 吴瑾旻. 厦门机场营销战略模式及效果评价研究[D]. 北京：中国民航大学. 2008.
[4] 陈立新. 物流市场营销[M]. 北京：人民交通出版社，2005.
[5] 郑宽明. 市场营销案例[M]. 西安：西北大学出版社，2005.
[6] 华蕊，马常红. 物流服务学[M]. 北京：中国物资出版社，2006.
[7] 胡理增. 面向供应链管理的物流企业客户关系管理研究[D]. 南京：南京理工大学，2007.
[8] 叶怀珍. 现代物流学[M]. 北京：高等教育出版社，2006.
[9] 李凤廷,高大鹏,韩超. 顾客导向的物流服务质量模型构建及其启示[J]. 价值工程. 2008（6）：70-72.
[10] 李百吉，王君. 模糊综合评价方法在市场营销效果评价中的应用[J]. 消费导刊·经济研究，2008（1）：53-54.
[11] 曹刚. 国内外市场营销案例集[M]. 武汉：武汉大学出版社，2002.
[12] 魏建农. 第三方物流企业营销管理[M]. 北京：化学工业出版社，2003.
[13] 董千里. 物流市场营销学[M]. 北京：电子工业出版社，2005.
[14] 孙全治. 市场营销案例分析[M]. 南京：东南大学出版社，2004.
[15] 顾青，赵亚翔，姚长佳. 市场营销[M]. 大连：大连理工大学出版社，2007.
[16] 李志荣. 市场营销——理论与实务[M]. 北京：经济科学出版社，2006.
[17] 武敏，刘金花. 市场营销学[M]. 北京：经济管理出版社，2006.
[18] 杨明，董兴林，刘新萍. 物流市场营销[M]. 北京：高等教育出版社，2005.
[19] 李雅芬，郑磊. 物流客户服务业务管理模板与岗位操作流程[M]. 北京：中国经济出版社，2005.
[20] Perreault William D， Jr McCarthy. E Jerome. Basic marketing：a global-managerial approach [M]. 赵银德改编. 北京：China Machine Press，2007.
[21] 郑一群. 现代物流运作实务与案例[M]. 北京：对外经济贸易大学出版社，2007.
[22] Philip Kotler，Gary Armstrong. Marketing：an introduction [M]. New Jersey：Prentice-Hall，1990.
[23] 欧阳卓飞. 市场营销调研[M]. 北京：清华大学出版社，2006.
[24] 朱华，窦坤芳. 市场营销案例精选精析[M]. 第 3 版. 北京：中国社会科学出版社，2006.
[25] sa de manS，bu lai erE. 营销调研[M]. 宋学宝，译. 北京：华夏出版社，2004.
[26] 陈祝平. 市场调研与分析[M]. 上海：上海大学出版社，2004.
[27] 吴涛. 市场营销管理 [M]. 北京：中国发展出版社，2005.
[28] 蔡恒汉. 市场营销学[M]. 南昌：江西高校出版社，2006.
[29] A. Parasuraman，Valerie Zeithaml，Leonard L Berry. A Conceptual Model of Service

Quality and Its Implication for Future Research. Report. No. 84-106. Cambridge，MA：Marketing Science Institute，1984.

[30] 陈祝平. 服务市场营销[M]. 大连：东北财经大学出版社，2001.

[31] 于军，孙晓玲. 市场营销学[M]. 北京：北京出版社，2006.

[32] 邓爱民，沈文. 国内外物流经典案例[M]. 北京：人民交通出版社，2001.

[33] 张锦. 物流系统规划[M]. 北京：中国铁道出版社，2004.

[34] 沈墨. 现代物流案例分析[M]. 南京：东南大学出版社，2006.

[35] 何娟. 关于价格歧视对社会福利影响的探讨[J]. 价格理论与实践，2003（6）.

[36] 王信东，杭建平，负晓哲. 市场营销学[M]. 北京：社会科学文献出版社，2006.

[37] 宫淑玫. 市场营销学[M]. 济南：济南出版社，2004.

[38] 魏建农. 物流营销与客户关系管理[M]. 上海：上海财经大学出版社 2005.

[39] 黄景清. 100 个令你拍案叫绝的营销案例[M]. 北京：中国工商出版社，2004

[40] http：//www.brandcn.com/zhuanjia/ShowArticle.asp?ArticleID＝75864.

[41] http：//marketing.jpkc.gdcc.edu.cn/show.aspx?page＝2&id＝47&cid＝18.

[42] http：//info.china.alibaba.com/news/detail/v0-d1002713203.html.

[43] http：//club.dayoo.com/read.dy?b＝viewpoint&t＝464527.

[44] http：//www.tradetree.cn/jidan/200403/swfw66.htm.

[45] http：//info.jctrans.com/news/yzkd/2008513634958.shtml.

[46] http：//hi.baidu.com/%B1%B1%C9%CF%C9%BD%C8%CB.

[47] http：//bbs.wswire.com/frame.php?frameon＝yes&referer＝http%3A//bbs.wswire.com /viewthread.php%3Ftid%3D966.

[48] http：//www.brandcn.com/ppgg/wjgg/200906/188847.html.

[49] http：//www.examda.com/wuliu/anli/20060902/114050415.html.

[50] http：//www.emkt.com.cn/article/248/24891.html.

[51] Philip Kotler，Gray Armstrong. 市场营销管理[M]. 第 11 版. 北京：清华大学出版社，2007.

[52] Nirmalya Kumara， Lisa Scheerb, Philip Kotler.From market driven to market driving [J]. European Management Journal. 2000，18（2）：129-142.

[53] Lucio Lamberti，Giuliano Noci. Marketing strategy and marketing performance measurement system： Exploring the relationship[J]. European Management Journal，2009：2-5.

[54] Michael Ahearne，Prabakar Kothandaraman. Impact of outsourcing on business-to-business marketing： An agenda for inquiry[J]. Industrial Marketing Management，2009：3-5.

[55] Yan Zhang，Peter Murphy. Supply-chain considerations in marketing underdeveloped regional destinations： A case study of Chinese tourism to the Goldfields region of Victoria. Tourism Management[J]. Tourism Management.2009，30（2）：278-287.

[56] Teck-Yong Eng，J Graham Spickett-Jones. An investigation of marketing capabilities and upgrading performance of manufacturers in mainland China and Hong Kong[J]. Journal of World Business，2009：1-6.

[57] Gary Gerber O D. Staying away from marketing that does not work[J]. Optometry - Journal

of the American Optometric Association.2009，80（3）：159-160.

[58] 马清梅，陈荣铎．市场营销学[M]．第 3 版．北京：清华大学出版社，2008.

[59] 杨丽佳．市场营销案例与实训[M]．北京：高等教育出版社，2006.

[60] Rajan Varadarajan, Manjit S Yadav. Marketing Strategy in an Internet-Enabled Environment： A Retrospective on the First Ten Years of JIM and a Prospective on the Next Ten Years[J]. Journal of Interactive Marketing.2009，23（1）：11-22.

[61] 何娟，叶浪．品牌资本概念界定及特性分析[J]．社会科学研究，2005（5）．

[62] [美]门罗著．定价：创造利润的决策[M]．第三版．孙忠，译．北京：中国财政经济出版社，2005.

[63] 倪叠玖．企业定价[M]．武汉：武汉大学出版社，2005.

[64] 骆品亮．定价策略[M]．上海，上海财经大学出版社，2005.

[65] 吴永强．结构性物流需求预测方法研究[J]．商业经济，2008（16）：14-15.

[66] 何国华．区域物流需求预测与灰色预测模型的应用[J]．北京交通大学学报（社会科学版），2008（1）：33-37.

[67] 郭伏，王红梅．“4Rs”理论与第三方物流企业营销创新[J]．东北大学学报，2005，7（5）：346-349.

[68] 韦燕燕．物流企业营销策略之初探[J]．商业研究，2005（14）．

[69] 周峰，冯进展，彭晓东．第三方物流服务产品的分析[J]．物流科技，2008，3：56.

[70] 陈良勇．浅谈物流服务的产品属性及其价值分析定型[J]．物流技术，2007，26（10）：32.

[71] 盛光华．密封投标定价法机理解析[J]．学习与探索，2008，3：164.

[72] 张圣忠，吴群琪．基于价值共享的物流服务定价理念与方法[J]．经济研究，2006，29（3）：15.

[73] 曾晓．作业基础新产品的定价决策[J]．现代商业，2008（18）：51.

[74] 邹丹，蒋军．差别定价法在航空运输中的运用探究[J]．交通与运输，2008（S1）：138.

[75] 崔秀梅，张茂忠．分销渠道中间商选择研究[J]．科技管理研究，2006（6）：106.

[76] 徐建中．渠道中间商的自我激励和他我激励[J]．江苏商论，2007（7）：22.

[77] 张理．现代物流案例分析[M]．北京：中国水利水电出版社，2005.

[78] 牛鱼龙．中国物流百强案例[M]．重庆：重庆大学出版社，2007.

[79] 杨穗萍．物流营销实务[M]．北京：中国物资出版社，2006.

[80] 陈鲁．品牌延伸——为企业创造价值[J]．价格理论与实践，2003（4）．

[81] 曹垣．我国企业品牌保护的对策研究[J]．经济师，2004（1）．

[82] 薛可．品牌扩张：延伸与创新[M]．北京：北京大学出版社，2004.

of the American Optometric Association, 2009, 80 (3): 159-160.

[58] 吴健安. [illegible]营销学[M]. 第3版. 北京: [illegible]大学出版社, 2008.

[59] [illegible]. [illegible]营销学[M]. 北京: 高等教育出版社, 2005.

[60] Rajan Varadarajan, Manjit S Yadav. Marketing Strategy in an Internet-Enabled Environment: A Retrospective on the First Ten Years of JIM and a Prospective on the Next Ten Years[J]. Journal of Interactive Marketing, 2009, 23 (1): 11-22.

[61] [illegible]. [illegible][J]. [illegible], 2005 (5).

[62] [illegible][M]. [illegible]. 北京: 中国[illegible]出版社, 2005.

[63] [illegible]. 企业定价[M]. [illegible]: [illegible]大学出版社, 2005.

[64] [illegible][M]. 上海: 上海财经大学出版社, 2005.

[65] [illegible][J]. [illegible], 2008 (16): 14-15.

[66] [illegible][J]. [illegible]大学学报(社会科学版), 2008 (1): 33-37.

[67] [illegible][J]. [illegible]大学学报, 2005, 7(5): 346-349.

[68] [illegible][J]. 商业研究, 2005 (14).

[69] [illegible][J]. [illegible], 2008 (3): 76.

[70] [illegible][J]. [illegible]技术, 2007, 26 (10): 22.

[71] [illegible][J]. [illegible], 2008 (8): 16.

[72] [illegible][J]. [illegible]研究, 2006, 29 (3): (5).

[73] [illegible][J]. 现代[illegible], 2008 (18): 53.

[74] [illegible][J]. [illegible], 2008 (S1): 438.

[75] [illegible][J]. [illegible]管理研究, 2006 (9): 106.

[76] [illegible][J]. [illegible], 2007 (7): 22.

[77] [illegible]. 现代[illegible][M]. 北京: 中国水利水电出版社, 2005.

[78] [illegible][M]. 重庆: 重庆大学出版社, 2007.

[79] [illegible][M]. 北京: [illegible]出版社, 2006.

[80] [illegible][J]. [illegible], 2003 (4).

[81] [illegible][J]. [illegible], 2004 (7).

[82] [illegible][M]. 北京: 北京大学出版社, 2004.